PRATICIEN FRANÇOIS;

CONTENANT

Grand nombre d'instructions tres-necessaires pour la pratique des Cours de France, ainsi qu'il se verra par les Tables suiuantes.

A PARIS,
Chez CARDIN BESONGNE, au Palais, en la Gallerie des Prisonniers, aux Roses Vermeilles.

M. DC. LIV.

TABLE
DES MATIERES
CONTENVES EN ce present Stile.

DV TILTRE DE LA MATIERE Ciuile.

De la matiere Criminelle.

Du Stile des Obligations & Contracts qui se passent deuant Notaires.

Des Testaments & ce qui en dépend.

FIN.

TABLE
DES
ADDITIONS NOVVELLES
AV
PRATICIEN
FRANÇOIS.

LE STILE DE PROCEDER EN TOVS LES BAILLAGES,

Seneſchauſſées & Sieges Preſidiaux de ce Royaume, tant en matiere Ciuile que Criminelle & Beneficiale.

Traicté de la matiere Ciuile.

Premier des Adiournemens.

D'AVTANT que tous procez commencent par Adjournement, il eſt expedièt de ſçauoir qu'ajournement n'eſt autre choſe que faire appeller, ou comme dient les Iuriſconſultes, prouoquer & tirer ſa partie en iugement pardeuant celuy doit dire droict, c'eſt à dire deuant le Iuge des parties, pour diſputer & debatre du droit pretendu en la choſe contentieuſe, ou ſubir condemnation de la choſe pourſuiuie & demandée.

Tous Adjournemés ſe doiuent faire à perſonne ou domicile, comme auſſi toutes Sommations, Significatiōs, & Proteſtatiōs qui ſe font hors cauſe, suiuãt l'Ordonnãce du Roy François I.1539. art. 9. en presence des tesmoins qui doiuent estre inscrits au rapport & exploit du Sergent : dont resulte que pour le moins il faut que le Sergent appelle en ses exploits deux tesmoins, car l'Ordonnance parle en nombre plurier : autrement suiuant le texte d'icelle, l'Adiournement ne seroit valable. Ce qui auparauant n'estoit pas requis, comme on peut voir par l'Ordonnance du Roy Loüis XII. 1499. art. 55. & 58. & se peuuent poser les Assignations à iour de feste, mais si elles escheent à iour ferié, sont remises de soy au prochain iour non ferié.

Que si aucuns de ceux que l'on veut adiourner ne sont trouuez aux domicilles apres deuë diligence, de laquelle par le rapport sera faite mention, sera l'Adiournement fait à haute voix deuant la porte de l'adiourné, à laquelle sera l'exploict attaché, & par iceluy donné telle assignation que dessus en presence de tesmoins, & en parlant aux voisins, en leur enioignant de le faire sçauoir à l'adiourné, afin que suiuant le 16. article desdites Ordonnances, il vienne prest à deffendre au iour de la premiere assignation. Et doiuent les Sergens noter qu'en autres matieres ciuiles & criminelles, ils peuuent & doiuent faire les adiournemẽs, nonobstant oppositions ou appellations quelconques.

Et est commandé par Ordon. du Roy Philippes le Bel n'executer aucune commission, ne faire adiournement hors leur limite, si ce n'estoit en vertu de cõmission requisitoire, & qu'ils eussent attaché du pareatis du Iuge en la iurisdition duquel ils exploicteroient, laquelle clause requisitoire doit estre à la fin de lad. commission en telle forme. Mandons à vous Sergent, prions & requerons les Iusticiers, Sergens & Officiers des lieux, où il conuiendra faire executer ces presentes qu'ils les mettent & souffrent mettre à execution. De ce faire leur donnons pouuoir, &c.

Et si c'est vne sentence ou autre mandement qui au cômencement ne soit addressant au Sergent, on a de coust. de mettre à la fin ces mots. Si donnons en mandement au premier Sergent Royal dudit Bailliage, ou autre Sergêt Royal sur ce requis, que ces presentes il mette à execution deuë de point en point, selon leur forme & teneur. De ce faire, &c.

Plusieurs Sergens toutesfois n'obseruent cela, mais executent hors leur pouuoir par auenture plus pour leur profit, que pour celuy de la partie en quoy souuent les executez peuuêt estre greuez. Mais cela jaçoit qu'il ayt esté en vsage, ne leur preiudicie : attendu qu'en laissant par le Sergent (comme dit a esté) son exploit, leur interest cesse: mais non celuy du Roy & chose publique, de tant que par Ordonnance du Roy Iean article 2. vne iurisdiction ne doit entreprendre sur l'autre.

Vray est, que les Sergens à cheual du Chastelet de Paris, ont priuilege du Roy S. Louis, pour executer par tout le Royaume, & combiê que par cy-deuant l'on ayt voulu contr'eux opposer, qu'ils ne pouuoient exploicter sinon en vertu de lettres du Prince que nous disons de debitis, attachées à l'obligatiô ou sentences à eux baillées. Neantmoins ils ont naguëres obtenu lettres de Declaration ou Edict que i'ay veuës, par lesquelles leur pouuoir est esclaircy car sans demander pareatis, il leur est permis d'exploicter tous mandemens de Iustice indifferemment.

Des Exploicts.

Il est fort requis & profitable au demandeur, & doit faire sõ Exploict libellé, sçauoir qu'il a trouüé sa demande qu'il veut faire: car tels Exploits libellez empeschent la prescription, estans baillez dans led. temps, & d'ailleurs le deffendeur ayant ainsi eu son exploict, doit estre prest à deffendre à la premiere assignation. Aussi les Cours Royales ne iugent deffaut sur exploict non libellé, & faut que l'adiourné aye coppie d'exploict.

De refus d'Exploict.

Aucũs Sergens refusent de bailler exploit à l'assignation par luy posé, peut estre conuenu deuant le Iuge du lieu, auquel appartient sommaire inquisition dudit refus, peut ordonner que le cheual dudit Sergent sera arresté iusques à ce qu'il aura obey, & au deffaut du cheual, sa personne.

Des appellations ou oppositions faites és mains des Sergens.

Si aucũ Sergent exploitant luy est formé opposition, ce nonobstãt il ne differera de garnir la main de Iustice; & mettre les causes en Sequestre, sans preiudice de l'opposition, sur laquelle assignera l'oposant pardeuant le Iuge requis.

S'il est interjetté appel, auant la main de Iustice garnie, il faut superceder en reuocance de l'appel, si le pouuoir du Sergent n'est qu'vne condemnation ou executoire non souuerain: mais estant souuerain, & en vertu d'obligation, il ne faut differer faire l'execution, sans preiudice de l'appel, & depuis en là ne peut estre procedé par le Sergent, iusques à tant que l'appel soit vuidé.

Et nota, que personne n'est receu d'appeller ou

s'opposer pour autruy deuant le Sergent, sans procuration à ce expresse.

Des contraintes rigoureuses.

Celuy qui fait executer ou commander l'arrest, prendre, saisir & arrester les biens de son debteur, doit les despens, dommages & interests, s'il faut proceder pour tant soit peu plus qu'il ne luy est deub.

Adiournemens auec Intimations.

Ceux qui sont appellez pour voir taxer despens ou quelque chef de sentence.

Ou pour voir proceder sur complainte en cas de Nouuelleté, pour le regard de Sequestre, & fournissement de complainte.

Ou pour assuremens de Cens.

Ou pour voir interposer vn decret au profit du dernier encherisseur.

Ou pour prouisions d'alimens, ou medicamens.

Ou pour prouision à faire prier Dieu pour l'ame de l'occis.

Ou pour reconnoistre l'escriture ou seing de sa cedule, & pour voir estre Tuteur & Curateur.

Et quand la femme plaide contre son mary ; la petition de sa dot pour auoir prouision d'alimens, & deniers pour faire la poursuite du procez.

Faut noter qu'vn Sergent Royal peut reprendre l'exploict d'vne autre, & le subalterne de son semblable.

Des Deffauts & Contumaces.

Quand les parties sont assignées, & ne comparẽt [illegible] l'autre, il est donné congé contre le demã-deur, par le iugemẽt & profit duquel sera le defendeur enuoyé absous de l'instãce auec dépens cõtre ſa partie, & voir dommages & intereſts, ſi c'eſtoit ſur adiudication de biens.

Faut noter qu'il y a grande difference entre enuoyer de la demande & action, ou de l'inſtance, & par ce ſont ſeulement les deffendeurs enuoyez de l'inſtance, & ne laiſſent leſdits demandeurs faire inſtance pour la choſe.

Et ſi le deffendeur ne compare, ſera donné contre luy deffaut, par vertu duquel ſera deſcheu de ſes faits declinatoires & dilatoires, ordõné qu'il ſera reappellé pour conteſter au principal : & neantmoins ſera condamné és deſpens d'iceluy deffaut.

Nota, que fin declinatoire eſt renuoy, qui vaut autant à dire que recuſation de Iuge de Siege, autrement appellé obeyſſance.

Et fin dilatoire eſt veuë & garand.

Par ainſi celuy contre qui eſt donné & iugé led. deffaut, n'eſt plus receu à renuoy, veuë ne garand, ſinon doncques du conſentement de ſa partie,

En vertu & ſuiuant le premier deffaut, eſtant iceluy deffẽdeur contumax reappellé, s'il ne compare ſera donné autre deffaut, par le profit duquel ſera décheu des faits peremptoires, & ordonné que le demandeur fera apparoiſtre par actes & teſmoins de ſa demande, & ſera condamné aux deſpens, pour eſtre taxez auec ceux du precedent.

Fin peremptoire, eſt la deffenſe que l'on euſt deu donner, bailler & deſduire contre ſa partie, tellement qu'en eſtant deſcheu, le deffendeur n'eſt plus receu en aucune deffenſe, & la cauſe tenuë comme ſi elle èſtoit niée.

Vray eſt que le cõtumax pourroit biẽ eſtre receu à ce faire, en obtenant lettres Royaux pour mettre les defauts & contumaces, & ce qui s'en est ensui-uy au neant, & estre receu à proposer & desduire ses defenses, en refondant les despens : sans lesquelles lettres le contumax seroit declaré non receuable par l'Ordonnance de l'an 1528.

Lesdits defauts obtenus cōme dessus, fera le demandeur assigner ledit contumax pour voir faire son enqueste & preuue, & consequemment pour voir produire, iurer & receuoir tesmoins, accorder d'adioint si besoin est, & estre interrogé suiuant l'ordonnance : sur la demande & faits dudit demandeur, auec intimation que comparu ou non, sera contre luy procedé comme de raison.

L'enqueste faite & raportée, le demādeur pourra requerir lui estre permis & ordonné faire appeller sa partie, pour voir produire toutes letres, actes, tiltres & papiers qu'il verra à produire, & cōtredire si bon luy semble, & consequemment pour ouyr droit : ce qui ne lui sera refusé, & suiuant ce pourra proceder le demādeur, iusqu'à sentence qu'il fera en apres pronōcer à partie, personne, ou domicile, & luy laisser copie du dicton & prononciation, au cas qu'il gaigne sa cause. Car la peine generale ordonnée de droit cōtre le contumax, qui est la perte de la cause, se restraint sous cette limitation, que le demandeur doit prealablemēt auoir prouué & verifié le contenu en sa demande. Et partant le Iuge donnant son iugement contre vn absent, doit estre merueilleusemēt soigneux & diligent d'auiser tāt du droict du contumax, que du demandeur. Car la presence de Dieu, que les Iuges se doiuēt tousiours representer deuāt les yeux, tient lieu & place pour la presence & defenses de celuy qui est absent. Et c'est pourquoy quelquefois la sentence est donnée au profit du contumax, & non du poursuiuant.

Aucuns n'obseruent point apres l'enqueste faite, faire appeller la partie sur la productiõ, toutefois c'est le plus seur, & voire quãd bien il seroit apellé apres lad. productiõ pour ouir droit, ne feroit que bien, car on ne peut point en cela greuer sa partie, & de bien en mieux asseurer l'instruction & tissure de sa cause, & faut bien prendre garde à bailler tousiours à partie, à personne, ou domicile, coppie de tous exploits, & lesd. deffauts & ordonnances.

Les deffauts & contumaces ne se peuuent iuger apres l'an & iour d'iceux, & ne portent profit à partie, soit de principal, ou despens.

En execution de meubles, verification de cedule, cession de biens, taxe de despens, répits & termoyemens, & sur declaration d'heritier, vn seul defaut pour porter plain profit de tenir & reputer le deffendeur pour heritier du deffaut, adjudication de deniers, l'opposant debouté de son opposition, verifier cedules, que despens seront taxez. Neantmoins aucuns Iuges pour le profit du premier, ordonnent seulement que le deffaillant sera reappellé auec intimation, & condamné aux despens, & cette derniere forme fait cesser toutes plaintes & griefs, quoy que l'autre soit bonne & obseruée par tout, & par ainsi vsitable.

Des Demandes.

Le demãdeur baillant sa demande & conclusions, doit voir s'il a affaire à femme mariée, enfans de famille, mineurs de quatorze ans, & vingt-cinq ans, & requerir par ses conclusions qu'ils soient authorisez, mis en tutelle ou curatelle, selon que requis est cy-apres declaré pour le deffendeur: car de mesme que le deffendeur peut excepter, le demandeur peut requerir en cette qualité, au forain qu'il eslise domicile en la Iustice où l'on plaide.

Des matieres sommaires.

Es causes de petite importance, faut bailler sa demande sommaire, requerir que le serment du demandeur soit receu, attendu la modicité de la cause, ou faire interroger, ou croire tout à fait sa partie aduerse par son serment, ou faire preuue d'vn seul témoin.

Des procedures sur conclusions, ayant deffenses qui sont fins declinatoires & dilatoires.

Apres que les parties ont cõparu, le demandeur baille sa demande & conclud selon dont s'agit, & est question, il est ordonné que le deffendeur viendra defendre & contester dans certain temps & delay à luy prefix, pendant lequel & auant que respondre sur le principal de la matiere, est requis au defendeur de sçauoir si le demandeur est tenu d'aucune chose, mesmes dés cy-apres.

Fins de non proceder.

Sçauoir si le demandeur allegue aucunes pieces ou contracts; auquel cas en faut demander communication, ou que le demandeur soit forclos de s'en pouuoir ayder par escrit au procez.

Item, si le deffendeur veut decliner de Iuge ou Iurisdiction qu'est renuoy, le faut requerir auant toute autre chose.

Item, si le demandeur est impubere, qu'est mineur de quatorze ans, auquel cas faut remonstrer attendu ladite impuberté & bas âge, il ne peut estre en iugement sans estre pourueu de tuteur.

Ité, s'il est majeur de 14 ans, toutesfois mineur

de 25. en ce faudroit remonstrer attendu sa minorité, qu'il doit estre pourueu de curateur, & que iusques à ce, le deffendeur n'est tenu de proceder en la cause, & à ce suffira que son Procureur fasse le serment en l'acte, ou tel autre qu'il plaira au demandeur nommer par sa bouche.

Si le demandeur est Religieux profez, faut qu'il soit auctorisé par son Abbé.

Si le demandeur est fils de famille, & mineur de 25. ans, & ayant encore son pere qui ne l'ait point emancipé, & demeurat auec luy, faut aussi renomstrer qu'il n'est tenu de proceder auec luy iusques à ce qu'il se soit fait authoriser.

Si c'est vne femme mariée qui soit demanderesse, faut dire qu'elle ne peut ester en iugement sans l'autorité de son mary, & iusques à ce qu'elle soit autorisée, n'estre tenu de proceder.

Faut noter que s'il estoit question de biens aduentifs ou parafernaux de la femme mariée, qu'elle est receuable à les poursuiure sans l'autorité de son mary.

Aussi est à noter, que la femme mariée exerçant marchandise publique, peut ester en iugement tant en demandant que defendant, sans l'autorité de son mary, en ce qui concerne ledit trafic & cõmerce. De mesmes, en action d'injures ou delits, le mary n'est tenu autoriser sa femme, ne le pere le fils, soit en demandant ou defendant.

De Renuoy.

Il y a deux sortes de renuoy, l'vn quand la partie est tirée hors son ressort à celuy d'vn autre: & lors on n'vse point de ce mot de renuoy, mais on demãde estre remis & delaissé en ressort. L'autre est, quand la partie adiournée est du ressort de celuy pardeuāt lequel il est appellé; mais ce n'est sō Iuge ordinaire, & partant il demande y estre renuoyé, s'aduoüant suject & justiciable de son Seigneur. Et voila la difference qu'il y a de l'vn à l'autre: car au premier cas, la partie ne reconnoist aucunemēt pour Iuge celuy pardeuant lequel elle est appellée, pour n'estre de son ressort. Ce qui est contraire au second cas, auquel la partie appellée la reconnoist à Iuge superieur, mais non pas à Iuge ordinaire.

Faut notter que le deffendeur poursuiuy pour raison de droicts Seigneuriaux, où il est conuenu, ne peut decliner: ne aussi où il est question d'heritages situez en la Iustice, où il est approché en cause, encore qu'il soit d'autre Iustice.

Des biens aduentifs & parafernaux.

Biens aduentifs sont les successions, & tout ce qui accroist & aduient à la femme, pendant & durāt son mariage, & les parafernaux, sont ceux qui luy appartiennent, outre ce qui luy est cōstitué par contract de mariage. Mais lors qu'elle a mary, s'il ne luy est fait cōstitution particuliere, tous les biēs qu'elle a au temps de ses fiançailles sont reputez dotaux, & consequemment non alienables.

Aussi si la fille a mary, & est constituée auec tous ses biens, presens & à venir, les successions qui escherront constant iceluy mariage, n'ont reputation des biens aduentifs, mais sont dotaux; & ne se peuuent aussi vendre.

Du Forain.

De plus, auant que deffendre, faut si le demandeur n'est domicilié en la Iustice où il plaide, & poursuit le defendeur, qu'iceluy defēdeur requiere qu'il eslise domicile en lad. iurisdiction, pour illec valoir toutes assignations, sõmatiõs & significations requises au procez, comme faites à la personne & propre personne du demandeur.

Du Prestre.

Si le deffendeur est Prestre, & que l'action soit personnelle, il peut requerir son delaissement pardeuant son Official ou vice-gerand: toutesfois si c'est en verification de cedule, il sera tenu de verifier deuant le Iuge lay, qui est seculier, & sur la main garnie condamnation sera delaissée.

Des Veuës.

Si le demandeur pretend hypotheque, le deffendeur pourra le faire iustifier des originaux des obligations, pour voir s'il y a des payemẽs endossez, & faire affermer le demandeur & ceux dont il a droict, chacun par son serment, s'ils en ont aucune chose receu, & ne peuuent faire leurs sermens par Procureur, s'il n'y a cause legitime, comme de maladie ou grande qualité de l'affermant, ou qu'il soit lointain.

S'il est question d'heritage, soit en petitoire ou possessoire, le defẽdeur apres s'estre aydé de ce que dessus, ou de ce que luy sera besoin, peut demãder veuë luy estre faite de l'heritage contentieux, que le demandeur à ses frais est tenu faire, comme necessaire, non seulement aux demandeurs & defendeurs pour les instruire & seuremẽt fonder l'actiõ de chacun d'eux: mais aussi pour certifier le Iuge, afin qu'il puisse donner Sentence plus certaine.

Toutesfois s'il estoit question d'vne action vniuerselle, ou de chose dont facilemẽt veuë ne peut estre faite, l'on a accoustumé d'adiuger monstrée.

Ouy blé des heritages d'vne succession vniuersel-le, auquel cas l'on fait veuë du lieu principal & insigne, dont dépendent les heritages & choses qui sont en litige, mais quant aux choses particulieres, desquelles communément se meut procez, & que veuë & monstrée est requise, la forme & expedition de l'appointement est telle.

Forme de l'appointement de veuë.

Apres que le defendeur a requis veuë & mõstrée luy estre faite de l'heritage querellé par le demandeur, laquelle il luy a accordée, auons ordonné qu'elle se fera à la diligence d'iceluy demandeur à tel iour, par le premier Sergent de ceans sur ce requis auquel nous mãdons & commettons ce faire. Et pour y proceder, cõparoistront les parties ledit iour, heure de sept attendant huit du matin, deuãt la porte de telle Eglise parrochialle, pour d'illec eux transporter sur ledit heritage, afin de faire ladite veuë. O intimation, que ledit deffendeur y compare, ou non, ce nonobstant en son absence sera procedé à icelle veuë & monstrée. Pour laquelle, ou ce qui en aura esté fait rapporter, assignons iour ausdites parties à trois semaines, &c.

L'appointement ainsi donné & les parties cõparans à leur assignation, la partie qui doit faire lad. veuë requerra au Sergent que luy & l'autre partie requerant icelle, si bon luy semble, se transportent auec luy, qui les menera sur l'heritage contẽtieux. Où illec au doigt & à l'œil il monstre au defendeur en presence dudit Sergent ledit heritage, & s'il est possible le confrontera de quatre tenans certains, & declarera que ledit heritage ainsi mõstré par denomination du lieu, en quelle parroisse il est assis, & de quel autre lieu il est & dépend, est le contentieux & heritage qu'il entendoit monstrer. Et tout ce fera, le Sergent son exploit, en presence de tesmoins.

Mais si la partie auquel doit ladite veuë estre faite, n'y vouloit comparoir & qu'elle fist defaut, en ce cas ledit defaut deuëment verifié, requis, donné, pris & obtenu dudit Sergent, ne differera la partie à faire ladite veuë, & monstrée à iceluy Sergent, tout ainsi que si le deffaillant y estoit present, & que dessus a esté dit.

Et quād il est dit que veuë se fera pēdant quelque delay prefixen appellant partie ou procureur pour elle, le demandeur leue du Greffier telle Commission.

Commission de veuë.

Au premier Sergēt Royal des Preuostez & Bailliage de ceans sur ce requis, Salut. Veu l'appointement cy-attaché de nous donné vn tel iour entre telles parties, nous à la requeste dud. demandeur, vous mandons & cōmettons de par le Roy nostre Sire adiourner à comparoir pardeuant vous ledit deffendeur à certain & competant iour & heure deuāt la grand' porte de telle Eglise Parrochialle, pour illec lesdites parties ou leurs Procureurs suffisamment fondez assembler ou le deffendeur deuëment appellé, & attendu en la maniere accoustumée estre menez & conduits par iceluy demandeur ou sondit Procureur sur la piece de terre declarée, tant en son exploit libellé, qu'audit appointement, pour d'icelle veuë & monstrée estre faite au doigt & à l'œil audit deffendeur ou sondit Procureur par confrontations, tenans & confinages certains, qu'au vray limiterez, soit en prensence ou absence d'iceluy deffendeur ainsi adiourné, attendu & appellé par vostre exploit, duquel nous certifiez suffisamment. Mandons à vous, prions & requerons tous autres, en ce faisant, estre obey. Donné sous le scel de ladite Preuosté, &c.

A bonne cause se donne l'assignation pour assébler les parties deuāt autre lieu que le contentieux pource que le deffendeur en ignore tousiours l'assiette, & les tenans & confins iusques à ce que la veuë & monstre luy en ait deuëment esté faite.

Le mesme, s'il est question de cens, hypotheque, ou dixme deuë sur les heritages, seruitudes de passages & autres, & faut que l'heritage soit confronté de deux ou trois confins.

Mais faut icy noter, que si le deffendeur a védu, permuté, ou autrement contracté pour raison de l'heritage, il ne luy sera accordé veuë, ny semblablement s'il est interessé pour les cens, dixmes, ou seruitudes : & sur cette requisition de veuë, le deffendeur sera tenu affermer, s'il en est requis, s'il ne sçait les heritages, ce que confessant sera debouté de ladite veuë. Aussi estant questiō de la maison où reside le deffendeur, suffira luy declarer que c'est la maison où il demeure, & n'en pourra auoir monstrée. Et apres lesdites veuës faites & rapportées, le deffendeur en ayant eu copie, la contredira dans bref delay, alias sera trouué pour bié faite, & faut bien que le deffendeur, qui pretend auoir garand, se fasse faire veuë auant demander garand : car par apres ne seroit receu, & faudroit qu'elle fust faite à son garand s'il la requeroit à ses despens.

De Litispendance.

Si le defendeur ou ses predecesseurs estoient en aucuns procez auec le demandeur ou ses autheurs, pour raison de mesme fait, est requis l'alleguer, & en faut iustifier ; car autrement ne suffitoit de demander les dépens de l'vne ou de l'autre des instâces, & qu'ils soient declarez prejudiciaux, c'est à dire payez, auant que respondre par le deffendeur aux conclusions contre luy prinses, & ce s'appelle Litispendance, qui doit estre alleguée deuant toutes autres fins, toutesfois le declinatoire doit estre premier qu'est le renuoy, s'il y eschet.

D'euocation de cause.

Le deffendeur doit voir s'il est poursuiuy en matiere possessoire pour raison de dixme, auquel cas peut demander euocation de la cause pardeuant le Siege Royal, n'en estant le Subalterne competant, la connoissance de telles matieres appartenant directement au Iuge Royal.

Fins de non receuoir & dilatoires.

Outre les choses cy-dessus, desquelles le deffendeur s'aydera en ce qu'il verra estre besoin en ses faits, il faut qu'il aduise s'il a aucunes fins de non receuoir à desduire contre son demandeur auant autres deffenses, & celles icy s'appellent encores fins dilatoires & de non receuoir.

Il faut noter que les fins de nõ receuoir & dilatoires, qui n'est qu'vn méme, se peuuét proposer auec les fins peremptoires, & nõ auec les declinatoires.

Comme si pour raison d'heritage le demandeur forme complainte, pour raison du trouble donné plus d'an & iour auant ladite complainte formée & conclusions prises.

Si les Procureurs demandent leur salaire deux ans apres les vacation, & le Greffier dans trois ans.

S'il est question d'action personnelle ou obligation prescripte par trente ans.

Si le demandeur veut accumuler le petitoire auec le possessoire : car le possessoire doit estre premier & separément la Sentence entierement executée.

Si le seruiteur demande son salaire apres an & iour qu'il est sorty hors du seruice du deffendeur, ou bien s'il demande son salaire de plus de trois ans, sinon qu'il y eust expresse promesse, conuentions, ou compte particulier, ou interpellation, ou sommation suffisante.

Si les Drappiers, Appoticaires, Boulangers, Patissiers, Serruriers, Tauerniers, Cousturiers, Cordonniers, Celliers, Bouchers, & autres gens de mestier, & Marchands vendans à distribution leurs denrées, marchandises & ouurages par eux fournis, six mois apres la deliurance, sinon qu'il y eust arrest de compte, sommation ou interpellation dans les six mois.

Item, si l'on demande les cens & arrerages de plus de trois années precedentes, le bail de conclusions ou adiournemens sur ce libellez, ou bien rente constituée à prix d'argent, à plus haut dot que cinq années dernieres, ou si l'on demande Charrois, Couruées & manœuures de plus d'vn an, car telles choses ne tombent en arrerages.

Si aucun prend transport d'vne chose litigieuse & en estant en procez, soit du demandeur, ou du deffendeur, & veut estre subrogé en son lieu en la cause, on le peut aussi empescher par ladite fin de non receuoir s'il y a rescrit du Prince, & s'il est

Procureur, ou du conseil de partie, & outre ce amandable s'il n'est releué du vice de litige.

Nota, que tout ainsi que les cens ne se peuuent demander en Auuergne que de trois ans, de mesme tout ce qui en dépend & prescript par discontinuation de poursuite de trois ans, s'entend en Auuergne : Car en Bourbonnois les cens se demandent de dix ans, suiuant leur coustume, & autres Prouinces chacun selon leur stile.

Si le demandeur a intenté l'action petitoire, il empeschera la paisible possession & jouïssance de la chose au deffendeur, soit auant ou apres contestation, pourra dire qu'il n'est tenu proceder iusques à ce que le demãdeur ait rendu & fait actuellement, reellement possesseur de la chose contentieuse. Le semblable, si aucun demande rescision de contract, le deffendeur n'estant jouïssant de la chose immeuble peut requerir si c'est meuble, n'est le demandeur receuable. *Fins de non proceder.*

Si en gaste de bestail l'estime n'est faite dans quatre iours apres la prise.

Si l'on veut par lettres Royaux estre restitué des contracts que l'on a consentis dix ans passez d'auparauant l'on y est receuable, ny aussi le mineur de ce qu'il a contracté pendant sa minorité, s'il n'est releué & intenté par bail des conclusions de l'Instance auant qu'il ait atteint l'âge de 35. ans.

Si aucun demande par retrait l'heritage vendu par son lignager trois mois passez apres l'acquest & prise de la possession faite par l'achepteur en presence de Notaire & tesmoins, ou de deux tesmoins du lieu où la chose est située. *De confusion.*

En action d'injures, si la demãde ne specifie le iour,

heure & confins du lieu elle est cōfuse & impertinēte.

Si la demande confuse, generale & impertinente, n'estant remplie des choses requises cōme en action personnelle, si elle contient les 4. cas requis, qu'est-ce que l'on demande. Second, la cause pourquoy, tiercement dés quel temps, quartement, la promesse de payer.

De reconciliation.

Sur lad. matiere d'injures, dés icelles proferées, si les parties ont beu, mangé & confabulé familierement, ou eux frequenté, faut alleguer fin de non receuoir, attendu ladite reconciliation.

De garand formel.

Garand est celuy qui est tenu de l'euiction de la chose contentieuse, soit par la nature du contract, comme ayāt vendu, où par la promesse de garātie apposée au contract comme s'il auoit donné auec telle promesse, sans laquelle il ne seroit tenu de l'euiction.

Si le defendeur a aucun bon asseuré garand, il peut requerir apres s'estre pourueu & satisfait sur lesd. fins de non receuoir: car apres auoir demandé garād, il ne seroit plus receu à demāder veuë que mal-aisément, sinon doncques qu'il dit qu'il demande garād sans se departir de la veuë & monstrée de l'heritage, & par protestation de la demande, & auoit pour son garand en tant que de ce, il seroit par luy requis, mais le plus seur & vsitable est d'auoir monstrée, auant garād: car par apres ne seroit receu si le garād le requeroit, & feroit aux despens du demandeur en records.

Pour faire appeller lequel garand, luy sera baillé delay, & iceluy venu contre luy employera toute la procedure par le demandeur originaire faite, & de toutes pieces baillera copie à sondit garand, ensemble d'autres, si le demandeur en garētage en allegue.

En matieres profanes, possessoires, & de cōplaintes ou cōplaignant l'exploiteur appelle à garād alleguāt l'adueu, duquel il a fait l'exploit, & iceluy garand prend la cause afin, ledit exploiteur s'en va hors du procez, parce que si le demandeur obtient gain de cause, il peut faire executer sa sentence contre celuy qu'il luy plaist, sauf les despens, dommages & interests, dont la liquidation & execution sera contre le garand seulement. Ord. de l'an. 1539. art. 20.

Faut noter que le demandeur principal peut faire purger son deffendeur par serment, s'il fait cette requisition de garand pour dilayer, ou pour autre dol ou fraude.

Nota aussi qu'il n'y a qu'vn delay pour appeller son garand, s'il n'y a cause legitime. Par l'Ordonnance de l'an 1539. art. 18.

Du second garand apres prise de cause.

Quelquefois ce garand appelle à autre garand qu'il peut requerir & auoir. Mais non sans premierement prendre la cause & defense de son demandeur, & lors ledit demandeur en garentage sera mis hors de Cour & de procez, sinon qu'il y ait matiere pour les empescher par le demandeur originaire, neantmoins tant y a que l'autre demandeur en recours doit requerir apres l'offre de prise de cause de son deffendeur estre mis hors de Cour & de procez: Par fois ledit demandeur de garand craignant le peril de sa cause, veut demeurer en la cause, car lors son demandeur & son deffendeur ne peuuent colluder à son prejudice.

De garand refusant & protestant se garder, de mesprendre.

Le deffendeur, en recours doit prendre la cause & defense de son demandeur, & ce demandeur comme dit est, peut requerir estre mis hors de Cour & de procez.

Autres deffendeurs en recours, ne tiennent compte de deffendre, ou par fois seulement declaration comme ils protestent se garder de mesprendre.

En ces deux cas faut que le demandeur proteste de son recours, despens, dommages & interests en cas d'euiction, & de deffendre & contester, & soustenir l'instance aux perils & fortunes de son deffendeur garand.

Et par apres pourra la cause de recours estre disjointe d'auec la cause principale, & fournira le demandeur de requeste formelle, dont il declarera les causes & moyens, sur laquelle sera appointé que le deffendeur sera adjourné, & s'il ne compare par vertu de deux deffauts sera donné sentence apres verification du contenu en sa demande & requeste formelle.

De sommation de garand qui est assisteur en cause.

En cas d'action personnelle comme de prest, response, despense, contrainte, reddition de compte, & autres semblables, le deffendeur peut demander sommation de garand qui luy sera octroyé : Mais cela se fait sans retardation de l'instance principale: Si ce n'est que le Iuge de grace fauorise de quelque delay la partie principale; toutesfois en cas que le garand interuienne en la cause, offre prendre la cause & defense du deffendeur; Consentir qu'il soit mis hors de Cour & de procez, il en sera seulement fait mention. & octroyé acte au deffendeur garand, selon ses offres & consentement, condamné à faire cesser la poursuitte principale, & en tous despens, dommages & interests de son demandeur, tant faits & soufferts, qu'à faire & souffrir, & sans preiudice de tout ce, faut que la poursuite ait effet, & soit sans contrainte executée contre ledit deffendeur originaire.

Nota, que l'on peut sommer garand en quelque estat que soit la cause, mais il est bien meilleur le faire appeller auant contestation, & le plustost qu'on peut, car le garand n'est tenu des despens que du iour qu'il a eu son exploit libellé, ou ses conclusions.

Du demandeur requerant garand formel.

Par fois mesmes en matiere possessoire ou petitoire, apres que le demandeur aura les defenses de son defendeur, il demande luy-mesme garand, comme si le demandeur a acquis l'heritage d'autruy, & par ce moyen intenté son action; Le deffendeur pourra alleguer droicts & iouyssances contraires, & lors le demandeur requiert à garand son vendeur & ses heritiers, & conclud qu'ils ayent à prendre sa cause & demande, & faire cesser les defenses déduites & proposées par son deffendeur.

Que doit le demandeur par ses conclusions.

Ayant cy dessus parlé des exceptions & fins declinatoires & dilatoires, est à remarquer que le demandeur ayant affaire, & dressant ses actions contre femme mariée, mineurs, fils de famille, pupils, impuberès, ou mineur de vingt-cinq ans, doit requerir par ses conclusions les auctorisations cy-dessus mentionnées: Si contre le forain demande [illegible] eslection de domicile en la Iustice où pend la cause, & ainsi des autres selon les occasions.

De mesme auant deffenses peut le deffendeur faire mesmes requisitions s'il a affaire à telles parties,

& doit dire qu'il n'est tenu defendre & ester en iugement auec le demandeur, que prealablement il ne satisfasse à ce que dessus.

Des defenses, fins peremptoires & principales.

Attendu le discours cy-dessus des fins declinatoires & dilatoires, restent les fins peremptoires, qui n'est autre chose que defenses & contestation au principal, auec lesquelles fins peremptoires se peuuent proposer les fins de non receuoir, mais non les declinatoires auec renuoy, car elles doiuent estre prealablement vuidées, & quand il est ordonné qu'on plaide à toutes fins, s'entend declinatoires & dilatoires seulement: si lors que l'on veut alleguer le tout ensemble, faut dire, & sans prejudice de ladite fin de non receuoir, & se departir aucunement d'icelle, & par protestation de demander & auoir droict sur ce prealable.

En complainte, tout ainsi qu'apres l'an & iour du trouble passé, l'on n'est receuable d'intenter ses actions: Ainsi par la discontinuation d'vn an & iour, elles sont peries & prescrites, ce que toutesfois l'on n'obserue si rigoureusement.

En autres matieres simples l'on contestera, y ayant discontinuation de poursuite par an & iour, il faut faire appeller sa partie pour venir proceder sur le dernier errement, appointement, ou ordonnance en la cause, nonobstant la surannalité: Mais s'il y a discontinuation en la cause de dix ans auant contestation, l'instance est perie, auec ce si elle est pretorialle, est annualle par an & iour.

De mesme en condemnation, defaut, taxe de despens, & executions de Sentence, on ne s'en peut ayder apres l'an & iour d'icelles, que premier l'on n'ait fait appeller sa partie ou heritiers, pour voir declarer executoire, nonobstant leur surannalité, & s'il y a desdites Sentences, & autres discontinuations, on ne peut plus s'en ayder que pour seruir de tiltre, & faut s'ayder par autre nouuelle action.

Si le deffendeur ne baille ses defenses dans le delay ordonné, le demandeur pourra sur ce faire iuger vn defaut, s'entend s'il est question de chose consistant à preuue, sera donné reglement à articuler & informer, sinon sera ordonné que les parties produiront, contrediront & soustiendront le tout, selon les delais prefix par le Iuge, & seront les despens reseruez en fin de cause. *Des despens preiudiciaux.*

Et si le deffendeur auoit obtenu congé contre le demandeur, il ne seroit tenu de deffendre ne proceder en la cause, iusques que pour prealable il ait esté payé des despens à luy adiugez, que l'on appelle preiudiciaux, & est le semblable du demandeur contre le deffendeur,

Mais s'il aduient que celuy à qui seront deubs lesdits despens preiudiciaux, precede & aille deuant en la cause, auant payer lesdits despens, il ne s'en pourra par apres ayder par ce priuilege de preiudicier, & faudra que sans preiudice desdits despens, il procede auant, desquels toutesfois en quelque estat que soit la cause il se pourra faire payer, mais non par forme de preiudice, estant iceluy preiudice couuert par procedure depuis faite.

Faut noter que si celuy qui doit lesdits despens preiudiciaux appelle d'iceux, qu'il faut requerir que nonobstant & sans preiudice d'iceluy il paye & soit permis l'y contraindre à tout euenement en baillant caution, pour rendre lesdits deniers en fin de la cause d'appel s'il y échet.

Congez ne se peuuent iuger que dans l'an & iour apres la presentation, ainsi que defauts.

Congez ne portent par le profit & iugement d'iceux en action personnelle, qu'enuoy, & non absolution d'instance, auec despens.

En matiere d'Arrest, saisie de biens, executions, & semblables matieres, emporte dégagement, auec despens, dommages & interests.

De replique, duplique, dits & contredits.

Par apres les defences baillées, & les pieces y alleguées & iustifiées, le demandeur a délay pour repliquer, & apres le deffendeur pour dupliquer: & à faute de satisfaire, il n'est iugé congé ne deffaut, comme à faute de bailler demande & defenses, & si la partie qui doit satisfaire forclost de repliquer ou dupliquer, & la cause appointée en droict, si tant est qu'elle se puisse vuider par droict, s'entend par escrit du procez, ou autres actes & contracts que les parties pourroient produire, sinon sera donné reglement à articuler & informer, bailler objets, soustenances, produire, contredire & soustenir. Le semblable est sur autres dires, responces, & contredits que l'on veut bailler & fournir d'vne part & d'autre apres lesdites repliques & dupliques, pour dire aucune chose de nouueau, faudra dire seulement; le demandeur replique & persiste à sa demande, fins & conclusions, requiert appointement en droict, ou appointement d'articuler & informer. Le deffendeur en peut dire de mesme qu'il duplique & persiste à ses defenses, voyes & conclusions d'absolution.

Faut noter que par fois lesdites parties sont en

litige sur tels incidens, disant l'vn que la cause se peut vuider par droict, l'autre que non, & sur ce le Iuge les appointe en droict afin des despens de l'incident, & par fois condamner celuy qui a mal incidenté aux despens de l'incident, autrefois les reserue en definitiue, & ce dépend du Iuge. Sur autres differents aduient plusieurs fois tels autres incidens.

Nota, que si aucune partie allegue aucuns tiltres, obligations, ou chose par escrit, que deuant de respondre par partie aduerse il doit requerir que l'alleguant iustifie les pieces qu'il a alleguées, ou qu'il soit forclos de s'en pouuoir ayder par escrit en la cause, ce que le Iuge ordonne, & apres la iustification, ou forclusion, faut respondre, & cela fait de tout ce que l'on allegue, soit en demande, defense, replique, duplique, & autres quelconques plaids.

Des Sermens.

Aucuns apres qu'ils ont baillé leurs conclusions ou en autre estat du procez, croyent leur partie par son serment, & le plustost est le meilleur à ceux qui en veulent venir là, sur laquelle declaration est ordonné si la partie est presente, qu'il l'acceptera, ou la partie n'estant point presente, qu'il y satisfera dãs certain temps, autrement, referé au demandeur, ou à celuy qui l'a premierement declaré, & ne satisfaisant par iceluy deffendeur dans le delay porté, & à luy pour ce faire donné, le declarant se presentant, fera receuoir son serment.

Ceux à qui est deferé le serment, c'est à dire, qu'ils sont creus par leur serment, & ne sont tenus de iurer, sinon en tant que le declarant, qui est celuy qui croit l'autre, tant sur sa demande, qu'aussi sur les exceptions & defenses du deferant, & par ainsi faut dire, i'offre accepter & faire le serment tant sur la demande & conclusions du demandeur, que sur les exceptions & defenses à icelle, & autrement non, & n'en estre tenu, & cela est fort requis à obseruer, car en defaut de ce, faisant le deffendeur son serment, le demandeur l'accepteroit en ce que luy sçauroit & feroit pour luy seulement, & au surplus le nieroit; de mode que le deffendeur pourroit perdre ses causes par son serment, & encores qu'il auroit droict comme si le deffendeur disoit; ie confesse qu'il m'a presté ce qu'il declare, mais ie l'ay tres-bien satis-fait, & ne pouuoir prouuer son serment.

Il y a grande difference entre serment fait à la delation de la partie, & celuy qui est fait de l'office du Iuge; car le premier tient lieu de transaction, & excede la force de chose iugée, sans que plus le deferant soit receu à faire preuue du contraire. Et quant à l'autre, on peut venir à l'encontre, tant par tiltre que par tesmoins: toutefois on fait grand doute si vne partie faisant serment des articles d'vne declaration de despens, & il soit trouué que les sermens soient faux, si la partie defenderesse sera ou doit estre receuë à venir à l'encontre desdits sermens. Et sur telle matiere ont esté donnez plusieurs Arrests contraires, & conseillerois quand vne partie a iuré de quelque chose qui consiste à son serment, de ne persister au contraire.

Des Interrogatoires.

En quelque estat que soit la cause, apres toutefois la demande & defenses baillées, les parties peuuent & sont tenus faire interroger & respondre categoriquement sur les faits & pieces du requerant, en baillant & cottant iceux faits, sur peine qu'ils soient tenus pour confessez & prouuez.

Celuy qui est interrogé paye sept sols six deniers pour son interrogatoire, & apres remonstré s'estre fait interroger, offre le rapport en luy payant par le requerant lesdits sept sols six deniers : & ayant fait l'offre, si ledit demandeur ne veut payer & retirer ledit interrogatoire, il pourra demander executoire contre luy, qui luy sera octroyé, & pouuoir le contraindre par execution, & ne fera que bien celuy qui est interrogé, garder copie de son interrogatoire, afin de voir par là ce qu'il aura confessé ou desnié.

Celuy qui poursuit sa partie aduerse de respondre categoriquemeut sur ses faits, est tenu de communiquer lesdits faits à sa partie, & n'est receuable le refus de ladite communication sous pretexte que le poursuiuant dit, que ladite partie a eu coppie de tout lors qu'il a proposé lesdits faits.

L'interrogatoire rapporté & baillé à partie, pourra estre contredit, ou bien faire declaration, se contenter de la confession y contenuë, & offre de prendre droict par iceluy, lequel il exhibera & mettra és mains du Iuge, ou Greffier à cette fin.

Des Reglemens.

Apres lesdites demandes, defenses, repliques, dupliquement & autres dits, responses & contredits, les causes sont disposées à estre vuidées par droict aucunefois, c'est à dire, sans faire preuue de témoins autres fois, ne se peuuent; partant le Iuge donne bon reglement, par lequel est dit que les parties articuleront leurs faits dans quinzaine, de huict en hui ctaine y respondront par premieres & secondes additions dans trois sepmaines informerent, troi iours apres rapporteront leur enquestes, & consequemment les procez verbaux d'icelles, pour dan autres trois iours dire contre ledit rapport & reception, *alias* receuës & rapportées de huict en huictaine ensuiuant, bailleront objects & saluations, produiront, contrediront & soustiendront, *alias* forclos, & en droict, & se feront les parties respectiuement interroger sur faits pertinens, en les cottant & baillant, & sera fait extraict & collation des pieces que les parties voudront produire pour tenir lieu d'original en la cause, parties presentes ou appellées pour ce voir faire, ou leurs Procureurs.

Nota, que l'on ne peut respondre en articles que par premieres & secondes additions, & bien souuent n'est besoin de faire extraict & collation, car par fois ne se produit contracts ne pieces de consequence, aussi n'est par fois besoin se faire interroger, & se donnent les reglemens non purement comme dessus ; mais selon le merite & consequence des causes par fois plus bref, autresfois plus long.

Parfois les reglemens se donnent sur le registre, autres par dicton, estant les parties appointées en droict, & lors sont les despens reseruez sinon qu'il y eust exprés incident formé, comme est dit cy-deuant, & parce peut celuy qui a payé les espices demander executoire de la moitié contre sa partie, & la faire executer, ou arrester de ses biens, sommation prealable faite à personne ou domicile.

Aussi quand bien seroit de besoin faire extraict & collations & interrogatoires, encores qu'il n'en soit parlé par ledit reglement n'importe, car on le peut tousiours requerir & faire ordonner iusques à sentence diffinitiue, estans actes qui se font sans retard de procez.

Et est bien necessaire és parties de satisfaire à ce qui est porté par les reglemens chacun à son delay; car le Iuge ne les peut prolonger, mesmes les subalternes, si ce n'est du consentement des parties, & sous bonnes diligences & bien apparentes causes, & encores y a du part.

Et quand bien vne partie auroit fait vne viue, ample & suffisante preuue de ses faits pardeuant le Iuge subalterne hors son delay, l'enqueste sera rejettée & condamnée aux despens.

Bien en cause d'appel sera sadite enqueste & preuue receuë, comme si sous nouuelles productions, & tout ce que l'on veut dire & alleguer.

Des Articles.

Et bien requis aux parties de faire dresser par bon conseil, ou pertinent praticien, ses faits & articles, de tant que c'est toute l'instruction, & discourir du procez, & ayde à faire l'enqueste plus facilement, & à tirer la verité des faits articulez par la bouche des témoins, & en baillant iceux faits, on les met au Greffe en iugement ou hors jugement. Toutesfois faut que la partie ou Procureur en ait la signification, & fait-on mention au registre du iour qu'ils sont fournis, & requerir, si affaire le vaut, que sa partie soit interrogée sur iceux, dont luy baille coppie, & mesme sur tels & tels articles, si ce n'est sur tous.

Nota, qu'il faut que celuy qui articule garde coppie de ses articles pour voir ses faits, & instruire & pratiquer ses témoins sur iceux.

Des Responces.

De mesme fournir à la partie de sesdites responces ausdits articles, requerant sur icelles sa partie estre interrogée si faire le doit.

Des additions.

Aucunesfois, mais non souuent, & seulement és matieres de grande importance, les parties respondent par additions, & nota qu'il n'y a qu'vne ou deux additions, à quoy faut se regir par bon conseil.

Des Enquestes.

Apres l'on prend le iour auec le Iuge & Greffier en Cour subalterne, ou auec l'enquesteur ou adjoint en Cour Royale à faire son enqueste, ou à iour d'Audience pour obuier à frais, auquel iour l'on fait appeller sa partie en personne ou domicile, ou bien plein jugement d'office à la requisition de partie, le Iuge assigne la partie pour ce voir faire, & pour le moins est besoin de faire adjourner sa partie du iour au lendemain, de mesme on fait assigner les tesmoins selon les exploits, dont leur faut bailler coppie singulierement à la partie, ensemble de la commission si aucune y en a.

Au iour, lieu, & heure assigné partie auec son Procureur, compare, fait sondit Procureur recit du procez deuant le Iuge & Greffier, remonstre qu'entre tel & tel y a procez pendant pardeuant luy, auquel a esté tant & tellement procedé, que la cause & parties ont esté reglées & appointées à articuler & informer, que suiuant & à ce satisfaisant de la part dudit tel; il a fait appeller en ce lieu, iour & heure de ses tesmoins, qui sont tel & tel, & partie aduerse, pour les voir produire, iurer, receuoir accord d'ajoint si besoin, & estre interrogé; aussi eslire domicile à faire authoriser, si fait n'estoit, & qu'il fust besoin & requerir defenses contre sa partie, par vertu duquel estre trauaillé au fait negoce de son enqueste, & consequemment lesdits témoins presens estre receus iurez, & quant à ses témoins defaillans, ils soient reappellez sur peine, & pendant attendu ses diligences, dont est besoin monstrer exploits, son delay d'informer estre prolongé de quinzaine, & que partie se fasse interroger, & rapporte son interrogatoire, autrement ses faits tenus pour confessez, & autres purement & simplement, apres que d'iceux il baille presentement coppie & cotte d'iceux.

Pourra respondre l'appellant qu'il empesche la reception des témoins, attendu que sa partie est hors de delay, & proteste d'en appeller à tout euenement de la nullité & reiect de l'enqueste, ou bien dire seulement qu'il proteste d'abuser les témoins, & peut aussi ranger le lieu & maison où l'on veut trauailler, disant qu'il luy est suspect, & par fois le lieu & le iuge s'il est besoin.

Sur ce le Iuge receura le serment des témoins à tout euenement, auec perils & fortunes du requerant, & sauf à faire droict prealable sur la nullité & reject de l'enqueste s'il y échet, & quant aux tesmoins deffaillans donnera contr'eux deffaut, par vertu duquel seront reappellez, à peine d'vn escu d'amende, despens, dommages & interests.

Apres, le Procureur peut tirer les témoins de sa partie à part, & leur communiquer, lire & donner bien à entendre les faits articulez par sa partie, & les excitera & instruira sur iceux, & selon qu'il verra qu'vn témoin pourra déposer, il dressera leurs articles, lesquels ils portent s'allant presenter deuant le Iuge, & est vtile de fairè examiner le premier celuy qui plus sçait du fait, car il ouure

ouure l'intelligence au Iuge Enquesteur.

Le Iuge ou Enquesteur peut aussi commettre au Iuge commode és parties & lieux de témoins pour proceder aux Enquestes, pour obuier à frais.

Nota, qu'il ne se peut examiner dix tesmoins sur chacun fait ; & s'il y en a dauantage, les autres apres les dix ne seruent de rien, voire quand ils deposeroient mieux que les dix autres, parquoy faut faire examiner les meilleurs les premiers. Et s'il y auoit plus de dix tesmoins sur chacun fait, partie aduerse le pourra remonstrer au rapport de l'enqueste, & demander le rejet des supernumeraires.

Aussi si aucuns témoins ont deposé de faits & choses non articulées, les depositions pour ce regard ne seruent, sinon que partie eust lettres, & seront releués de ce qu'il auroit obmis à articuler aucuns faits à quoy il fust receu à les desduire, mais partie aduerse sera receuë à y respondre, & faire preuue contraire aux despens du requerant.

Item, si aucuns tesmoins ont esté produits, receus & iurez, ils peuuent par apres estre ouys hors delay, & examinez sans plus appeller partie. Mais s'ils n'ont esté receus faut faire reappeller la partie.

Faut que le Iuge procede au faict de l'enqueste, auec autres Greffier, ou adioint, que son fils, gendre, nepueu, clerc, ou domestique, voire quand la partie l'accorderoit si autrement se peut.

Des Recusations.

Si l'vne ou l'autre des parties tiennent le Iuge ou Greffier à suspect, encores qu'ils le peuuent recuser en quelque estat que soit la cause, neantmoins le plus souuent c'est lors de l'enqueste & auant icelle, car de ce despend le gain ou perte de cause. L'on peut aussi recuser le lieu & maison où l'assignation est posée.

Tout à l'instant que l'on a recusé faut proposer causes de recusation; car de ce l'on ne peut auoir qu'vn fort bref delay de tant que se retarde le principal, & par fois l'on croit le Iuge par son serment, comme s'il est parent fauorit, ou du conseil de partie, sinon le Iuge ordonne que partie aduerse les verra, & y respondra, s'il les debat pour n'estre admissibles, encores qu'elles soient veritables, & que telles soient trouuées. Le Iuge en les declarant inadmissibles, ordonne que les parties procederont pardeuant luy: que si de ce y a appel, la partie fera ses protestations de tous ses depens, dommages & interests du retard & deperissement de sa preuue, parce que pendant ce aucun de ses tesmoins pourroit mourir. Il se pouruoira pardeuant le Lieutenant ou plus ancien praticien ayant accoustumé tenir les plaids en l'absence du recusé, & pardeuant luy procedant sur le principal, & aussi ordonne que dans certain iour le recusant fera apparoir de ses causes de recusation: que s'il ne les verifie, & sont trouuées fausses & calomnieusement proposées, il doit l'amende, & si le Iuge recusé declare les causes de recusation admissibles, toutesfois non veritables, & reserue aux parties se pouruoir, comme de raison y sera procedé pardeuant le Lieutenant ou autres, comme dessus.

L'on peut recuser iusques à tant que le Iuge a visité le procez, encores qu'il luy soit distribué, supposant les causes & matieres de recusation de nouueau venuës à sa notice & connoissance.

Autre recusation contre vn referendaire.

Si aucun a obtenu commission *ad partes*, pour faire enqueste sur les lieux de son domicile où de ses tesmoins, le Iuge a commis à ce faire deuant ou apres la production, & voires quand il auroit examiné partie de ses tesmoins, doit sous la simple recusation se contenir : & ne plus proceder auant ; ny ordonner quelque requisition que partie aduerse fasse qu'il baillera causes de recusation, bien faire escrire lesdites protestations du retard & deperissement de sa preuue, dépens, dommages & interests, mais non autre chose ; car il est seulement commis pour faire l'enqueste; & s'il ordonnoit sur lesdites recusations il excederoit sadite commission, & s'il y auoit appel, seroit dit mal.

De rapport & reiet d'enqueste.

A la premiere audience ou commodité, fust-ce le mesme iour, partie ou son Procureur remonstrera auoir fait trauailler à son enqueste, & requiert le rapport d'icelle.

Partie aduerse pourra dire qu'elle empesche, de tant qu'elle est faite hors de delay, & luy non ouy ou deuëment appellé, & personne ou domicile, & n'ayant eu aucune coppie d'exploit, comme il est requis, & faite par Iuge recusé proteste de la nullité & reject d'icelle, & neantmoins sans le preiudice audit reject, requerir communication du procez verbal de l'enqueste, pour plus à plain déduire & bailler ses moyens de rejet & de nullité, & obijcer les témoins si faire se doit & bon luy semble.

L'autre pourra persister audit rapport & requisition, de bailler neantmoins coppie du procez verbal de ladite enqueste.

Toutesfois si le contredisant a esté present à la production & reception, luy suffira les noms des tesmoins, qu'il ne faudroit toutesfois opiniastrer.

Des Obiects.

Enqueste ainsi faite & rapportée ou debatuë, la partie pourra bailler par escrit les objects & reproches qu'il verra receuables & veritables contre les tesmoins contre luy examinez, & ne peut auoir communication de l'enqueste iusques à ce qu'il ait baillé objects : Car s'il auoit veu le premier l'enqueste, il ne seroit receu à bailler objects, soit en cause d'appel ou autrement, sinon doncques produire des actes : toutesfois s'il peut voir l'enqueste à cachette, ne fera que bien, mais il ne soit sçeu.

Que s'il veut encore persister au reject & nullité de l'enqueste, il faut qu'il insere en ses objects, comme il les propose & baille sans preiudice de ladite nullité & reiect de l'enqueste, & par protestation d'auoir sur icelle nullité, doit prealable, & les mettant au Greffe en fera faire mention sur le registre.

Que si la partie qui a fait faire icelle enqueste, craignant de n'auoir assez de preuue, il ne doit oncques voir sadite enqueste; car s'il estoit sceu, ne seroit receu en cause d'appel ne autrement, & faire autre enqueste & plus ample preuue.

Il y peut estre remarqué comme de toutes forclusions encouruës en Cour Subalterne, l'on est receu en cause d'appel.

L'enqueste rapportée, concluë & receuë pour iuger, les parties sont appointées à bailler reproches de tesmoins, puis apres saluations. Ce fait, le procez principal, ensemble lesdites reproches &

saluations, doiuent estre mis pardeuers le Iuge pour appointer sur iceux; auquel toutesfois est deffendu par l'art. 39. des secondes Ordonnances du Roy Louys douziesme, d'appointer les parties à informer sur lesdits faits de reproches, sans iceux voir auec ledit procez principal, & de ne receuoir lesdites parties en preuue desdits faicts, sinon qu'ils fussent concluans, & contre les tesmoins, sans lesquels ne se pourroit iceluy procez decider. Dont si le Iuge les treuue admissibles, les reçoit à verifier par vn seul delay ou deux au plus: encores que diligence dans le premier ayt esté faite, ainsi qu'ils sont arbitrez par les 32. 33. 34. & 35. articles desdites Ordonnances, publiées en la Cour le sixiesme Septembre cinq cens trente-neuf, & dont dessus a esté fait mention. Pour laquelle verification faite, les parties leuent telle commission.

Commission pour verifier reproches de tesmoins.

Au premier Sergent Royal, &c. salut, veuë nostre Sentence interlocutoire donnée le tel iour en la cause d'entre A. demandeur d'vne part, à l'encontre de D. ayant repris la cause pour C. deffendeur d'autre, par laquelle auons lesdites parties respectiuement receuës à verifier les faits de leurs reproches dans certain delay non escheu. Pource est-il, qu'à la requeste dudit demandeur, vous mandons & commettons par ces presentes, adiourner competamment pardeuant nous les personnes qui par luy vous seront nommées, pour estre ouyes & examinées sur lesdits faits de reproches, & sauf aux adjournez leurs salaires raisonnables. Pour lesquels tesmoins voir iurer, & prendre adjoint, si mestier est, adjournez semblablement ledit D. à l'assignation, lieu & heure que donnerez ausdits témoins. O inthimation qu'il y compare ou non, ce nonobstant en son absence sera procedé à l'audition & examen d'iceux suiuant l'Ordonnance; Et de ce que fait en auez, &c.

Toutes personnes de quelques qualitez ou condition qu'ils soient, sont admissibles & receuables en témoignage, en toutes matieres qui s'offrent, soit ciuiles, criminelles, ou mixtes, si lesdites personnes ou l'vne d'elles ne sont prohibées & reprochables de droict. Parquoy en ayant certaine cognoissance des personnes lesquelles sont reprochables en témoignage, sera facile à faire iugement de ceux qui peuuent deposer verité. Mais pource qu'en plusieurs liures est ja desdits reproches tant parlé, qu'il suffit, je prendray seulement les reproches plus communément receus en Cour, & pour le surplus, renuoyeray les lecteurs au liure intitulé, Traité de témoins & d'enquestes, n'agueres mis en lumiere par maistre Guillaume Iaudin, lequel certes en a tres-elegamment & copieusement écrit, & de son liure & autres ay tiré le plus briefuement que i'ay pû les articles qui ensuiuent.

Premierement.

Ceux qui se mettent en deuoir de deposer plus qu'ils ne sont enquis sur les articles, sont à r'apeller.

Qui hors les termes de l'article deposent.

Qui ne rendent raison de leur deposition, la raison procedant de l'vn de leurs cinq cens de nature.

Qui depose auant estre adjourné.

Celuy qui outre le nombre de dix sur chacun article, sont examinez.

Mercenaires & commençaux ſont rapellez à porter témoignage ; comme auſſi ſont le mary & la femme, & ne peut la femme depoſer contre ſon mary.

Le témoignage d'vn ſeul ne vaut, *quia vox vnius, vox nullius.*

Les fauſſaires, pariures, infames publiques, bannis pour crimes, les conuaincus, que l'on doit ſpecifier : ſi par le Roy n'eſtoient remis en leur bonne fame & renommée.

Les excommuniez, de laquelle cenſure faut faire prompte foy.

Les Procureurs & conſeil de la cauſe du produiſant ne ſont à receuoir.

Ses freres, ſœurs, & prochains parens habiles à luy ſucceder.

L'ennemy capital, & eſt neceſſaire dire capital, car autrement inimitié n'eſt à receuoir.

Ceux qui ſont hors de leur depoſition domeſtique, & de la famille du produiſant, ne ſont à receuoir ſinon en aucun cas.

La depoſition de ceux qui ſeroient examinez *in globo*, non ſingulierement, & chacun à part, ne vaudroit.

Ceux d'vne Vniuerſité, ou communauté, quand ſeroit queſtion des affaires d'icelles.

Ceux qui ſont communs en paſturage, quand d'iceluy eſt procez.

Les moindres de quatorze ans, furieux & prodigues, auſquels l'on auoit prohibé l'adminiſtration de leurs biens.

Les corrompus & ſubornez, fols, idiots, & heretiques, & pluſieurs autres declarez en droict, que ie laisse aux Latins, tant pource que le Latin ne m'a esté ouuert, que pour la longueur d'icelles.

Et faut noter qu'en chacun reproche proposé n'est à obmettre, que le tesmoin estoit lors de sa deposition chargé dudit reproche, car tousiours a-t'on regard au temps d'icelle deposition.

En la Cour les parties sont tenuës de bailler leurs reproches de tesmoins dans huictaine apres la reception de l'enqueste, par Ordonnance premiere du Roy Charles VII. art. 99. Et fait bien à ce propos l'art. 34. de ses secondes Ordonnances. Et par l'art. 38. des secondes Ordonnances du Roy Louis XII. est statué qu'és sieges de ce Royaume, esquels y a publication d'enqueste, auant ladite publication, les parties bailleront (si bon leur semble) reproches de tesmoins, apres laquelle publication n'y seront aucunement receus : ce qui est obserué par deçà.

De l'amende de chacun fait de reproche calomnieusement proposé, est traitté en l'art. 41. de l'Ordonnance du Roy François publiée audit mois de Septembre 1539.

Il y a plusieurs lieux en ce Royaume, où les parties ne baillent saluations de témoins, si le Iuge premierement ne les reçoit à verifier les faicts de reproches proposez dans certain delay : pendant lequel le Iuge ordonne que partie aduerse baillera saluations, & sur iceux pourra faire preuue, qui est vn tres bon stile.

Semble que la preuue n'est gueres necessaire sur saluations, pource qu'ils cheent en la discretion du Iuge.

Obiects sur Obiects.

Il n'est point vsité que l'on puisse bailler d'autres obiects comme les tesmoins, par lesquels l'on aura verifié, ou se fait ouyr à cette fin, les objects baillez contre ceux des enquestes principales, bien peut produire des actes d'infamie contre ceux qui sont receus à mesme fin.

Des Saluations.

L'on peut bailler des soustenances apres lesdits objects propo'ez contre ses tesmoins, les maintenir gens de bien, & fort bien qualifiez, & dire les raisons en declarant, & contredisant les parties par les obiects supposez.

Preparatiues à produire.

Durant le cours du procez, & notamment apres lesdites enquestes, l'on peut, si l'on a aucun contract ou acte seruant au procez, & si elle est importante, en faire faire vne copie bien nette, & serrer, de peur que l'original fust soustrait au procez, où l'on en peut auoir autre affaire, & faire appeller la partie pour en voir faire extraict & collation pour tenir lieu d'original au procez, si ainsi auoit esté ordonné, sinon, le faire ordonner, & apres partie assignée, vn Commissaire ou Greffier en Cour Royale, ou en Cour subalterne, le Iuge ou le Greffier fe a ladite collation en presence des parties s'ils y comparent. Pour à quoy paruenir, elles peuuent requerir compulsoire leur estre doliuré, & que foy soit adioustée aux doubles d'iceux deuëment collationnez en leur presence, ou suffisamment appellez. Laquelle requeste doit estre entherinée par tel appointement.

Appointemens pour faire collations.

Entre A. demandeur comparant en personnes garny de conseil d'vne part, & D. ayant pris la cause pour C. deffendeur aussi en personne, garny de conseil, d'autre. Apres que les parties ont rapporté leurs enqueſtes ſur reproches, & declaré qu'ils ſe deportent de bailler reproches reprobatoires, & entendent produire tiltres, nous les auons declarées forcloſes deſdits reproches reprobatoires receuës: & recenons à faire ladite production de tiltres, & pour ce faire leur aſſignons iour au mois. Et neantmoins entherinant la requeſte par elles reſpectiuement faite, auons ordonné & appointé, ordonnons, & appointons, qu'aux doubles deſdits tiltres, autres pieces qu'elles entendent produire audit procez deuëment collationnez aux originaux par Nous ou noſtre Greffier, qu'à ce faire commettons en preſence deſdites parties ou de leurs Procureurs, ou iceux ſuffiſamment appellez, foy ſera adiouſtée comme auſdits originaux, & s'en pourront leſdites parties ayder en ladite cauſe & dépendance, comme de ce, ſurquoy leſdites copies auront eſté priſes & collationnées. Et à cette fin leur ſera compulſoire deliuré, pour faire commandement à toutes perſonnes, tant publiques qu'autres, aux deſpens raiſonnables de la partie qui les compulſera, rapporter pardeuers Nous les regiſtres & cartulaires qu'ils ont pardeuers eux, tiltres, munimens, & autres enſeignemens concernans ladite cauſe, afin d'en eſtre faits extraicts, vidimus, & copies, pour eſtans ainſi collationnées les deliurer auſdites parties pour leur ſeruir en ladite cauſe ce que de raiſon: ſauf toutes voyes, leurs contredits & ſaluations au contraire. Donné, &c. ſous le ſeel de ladite Preuoſté, &c.

Compulſoire.

Au premier Sergent, &c. Salut. Veu l'appointement cy-attaché de Nous donné le tel iour en la cauſe d'entre A. demandeur d'vne part, & D. ayant pris la cause pour C. deffendeur d'autre part, lequel (entr'autres choses) la requeste desdites parties a esté entherinée sur le decret de ces presentes. Pource est-il que nous vous mandons & commettons de par le Roy nostredit Seigneur, qu'à la requeste dudit demandeur, faites commandement, & contraignez par toutes voyes raisonnables, toutes personnes tant publiques qu'autres, ayant pardeuors eux registres, cartulaires, munimens, & autres tiltres & enseignemens quelsconques, necessaires audit requerant en ladite cause, qu'ils ayent à les exhiber, monstrer & deliurer à iceluy requerant : sinon à ses despens raisonnables, les rapporter pardeuers nous, ou au Greffe de ceans, pour en auoir & prendre les doubles, extraits & copies, & icelles estre par nous & nostre Greffier, ou par ledit Greffier seul (lequel à ce faire par nostredit appointement auons commis) collationnées à leurs originaux. Pour lesquelles collations & extraits voir faire, donnez & assignez audit defendeur, iour, lieu, & heure certains & competans. O inthimation, qu'il y compare ou non, ce nonobstant en son absence sera procedé ausdits extraits & collations comme si present y estoit, & icelles deliurées à iceluy demandeur, pour luy seruir ce que de raison. Et où lesdites personnes publiques, & autres seroient opposans, refusans, ou dilayans: adjournerez aussi, ô inthimation & competemment pardeuant nous pour dire leurs causes d'opposition, refus ou delay, & en outre proceder ainsi que de raison, & de tout ce que fait en aurez, nous certifiez suffisamment. Mandons à vous, prions & requerons, tous autres qu'il appartiendra en ce faisant estre obey. Donné, &c.

Si le Iuge ne pouuoit vacquer au faict des collatiõs, des tiltres, ou qu'ils fussent en diuers & lointains lieux: il doit pour le soulagement des parties, donner Commissaires, & decreter cõmission pour faire lesd. collations & extraits, ainsi que plus amplement en sera parlé au 2. liure des matieres ciuiles au chap. 17.

En expediant en Iugement la cause principale, le Iuge peut donner assignation aux parties, voire parlant au Procureur (si elles n'y estoient presentes) en tel lieu qu'il en sera requis pardeuant le premier des Commissaires qui besongnera au faict desdites collations.

De l'office des Iuges & Greffiers à faire les collations de tiltres, & des contredits & saluations d'iceux.

Suiuant l'appointement & decret de commission pour faire extraits & collations, la partie qui veut besongner, fait ses diligences de s'enquerir & faire adjourner ceux qui ont en leur possession les tiltres qu'elle entend compulser, extraire & collationner à iour, ou iours, lieux & heures certains & competans.

Et se font lesdits adjournemens auec inthimation, de tant que par la faute & refus que les compulsez pourroient faire d'apporter les tiltres qu'ils auroient par deuers eux, le procez intenté seroit grandement retardé ; Aussi estans trouuez auoir dilayé calomnieusement, doiuent (mesmement les personnes publiques) estre condamnez en tels dommages & interests que le Iuge verra estre à faire, selon l'exigence des cas.

Doncques parties comparans pardeuant le Iuge, & les tiltres rapportez à l'assignation, fait son procez verbal.

Forme dudit procez verbal de collations.

L'an mil cinq cens, &c. le tel iour pardeuant Nous Preuost de, &c. Comparut en personne A. garny de conseil, par lequel fut dit qu'en la cause traitée en la Cour de ceans entre luy demandeur d'vne part, & D. ayant pris la cause pour C. deffendeur d'autre, les parties auoient par nostre appointement du tel iour esté receuës à produire tiltres, & à cette fin lettres de compulsoires à elles deliurées, En vertu desquelles par tel nostre Sergent, des exploits, duquel y attachez, fit prompte foy, il auoit fait faire commandement à tel, heritier de defunct tel, qui en son viuant estoit Notaire Royal dudit Lorriz, de rapporter audit iour, lieu & heure pardeuant Nous certain registre ou protocolle des notes & contracts dudit Notaire, les aucuns desquels il entendoit faire extraire & collationner en la presence d'iceluy deffendeur qu'il auoit, pour ce voir faire par lesdits exploits faits appeller à ladite assignation, à laquelle il seroit aussi comparu en personne garny de conseil. Et semblablement ledit tel heritier, qui auroit rapporté & mis en nos mains vn registre en papier couuert de parchemin, contenant tant de cahyers, & tant de fueillets signez en tels endroits, & fueillets de tel nom: commençant en escriture à ces mots, &c. & finissant aussi en escriture à ces mots, &c. Lequel registre fut par led. demandeur maintenu, & aussi disoit ledit tel heritier estre celuy, où ledit deffunct escriuoit & enregistroit ses cõtracts, & estre de luy signé. Et neantmoins pour plus seuremẽt nous en certifier, auoit aussi fait euoquer à ladite heure honorables hommes tels Aduocats & Praticiens en nostre Siege, lesquels à ce presens, apres qu'ils eurent fait le serment en tel cas requis, veu & visité ledit registre, le reconnurent estre escrit & signé de la main dudit deffunt, qui en son viuant & au temps & datte desdittes notes estoit notoire. Au 20. fueillet duquel registre ledit demandeur nous monstra vn contract ou note escrite, signée & connuë comme dessus, laquelle ce requerant fismes copier, & extraire ainsi qu'il s'ensuit. Fut present, &c. Et ladite copie faite, extraite, & tirée dudit registre, fut par nous fidellement collationée à son original en presence dudit deffendeur, qui protesta la contredire, & du demandeur, qui au contraire protesta de la sauuer. Ce fait nous exposa aussi iceluy demandeur qu'il auoit plusieurs autres tiltres de consequence, qui estoient telles pieces, & de telles dattes, dont il auoit fait faire les copies, lesquelles ce requerant furent aussi en présence desdites parties, & sous lesdites protestations par nous & nostre Greffier, collationnées à leurs dits originaux, & lesdites collations en fin de chacune d'icelles copies, signées de nous, & iceluy nostre Greffier, & deliurées audit demandeur pour luy seruir en ladite cause ce que de raison. En témoin de ce, fût fait aussi ce present nostre procez verbal, signé de nous & nostre dit Greffier, les an & iour dessusdits.

Quand les pieces extraites, & copies ne sont inserées au long dans le procez verbal, mais separées d'iceluy, comme il est declaré en la fin du procez verbal transcrit l'on doit mettre en fin de chacune cesdites pieces & copies ce qui s'ensuit.

Cette copie a par nous, &c, esté auec tel nostre Greffier collationnée à son original, en presence de A. & D. garnis de conseil. & icelle deliurée audit A. poursuiuant nostre appointement du tel iour donné en la cause indecise pardeuant nous, entre iceluy A. demandeur d'vne part, & ledit D ayant pris la cause pour C. deffendeur d'autre, luy valoir & seruir en ladite cause ce que de raison; le tout comme plus à plain est declaré & designé en nostre procez verbal de ce; fait ce jourd'huy tel iour & tel an.

Et si le Greffier seul fait la collation en presence des parties, il ne fait aucun procez verbal, sinon qu'à la fin de chacune piece collationnée, il met & escrit ce qui s'ensuit.

La copie transcrite a par moy tel Greffier de, &c. esté fidellement collationnée à son original, en presence de A. & D. garnis de conseil, & icelle deliurée audit A. poursuiuant l'appointement, par lequel ay esté commis à ce faire. Donné le tel iour par Monsieur le Preuost dudit, &c. en la cause meuë en ladite Preuosté entre iceluy A. demandeur d'vne part, & ledit D. ayant pris la cause pour C. deffendeur d'autre, luy valoir & seruir en ladite cause ce que de raison.

Et où icelles parties protestent, c'est à sçauoir le deffendeur de contredire, & debattre ladite copie, & le demandeur au contraire de la sauuer. Fait au Greffe de ladite Preuosté, le tel iour, tel an.

Si la partie adiournée pour voir faire extraicts & collations, est defaillant à l'assignation, & que le defaut soit bien & deuëment verifié, le Iuge ou Greffier, nonobstant iceluy, peut en l'absence dudit defaillant, proceder au faict desdits extraits & collations, & prendre la forme dudit procez verbal, en faisant mention, au lieu necessaire dudit defaut, & de ladite, nonobstant ce.

Et si le lecteur le trouue difficile, ait recours au second liure du chapitre des Commissaires, où il sera au long escrit.

Les Iuges, Greffiers, & autres Commissaires notamment doiuent auoir l'œil s'il y a rature, glose, desection, cancellation, ou autre chose vitieuse és contracts & autres pieces, desquels ils font les extraicts des copies & collations, & en faire speciale mention en leurs procez verbaux pour auoir recours ausdits originaux si besoin estoit.

Car auant que foy soit adioustée à lettres & tiltres, & qu'elles soient dites autentiques, est besoin qu'elles soient signées de la main & signature de Notaire Iuré.

Qu'elles ayent suscription de deux tesmoins pour le moins.

Et qu'elles soient seellées de seel autentique.

Et sont lesdits tiltres, instrumens, ou escritures en plusieurs sortes suspects.

Premierement, quand ils defaillent de droite solemnité.

Secondement, si l'instrument est prohibé.

Tiercement, de celuy qui a impetré l'instrument, & aussi principalement à raison du Notaire qui a accoustumé de faire faux instrumẽs, & fausses écritures.

Quartement, s'il est en quelque partie rasé ou vituperé.

Et quintement, s'il est interlinaire, & escrit de plusieurs lettres en lieux suspects. Or s'il vouloit l'aller faire plus loin en autre sienne maison & iustice où le cens & directe ne fust deu, le seigneur

sera

sera tenu de l'apporter en la maison pour raison de laquelle ledit cens est deu.

De plus, considereront les parties si elles ont affaire de dattes, de baptesmes, sepultures, testamens, ou autres pieces & contracts qui ne soient en ses mains, demandera compulsoires contre toutes personnes publiques, soient Curez, Vicaires, ou Notaires pour l'expedition de toutes ses pieces, & particulierement contre ceux qu'il en sçaura estre saisis.

De mesme si aucun luy recelle aucunes pieces, ou que sa preuue soit manque pourra requerir luy estre permis de s'ayder par censures Ecclesiastiques *nemine dempto*, sauf vray conseil de sa partie, pour plus ample preuue & declaration de ses faits, & peut faire icelle requisition deslors de sa production, & à ce le plustost est le meilleur.

Le Iuge donne ordinairement cette permission d'obtenir querimonie & monition pour auoir reuelation desdits faits, la partie aduerse exceptée & non comprise, & son conseil sans fraude; lesquels derniers mots s'entendent, qu'on n'ait communiqué en conseil de la matiere à aucuns qui en sçauroient, afin que par ce moyen ils ne fussent tenus reueler: car on les auroit pris au conseil en fraude.

Mais il y a certains cas, ausquels les parties & le conseil sont compris; sçauoir est, quand la partie maintient soustraction ou latitation de pieces seruant au procez pendant, comme en vne matiere de seruitute sur quelque fonds pretendu, quand la partie pretend le tiltre de ladite seruitute luy auoir esté soustrait, il peut demander luy estre permis faire publier de ce monition, sans nul excepter. Semblablement où il est question de confection d'inuentaire, le Iuge peut ordonner que la partie pourra faire publier monition des choses recordées, & non mises par inuentaire ne exhibées pardeuant les Commissaires commis à faire l'inuentaire, sans aucun excepter.

Toutesfois il ne faut nommer par la monition la partie contre laquelle la permission de ladite monition a esté baillée, & contre laquelle le procez est pendant.

Nota, que si l'on a des declarans, ils feront leur declaration dans six iours, apres la publication deuant Notaires & tesmoins, & faut retirer icelles declarations, lesquelles en cét estat ne seruent aucunement, mais faut faire ouyr & examiner iceux tesmoins par le Iuge, qui est vn recollement.

Des productions, inuentaires, contredits & soustenances.

Comme l'on est prest à produire, l'on fait vn inuentaire, contenant narratiue & cotte de toutes pieces, en commençant par les premieres du procez, & déduisant les raisons pourquoy on les produit, & mettra-t'on sa production au Greffe ou mains du Iuge, partie ou son Procureur appellez, si c'est hors iugement, car en audience ne faut autre signification.

Partie aduerse pourra requerir communication de ladite production, & temps pour contredire & produire de sa part: Et finalement le premier produisant peut aussi soustenir sa production, & contredire celle de sa partie.

Nota, que s'il y a aucuns moyens de faux au procez, qu'ils ne sont communiquez.

Sentences Interlocutoires.

Apres ce que dessus, le Iuge par fois interloque ordonne que descente sera faite sur les lieux pour en rapporter à la Cour plus ample seureté, si l'on paye lesdites espices, l'on pourra recouurer de partie la moitié, comme est dit cy-deuant.

Ou qu'auant que faire droict diffinitif, que parties feront apparoir des obiets par eux proposez, qui seront extraits du procez, ou bien proposez par tels & tels articles. *Enquestes d'objets.*

Et sur telles enquestes faut proceder comme és autres sur l'extraict, ou suiuant la sentence, & chercher toutes autres pieces & tiltres seruans à ce; & telles enquestes ne sont communicables.

Comme dit est l'on n'est receu à bailler objets sur objets, sinon produire des actes, & tout ce que l'on voudra produire de nouueau adherant à ladite production.

De sentence diffinitiue & appel.

Apres le Iuge donne sa sentence diffinitiue, laquelle faut faire prononcer à la partie ou leurs Procureurs qui peuuent protester d'en appeller, autre personne ne peut appeller que la partie, sans procuration à ce expresse.

Le Greffier qui prononce ladite sentence, doit bien aduiser que lors de ladite prononciation il ait les sacs & pieces pardeuers luy : car deslors il en est chargé, & le Iuge deschargé, par l'art 101. des Ordonnances du Roy Louys XI. toutefois le Greffier n'a accoustumé se défier de son Iuge ; car s'ils ne s'entendoient, & qu'ils voulussent mal l'vn à l'autre, tout periroit en vn siege.

Est aussi tenu le Greffier par autre article 108. des

dites Ordonnances, mettre sur le reply de la Sentence ce que le Iuge aura pris pour sa visitation & espices, qui ne se doiuent payer, sinon apres les dictons prononcez aux parties, si n'estoit que le procez fusse de longue visitation, comme procez de fruicts, de criées de discussions, d'hipotheques & taxations de despens, & autres procez, esquels seroit besoin assembler gens de conseil, & Commissaires, & les payer contant. Auquel cas les parties mettront pardeuers le Greffier ce qui sera ordonné & taxé raisonnablement par les Iuges ou leurs Lieutenans, pour payer & contenter lesdits Conseillers & Commissaires, ainsi qu il est couché au 100. art. desdites Ordonnances du Roy François.

Et par les secondes Ordonnances dud. Roy Louis XII. article 44. sont lesdites espices executoires, nonobstant oppositions ou appellations quelconques, & sans preiudice d'icelles, & sauf à celuy sur lequel elles seront taxées, & par luy payées à recouurer ce qu'il seroit dit en fin de cause auoir esté excessiuement taxé.

La forme des taxes & commissions executoires desdites espices est si commune, que n'en ay voulu faire formulaire; & suffit de dire qu'il est mandé au Sergent commandement à la partie qui doit lesdites espices de les payer au Greffier; qui les a auancées, au Iuge, & de le contraindre au payement, nonobstant oppositions ou appellations quelconques, & sans prejudice d'icelles.

Or lesdites espices payées, les parties leuent leur sentence, que le Greffier est tenu lors & non plustost leur deliurer, & ainsi en est vsé en la Cour de Parlement, en laquelle l'Arrest n'est iamais deliuré que les espices ne soient payées : & si l'vne des parties a interest à leuer son Arrest, faut qu'il auance, & prend son executoire sur l'autre, quand il aduient que les espices se payent par moitié.

Et doit le Greffier (comme dit a esté) mettre sur le reply, ou au dessus de son seing, le coust de ladite visitation, ensemble ce qu'il prend & reçoit de la grosse de ladite sentence, si elle est grossoyée. & ce à raison de vingt sols tournois pour peau de parchemin, ainsi qu'il est écrit en l'art. preallegué 101. desdites Ordonnances. Il y a autres Ordonnances, mesmes de Philippes le Bel, article 21. à laquelle ie renuoye les Greffiers : car pource que ie sçay qu'ils (du moins bien peu) ne la veulent garder, ie n'en feray autre mention.

Nota, qu'on peut renoncer à son appel dans la huictaine au Greffe, apres qu'il a interjetté, pendant laquelle huictaine l'on peut prendre pieces au Greffe, & communiquer au Conseil.

Et aussi qu'vn Procureur fait fort bien de n'appeller sans la presence de sa partie, ou auec procuration à ce expresse, craignant d'estre desaduoüé.

La partie, ou autre auec procuration speciale doit appeller dés lors de la prononciation, toutesfois peut appeller lors qu'il est conuenu sur la taxe des despens, & sur l'execution des sentences qui meritent estre executées, comme se fait aussi apres qu'il est condamné & executé, & la vente de ses biens passée, & ayant esté assigné sur l'adjudication apres auoir eu conclusions & oppositions de pouuoir; se peut declarer l'appellant d'iceluy pouuoir & sentence, en lieu de deffendre, ensemble de tout ce qui s'en est ensuiuy, comme le tout nouueau venu à sa notice & cognoissance, mais quand en obligation l'on ne peut former aucun appel.

De releuer ou acquiescer appel.

Apres la prononciation du dicton & sentence, cõme dit est, l'on appelle & l'on renonce dans huictaine, l'appel interjetté és mains du Greffier ou du Sergent, deuant lequel on aura appellé, l'on n'y est plus receu sans auoir vn escu pour l'amende du fol appel, despens de partie en procedant, faut releuer sondit appel venant du Iuge subalterne dans quarãte iours, à iceux compter du iour de ladite appellation, & ce sous adiournement de reliefs que l'on obtiendra du Iuge Royal, à qui la cognoissance en appartient.

D'appel desert.

Et si l'appel n'est releué dans les 40. iours, apres iceluy interietté, comme est cy-dessus dit, & que partie obtienne adjournement de desertion, & qu'il le fasse mettre en execution auant ledit releuement, la partie appellante n'est oncques receuë à conclurre, bailler griefs ny aucune procedure, quelque droict qu'il puisse auoir, sans prealablement payer les despens qu'iceluy appel desert, sont iceux despens declarez prejudiciaires.

Nota, que quand bien l'appellant n'auroit releué dans lesdits 40. iours, que son appel n'est tenu pour desert pourueu que son appel soit releué, s'entend que le relief soit mis à execution deuant la desertion.

Les appellations interjettées des Sentences & jugemens des Baillifs & Seneschaux, Preuosts, & autres Iuges, tant des Pairs de France, qu'autres Iusticiers de ce Royaume, qui de leur droit ressortissent en la Cour de Parlement sans moyen, se doiuent releuer dans 3. mois, apres lesdites appellations interjettées.

Et où lesdits appellans seroient negligens de ce faire, lesdits Seneschaux, Baillifs, ou Preuosts Royaux, ou le Iuge de qui aura esté appellé, feront & pourront faire mettre à execution leurs Sentences, Iugemens ou appointemens ; lesquelles aux cas dessusdits de ne les auoir reuelées dans lesdits trois mois, sont declarées desertes par le 15. art. des Ordonnances de Charles VII.

Par lequel est en outre ordonné que tels appellans, à la Requeste du Procureur general du Roy, seront adjournez en ladite Cour, pour voir dire & declarer estre encourus en l'amende de soixante liures parisis pour ladite appellation deserte.

Et sont tenus lesdits Baillifs, Seneschaux, Preuosts ou Iuges, Procureurs des domaines du Roy, les Iuges des Pairs de France, & autres qui sans moyen ressortissent en ladite Cour, & leurs Procureurs, de bailler aux iours de leurs Baillages ou Seneschaussées en icelle Cour, ou audit Procureur general du Roy, la declaration des appellations qui auront esté faites desdits Baillifs, Seneschaux, Preuosts ou Iuges, tant de celles qui serõt desertes (comme dit est) que des autres qui seront releuées, & sur peine d'en estre punis & corrigez à l'Ordonnance de ladite Cour.

Et par autres Ordonnances du Roy Charles VII. art. 59. en confirmant l'article preallegué, est aussi ordonné que si d'aucune Sentence y a appellation interjettée, & elle n'est releuée dans les trois mois, le Iuge pourra mettre à execution la Sentence, nonobstant oppositions ou appellations quelconques, & sans qu'il soit besoin au poursuiuant de faire adjourner l'appellant en desertion d'appel.

Et neantmoins est enjoint audit Procureur general du Roy, faire adjourner iceluy appellant en ladite Cour, pour le voir declarer estre écheu en l'amende de soixante liures parisis.

Doncques quand il aduient qu'vn appellant est en demeure de releuer son appel dans les trois mois, celuy qui a obtenu doit (pour faire executer sa sentence ou appointement) leuer telle commission.

Commission pour executer une sentence de laquelle l'appel est desert.

Au premier Sergent Royal, &c. Salut. De la partie de A. nous a esté exposé, que dés tel iour, en certaine cause qu'il auoit, comme anticipant d'vne part, à l'encontre de B. (appellant du Preuost de ceans, ou son Lieutenant) & anticipé d'autre : il auroit obtenu nostre Sentence confirmatiue de celle dudit Preuost, de laquelle nostredite Sentence, iceluy B. sans aucun grief, & pour tousiours dilayer & retarder le bon droict dudit exposant, auroit appellé, & son appel (qui sans moyen ressortissoit en la Cour de Parlement à Paris) n'auroit aucunement releué dās les trois mois introduits par les Ordonnances, au grand prejudice dudit exposant, si comme il dit, requerant sur ce prouision. Pourquoy Nous ce consideré, vous mandons, & pource qu'auons donné la Sentence dont est appel, commettons par ces presentes adjourner competamment pardeuant Nous ledit B. pour, nodobstant oppositions ou appellations quelconques, & sans prejudice d'icelles, voir mettre à execution nostredite Sentence de poinct en poinct selon sa forme & teneur, & proceder, &c. O inthimation pertinente, & de ce que fait en aurez, &c.

Aucuns appellans se voyans ainsi adjournez, & poursuiuis sur l'execution de ladite Sentence, se retirent en Chancellerie: & pour la cuider empescher, releuent leur appellation, excusans leur negligence, de laquelle sont releuez. Toutefois ne doiuent lesdits Iuges differer à passer outre sur ladite execution.

Car nonobstant telles lettres, par le 60. article desdites Ordonnances de Charles VII. ladite Sentence doit demeurer executée, iusques à ce qu'il soit connu si les causes dudit releuement sont vrayes.

Toutesfois pour plus séurement besongner, est besoin au lieu de la commission transcrite, obtenir lettres Royaux de desertion d'appel en ladite Cour, par lesquelles soit neantmoins mandé audit Bailly, Seneschal, ou Iuge, que s'il luy appert estre desert, que nonobstant iceluy, & autres oppositions ou appellations quelconques, mettre ou fasse mettre sa sentence à execution.

Et cela fait, ne peut ledit appellant obtenir autres lettres de relief dudit appel. Car par l'article 120. de l'Ordonnance de l'an 1539. il est dit, qu'il ne sera d'oresnauant baillé aucunes lettres de releuement de desertion ne peremption d'instance pour quelque cause & matiere que ce soit. Et si elles estoient baillées, est deffendu de n'y auoir aucun esgard, ains les instances dessusdites doiuent estre iugees, tout ainsi que si les susdites lettres n'auoient esté impetrées ne obtenuës.

Aussi peut ledit appellant faire assigner sur lesdits reliefs à longs iours, iusques à moins d'vn an, & sur ledit appel est assigné les Seigneurs ou Dames d'où procede la Sentence, pour prendre la cause & defense de son Iuge, icelle voir corriger, reparer &

amender, si mestier est, & estre le doit inthimer & faire à sçauoir la partie qui a gagné sa cause, qu'il soit & compare à mesme iour, s'il cuide que bon luy soit, & que ladite cause & matiere d'appel luy touche ou appartienne en aucune maniere.

D'anticipation d'appel.

Autres qui ont gaigné leur cause, & se sentent bon droict, & s'ennuyent du retard, ceux-là deslors qu'ils voyent que leur partie a releué son appel à longs iours, obtiennent des lettres d'anticipation, & font anticiper leurs parties, s'entend assigner pour proceder audit appel à plus courte assignation.

Et dés aussi tost que la huictaine apres l'appel est expirée, l'appellant n'ayant renoncé à sondit appel, celuy qui a gaigné sa cause peut obtenir lesdites lettres d'anticipation, & faire assigner sa partie à tant brief iour qu'il luy plaist, mais aussi ne viennent à taxe à la partie qui les a obtenuës, que la seule expedition des lettres & voyages du Sergent, au cas que ledit appellant n'eust releué, & si ledit appellant a releuė & fait inthimer, sa partie n'est rien tenu à l'anticipation.

Nota, que les lettres d'anticipation ne se peuuent leuer que de la Chancellerie, & ne peut le Iuge inferieur à la Cour en octroyer.

Des defauts & congez sur appel.

Si l'appellant qui releue, & n'a esté anticipé compare au iour qu'il sera anticipé, sera contre luy donné congé, par le profit & iugement d'iceluy sera dit, bien iugé, mal appellé, & l'appellant condamné à l'amende & despens.

Et si l'inthimé ou appellant anticipe son deffaut,

sera seulement le defaillant condamné aux dépens, & ordonné qu'il sera reappellé; le second congé ou defaut emportera gain de cause.

Du port de la sentence ou procez.

Et où les parties comparent, l'inthimé apporte sa sentence, iustifie & baille coppie d'icelle, & est ordonné que l'appellant fera apporter le procez par le Greffier, aux frais d'iceluy appellant, toutefois si l'inthimé a fait anticiper sa partie, le port du procez se fait aux despens & taxe contre les deux parties.

De conclusion, response & production.

Apres que les parties se sont signifiées le port du procez, iceluy estre au Greffe, ils concluent en ladite cause d'appel, comme en procez par écrit. L'inthimé a bien iugé, mal, & sans grief appellé, requiert que ce dont est appel sorte son plein & entier effet, auec condemnation d'amende & dépens, & l'appellant au contraire; en apres l'appellant baille ses griefs, l'inthimé ses responses, produisant, contredisant, & soustiennent, & la cause en droict, & faut distribuer le procez au Greffe, signifier à partie.

Icy les parties sont receus à produire & enquester, & de tout ce qu'ils veulent, ou quelquefois il faut payer les despens, & partie informera & répondra au contraire és despens des requerans.

Il y a aussi des appellations verbales qui se vuident à iour d'adjudication par plaidoirie d'Aduocat au barreau, lesdites appellations procedent d'aucunes Ordonnances & appointemens.

De taxe des despens.

L'on fait mettre ses despens par declaration, & les peut on faire taxer contre le condamné, dans l'an apres la condemnation sans le faire appeller, pourueu que son Procureur qui a comparu en la cause y vueille assister, sinon faut faire appeller partie pour se voir faire auec inthimation, qui compare ou non, sera procedé comme de raison, & si la condamnation est surannelle, le faut faire appeller pour le voir declarer executoire, nonobstant sa surannalité, & pour voir proceder, si besoin est, à l'execution d'icelle, taxer les despens y adjugez.

Nota, que les Iuges en la cause d'appel, iugeant ce dont est appellé, reseruent la taxe de despens à eux, tant de l'instance principale que d'appel, & n'estant appellé que de quelque incident, ils renuoyent les parties pardeuant le Iuge dont est appel, pourueu qu'il aye bien iugé: mais s'il a mal iugé, ils renuoyent les parties en la mesme Cour pardeuant autre qu'iceluy dont est appellé.

Condamnations de despens sont personnelles: & tellement que chacun des consorts condamné est tenu pour sa part & portion; & si le pere & le fils sont condamnez ensemble, le pere ne sera contraint pour le tout, mais séulement pour la moitié, sinon qu'ils fussent condamnez vn seul pour le tout, ou que le pere fust trouué en mauuaise foy. Et ainsi fut iugé par Arrest de Paris le 15. Iuillet 1334.

Il y a bien difference que le Procureur du Roy soit joint en vne instance ou partie principale: car au premier cas, la partie priuée qui est consort dudit Procureur du Roy condamné és despens, les doit tous, en l'autre cas n'en doit que la moitié. Ainsi fut iugé par Arrest de Paris 1534.

Si vn Tuteur de deux ou de trois mineurs agit auec vn majeur son consort, contre autre partie, & il aduient que lesdits Tuteur & majeur soient condamnez és despens, combien qu'audit procez ne fust question que de la portion hereditaire dudit majeur, & les mineurs chacun pour autant, ce neantmoins l'on n'aduise point à cela, en taxant les despens, car le tuteur n'est que pour vn, & le majeur pour l'autre. Ainsi fut iugé par Arrest de Paris 1534.

Il est indifferemment pratiqué par toutes les fameuses Cours de ce Royaume, & ainsi en a esté iugé plusieurs fois par Arrests notables donnez à Paris, qu'vn deffendeur doit tousiours estre condamné és despens enuers le demandeur qui a prouué partie de sa demande, & non le tout, quand le deffendeur n'a rien offert, car qui demande tout, est veu demander partie d'iceluy.

Et aussi en grand chose est compris le mineur. Et ainsi est pratiqué en Cour d'Eglise, prouuant seulement iusques à vne obole.

Tresoriers, Receueurs, ou leurs commis, agissant, ou conuenus pour le fait de leur estat, & deniers du Roy, doiuent obtenir les despens de l'instance, s'ils obtiennent, doiuent aussi estre condamnez és despens s'ils succombent. Et ainsi fut iugé par Arrest de Grenoble le 8. Mars 1530.

Vn Executeur d'Arrest ne peut taxer ne faire droict sur les despens de l'execution, car il a les mains liées apres auoir fait son execution. Et ainsi fut iugé par Arrest de Paris du 7. Decembre 1526.

Despens d'examen à futur, fait deuant le procez commencé, ne se taxe point, sous la condemnation de despens faite du procez commencé & conduit apres ledit examen, comme fut iugé par Arrest de

Paris le premier Mars mil cinq cens sept.

Vn qui a obtenu dépens pour faire taxer ceux qu'il n'a pas déboursé, si d'amitié les Aduocats, Procureurs, & autres n'ont rien voulu prendre de luy, car il ne sera participant de cette liberalité sa partie aduerse s'il ne veut. Et ainsi fut iugé par Arrest de Paris, le 10. Feurier 1507.

Vn Aduocat ayant luy-mesme conduit sa cause, & obtenu les despens, ne peut faire taxer, ce que luy-mesme a fait pour luy, car cela gist en dommages & interests, & non en despens : mais si vn Aduocat a vn consort, il peut faire payer la part de son consort ores que ledit consort, n'ait rien payé. Ainsi fut iugé par Arrest de Bordeaux, le vingt sixiesme Ianuier mil cinq cens trente-cinq.

Combien que par Arrest soit dit l'appellation mise au neant sans amende & despens de la cause d'appel, neantmoins s'il y a condemnation de despens de quelques incidens faits en ladite cause, en taxant les despens desdits incidens, les espices dudit procez se taxeront *prorata*, desdits incidens. Par Arrest donné à Paris le quatorziesme Nouembre mil cinq cens vingt-six.

En taxation de despens contre vne production nouuelle, ne se taxe le voyage pour faire taxer les contredits, ou pour auoir enuoyé par le Procureur au pays pour auoir memoires ores qu'il fust affermé, mais tels despens & voyage doiuent estre reseruez en diffinitiue. Ainsi en a esté iugé par Arrest de Paris 1499.

Les despens de la cause d'appel sont adiugez contre celuy qui perd sa cause, soit appellant ou inthimé lorsque le procez se iuge sur les mesmes pieces ſur leſquelles a eſté donné la premiere ſentence: mais s'il y a production nouuelle, qui ſoit conſiderable & inconnuë à la partie, & par laquelle l'on faſſe iugement, les deſpens ſont compenſez. Et ainſi fut iugé par Arreſt de Grenoble, le deuxieſme Aouſt, 1457.

Si vn inthimé a bonne matiere de ſouſtenir, & que pour plus amplement conuaincre l'appellant il faſſe production nouuelle, qui eſt apres contredite par l'appellant à ſes deſpens, les ſaluations baillées par ledit intimé contre les contredits, doiuent eſtre taxez auec les autres deſpens de la cauſe d'appel adiugez. Ainſi fut iugé par Arreſt de Paris, le 8. Mars 1510.

Es taxe de deſpens eſt receuable l'article des deſpens des faits nouueaux, ou de production nouuelle, mais non pas des deſpens qui ont eſté fournis à partie aduerſe pour contredire. Ainſi en fut iugé par Arreſt de Paris, le douzieſme May mil cinq cens quarante-vn.

Le vingt-vnieſme Feurier mil cinq cens trente-huict, fut par Arreſt de Paris ordonné, que tant à la Cour, qu'aux juriſdictions du reſſort d'icelle, l'on ne taxeroit voyages pour leuer deffaut ou congé pour les faire ſignifier. Autre choſe ſeroit d'vn defaut emportant gain de cauſe.

Lors que deſpens adjugez ſont declarez preiudiciaux, l'on n'eſt receuable de les faire compenſer auec autres dépens. ou debte liquide, comme fut iugé par Arreſt de Paris, du vingt-ſeptieſme May mil cinq cens trente.

C'eſt choſe fort raiſonnable que celuy qui perd ſa cauſe, ſoit condamné és deſpens du gaigneur, ſuiuant ce qu'on dit, *Victum victori debet expensis.* Et aussi par le moyen de ce, sont retranchez beaucoup de procez, car vn tas de plaidereaux & broüillons de procez ne s'auancent si fort à plaider, quand le Iuge fait droict par l'adjudication des despens. Et à ce propos ay veu vn notable Iuge adjuger despens à vne partie deffenderesse à l'encontre d'vn demandeur, & n'y auoit eu qu'vne seule audience en la cause, & si estoit la matiere fort arbitraire & douteuse des deux costez. Et encores à present est fort vsité par les plus fameuses Cours de ce Royaume, qu'on condamne tousiours sur le champ és despens celuy qui succombe, sans les reseruer en diffinitiue, ce qu'on faisoit anciennement, dont en sourdoit par apres plusieurs procez. Ie prie Dieu en cét endroit qu'il luy plaise continuer le bon vouloir & affection que tous vrays Iusticiers & Officiers de Iustice portent au bien public, pour assoupir & retrancher cette tant pernicieuse peste de procez, que ce bon Alcibiades nommoit misere.

Des executions de Sentences, liquidation de dommages, fruicts & meubles.

Plusieurs sentences requierent execution, & sur icelle execution, apres auoir gaigné sa cause, & fait mettre sa sentence en forme, faut faire faire sur icelle execution dans an & iour, & si dans l'an & iour l'on n'y a satisfait, l'on les fait appeller pour la voir prealablement declarer executoire, nonobstant la surannalité, & consequemment pour la voir executer de poinct en poinct selon sa forme & teneur.

Et si ce sont matieres petitoires, possessoires, & de

de partages, assenement de Cens, eualuations de grains, & quand il faut estimer quelques meubles, esquels partie a esté condamné, ou liquidation de dommages & interests.

Et en icelles executions y a deux matieres, l'vne qui n'est point en connoissance de cause, mais en simple ministere de Sergent, l'autre gist en connoissance de cause, & traicter comme en premiere instance, sauf que les delais y sont plus courts, car le demandeur baille par declaration ses dommages & interests: & le deffendeur ses diminutions à l'encontre de ladite declaration, & puis replique ou responce, & l'autre duplique, ou contre responce: ce fait le tout mis pardeuant le Iuge, qui selon qu'il est deposé, admet les parties en preuue, ou la vuide, & communément ne se peut vuider sans enqueste, neantmoins par fois & iusques à certaine petite somme, l'on reçoit le serment dudit demandeur, & à voir le serment n'est partie aduerse appellée, & non à communication.

Celuy qui est condamné à restituer fruicts est tenu les bailler par declaration, & affermer ce qu'il a receu, & le demandeur dira & fera preuue au contraire; & s'il preuue qu'il y a plus, ledit affirmant sera condamné à l'amende & reparation à partie & semblablement s'il ne preuue qu'il n'y en ait plus, & que calomnieusement il y ait insisté & maintenu lesdits fruits monter plus.

Et pour l'estimation des bleds, vins & autres choses semblables, l'on aura recours à produire les actes des plus prochains marchez notamment du lieu où est le Iuge Royal où l'on ressortist.

Quand és meubles & autres petites appretiations,

l'on prend d'office le ſerment des experts preſens.

Des Sentences executoires, nonobſtant appel.

Premier, la ſentence de fourniſſement de complaintes en matieres profanes & beneficialles données par Iuges Royaux, parties ouyes.

Item, les appellations faites des Iuges Royaux en la Cour de Parlement, non releuées dans les trois mois, & celles des Iuges Subalternes releuées dans les quarante iours, toutesfois pour le preſent cela n'eſt obſerué, & ſe pouruoyent par deſertion d'appel.

Item, ſont executoires les ſentences de prouiſion d'aliment, medicamens & doüaires, données par Iuges Royaux, nonobſtant appel, & ſans preiudice d'iceluy.

En tous interlocutoires qui ſe peuuent reparer en diffinitiue, les Iuges Royaux peuuent paſſer outre iuſques à Sentence diffinitiue incluſiuement, nonobſtant appel.

De toutes obligations paſſées ſous ſcel Royal ou autre autentique, la main de Iuſtice ſera réellement & de fait garnie, nonobſtant appel.

Sentences de prouiſion données par Iuges Royaux en matiere de dot ou repetition d'iceluy, de donation, de tutelle, de confection d'inuentaire, d'interdiction de biens auec prodigues ou incenſez, refection de ponts ou paſſages, ſalaires de ſeruiteurs de trois années, & au deſſous, ſeront executées, nonobſtant appel, en baillant par les ſeruiteurs cautions telles qu'ils pourront.

Sentences des Iuges Royaux, non excedant cinq liures à payer pour vne fois, ou dix liures pariſis de rente ou reuenu, enſemble des dépens ſont executoires, nonobstant, &c. en baillant caution de rendre le tout en fin de cause, s'il estoit dit.

Sentences de renonciation ou plein possessoire, expediées par lettres, sans s'arrester à la renonciation en matiere beneficialle donnez par Iuges Royaux sont executoires, nonobstant, &c. en baillant caution.

Les Sentences de Iuges Royaux en reintegrande en toutes matieres sont executoires, nonobstant appel & sans preiudice d'iceluy.

Des appellations à denegations de droict.

Si l'on a sommé par trois diuerses fois, & qu'entre l'vn & l'autre y ait trois iours francs, vn Iuge de iustice ou droict pardeuant Notaire & tesmoins, on pourra appeller de luy de desny de iustice, & faut que l'appellant fasse appeller le Seigneur, & non le Iuge sur son relief, & outre les despens, s'il est dit bien appellé, celuy appellant n'est plus tenu serf de iustice dudit seigneur quant au plaid seulement.

Appel comme d'abus.

Les appellations comme d'abus s'interjettent lors que la iurisdiction subalterne entreprend de reconnoistre de chose concernát l'Ecclesiastique, & quád le Iuge veut connoistre des choses seculieres.

D'examen à futur.

L'on vse de faire enquestes à futur, quand l'vne desdites parties, le procez intenté ou apres, auparauant toutesfois contestation en cause, craint & doute que ses tesmoins meurent, parce qu'ils sont vieux, ou se doiuent de bref absenter par longtemps; en ce cas si le procez n'est intenté, doit auoir lettres Royaux addressant au Iuge Royal ou bien à celuy pardeuant lequel il veut intenter, ou pardeuant autre plus commode pour ouyr les tesmoins, & au proceder, & faire bailler assignation à sa partie pour voir produire tesmoins, & à la production & audition d'iceux, comme est dit cy-deuant aux enquestes.

Et si le procez est intenté, le Iuge pardeuant lequel il est pendant baille permission aux parties, & requerant de faire ledit examen, sans qu'à icelle fin soit besoin auoir lettres.

D'enqueste par turbe.

L'on fait seulement enqueste par turbe, quand il est question d'vne coustume ou vsance au lieu qui n'est toutesfois bien intelligible par les coustumes des pays reformées, lors on est receu par lettres à articuler & informer.

Dix tesmoins ne font qu'vne tourbe, & parce en telles enquestes, faut pour le moins vingt tesmoins, puis que dix ne valent qu'vn, & se peut ouyr à telles enquestes à chacun cent tesmoins, pource que dix pour vn ne fait que dix tesmoins, comme en toutes matieres, ils peuuent estre ouys sur chacun faict.

La forme dont on les examine, est que l'on p'esente à dix tesmoins à la fois, les articles sur lesquels on entend les examiner, & le serment sur ce receu au cas requis, lesdits tesmoins se retirent à part. & deliberent tous ensemble, & apres l'vn rapporte au Iuge la deliberation & resolution de tous, & apres chacun dit des cas & raisons particulieres qu'il sçait.

De Compensation.

Il y a des matieres & actions de compensation, qui sont que si vous deuez de l'argent à autruy, &

qu'il vous en doiue auſſi, il vous fait adjourner pour y eſtre condamné, vous deuez requerir que la ſomme qu'il vous demande ſoit compenſée auec celle ſemblable qu'il vous doit, ou en tant moins ſelon qu'il ſera deu à l'vn & à l'autre, & pour le ſurplus, ſi plus vous doit, proteſter de vous faire payer du ſurplus, ou bien dire ſans prejudice de plus, & ſi luy deuez plus que luy à vous requerant ladite compenſation, pour ce faire offrir payer le ſurplus.

Mais il faut icy noter que ſi vous deuez, & que l'on vous demande par obligation, condemnation, ou autrement, pouuoir qui porte priſe de corps ou de biẽs, & que ce qu'il vous doit ne ſoit pas liquide & en pouuoir de le contraindre par meſmes voyes que luy, vous ne pouuez obtenir la compenſation, ſinon doncques du conſentement de voſtre partie. Le ſemblable eſt ſi vous eſtes pourſuiuy par Arreſt perſonnel en vertu d'obligation, & qu'ayez ſeulement vne condemnation ou executoire qui ne porte compulſion de corps, encores qu'à cela tous Iuges ne s'y arreſtent. Neantmoins le plus ſeur eſt compenſation de debtes deuës par pouuoir, portant meſmes compulſions que celles par leſquelles l'on eſt pourſuiuy.

Auſſi il eſt pratiqué que ſi vous deuez de l'argent par obligation, cedulle ou autrement, & vn quidam vous en doiue auſſi, que quand bien vous ne l'auriez fait appeller, ny le ſommer de venir à compenſation, qu'il ne peut ceder voſtre debte, mais le plus ſeur eſt de le faire appeller ſur la compenſation, ou pour le moins l'en ſommer pardeuant Notaires & teſmoins, & en retirer acte. Car par apres le transport qu'il en feroit ne vous prejudicieroit.

Compensations en France ne sont receuës sans lettres du Roy : toutesfois aujourd'huy és Sieges Presidiaux qui sont establis *ad instar* des Cours Soueraines, & qui jugent d'équité, ils reçoiuent le plus souuent telles compensations & debtes liquides par voyes de requeste.

Aussi compensation se peut opposer contre le cessionnaire d'vne debte. Et mesme vne debte de laquelle le terme de payer n'est pas encore escheu, se peut compenser auec vne autre debte payable purement & simplement.

Des cessions & abandonnemens de biens.

Celuy qui n'a moyen de payer ses debtes, & tend faire la miserable cession & abandonnement de ses biens, estát prisonnier, ou jaçoit que ne le soit point, obtient vn adiournement, autrement appellé commission de son Iuge Royal : Car pardeuant autres que Iuges Royaux ne se peut faire, & en vertu d'icelle commission ou sans commission sous vn exploict libellé, fait adjourner ses creanciers, sçauoir ceux à qui il veut faire ladite cession : Car aucuns reconnoissent auoir receu le bien de leurs creanciers plus loyalement que des autres, ou receu plus de faueur ou support, & au iour assigné comparent, & enquis par le Iuge en leur serment s'ils n'ont moyen payer leurs debtes, s'ils n'ont fait aucunes contraintes frauduleuses pour les leur faire perdre, & s'ils promettent de leur payer s'il vient autre fortune de biens & moyen, & apres ordonnent qu'ils bailleront au Greffe leurs biens par declaration, ce que communémont ils ne font, mais en baillent seulement vne partie. Il estoit accoustumé que faisant ledit serment, ou à l'instant apres ledit cessionnaire se desseignoit & laissoit tomber sa ceinture en signe d'abandonnement de ses biens: ce qu'ils obseruent encores; car si ledit cessionnaire ne la laisse tomber, les Sergens la luy prennent, aussi est ostée auec cousteaux, bourse & ce qui y est attaché.

Nota, qu'estre cessionnaire n'objete vn homme tout à fait toutesfois cela luy va en diminution de reputation, mais deslors qu'il a faite ladite cession, il est permis faire saisir ses biens par criées & prendre tous ses autres biens, sans luy faire, ny à son domicile, aucune sommation, mais en icelle & en tous autres actes de iustice faut s'addresser au Procureur Fiscal, comme curateur aux biens vacans du cessionnaire, & s'il estoit en demandant ou deffendant en quelque matiere que ce soit, faut qu'il soit authorisé par ledit Procureur, comme curateur susdit, car autrement ne peut estre valablement en iugement, non plus que le mineur de vingt-cinq ans, ou le fils de famille.

Et celuy qui s'oblige, quand bien il auroit renoncé au priuilege de ladite cession de biens, ne delaisseroit d'y estre receu, de tant qu'elle est introduite de droict, bien és respits & autres priuileges seulement dépendans des Edicts Royaux.

Des Respits & Termoyemens.

Ceux qui n'ont moyen promptement payer leurs creanciers, pour obuier aux frais à quoy ils sont constituez, & pour n'estre vexez en leurs personnes, & ne pouuoir payer d'interests de leurs debtes, obtiennent cōmission sur leur requeste de termoyement, & sur icelle font appeller aussi pardeuant leur Iuge Royal; autres n'en peuuent auoir la connoissance, & illec sont les parties ouyes en demande, defense, & autres procedures où l'on obseruoit qu'il estoit expedient pour obtenir vn termoyement de trois ou cinq ans, que la moitié des creances és sommes y accordassent, toutesfois de present cela n'est si exactement obserué: Car à cause de l'iniure & misere du temps, on faisant apparoir de ses inconueniens & pertes, soit par feu, guerre, ou autrement, facilement telles requestes sont entherinées, toutesfois pour vn an seulement, car pour plus long-temps, est plus penible, mais l'on peut apres cét an passé reuenir à la prolongation, & bailler les respits pour vn, trois, ou cinq ans.

Impetrans de répits & quinquenelles doiuent alleguer & prouuer comment par fortunes, pauureté & perte de la plus grande partie de leurs biens, ils sont contraints de receuoir à ce. Et suffit que tels inconueniens soient aduenus apres les debtes faites. Que si l'enterinement desd. lettres est empesché, l'impetrant ne doit pendant le procés garnir la main, n'estoit que les lettres fussent impetrées apres la condemnation a garnir; car nonobstant icelles la condemnation seroit executée. Et autant s'il estoit dit, que les gages pris seroient vendus par prouision. Aussi lesdites lettres ne peuuent empescher ne differer l'execution de chose deuë, & iugée par Arrest ou Sentence dont n'a esté appellé.

Vn debiteur emprisonné apres l'adiournement donné à sa requeste pour proceder sur l'entherinement de lettres de respit par son creancier, doit estre reintegré.

Les debtes faites apres la quinquenelle ou respit d'vn an presentez, ne sont receus, ne entendus au priuilege octroyé par le Prince.

Respit n'a lieu en maison de grain ou argent, ny pour vn Receueur de Seigneur particulier qui a rendu son compte, & par la closture d'iceluy s'est trouué redeuable, ny pour marchandise de pain receuë à creance, n'estoit qu'il y eust compte fait, ny quand l'obligation est pour l'aduenir, ny en depost, ou chose gracieusement prestée, comme d'vn cheual ou autre meuble.

Nota, qu'en s'obligeant, l'on peut renoncer ausdits respits & termoyemens, comme aussi aux autres priuileges faits & octroyez par le Roy lors de l'obligation; & cela estant, sans difficulté, & beaucoup d'occasion on est receu, & voyez si ces mots y sont; car sans icelle renonciation, le creancier n'eust fait le prest, & accordé ou accepté.

En tout cas l'on ne peut obtenir termoyement, notamment pour la dot qui a esté constituée aux mariez, ne aussi pour debte procedant de la vente faite par le creancier de son fonds, car il n'y auroit point d'apparence que l'achepteur eust le bien, & qu'il ne ioüist de ses deniers ou du moins de l'interest, & idem des mariages, car tels se marient qui ont plus affaire d'argent que de femme. Le mesme est des deniers adiugez par prouision, & semblables.

D'estre remis en ressort.

Si aucuns des Bourbonnois s'est sousmis par son obligation aux compulsions du Seneschal d'Auuergne, il ne peut rien dire iusques à ce qu'il soit prisonnier, ou ait consigné sa somme pardeuant le Seneschal d'Auuergne où il sera conuenu, mais ce fait peut requerir estre mis en ressort, s'entend remis pardeuant le Iuge Royal du ressort de sa Prouince & Seneschaussee.

Du Faux.

Si aucun veut alleguer aucunes pieces d'où s'ayde sa partie de faux, il dira iudiciellement s'entend deuant le Iuge, & Greffier qu'il dit, & maintient cette piece de faux, & l'original d'icelle, dont il demande le port, & en tant qu'il seroit conforme à la coppie exhibée, ou par ce requerir que ladite piece iustifiée soit paraphée par le Iuge & Greffier, & mise au Greffe, afin qu'elle ne puisse estre variée & changée, offrant s'inscrire & bailler ses moyens de faux aux peines de droict.

Telles matieres se peuuent vuider par la verification des escritures, signatures d'autres contracts & transports, connoissant, marques & plusieurs autres moyens & coniectures, mais ces matieres sont si perilleuses, qu'il doit faire grand soucy d'y entrer pour la consequence, & apres que les originaux & pieces que l'on impugne de faux paraphées & mises és mains du Greffier, le Iuge ordõne que l'impugnãt baillera ses moyens de faux, lesquels faits & bien dressez sont mis au Greffe, & non communiquables.

Moyens de faux se donnent en plusieurs sortes, & sont les faussetez connuës par plusieurs moyens; c'est à sçauoir quand vn parchemin a esté raclé en sa premiere escriture & au dessous le seing apposé en iceluy delaissé pour le faire adapter à l'escriture qui est de nouueau escrite sur le parchemin raclé. Secondement, quand l'escriture est fraische au regard du datte de l'instrument. Tiercement, quand le parchemin est coupé en quelque endroit, d'autant que la coupure se demonstre toute fraische, & auoir esté faite par cizeaux, ou cousteau, & non par vn ganiuet. La quarte raison est quant au stile d'vn contract, quand il est dissemblable du stile du Notaire qui a signé en iceluy. La 5. quand l'instrument est raturé en diuers lieux, & y a gloses en iceluy d'importance & consequence : Outre quand il est question d'vne debte d'vn decedé quand le crediteur a eu plusieurs fois le moyen de se faire payer, & a esté sept ou huit ans auant que faire demande de son deu. Item, quand le crediteur n'auroit auparauant le deceds de son debiteur ny mesme en sa maladie fait question de sa debte. Le sixiéme est d'auoir l'œil au datte, & s'enquerir si les Notaires lors de ladite obligation, ou les parties nommées par icelles estoient lors au pays & s'ils en estoient bien loin, ou non: car ce sont tous les vrays moyens pour faire trouuer vn instrument faux. Et sur tels moyens de faux & autres resultans, de ce fut vn quidam condamné à estre pendu & estranglé à Paris, & ses biens confisquez au Roy en l'an mil cinq cens vingt-cinq.

L'on tient que si vn produisant vn contract impugné de faux, declare ne s'en vouloir ayder, il doit estre condamné és despens, dommages & interests de l'impugnant, comme fut declaré par Arrest du dix-huictiesme May mil cinq cens quatorze.

Les actes de Cour ne se doiuent prouuer autrement que par escrit, toutesfois si l'on pretend que le Greffier ait erronement escrit ou obmis les parties, ou l'vne d'icelles, est receuable d'en faire preuue par tesmoins, autrement que par l'instance de faux. Et ainsi en a esté iugé par Arrest du Parlement de Grenoble, le neufiesme Ianuier mil cinq cens vingt-neuf.

STILE DE LA MATIERE Criminelle.

PREMIER conuient sçauoir, comme tous les Iuges n'ont cognoissance des causes criminelles: car aucuns cas sont Preuostables, comme vols & semblables, & ceux s'executent, nonobstant appel, autres sont reseruez és Iuges Royaux, comme port d'armes, faux monnoyeurs & quant és Iuges Subalternes, aucuns n'ont que basse Iustice, & ne peuuent connoistre que de l'emolument de Cour, excedant sept sols, autre moyenne Iustice, qui peuuent juger iusques à soixante sols d'amende: Et autres haute Iustice qui comprend tout émolument & connoissance de causes, sauf les reserues comme dit est; sous la haute Iustice sont comprises la basse & moyenne, & peut le Seigneur de la haute Iustice créer Notaires en sa terre.

Celuy qui est menacé d'autruy peut faire appeller le menaçant deuant le Iuge, & sous simple preuue sera mis sous la protection du Roy ou Seigneur, selon la jurisdiction à laquelle il auroit receu l'iniure, & si par cas fortuit mal luy aduenoit, le menaçant seroit en grand peril de demeurer chargé du meffait ou delict, sinon qu'il se justifiast.

Des Accusateurs.

En tous procez criminels l'on procede par accusation; car sans estre accusé nul doit estre condamné. Nostre Seigneur ne voulut condamner la femme trouuée en adultere, à raison que personne ne l'accusoit, ne ietter hors Iudas, jaçoit qu'il fust larron, à cause que personne ne l'accusoit de larcin. Mais selon les anciens droicts escrits, estoit loisible à chacune personne legitime & idoine d'accuser de crime, & prendre conclusions criminelles de tous delicts criminels & publics; à condition qu'on estoit tenu soy rendre prisonnier & faire enregistrer, à peine de talion, telle, que si l'accusateur décheoit de son accusation, qu'il souffriroit ce que l'accusé eust deu souffrir, au cas qu'il eust esté attaint & conuaincu; mais à cause que cette solemnité de droit de soy faire enregistrer & rendre prisonnier, estoit trop seuere, de sorte que par ce moyen ceux qui estoient greuez n'osoient bonnement accuser : par stile & coustume l'ancien droict a esté delaissé & introduit, que ciluy qui accuse & prend conclusions criminelles, ne peut aucunement mesfaire, ains tend seulement à fin d'amende ciuile : & de telle sorte l'on a tousiours vsé, combien que la partie formée, oû accusateur, est tenu de faire informer & poursuiure à ses despens le procez. Et s'il en décheoit, est condamnable en reparation enuers Iustice & partie, à cause de l'accusation tortionnaire, non pas de peine de talion, ains seulement à la discretion & arbitre dû Iuge.

Il y a deux manieres d'accusa[illegible]urs, l'vn est le Procureur du Roy ou du Seigneur qui tend à la peine & punition corporelle, & amende pecuniaire.

L'autre est la partie interessée ou autre qui pretend seulement son interest ciuil qu'il a eu & souffert, à cause du delit.

Le Procureur du Roy ou du Seigneur n'est receuable sans partie ciuile ou denonçant criminel où y a sang & playe. Et se peut partie interessée apres le procez parfait, rendre prisonnier, bailler ses conclusions, & employer le procez criminel.

Selon le droict ciuil nul n'est admis à denoncer, que les officiers à ce ordonnez, comme Sergens, Forrestiers, Messiers, & semblables qui ont fait serment de pertinemment denoncer les delicts, lesquels sont creus en leurs denonciations de cas legers & notoires, mais non en gros delicts, fors qu'entant que le Iuge ou fisque sur ce soy informe & enquiere. De droict canon sont admis à denoncer tous ceux ausquels il touche, & qui y pretendent interest, comme aussi sont ceux qui d'affection bonne, & zele de Iustice, sont meus à denoncer quelque crime quel qu'il soit, sauf que le denonciateur ne soit infame, personne vile, conspirateur, ennemy, & qu'il le fasse, non afin de punir le denoncé d'aucune peine canonique, ou legale, ains à l'intention de le reduire à penitence. Toutes denonciations doiuent estre veritables, ou autrement seroit tenu le denonciateur reparer la Iustice & la partie à la discretion du Iuge, ou comme autres veulent, estre puny de peine de talion. Le denonciateur n'est tenu soy faire enregistrer, ou declarer sa denonciation, ne d'assister au fisque, ou poursuiure le procez à ses despens, s'il ne veut; mais est tenu d'administrer au fisque ce qu'il en a, & luy denommer les tesmoins qui en sçauent parler. Est aussi tenu s'il plaist au Iuge ou fisque, d'affermer par serment sa denonciation estre veritable, & qu'il ne fait icelle à intention de calomnier. Les Iuges ou fisque sont tenus auparauant receuoir la denonciation, considerer quelle personne c'est qui la fait, &

le bien interroger de toutes circonstances, afin qu'il ne moleste aucun à tort, & supporte les despens inutiles L'effect des denonciations est, qu'icelles par les Iuges ou fisque ouyes, sont tenus informer par enquestes, quelle chose il en est, & où il les trouuent telles, proceder à l'encontre des delinquans.

Des Cherches.

Celuy à qui a esté desrobé a recours au Iuge, & à son deffaut au Procureur ou au Greffier, pour auoir commission ou permission de faire cherche qu'il fait faire par vn Sergent, lequel en cas de refus d'ouuerture, procedera par fracture sommation prealable, pourueu qu'il ait obtenu commission à cette fin.

Et s'il a trouué aucune chose appartenant à celuy qui a obtenu ladite commission, auoüera & sera commandé en main tierce, d'où fera faire vn procez verbal qu'il pourra faire decreter & informer plus à plain, & consequemment proceder sur & selon le decret qu'il aura obtenu comme és autres causes en apres.

D'information & decret.

Partie interessée obtient commission pour informer de son crime du Lieutenant Criminel en Cour Royale, en Cour Subalterne du Iuge. Iceluy fait sa plainte & denonciation sur laquelle fait par vn Sergent appeller ses tesmoins, & ayant commission Royale, faut faire faire l'information par vn Huissier ou Sergent Royal, auec autre scribe ou adjoinct.

Laquelle information qui doit estre faite, tant sur la iustification qu'accusation, & contenir si les tesmoins sont parens & alliez de l'vne ou de l'autre des parties, est apportée close deuers le Iuge pour decreter sur la requisition que le Procureur du Roy ou du Seigneur met au pied de l'information.

D'où par fois le decret est de prise de corps, & par fois n'est que d'adjournement personnel, selon que delit est grief, ou le faut verifier, lequel decret s'expedie au loin par le Greffier, notamment és Cours Royales.

Si le decret est de prise de corps, il doit promptement estre mis à execution, de peur que partie n'esuade, & si l'on ne le peut apprehender sera appellé en cas de ban à trois briefs iours, perquisitions & diligences faites de l'apprehender, mais il n'est que d'adiournement personnel sur l'assignation donnée en personne & domicille, & aura distance de huict iours francs, & quant au cas de ban faut aussi que les trois assignations soient de sept ou huit iours francs.

Et quelquesfois les decrets de prise de corps portent annotation de biens, comme lors qu'il y a homicide.

Le requisitoire des Gens du Roy receu & decret du Iuge baille, les sacs des informations & productions seront suiuant l'article 98. & l'art. 99. des Ordonnances du Roy Louys XII. mis és mains du Greffier, lequel sur ledit decret fera expedition de la commission d'adiournement personnel ou de prise de corps, qui sera de la teneur qui ensuit.

Commission d'adiournement.

Au premier Sergent, &c. Salut. Veu la complainte à nous faite & baillée par K. pour raison des excez, batt[illegible], concussions & lesions commises

mises en sa personne par L. blasphemes execrables par luy proferez, informations sur icelle complainte faite, qui ont esté communiquées au Procureur du Roy, conclusions par luy prises. Nous à la Requeste dudit K. & dudit Procureur du Roy, vous mandons, & pource que sommes Iuge ordinaire des parties, commettons de par le Roy nostredit Seigneur, adjourner à certain & competant iour à estre & comparoir en personne pardeuant nous audit Siege ledit L. pour sur le fait desdits crimes respondre a iceluy Procureur du Roy, à telles fins & conclusions criminelles qu'il voudra cõtre luy prendre & eslire, & audit complaignant tant à fin ciuile que pour voir adjuger prouision, & en outre proceder ainsi qu'il appartiendra par raison. O intimation pertinente: & de ce que fait en aurez nous certifiez, &c.

Si au iour assigné de comparoir en personne l'adjourné fait defaut, le Iuge par vertu d'iceluy decernera prise de corps, s'il y a deux defauts, sera dit qu'à defaut de pouuoir apprehender le defaillant, il sera adjourné à trois briefs iours, auec annotation & saisie de ses biens iusques à ce qu'il ait obey, ainsi qu'il est escrit au 25. art. desdites Ordonnances du Roy François, publiées l'an 1539. & doit la commission pour prendre & saisir au corps estre telle.

Commission de prise de corps.

Au premier Sergent, &c. Salut. Veu la complainte à nous baillée par K. pour raison des excez, battures, concussions & lesions commises en sa personne par L. blasphemes execrables par luy proferés, informatiõs sur icelle complainte faites, qui ont esté communiquees au Procureur du Roy, conclusions par luy prises: Nous à la Requeste dudit K. &

dudit Procureur du Roy, vous mandons, & pource que sommes Iuge ordinaire des parties, commettons de par le Roy nostredit Seigneur, que ledit L. preniez & saisissiez au corps en quelque lieu que trouuer & apprehender le pourrez, voire en lieu sainct & sauf à le reintegrer, si faire se doit, & iceluy amenez sous bonne & seure garde és prisons fermées dudit, &c. pour illec estre à droict, & respondre audit Procureur du Roy, à telles fins & conclusions criminelles qu'il voudra contre luy prendre & eslire pour raison desdits exceds, blasphemes, crimes & delits, & audit complaignant à fin ciuile tant seulement. Et où prendre & apprehender ne le pourrez, l'adjournez à trois certains briefs & competans iours, & à peine de bannissement, pour comparoir & proceder comme dessus. Et outre annoncerez & saisirez ses biens iusques à ce qu'il ait obey, & les mettrez par inuentaire sans iceux desplacer, pour ce fait ledit Procureur du Roy ouy, en ordonner ce que de raison : & de ce que fait en aurez, &c.

Où il est dit en ladite commission prendre le delinquant en lieu sainct, cela est suiuant le contenu au huict, 20. & 6 article desdites Ordonnances du Roy François, par lequel est ordonné qu'il n'y aura lieu d'immunité pour debtes ny autrés matieres ciuiles, & se pourront toutes personnes prendre en franchise, & sauf à les reintegrer, quand y aura prise de corps decernée à l'encontre d'eux, sur les informations faites des cas dont ils sont chargez & accusez, & qu'il soit ainsi ordonné par le Iuge.

La commission d'adjournement personnel ou

prise de corps deliurée par le Greffier au complaignant, doit à la diligence d'iceluy complaignãt estre executée, comme aussi elle doit estre à la diligence du Procureur du Roy, s'il est seule partie, ou quand il aduient qu'il y a accord auec partie ciuile.

Et à cette fin se peut adresser & entendre enuers luy l'injonction & commandement fait aux gens du Roy de la Cour en l'article lxxxvj. des Ordonnances de Charles VIII. par lequel ils sont tenus faire executer réellement & de fait les prouisions de prise de corps, adjournemens personnels, & Arrests interlocutoires & diffinitifs.

De l'execution desdites lettres de commission de prises de corps & adiournement personnel, & de la charge & office du Geollier.

En vertu de la commission de prise de corps doit estre par l'executeur, Sergent, ou autre, procedé à la caption & detention de la personne, nonobstant appellation quelconque, pour laquelle il ne doit differer ne dilayer la caption & detention de la personne.

Et en outre menera ou fera menener le delinquant pardeuant le Iuge auquel la connoissance en appartiendra ou sera commise, lequel Iuge en cas que le delinquant, ou accusé n'appelleroit de luy, ne cessera de proceder à faire le procez d'iceluy delinquãt ou accusé, pour l'appellation faite dudit executeur, ainsi qu'il est escrit au 13. article des Ordonnances premieres du Roy Charles VIII.

Et au regard de la commission d'adjournement personnel par l'article ensuiuant 14. desdites Ordonnances, ledit executeur ou Sergent fera l'adjournement personnel, ou s'il n'y auoit que commission simple fera le simple adiournement pardeuant le Iuge, deuant lequel luy est commis, mandé & ordonné le faire, & ne cessera de faire ledit adjournement, pour quelque appellation faite de luy executeur ou Sergent.

Et ne doiuent aucunes lettres estre octroyées és Chancelleries, ne en la Cour de Parlement, pour empescher la cognoissance du principal, ne pour faire deffenses au Iuge, qu'il ne cognoisse d'iceluy principal, & fasse le procez criminel, sinon que la partie eust appellé dudit Iuge.

Et est enjoint aux gens de ladite Cour & à tous autres Iusticiers & Iuges Royaux, & aussi à tous les autres Iusticiers de ce Royaume, que s'ils treuuent que les Sergens ou executeurs fassent aucuns abus ou excez, ou cõmettent dol ou fraude en l'executiõ des choses & affaires criminelles, ou autres: qu'ils les corrigent selon qu'il apartiẽdra, & l'exigẽce des cas.

Lesdits Sergens ou executeurs saisis de la personne du delinquant, le meneront sans delay prisonnier és prisons fermées, & tout ainsi qu'il est ordonné pour les prisonniers menez à la Conciergerie à Paris, au trentiéme article des premieres Ordonnances du Roy Charles VII.

Et se feront les frais de l'emprisonnement aux dépens du poursuiuant, car aucuns ne doiuent estre à leurs despens menez és prisons, si expressément n'auoit par le Iuge esté ordonné. Et ainsi en est dit pour les prisonniers amenez en la Cour en l'art. 105. des Ordonnances du Roy Charles VIII.

Estant le prisonnier rendu és prisons, sera receu par le Geollier, qui est tenu par le cent troisiéme article des Ordonnances premieres Louys XII. escrit en vn registre le nom & surnom, estat & demeurance du prisonnier, par qui il est amené, pourquoy, & à la requeste de qui, & de quelle ordonnance.

Et si c'est pour debte, & qu'il y ait obligation sous seel Royal, la datte de l'obligation, & le domicile du creancier y seront enregistrez semblablement.

Apres lequel emprisonnement, si le prisonnier est detenu pour cas qui requiere punition corporelle, ou autre peine pour laquelle le procez doiue secrettement estre fait, est defendu audit Geollier de ne souffrir aucune personne parler à iceluy prisonnier, ains mis és prisons, sans l'ordonnance du Iuge. Et ce sur peine d'en estre grieuement puny. Et tout ainsi est inhibé au Geollier de la Conciergerie du Palais par l'art. 32. des Ordonnances premieres du Roy Charles VII.

Et quant aux adjournez à comparoir en personne au iour de l'assignation, le Iuge doit arrester l'adjourné prisonnier par la ville, s'il est receant ou homme de qualité, & que le cas à luy imposé ne soit d'importance; en luy deffendant le partir, sur peine d'en estre atteint & conuaincu; & autres peines arbitraires, iusques à ce qu'il soit interrogé, & que par Iustice autrement y ait esté procedé & ordonné.

Mais si le crime est notable, l'adjourné doit estre enuoyé en prison fermée, pour estre gardé, non pas pour estre lié, afin d'estre contre luy procedé extraordinairement ou autrement ainsi que de raison.

Duquel adiournement personnel ou emprisonnement, sera fait registre par le Greffier, à la diligence des Gens du Roy, ainsi que le porte l'article 135. desdites Ordonnances de Charles VIII. afin que si puis apres, & auant l'issuë de la cause y auoit eslargissement à caution, & que pendant iceluy, entre les complaignant & accusé y eust accord, sinon aucune composition auec le Preuost Fermier (comme souuent aduient) & auquel toutesfois est defenduë telle composition en cas de crime par le 14 article des Ordonnances du Roy Philippes le Bel, & 2. article des Ordonnances de Charles V. le droict du Roy nostredit Seigneur y fut gardé : & aussi que le delit ne demeurast impuny.

Et si aucuns adjournez à comparoir en personne appelloient de l'adjournement personnel à eux fait par Ordonnances de Iuge ordinaire: ladite appellation ne doit estre receuë, ainsi est escrit au 101. article de l'Ordonnance de Charles VIII. pourueu que l'adjournement personnel soit fait par l'ordonnance du Iuge Royal ordinaire, sur les sujets & limites de sa Iurisdiction.

Celuy qui est partie poursuiuante doit faire telle diligence qu'au iour de l'assignation personnelle ou emprisonnement, il fasse rapporter au Greffe les informations, par vertu desquelles l'adiournemét personnel ou emprisonnement a esté fait, sur peine d'estre décheu de sa poursuite, & de recouurer sur luy despens dommages & interests, suiuant les 92. & 93. articles desdites Ordonnances de Charles VIII.

Des deffauts & contumaces.

Les deffauts & contumaces, & assignations comme dit est, faites si l'accusé ne compare, il y aura deffaut, sauf quelque delay qui ne sera que de huictaine, & apres sera ledit deffaut iugé selon l'importance du faict, ſçauoir que ledit deffendeur accuſé, ſera décheu de ſes fins declinatoires & dilatoires, ordonné qu'il ſera reappellé auec inthimation qu'il compare ou non, ſera contre luy procedé comme de raiſon, & neantmoins condamné aux dépens. Si la matiere eſt griefue, ſera ordonné qu'il ſera pris au corps, & amené priſonnier ſi apprehendé peut-eſtre, ſinon adiourné en cas de ban à trois briefs iours, & par fois eſt dit que ſes biens ſeront ſaiſis & anotez, & touſiours condamnez aux dépens.

Par le premier deffaut, l'on condamne le defaillant à la prouiſion d'aliments & medicaments, & à faire prier Dieu pour l'ame du deffunct, & ce eſt executoire, nonobſtant appel, & ſans prejudice d'iceluy, ou y ſera contraint le condamné par priſe de ſa perſonne & biens, & procedé contre ledit accuſé ainſi appellé, pour la conſentir ou diſſentir, & ſera adiugée, ſauf de la repeter, s'il eſtoit enfin de cauſe.

Pour auoir laquelle prouiſion le complaignant doit eſtre veu & viſité par Barbiers & Chirurgiens, Medecins, ou l'vn deux : qui feront leur rapport au vray du iour de ladite viſitation, lieux & endroits des playes, bleſſures, concuſſions & leſions, largeur & profondité d'icelles, du temps dedans lequel pourront eſtre gueris. Ou ce que vray-ſemblablement ils pourront connoiſtre du danger deſdites playes ; ſoit de mort, percluſion de membre, langueur de maladie ou autrement ; afin d'adiuger plus grande ou moindre prouiſion, ſelon l'exigence des cas.

Et eſt bien à noter ladite viſitation & rapport eſtre tres-neceſſaire. Car nul ne peut preſumer vn homme eſtre mort d'vne vulneration ou playe, ſans premier auoir eu l'aduis des ſuſdits, ou l'vn deux: car aucunes fois ſuruient apres la playe faite, exceds prouenant de la coulpe & faute du bleſſé, qui n'auoit playe mortelle, & toutesfois il meurt pour auoir beſongné ou fait choſe de ſon eſtat, ou autre preiudiciable à ſa ſanté. Et en cela doit eſtre conſiderée & veue la maniere, façon & qualité de la playe, & du lieu & membre où elle a eſté faite. Or leſdits rapports affermez en iugement, le Iuge ſi la matiere eſt diſpoſée à prouiſion, donnera ſentence ſur icelle, telle qui enſuit.

Sentence de prouiſion d'alimens & medicamens.

Entre K. demandeur & complaignant en excez, & requerant prouiſion d'alimens & medicamens, le Procureur du Roy, ioint auec luy d'vne part: Et L. priſonnier és priſons de ceans, deffendeur ſur leſdits exceds, & empeſchant ladite prouiſion, d'autre part. Veu la complainte du complaignant à nous faite, pour raiſon des pretendus exceds, battures, & leſions commiſes en la perſonne, par ledit L. information ſur ce faite, interrogatoires & confeſſions dudit priſonnier, les rapports de tel, Maiſtre Barbier ou Chirurgien de tel lieu, par luy affermé, la requeſte de prouiſion d'iceluy complaignant, ſur laquelle le deffendeur a eſté ouy, & tout conſideré: Nous par maniere de prouiſion, auons à iceluy demandeur adiugé & adiugeons vingt liures pariſis, à prendre ſur les biens dudit deffendeur, & par detention de ſa perſonne: nonobſtant oppoſitions ou appellations quelconques, & ſans preiudice d'icelles, en baillant caution ſuffiſante: Laquelle ſomme ſera employée en ſes medicamens & alimens, & ſauf de luy faire & adiuger plus ample prouision, si faire se doit: despens, & ce qui reste, reseruez en diffinitiue. Et presentement nous a iceluy complaignant presenté pour caution tel, de tel estat, demeurant en tel lieu, à ce present, qui l'a pleigé & cautionné: à quoy a esté par nous receu, apres qu'il a esté certifié suffisant par tels: & que pour empescher sa reception, ledit deffendeur n'a sçeu dire causes valables contre luy, ny lesdits certificateurs, & qu'iceluy pleige & caution, ensemble le demandeur, & chacun d'eux seul & pour le tout sans diuision, & comme depositaire de Iustice, se sont par prison obligez, & fait les soubmissions requises, de rédre ladite somme, s'il est dit en fin de cause. Donné à Lorriz sous le seel de ladite Preuosté, & prononcé ausdites parties, dont ledit deffendeur a appellé le tel iour.

Par Ordonnance de Charles VIII. art. 51. il est ordonné que les prouisions données en matiere d'alimens, doüaires & medicamens, par sentence de Iuges Royaux, seront executées nonobstant oppositions ou appellations quelconques, & sans preiudice d'icelles.

Mais pource qu'és Iustices subalternes se commettoient plusieurs exceds, crimes & delits, requerans prompte prouision, laquelle adiugée par les Iuges desdites Iustices subalternes, demeuroient inexecutées par le moyen des appellations qui en estoient interiettées, & de la longueur de l'expedition d'icelles pardeuant les Iuges Royaux, ausquels la connoissance desdites appellations estoit commise, dont souuent aduenoit que le principal estoit plustost vuidé que lesdites prouisions, & que les blessez & navrez tomboient en grosses maladies, ou mouroient par faute desdits alimés & medicamés.

Le Roy François voulant à ce pouruoir par l'art. 91. de ses Ordonnances publiées en la Cour le 6. iour de Septembre, l'an 1539. a ordonné que les Sentences desdites prouisions d'alimens & medicamens données par Iuges subalternes iusques à la somme de vingt liures parisis seront executées, nonobstant l'appel, & sans preiudice d'iceluy, en baillant caution comme de Iuges Royaux.

Quand il y a meurtre & occision de personne, les parties ciuiles interessées, ou en leur deffaut le Procureur du Roy, ou de la seigneurie, peut requerir prouision contre le delinquant pour les obseques & funerailles de l'occis, qui doit estre adiugé & exercé comme dessus.

L'execution desdites prouisions ne doit estre retardée, pour quelques lettres d'estat qui soient presentées par le delinquant, lesquelles en ce cas n'ont point de lieu. Et n'y doit estre obtemperé par les Iuges, ainsi que le porte l'art. 55. des premieres Ordonnances du Roy Charles VII.

Par le second deffaut de la plus petite matiere criminelle, il sera ordonné qu'il sera pris au corps, ou sinon adiourné en cas de ban.

Des saisies & adnotations de biens.

Les saisies & adnotations de biens se font par vn Sergent & records, le Procureur ou Substitud present, & aussi la partie y peut estre, l'on fait inuentaire de tous les meubles appartenans à l'accusé que l'on met en main tierce; & les immeubles par confins, au regime desquels & des fruicts, l'on establit commissaire, & faut saisir & arrester debtes ou autres biens.

De la contumace sur recollement & iugement.

Si point du tout l'accusé ne compare les trois defauts en cas de ban passez, l'on les fait iuger. & ordonne par le profit d'iceux que les tesmoins seront recollez, car à ce ne faut de confrontation, & apres luy faire droict selon la preuue est declaré le defendeur contumax, & procedant à la sentence diffinitiue qui peut estre executée sur les biens & sur la personne en effigie: Toutefois il est bien requis de faire adiourner l'accusé pour voir iurer & recoller les tesmoins, & iceux confronter si besoin est.

Des comparoissances par procuration.

Par fois l'accusé fait comparoir par procuration, & demande renuoy, ou se declare appellant, mais cela ne sert ny empesche aucunement le Procureur, car il faut que l'accusé compare en personne, neantmoins il peut releuer son appel. Sera receu le malade à comparoir par Procureur, qui ne pourroit venir à l'assignation ny à pied ny à cheual, en faisant de ce apparoir.

Des accusez comparans.

Dés lors que l'accusé compare à la requisition du Procureur Fiscal & partie, il est arresté iusques à tant qu'il ait obey à son assignation, qui est qu'il ait esté interrogé & respondu sur les charges & informations contre luy faites.

Des fins de non receuoir.

Si c'est matiere où le Procureur du Roy ne soit receuable sans partie, & qu'il n'y en ait point, faut requerir auant l'interrogatoire, que le Procureur n'est sans icelle receuable, & requerir droict luy estre sur ce fait par prealable, disant & ne voulant iusques à ce subir interrogatoires.

Ouy s'il y auoit plus de vingt ans du delict.

Les Interrogatoires.

Les personnes arrestées, ou emprisonnées ès causes criminelles doiuent en toute diligence (en preferant les plus pitoyables) estre expediées, & secrettement interrogez par les Iuges, ainsi que le commandent les Ordonnances premieres de Charles VII. articles 22. & 27. & les premieres Ordonnances du Roy Louys XII. 106. article. Et encores pour lesdits Iuges, & les Cours souueraines les 139. & 140. articles des Ordonnances du Roy François publiées l'an 1529.

A quoy se peut aussi accorder le 110. art. desdites Ordonnances du Roy François, par lequel est dit, que les procez criminels qu'il conuiendra faire contre les prisonniers ou autres accusez de crime, se feront le plus diligemment & secrettement que faire se pourra en maniere qu'aucun n'en soit aduerty pour euiter les subornatiõs & forgemens qui se pourroiét faire en telles matieres. Et ce en la presence du Greffier, ou de son Commis, sans y appeller le Geollier, Sergens, Clercs, seruiteurs, & tous autres qui n'auroient le serment au Roy & à Iustice.

Et par autres articles 7. 20. 6. desdites Ordonnances est statué, qu'incontinent que les delinquans (tant ceux qui seront enfermez, que les adiournez a comparoir en personne) seront bien & diligemment interrogez, & leurs interrogatoires reïterées & repetées selon la forme de droict & les anciennes Ordonnances, & selon la qualité des personnes & des matieres pour trouuer la verité desdits crimes, delicts & exceds, par la bouche des accusez si faire se peut.

Doncques les Iuges deuëment aduertis desdits Arrests ou emprisonnemens de personnes aux iours qui ne seront de plaidoirie, mesme le Vendredy (s'il n'estoit ordinaire de plaidoirie) suiuant le 131. article des premieres Ordonnances de Louys XII. se transporteront auec leur Greffier és prisons où le prisonnier sera detenu, & le feront venir d..ant eux pour l'interroger.

Mais si le prisonnier est cault & sage, ou qu'il puisse auoir conseil secret, doit (auant respondre au Iuge qui le detient) considerer & auiser si son accusateur est receuable & personne capable de l'accuser, aussi s'il est iusticiable : Car en faisant response aux interrogatoires, il approuue le Iuge qui en matiere criminelle doit garder l'ordre iudiciaire, & oüir le prisonnier à proposer toutes exceptions tant declinatoires que peremptoires, tout ainsi qu'en matiere ciuile, desquelles exceptions celles sont les principales.

Que l'accusateur a fait & commis semblable crime.

Qu'il a transigé & pacifié dudit crime : Laquelle transaction ne se peut faire en plusieurs cas, comme de crime de leze-Majesté, heresie, & autres.

Que l'accusateur a fait l'accusation contre son vouloir, à la suscitation, persuasion, force & menasses de quelqu'vn : car nul ne peut estre contraint accuser ou agir.

Qu'il est compagnon participant du crime.

Que l'accusateur est criminel & accusé de crime public, & partant ne peut accuser pendant & durant la sienne accusation ; ou qu'il est vile personne, comme est vn executeur de haute Iustice ou escorcheur de cheuaux.

Si l'accusateur estoit frere ou sœur de l'accusé, ne seroit receuable de l'accuser de crime capital, si ce n'estoit pour la poursuite de l'injure de luy ou des siens, ou en crime de leze-Majesté.

Qu'il est estranger & inconnu, homicide, larron, sacrilege, adultere, rapteur, enchanteur, empoisonneur, ou parjure, infidelle, heretique, Iuif, ou schismatique.

Qu'il a pris argent pour accuser, ou non accuser: ou a porté faux tesmoignage, ou s'il estoit ennemy capital.

Plusieurs autres exceptions de droict sont escrites au Tresor de pratique, auquel te renuoye : mais les dessusdits sont les plus communs.

Or supposé que l'accusé soit iusticiable du Iuge par la cōmission & mandement duquel a esté amené prisonnier, & qu'il n'ait aucunes exceptions pour empescher qu'il ne soit contre luy procedé, ledit Iuge procedera à son interrogatoire comme s'ensuit.

Forme des interrogatoires en cas de crime.

L'an mil v. c. &c. le penultiesme iour de Feurier, Nous Preuost, &c. nous sommes transportez és prisons dudit lieu ; & estans en la chambre du Geollier, lieu accoustumé à faire les procez criminels, auons fait venir deuant Nous L. prisonnier esdites prisons, à la poursuite & requeste de K. & du Procureur du Roy, pour raison des exceds, battures, & lesions pretenduës auoir par iceluy prisonnier esté commises en la personne dudit L. & autres crimes à plain mentionnez és informations contre luy faites, sur lesquelles apres le serment de luy pris en tel cas requis & accoustumé, a par nous esté interrogé & ses interrogatoires, confessions & denegations redigées en escrit, par tel nostre Greffier, ainsi qu'il s'ensuit.

Premierement interrogé de son nom, surnom, aagé, estat & demeurance, a dit & volontairement confessé estre nommé L. M. aagé de 32. ans ou enuiron, du mestier de Cordonnier, faisant sa demeurance en tel lieu, Chastellenie de ceans; fils de I. M. en son viuant aussi Cordonnier, demeurant en tel lieu, s'il est Clerc tonsuré, dit que non.

Quelle connoissance il a d'vn nommé K. complaignant, demeurant audit Lorriz; dit qu'il le connoist, pour souuent l'auoir veu & frequenté, beu & mangé en sa compagnié. S'il a procez pardeuant nous contre luy, comme demandeur contre ledit prisonnier deffendeur, pour raison de telle chose, dit que ouy.

Si le tel, iour luy prisonnier, estant en vn tel lieu, eut paroles noisiues audit K. au contempt dudit procez; dit qu'il eut paroles noisiues, sans qu'il fut question dudit procez.

Quelles paroles noisiues, & la cause d'icelles, dit que sans auoir mesfait ne mesdit à iceluy K. luy reprocha que son pere estoit meschant homme, & que luy prisonnier ne valoit gueres mieux.

Et en repellant par luy telles iniures, ledit K. le voulut outrager, & de fait l'outragea grandement d'vne dague qu'il tenoit nuë en sa main, de laquelle ledit prisonnier eust esté tué & occis, s'il n'eust resisté.

S'il ne iura & blasphema le nom de Dieu en telle maniere, &c. dit que non, qu'il en soit souuenant.

Si luy prisonnier, d'vn grand cousteau qu'il auoit ne donna plusieurs coups és parties du corps dudit K. mesmes en tels endroits penetrans, &c. dit qu'il ne sçait: bien dit qu'en soy defendant il n'a aucuns coups contre ledit K qui tousiours le poursuiuoit.

S'il ne bailla lesdits coups de cousteau audit complaignant au contempt dudit procez; dit que non.

Si des choses dessusdites il se veut porter aux informations, pour raison de ce contre luy faites: dit que non, pource qu'il ne connoist les personnes qui ont deposé, & ne sçait s'ils pourroient auoir contre verité, & à la faueur & persuasion dudit K. fait ladite deposition. Ce fait, fut par nous renuoyé en sa prison.

Les interrogatoires dessusdits sont sommairement faits par petit formulaire: car selon la diuersité des matieres & crimes, les interrogatoires sont diuers.

Et faut noter qu'ausdites interrogatoires l'on doit prendre tous les mots & poincts principaux de la complainte & information. Et par grande astuce si l'on connoist le prisonnier malicieux, tirer par sa bouche (si faire se peut) la verité desdits crimes, delicts & exceds: mesmement quand il n'est valablement prouué par ladite information.

Mais aussi si l'accusé a quelque responce ou raison apparente pour sa descharge, le Iuge la doit fidellement faire écrire: car il doit plus estre enclin à absolution qu'à condemnation, & plustost espargner deux coulpables que punir vn innocent: joint aussi que le Iuge est tousiours seul Aduocat du prisonnier, qui ne doit estre ouy par conseil ne mystere

d'autre

d'autre personne, mais respondre par sa bouche du cas dont il est accusé; ainsi qu'entr'autres choses porte le huit-vingt-deuxiesme article desdites Ordonnances du Roy François.

Les interrogatoires parfaits & paracheuez, & mis en forme, seront incontinent montrez & communiquez au Procureur du Roy, lequel sera (suiuant les 106. & 107. articles des premieres Ordonnances du Roy François, publiées 1539.) tenu les voir sommairement, & à toute diligence, sans en rien communiquer aux parties ciuiles; pour auec le conseil de son Aduocat [és lieux où il y a Aduocat du Roy] prendre les conclusions pertinentes.

Et s'il trouue les confessions de la cause suffisantes, & que la qualité de la matiere soit telle, qu'il puisse & doiue prendre droict par icelles, suiuant les 108. & 117. articles des premieres Ordonnances dudit Louys XII. & l'article 148. desdites Ordonnances du Roy François, il communiquera lesdites confessions à la partie priuée si aucune y en a, pour sçauoir si elle veut semblablement prendre droict par icelles. Pour ce fait bailler lesdites conclusions par escrit à leurs fins respectiuement, & icelles estre communiquées à l'accusé, pour y respondre par forme d'attenuation tant seulement.

Et si ledit Procureur ou la partie vouloient prendre droict par icelles confessions, suiuant le 109. article desdites Ordonnances de Louys XII. & l'article preallegué 148. desdites Ordonnances du Roy François, bailleront leurs conclusions par escrit: ainsi que dessus a esté dit, ausquelles le confessant pourra respondre afin d'attenuation, & ce fait, leur sera fait droict ainsi que de raison.

Et quant aux autres matieres desdits prisonniers ou adiournez à comparoir en personne, ou autres qui cheent en plaidoirie, l'Aduocat du Roy au lieu où il y a Aduocat; ou le Procureur du Roy, qui plaidera la matiere pour le Roy, recitera bien au long des charges, informations & confessions, & prendra conclusions pertinentes à ce que les delinquans puissent connoistre leurs fautes, & que ce soit exemple à tous autres, & ce suiuant le lxxiv. article desdites Ordonnances du Roy Charles huictiesme.

Si doncques l'accusé ne tend point à renuoy, car apres son interrogatoire il ne seroit plus receu, doit bien penser & repenser à ce qu'il a à dire & respondre, mesmes tant plus est enorme le delict, & si doit bien prendre de ne point varier ses responses, & alleguer qu'il estoit à l'heure au iour & lors du delict, si tant est qu'il soit de grande importance, sçauoir le iour, dire le lieu, & ce qu'il y faisoit; à la preuue dequoy ses parens & amis luy doiuent estre fort aydans, de mesmes deduira en ses interrogatoires ses fins de non receuoir, si aucunes y en a, comme s'il y auoit plus de 20. ans du delict.

S'il est question d'exceds fait dans vn fonds où l'accusé pretend droict; & pour raison d'iceluy ou de ses fruicts, l'accusé pourra dire que l'heritage luy appartient, & qu'il a droict audit fonds, & ne peut deduire à plain ses droicts, il requiert estre mis en procez ordinaire.

Ledit interrogatoire fait, le Iuge ordonne qu'il sera communiqué au Procureur, lequel & parties prendront leurs conclusions diffinitiues ou preparatoires.

Et lors les parties & Procureurs peuuent comparoir, & l'accusé remonstrer auoir esté ouy & requerir estre absous à tout euenement remis en procez ordinaire, & eslargy en baillant caution, & faisant les submissions au cas appartenant, & ellisant domicile comme il offre.

Partie ciuile dit au contraire, & requiert qu'il soit extraordinairement procedé par recollement & cõfrontation de sa partie restrainte, à quoy le Procureur peut adherer, & le Iuge ordonner ce qu'il verra estre requis.

Des renuois.

Ou bien si l'accusé vouloit estre renuoyé faisant sa comparoissance, dira comme il compare sans approuuer la Cour ny iurisdiction, & sans preiudice de son declinatoire, quand auquel demande estre renuoyé pardeuant tel son Iuge, duquel se declare & maintient subiet.

Icy faut noter que si le delict a esté commis dans la Iustice où il est conuenu, il ne peut decliner, & és causes où échet renuoy; ne suffit à l'accusé de demander seul, mais faut que le Procureur fiscal du lieu où il requiert estre renuoyé, demande aussi auec luy ledit renuoy.

D'ordonnances apres interrogatoires.

Ce que dessus fait, le Iuge condamne l'accusé, ou le reçoit en procez ordinaire.

Ou bien ordonne que les tesmoins de l'information seront dans certain temps appellez pour estre recollez, & si besoin, confrontez à l'accusé.

Nota, que pendant les confrontations, enquestes, iustifications, l'accusé doit estre restraint.

De procez ordinaire.

Si les parties sont receuës à procez ordinaire, chacun baille ses faits & articles, respondent de part & d'autre, & informeront; & sera l'accusé eslargy en baillant caution iusques à certaine somme, partie presente ou appellée, & à la charge de se rendre en l'estat au iour du rapport des enquestes, & eslisant domicile au lieu où est le procez pendant, & faisant les submissions au Greffe: de se representer audit estat toutesfois & quantes qu'il sera ordonné.

Des recollemens & confrontations d'obiects.

Quant au faict dudit recollement, faut que le demandeur & Procureur fassent venir les tesmoins à iour assigné, & n'y doit auoir qu'vn delay, si ce n'est pour vrgente cause.

Et satisfaisant, il est procedé premier au recollement, qui est seulement relire la deposition des tesmoins à part, le Iuge, Greffier & Procureur s'il y veut assister, car il n'y a aux procez criminels aucune chose de secret, & si le tesmoin augmente ou diminuë cela est escrit, & apres on fait venir l'accusé, & luy est confronté le tesmoin, contre lequel il faut qu'il baille promptement par sa bouche objets. Car oncques plus n'y est receu, sinon qu'il produise des actes, & ce fait, on fait à l'accusé lecture de la deposition d'iceluy tesmoin en sa presence.

Combien que ce que dessus escrit és 153. 154. & 155. articles desdites Ordonnances du Roy François soit assez instructif pour faire lesdits recollemens & confrontations, ce neantmoins pource que par le 142. article d'icelles Ordonnances est statué, que les Iuges qui seront trouuez auoir fait fautes notables en l'expedition desdits procez criminels seront condamnez en grosses amendes enuers l

Roy pour la premiere fois, & pour la seconde seront suspendus de leurs offices pour vn an, & pour la troisiesme priuez de leursdits offices, & declarez inhabiles de tenir offices Royaux : Ay bien voulu mettre la forme cy-apres declarée d'iceux recollemens & confrontations, pour aucunement seruir de soulagement à aucuns Iuges & à leurs Greffiers; ausquels Iuges & à tous autres, & à leurs Lieutenans, pour éuiter les erreurs declarees en l'article 140. & les peines & amendes des fautes notables escrites en l'article 142. desdites Ordonnances, par le 144. article d'icelles, est enjoint qu'ils fassent eux mesmes les procez criminels, & non les Aduocats & Procureur du Roy, les Greffiers ou leurs Clercs ou Commis, tant aux interrogatoires, recollemens, confrontations, ou autres actes & endroits desdits procez criminels, & ce sur peine de suspension de leurs offices, & de priuation d'iceux, ou plus grande peine & amende, s'ils estoient coustumiers de ce faire.

Lesdits recollemens & confrontations, & autres diligences necessaires declarées en l'article 111. des Ordonnances du Roy Louys XII. se doiuent faire le plus diligemment & secrettement que faire se peut en maniere qu'aucun n'en soit aduerty, la forme desquels recollemens, & confrontations est telle.

Forme de la procedure des recollemens & confrontations.

Recollemens & confrontations faits par nous Preuost de, &c. pour & à la requeste de K. demandeur & complaignant, le Procureur du Roy joints auec luy d'vne part, à l'encontre de L prisonnier és prisons dudit, &c. deffendeur d'autre, dés tesmoins examinez és informations faites à la requeste dudit complaignant, pour raison des pretendus exceds, battures & lesions commises en sa personne par iceluy prisonnier, lesdits tesmoins pour ce faire adjournez à la diligence d'iceluy demandeur, en vertu de nos lettres de commission, & par tel nostre Sergent, comme par icelles lettres de commission & exploits dudit Sergent en datte du tel iour, nous est apparu: appellé auec nous ausdits recollemens & confrontations faire tel adjoint accordé par les parties, si ainsi est qu'elles en ayent conuenu ou que le Iuge l'ait voulu appeller : Et tel nostre Greffier, auquel les auons fait rediger en écrit, ainsi qu'il s'ensuit,

Du tel iour mil cinq cens quarante-deux, estant esdites prisons, en la chambre ordonnée à faire les procez criminels.

Premierement, est comparu pardeuant nous pour estre confronté A. de tel estat, demeurant en tel lieu, aagé de trente ans ou enuiron, tesmoin examiné és informations faites à la requeste de K. demandeur & complaignant, le Procureur du Roy joint auec luy, à l'encontre de L. prisonnier és prisons de ceans, deffendeur. Auquel tesmoin en l'absence d'iceluy prisonnier, auons fait faire le serment en tel cas requis; & iceluy recollé sur la deposition par luy faite esdites informations, de laquelle mot apres autre lecture luy a par nostredit Greffier esté faite, a en icelle persisté, dit & affermé qu'elle contient verité.

Auons aussi fait comparoir pardeuant nous ledit L. prisonnier, auquel & semblablement audit tesmoin, en la presence l'vn de l'autre; auons fait faire serment de dire verité : & ce fait, ledit prisonnier enquis s'il auoit connoissance dudit tesmoin illec present, & aucuns reproches à dire contre luy, en luy enioignant de les dire promptement & expressément, l'auertissant qu'il estoit tenu de ce faire autrement n'y seroit iamais receu : a fait responce qu'il ne le connoist, toutefois ne le veut croire, sans autre chose vouloir dire, sinon que ne deuons adiouster foy à sa deposition, de laquelle pour confrontation auons, en la presence d'iceluy accusé, fait faire lecture mot apres autre audit tesmoin, qui a reconnu ledit prisonnier, & dit estre L. duquel il a parlé en sadite deposition, en laquelle il a derechef persisté & persiste, iure & afferme qu'elle contient verité.

Est aussi comparu pardeuant nous pour estre confronté V. de tel estat, demeurant en tel lieu, aagé de 40. ans ou enuiron, tesmoin aussi examiné esdites informations, auquel en l'absence dudit prisonnier, auons semblablement fait faire le serment en tel cas requis, & icelui recollé sur sa deposition, de laquelle mot apres autre lecture luy a esté faite, a en icelle persisté comme veritable.

Pour lequel tesmoin confronter, auons fait venir pardeuant nous ledit accusé duquel & semblablement dudit tesmoin, & en la presence l'vn de l'autre auons pris le serment de dire verité, & ce fait ledit prisonnier enquis s'il auoit connoissance dudit tesmoin illec present, & aucuns reproches à dire contre luy, en luy enioignant de les dire promptement & expressément, l'auertissant qu'il estoit tenu de ce faire, autrement ny seroit iamais receu, a fait response que ledit tesmoin est dés pieça son ennemy capital, aussi a tousiours esté & estoit lors de la deposition domestique, & de la famille du complaignant, qui l'a produit, corrompu & suborné, & dauantage a esté conuaincu de parjure, par sentence, le tel Iuge competant, & si a pour ses demerites que le prisonnier doit specifier, esté fustigé, rendu infame, public, & banny : à raison de quoy, ne doit demeurer, ny foy estre adjoustée à sa deposition, lesquels reproches ont esté déniez par iceluy tesmoin, soustenu & persisté au contraire par ledit prisonnier, lequel pour verifier iceux, nous a promptement nommé, c'est à sçauoir, quant à tel crime, tels tesmoins, & ainsi des autres : & lesdits tesmoins ainsi particulierement nommez, doit le Iuge mettre ces mots, ce fait auons audit tesmoin pour confrontation en la presence dudit accusé, lequel il a reconnu, fait faire lecture mot apres autre de sadite deposition, en laquelle il a persisté, dit & affermé ledit prisonnier estre celuy duquel il a parlé en icelle deposition.

Il y a autres faits de reproches receus en Cour, partie desquels sont escrits au chapitre des reproches de nostre premier liure, où tu auras recours, ou bien, & pour mieux faire, au Tresor de pratique, & au liure intitulé le Traité des enquestes & tesmoins dont i'ay parlé audit premier liure.

Quand il y a plus grand nombre de tesmoins à confronter, doiuent separément & à part, & l'vn apres l'autre estre confrontez suiuant le formulaire transcrit, sans rien obmettre de la substance comme des articles prealleguez faisans à ce propos, en muát toutesfois le langage selon les stiles & vsances des pays, & les qualitez des matieres.

Les confrontations faites & parfaites, sera incontinent le procez mis entre les mains du Procureur du Roy, qui le visitera bien & diligemment, pour voir quelles conclusions il doit prendre, soient diffinitiues ou preparatoires, & les bailler promptement par escrit.

Et s'il trouue que l'accusé ait allegué aucuns faits peremptoires seruans à sa descharge ou innocence, ou aucuns faits de reproches legitimes & receuables; il requerra que l'accusé soit promptement tenu de nommer les tesmoings, par lesquels il entend prouuer lesdits faits, soient iustificatifs, ou de reproches, ou sinon, prendra ses conclusions diffinitiues.

Et sur lesdites conclusions verra le Iuge diligemment le procez, & fera extraict des faits receuables si aucuns y en a à la descharge de l'accusé, soit pour iustification ou reproche; lequel monstrera audit accusé, & luy ordonnera nommer promptement tesmoings, par lesquels il entend informer desdits faits, ce qu'il sera tenu faire (si ja en confrontant n'auoit ce fait ainsi que dessus) autrement n'y sera iamais receu; & ce suiuant les 156. 157. & 158. articles desdites Ordonnances du Roy François.

L'ordonnance ainsi faite par le Iuge de nommer tesmoings, l'accusé y doit obeyr, & les nommer & donner par billet au Greffier pour en charger le procez criminel, lequel ce fait, doit estre remis és mains du Iuge pour interloquer sur la verification desdits reproches.

De restraindre l'accusé

Icy est l'accusé restraint, encores qu'il ne seroit parauant arresté que par la ville ou bourg, & leur est deffendu communiquer, eux ne par personnes interposées auec les tesmoins, à peine d'amende, & estre declarez atteints des cas à eux imposez.

D'ordonnance apres recollement.

Le Iuge par apres ordonne que les pieces seront communiquées au Procureur fiscal, lequel selon qu'il verra, conclura à condamnation, ou s'il y a des faits iustificatifs ou obiectifs suffisans qu'auât droict diffinitif, que l'accusé ait à nommer tesmoins pour la verification desdits faicts par luy mis en auant, ce que le Iuge ordonne, & qu'il consignera deniers, & donnera la Sentence qui ensuit entre K. demandeur & complaignant, le Procureur du Roy ioint auec luy d'vne part : Et L. prisonnier és prisons de Lorriz, deffendeur d'autre.

Veu le procez extraordinaire fait à l'encontre dudit prisonnier, auquel les tesmoins examinez és informations ont esté recollez & confrontez, contre les aucuns desquels il a proposé reproches, & requis estre receu les verifier, le tout communiqué aux Gens du Roy qui ont fait semblable requeste. Et tout consideré : Disons que ledit prisonnier sera receu & le receuons à verifier les reproches par nous extraicts du procez à luy leus, & en brief baillez au Procureur du Roy, pour à sa diligence faire venir dans huictaine les tesmoins que celuy prisonnier nommera promptement pour estre par nous examinez *ex officio*, & pour fournir aux frais necessaires, consignera au Greffe la somme de trente liures parisis, & sauf à les recouurer enfin de cause, pour l'examen desdits tesmoins fait, y auoir tel esgard que de raison. Donné sous le seel de ladite Preuosté, & prononcé ausdits Procureur du

Roy & complaignant & audit prisonnier, lequel a presentement nommé tels & tels tesmoins, & pour iceux faire venir & examiner, consigné & mis au Greffe ladite somme de 30. liures parisis le tel iour.

L'ordonnance de nommer promptement tesmoins est par trop rigoureuse : mais aussi n'est-elle si estroittement gardée, car les Iuges qui auec equité ont accoustumé dispenser de l'Ordonnance, reçoiuent le plus souuent le prisonnier à nommer témoins quand de nouueau sont venus à sa connoissance.

Le prisonnier ainsi receu à verifier ses reproches, sera tenu faire comparoir les témoins par luy nommez, pour estre ouys & examinez *ex officio*, par le Iuge commis ou deputé, & pour ce faire consignera au Greffe la somme que pour ce luy sera ordonné s'il le peut faire, ou sinon aux despens de partie ciuile (si aucune y en a) autrement aux despens du Roy, s'il n'y a autre partie ciuile qui le puisse faire : & à cette fin se prendra vne somme de deniers suffisante & raisonnable telle qu'elle sera arbitrée par ledit Iuge, sur le Receueur du domaine du lieu, auquel ladite somme sera allouée en la dépense de ses comptes, en rapportant l'Ordonnance dudit Iuge & Officiers, & la quittance de la deliurance qu'il aura faite desdits deniers.

Et le surplus des frais dudit procez criminel se fera aux despens de partie ciuile, si aucune y a, & sauf à recouurer en fin de cause. Et s'il n'y en a point, ou qu'elles ne le puissent notoirement porter, sur les deniers des receptes ordinaires du Roy comme dessus, ainsi qu'il est escrit és 159. 160. & 161. articles d'icelles Ordonnances du Roy François, ausquels articles se peut accorder le 64. article des premieres Ordonnances faites par le Roy Louys XII.

Or pour contraindre lesdits tesmoins nommez à comparoir pardeuant ledit Iuge, le prisonnier doit leuer sa sentence, par laquelle aura esté receu à verifier lesdites reproches, & sur icelles auoir commission du Greffier telle qui ensuit.

Commission sur verification de reproches.

Au premier Sergent, &c. Salut. Veu nos lettres de sentence cy-attachées, données le tel iour en la cause extraordinairement traittée pardeuant nous, entre K. demandeur & complaignant, le Procureur du Roy joint d'vne part, à l'encontre de L. prisonnier, deffendeur d'autre: Par lesquelles ledit prisonnier a esté receu à informer des faicts de reproches par luy proposez à l'encontre des tesmoins examinez en l'information contre luy faite à la requeste dudit complaignant. Nous à la requeste dudit prisonnier & Procureur du Roy, vous mandons & commettons de par le Roy nostredit Seigneur, adjourner pardeuant nous, & à peine de cent sols parisis d'amende, attendu la qualité de la matiere qui requiert celerité, tels & tels, &c. (faut qu'ils soient nommez en ladite commission, sinon mettre ces mots, toutes & chacunes les personnes nommées par ledit prisonnier) pour la verification desdites reproches, & lesquelles en escrit & par extraict signé de nostre Greffier, vous seront de la part dudit prisonnier baillées; à estre & comparoir pardeuant nous à iour ou iours, lieux, & heures certains & competans, pour par nous estre ouys & interrogez *ex officio*, sur ladite verification de reproches, afin que ce fait, procedions au iugement du procez, ou autrement, ainsi qu'il appartiendra par raison, & sauf ausdits tesmoins leurs salaires & vacations raisonnables, & de ce que fait en aurez nous certifiez suffisamment; De ce faire vous donnons pouuoir, mandons à vous, prions & requerons tous autres qu'il appartiendra, en ce faisant estre obey. Donné, &c.

Desnommer tesmoins, & faire enqueste obiectiue & iustificatiue.

Et ce fait le Iuge extrait du procez, les faicts qu'il voit estre à verifier, lesquels il enuoye remonstrer par le Greffier à l'accusé, qui est tenu nommer sur chacun article les tesmoins par nom & surnom, & lieu de demeure s'il en est requis, par lesquels il entend faire sa preuue, & autrement ne seroit iamais plus receu, & le procez seroit sur ce iugé.

Ladite nomination faite, & selon le nombre des tesmoins, & la distance de leur demeure, le Iuge ordonne que le deffendeur consignera dans certain temps certaine somme pour subuenir aux frais de ladite enqueste, & les deniers mis au Greffe, le Procureur fiscal va faire venir les tesmoins, & non autre.

Peine de bris d'Arrests ou prison.

Pendant le temps ou dés le renouuellement iusques apres ladite enqueste, l'accusé ne doit estre eslargy, & s'il brise l'Arrest ou prison, sera condamné en quelque peine ou amende, à l'arbitrage du Iuge, dommages & interests s'il y eschet, toutesfois il faut distinguer; car quiconque est constitué prisonnier criminel, & il sort & rompt sans force, trouuant l'huis ouuert, est à punir par bannissement, ou autrement arbitrairement à la discretion du Iuge ; mais s'il en sort par violence ou force & que le delit pour lequel il estoit emprisonné, est diuulgué & notoire, ou qu'il en est conuaincu par tesmoins, lors-il doit estre puny corporellement, ores que le delict ou crime ne fust auparauant capital : car l'infraction des prisons le rend coulpable. Tout emprisonné s'enfuyant des prisons, navrant ou tuant le Geollier, doit estre puny capitalement par l'espée ou corde. Le prisonnier deferant, accusant, ou reuelant que les autres ses emprisonniers mettent peine ou machinent d'enfraindre & sortir des prisons, peut estre eslargy, & son delict (s'il est remissible) luy sera pardonné par le Prince. Qui par force & violence eslargist aucun prisonnier criminel, celuy qui doit estre de droict exilé cinq ans, ores que le prisonnier ne fust coulpable: & s'il estoit coulpable, & son fait capital & notoire, ou qu'il en fut conuaincu par tesmoins, tel infracteur seroit à punir corporellement. Quiconque a eschappé vne fois, ou rompu quelque part les prisons, iceluy est suspect de fuite en toutes autres prisons, & perd les priuileges & faueurs que l'on fait aux prisonniers, comme de pouuoir estre eslargy moyennant seureté & caution, relasché de fers, regard au fenestres, & l'air, & semblables. Si aucun prisonnier se blessoit ou navroit par desespoir, ou autrement, le Iuge ou Geollier n'en seroit tenu, s'il apparoissoit euidemment que la blessure ou mort fust aduenuë par desespoir : mais si cela ne peut clairement & seurement apparoir, l'on imputeroit la mort au Geollier, n'estoit qu'il s'en sçeust suffisamment excuser. Le cas aduenant (comme dit est) le Iuge est tenu de considerer ce qui a meu le prisonnier de s'enfuïr, pour en iuger seurement. De droict canon n'y a speciale peine statuee sur les infracteurs des prisons : mais le Iuge spirituel peut en ce soy regler selon les droicts ciuils, ayant esgard aux qualitez des personnes & delicts : Car les droicts diuins ne dedaignent ensuiure les droicts ciuils.

Des faicts iustificatifs.

Aussi se doit tousiours faire icelle enqueste iustificatiue aux despens de l'accusé s'il a dequoy ; mais s'il ne l'a pas, presentera à cette fin requeste s'il en a permission, sommairement la partie & le Seigneur y satisfait.

De sentence, procez ordinaire, & procedure sur icelle.

Et aprés le Procureur voir les pieces & conclud, & le Iuge par fois condamne, autrefois met en procez ordinaire, s'il voit que le plaintif n'ait assez verifié, autrefois ordonne la torture.

Dés que le procez est mis à l'ordinaire, les parties poursuiuent comme en cause ciuile, si ce n'est qu'au iour du rapport des enquestes, le deffendeur doit comparoir cõme il est dit cy-deuant, & s'il ne compare, sera contre luy donné deffaut, sauf quelque iour, lequel passé, seroit dit qu'il seroit pris au corps, & les cautions poursuiuies à le representer, ou à payer la somme de laquelle ils se seroient submis.

Que si l'accusé, qui est adjourné en cas de ban, meurt pendant l'instruction du procez, toute la poursuite perit & demeure la peine esteinte.

De communiquer les enquestes de procez ordinaires.

Et ne doiuent communiquer les enquestes à tout euenement que le Procureur n'aye veu, s'il y a matiere qui le doiue empescher, mesmes en la requeste du demandeur.

De confiscation de corps & biens, & à qui appartiennent.

Si par condemnation le corps est confisqué, aussi sont les biens : la confiscation desquels biens appartient aux Seigneurs de la haute Iustice où ils sont situez, mais sur iceux se prennent les amendes, despens, dommages & interests adjugez auec les debtes du condamné, & le surplus appartient, comme dit est, & à cette fin on fait vendre & peremptoriser les biens chacun en sa Iustice, comme en vn ordre de mortelle.

Et faut entendre qu'és cas pour lesquels on doit condamner le delinquant à la mort, à estre mutilé de quelque membre, ou en perpetuel exil, ou bannissement, ses biens sont pour ce confisquez : combien que le droict nouueau l'ait autrement voulu ; car le droict ancien est en cét endroit suiuy & gardé. Mais en crime de leze-Majesté contre le Prince, qui est pour le premier chef ; & pour le second, contre la Republique ou contre Dieu, comme dit Masuer en sa pratique tit. 37. principalement en crime de sacrilege, les biens du delinquant sont par disposition de droict confisquez dés le iour que le crime & delict a esté perpetré, en sorte que l'on peut agir apres sa mort, & informer du crime pour raison desdits biẽs, & faire reuoquer les alienations par luy faites apres auoir perpetré & commis tel crime.

Le semblable se peut soustenir de celuy qui s'est tué & occis luy-mesme : autre chose seroit s'il estoit seulement banny & relegué pour quelque temps.

Des iniures & amendes honorables.

Quand il est question d'interests, blasphemes, ou autre delict fait contre l'authorité & honneur de Dieu,

Dieu, du Roy & de la chose publique, ou de partie priuée, l'on a accoustumé condamner l'accusé à l'amende honnorable selon le grief & acte du mal, qui est en chemise, teste & pieds nuds à genoux, torche ardente en ses mains : il dit & declare que faussement & contre verité il a dit ou fait telle chose, & qu'il en demande pardon à Dieu, au Roy, à Iustice, & à partie interessée.

Amendes pecuniaires seruans de dommages aux parties ciuiles.

Autrefois les amendes ne sont si rigoureuses, mais par fois en deniers, tant enuers le Roy que parties, les amendes pecuniaires adiugées aux parties seruent de dommages & interests, & ne leur taxe-l'on aucune chose que les despens.

De consigner nonobstant appel.

Si l'accusé de crime est condamné à l'amende pecuniaire, il est par mesmes condamné à tenir prison iusques au payement, encores qu'il appelle, il ne peut estre eslargy sans payer ladite amende, ou la consigner és mains du Greffe, & ne seroit receu l'appellée en la cause d'appel, sans monstrer la condemnation contre luy donnée.

Des Blasphemes.

Si aucun entend blasphemer ou iurer, il le doit reueler à iustice, & sera sur ce promptement & sommairement procedé, le delinquant condamné à l'amende selon l'enormité, ou selon les Edicts, on adiuge vn tiers à iustice, autre tiers aux pauures, & l'autre aux denonciateurs : & c'est infamie.

De desobeyssance à Iustice.

Si aucun trouble la Cour & n'est obeyssant aux commandemens de Iustice, & des Sergens, il doit l'amende, preuue sommaire prealable, & ce n'est purement informer, si le faict n'est garand, toutesfois vient en diminution de reputation.

D'appel en cas d'abus ou desny de Iustice.

Les appellations en cas d'abus ou desny de Iustice sont plus souuent vsitez en ces matieres criminelles qu'en ciuiles, parquoy sur ladite matiere ciuile, est de plus fort : En matieres ciuiles ou criminelles faut sommer si possible est en leurs personnes la partie, s'il a pour agreable ledit desny ou le veut soustenir, & si elles respondent que ouy, on les pourra intimer, & sur cela respondent que non, il les faut faire adiourner pardeuant le Iuge où va ledit appel de desny, pour voir regler les parties de Iuge; mais si on ne les peut trouuer en personne, ou s'ils ne font aucune responce, les faut intimer audit appel, au cas qu'ils entendent, & voudront soustenir, pour voir regler les parties de Iuges.

Fins de retorquation.

Si deux parties ont fait information l'vn contre l'autre, & obtenu decret respectiuement pour raison de mesme debat & chose, celuy qui premier est assigné, peut ayant comparu remonstrer que pour raison du mesme fait, auquel ledit tel a esté agresseur, auroit fait faire information, obtenu decret, iceluy fait mettre à execution, requerir par prealable que ie compare, & soit mon procez faict & parfait, maintenant que vous estes l'agresseur, & que par ce n'estes tenu souffrir iusques à ce interrogatoire, & le Iuge ordonne que vous respondrez sans preiudice de ladite fin, & reserue sur icelle à vous faire droict apres ladite audition, est bien ordonné, & faut souffrir interrogatoire.

S'ENSVIT LE STIL *des obligations & contracts qui se passent deuant Notaires.*

ADNOTATION.

PREMIER, est à noter qu'en toutes obligations, contracts & tous actes de Notaires est requis, & faire mention des choses cy-apres.

Le nom, surnom des parties, de qui ils sont enfans, ou si c'est le ieune ou l'aisné, s'il y en auoit d'autres en leur lieu & demeure de mesme nom.

Item, de quelle qualité ils sont, ou de quel mestier.

Item, de quel village & parroisse.

Le lieu, & en quelle maison l'obligation ou contract est passé.

Le temps de deuant ou apres midy.

Declarera si les parties ne sçauent point signer, & faire signer ceux qui le sçauent.

Faire mention si celuy au profit de qui est faite l'obligation y est present, ou non.

S'ils sont deux qui s'obligent, ces mots l'vn pour l'autre, & l'vn d'eux seuls pour le tout, sans faire diuision & ordre de droict & discution.

Quand la femme vend ou s'oblige estant mariee, son contract est nul, si ce n'est pour ses biens aduentifs ou parafernaux, quant ausquels elle peut contracter ou obliger & hypothequer, vendre & faire ce que bon luy semblera, & faut tousiours en obligeant ou faisant contracter les femmes, y mettre & inserer tout au long, car autrement ne seruiroit, singulierement si elle n'estoit en sa pure & entiere liberté, comme elle renonce au benefice du Sena Consul Velleian de l'autentique, à elle donné entendre que la femme ne se peut obliger ou hypotequer, si expressément elle ne renonce esdits benefices & priuileges. ce qui estoit vray par le droict ancien, mais aujourd'huy par l'Edit du Roy Henry IV. cette renonciation au benefice du Senatusconsulte Velleian a esté abolie, & n'est plus necessaire.

Le fils de famille peut & doit renoncer au droict Macedonien, encore que telle renonciation sera sans effect, parce que le Macedonien a esté introduit en haine des vsuriers.

Le mineur au benefice de minorité.

Que si vn ou deux sont obligez sans quelque particuliere obligation d'indemnité, il est à croire que la debte est deuë *per capita* des obligez.

Le debteur peut aussi contractant son obligation renoncer à tous respits, & aussi à tous autres priuileges des Edicts Royaux, mais non à cession de biens.

Faut aussi noter que pour les obligatiõs faites pour raison de ce, si elles portent expresse reseruation des hypoteques, des assenemens de cens & sans innouation d'icelles seront preferées aux autres debtes sur les biens d'vn deffunt ou obligé, à tout euenement sur les heritages qui doiuent ledit cens.

Nota, que celuy qui s'oblige estant mineur de vingt-cinq ans, se doit faire releuer deuant qu'il ait atteint trente cinq ans.

En vertu d'obligation l'on peut faire sommer de

payement son debteur, en son domicille, & protester de prendre, saisir & arrester de ses biens & fruicts. Il faut qu'il consigne quelque defense qu'il ait, sinon qu'il eust quittance par escrit.

L'on le peut faire aussi executer en ses biens, mais faut faire declaration se contenter d'vn seul payement.

L'on peut faire aussi deux, & voire trois executions, arrest de biens, saisie de fruicts, mais non l'vne que la premiere ne soit vuidée, ou pour le moins de ce qui est pris, la vente soit passée. Car si le prix d'icelle vente estoit suffisant pour payer, mal & sans cause feroit-on faire nouuelle & superflue execution, & si l'on fait vne execution, vne saisie de fruicts, & vn arrest de biens, faut mettre par leur exploit de la seconde & tierce prise ou arrest, comme le creancier fait declaration à contenter d'vn seul payement.

S'il y a mineur qui s'oblige.

Encores que la personne soit mineur de vingt-cinq ans, & toutesfois maieur de quatorze, il se peut obliger pour fait & debte, procedant d'acquisition, ou autre chose qui luy est profitable, ou du moins non dommageable, neantmoins sera requis y mettre ces mots, ledit tel en tant que besoin seroit, renonce au benefice de minorité à luy expliqué & donné à entendre par le Notaire soussigné.

Celuy qui baille bestail à chaptel ne doit faire executer son debiteur, mais en presence de Notaires ou Sergens auec tesmoins, ayant son obligation en main le doit aller sommer en sō domicille d'exhiber chaptel & croist, & s'il les represente iceluy mettra à prix, car c'est à celuy qui veut exiger de faire sa mise, apres l'autre peut demander huit iours pour le quitter & deliurer, ou le garder pour le mesme prix; mais si le creancier veut, il fera mettre en sequestre ledit bestail, & son obligation iusques à ce que la huictaine soit passée, & s'il ne luy est baillé deniers dans ledit temps, peut aller querir ledit bestail & rendre ladite obligation & port du croist de son debiteur.

Et si le bestail estoit perdu, mort ou vendu par le debiteur, autrement qu'il ne fust representé, le debiteur sera adiourné sur l'exhibition & condamnation, & non executé.

Quittances du dot portant assignation sur fonds & heritages, la vefue ou autres à qui la restitution des choses dotalles sont acquises, se peut mettre sans aucune sommation ne interpellation en iouyssance desdits heritages, dés le cas de restitution aduenu, & peut jouyr iusques à remboursement, aussi les deniers portent dotaux hypoteque dés le iour du contract de mariage, encores que l'acquit n'en feroit reseruation ne mention.

De vente casuelle.

Celuy au profit de qui est fait contract de vente casuelle, s'il veut jouyr de l'heritage casuellement vendu, il faut qu'il se fasse faire vn loüage particulier, ou bien s'il entend tirer quelque profit du contract auant le terme de ses deniers, il faut qu'il s'en fasse faire obligation ou reconnoissance par escrit; car tels contracts ne portent & n'attribuent aucun droict de seigneurie iusques à ce que le terme de payer est escheu, ne apres iceluy sans prealable purification par iustice, & iusques à ce n'est deu pour raison de tel contract, aucun lots ne ventes, n'estant receu vente, ains seulement obligation.

De vente pure.

Faut mettre les especes du payement s'il se fait cõptant dans ledit contract de vente, faut noter que si l'heritage que l'on vend est en semence, qu'il n'y ait verbalement ou par escrit expresse reseruation desdits fruicts ils sont acquis à l'acheteur, car ils sont reputez fonds & suiuent iceluy.

Autres font donations de valluë qu'il faut inserer dans ledit contrat de vente en cette forme : Et pource que lesdits biens sont de plus grande valeur & estimation, ledit vendeur pour les agreables seruices à luy faits & qu'il espere de l'acheteur pour l'auenir, de la preuue desquels ledit vendeur l'a releué & releue par ces presentes, pour ces causes & autres à ce le mouuans, car tel est son plaisir & volonté, a donné & donne à tiltre de donation pure & irreuocable, & autrement par la meilleure forme que donation faite entre-vifs, vaut ou doit valoir audit acheteur present & receuant comme dessus, tout le droict de plus & moins valluë dudit heritage, rescision, restitution, nullité de contracts, supplééement de iuste prix, & autres quelconques, pour consentir à la publication de ladite donation pardeuant Monsieur le Preuost de Paris ou son Lieutenant Ciuil, ledit donateur a fait & constitué ses Procureurs Maistres & ledit donateur pour accepter & en requerir acte aussi, constitué Procureur Maistre.

Encores qu'vn Rehemeré soit baillé, pour toutesfois & quantes, il ne laisse pourtant à se prescrire par trente ans.

Le Rehemeré se peut aussi bailler à la charge que le vendeur ne pourra ceder cette faculté à autruy, ne retirer la chose pour autruy, mais seulement pour le tenir en sa main, & famille, & lors est bon de mettre ces mots dans ledit Rehemeré, & non autrement n'eust ledit acheteur accordé ladite faculté, ny n'entend la bailler.

Aussi conuient que si le vendeur a le Rehemeré, est tenu d'affermer s'il le veut pour tenir en sa main & famille.

Nota, que pour raison de vente faite d'heritages, qui doiuent cens, lots & ventes sont deuës, qui est le tiers denier, communement ou selon qu'il est porté par les teneurs, mais pour la donation de plus valuë n'est point deu; & si quelqu'vn vendoit meubles auec fonds, les meubles seront estimez à part, & pour raison d'iceux ne sera payé aucune vente, toutesfois par icelle donation, le Seigneur à qui sont deus lesdits lots & ventes, peut faire iurer les parties s'il n'y a point de dol, & s'il n'a esté baillé autres deniers que les specifiez au contract.

Aussi est à noter que la femme peut védre son bien dotal pour sortir son mary de prison, ou pour marier ses filles, ou pour se nourrir & alimenter & ses enfans, si son mary n'a point moyen de ce faire, mais en cela faut connoissance de cause & decret de Iuge.

De plus, la femme peut vendre son bien dotal, en luy baillant par son mary recompense, & si apres le deceds de son mary dans an & iour, elle n'en fait instance contre l'acheteur ou debiteur, elle est contrainte se tenir à ladite recompense.

Lots & ventes ne sont point deuës pour rachapt, pourueu qu'il ne soit point escrit; mais si l'on baille heritage en payement de deniers constituez par dot, lots & ventes en sont deuës.

Qui vend verballement heritage, & promet en passer contract, est tenu de le faire, & sera condamné celuy qui pretend estre restitué ou auoir droict de plus valluë, doit venir dans dixaine apres le contract, lesquels dix-ans ne commencent que lors que le vendeur a vingt-cinq ans, si lors d'icelle vente il estoit mineur; mais s'il estoit majeur, courent du iour du contract.

Pour ceux qui veulent racheter, il faut qu'ils fassent appeller l'acquereur ou celuy qui sera tenancier, deuant le Iuge où la chose est située, & meilleur, ou les adjournez demeureront, & icelle en iugement luy offrir deniers cõptans pour le principal & loyaux cousts, & faudra en plein iugement monstrer deniers, & le nombre, & consigner au Greffe, & peut-on faire la sommation hors jugement en personne ou domicille, mais tousiours en faut venir en jugement, mais si l'on a assez de temps, il suffira de rendre deniers principaux, & les loyaux cousts, car il suffit que la reallité & deposition soit faite deuant que le Rehemeré expire.

Si plusieurs achetent faut discerner les parties d'vn chacun, ou bien il est reputé qu'ils ont acheté par testes, & par ainsi autant de nouueaux contracts autant de portions esgales.

Quand deux ou trois vendent, encores qu'il ne soit pas dit qu'ils vendent & s'obligent insolidairement, n'importe, car en vente perpetuelle cela s'entend; toutefois le plus clair & plus seur, est d'inserer au contract, comme ils vendent insolidairement.

De contracts d'eschange.

En contracts de pur eschange, où n'y a deniers, meubles ny autres choses de retour, n'est deu aucuns lots & ventes; mais si sont bien pour lesdits deniers, ou pour ce que seront estimez les meubles.

Aucuns font tels contracts d'échange frauduleux, pour frustrer le Seigneur du droict de lots & ventes, & le mesme iour ou bien-tost apres font des ventes qui remettent l'heritage és mains de celuy qui l'a baillé, à quoy faut tenir qu'il en doit lots; car par la seule vision desdits contrats, il sera ainsi precogité, d'ailleurs les parties sont tenuës se purger par serment.

L'on peut aussi bien faire esdites eschanges, donations de la plus valluë, que rendre argent, & sur le dol desdits lots & ventes seront tenus iurer, & peut sur le tout le Seigneur direct faire preuue contraire à la teneur ou contract.

De reuente pour celuy qui retire son heritage.

Pour raison de tels contracts ne sont deus aucuns lots ne ventes, s'entend pourueu que le rachapt soit fait dans le temps du Rehemeré, car autrement seroient deuës.

Le vendeur, son heritier, ou autres ayant de luy droict qui veut retirer l'heritage vendu en cas de refus; fera adiourner l'acheteur ou autres estans tenanciers de l'heritage, & sous offre de payer & rendre le principal & loyaux cousts peut conclure, pourueu qu'il y ait assez de temps; mais si le temps du reseruant expiroit, il faut consigner en main tierce, & voires en iugement au lieu & iustice dudit tenancier ou acheteur dans le temps dudit Rehemeré, car autrement ne suffiroit, & le plus expedient eſt, s'addreſſer au tenancier, ſi c'eſt autre que l'acheteur, ſinon qu'iceluy tenancier ne fuſt que locatoire, car apres auoir plaidé & obtenu contre ſon achepteur, il faudroit peut eſtre faire autre nouueau procez auec le debiteur lequel ne ſe voudroit depoſſeder de la choſe qu'il auroit acquiſe ou eſchangée pour ſa commodité, qui auec connoiſſance de cauſe à fin d'auoir ſon garand, & peut eſtre par toute rigueur de iuſtice.

De donation entre vifs.

Donation entre vifs ſe peut faire ſans reſeruation d'vſufruict, pourueu qu'elle ne ſoit de tous biens, mais que le donateur ait moyen de viure ſans ledit vſufruict deſdits biens donnez.

Se peut auſſi faire donation à la charge de payer les debtes que le donateur doit lors de la donation, auec retention d'vſufruict ou de partie, ſi la donation eſt de tous biens.

Nota, en ce cas ſont deux lots & ventes pour reſciſion de ce que montent les debtes du donateur, rabattant prorata au ſol la liure, ce que vaudront les meubles donnez.

Se peut auſſi faire donation vniuerſelle, pourueu que le donataire ſe charge de nourrir le dit donateur & le faire enſeuelir, ou en luy baillant penſion pour ſa nourriture.

Donation portant retention de certaine ſomme de deniers pour en diſpoſer à ſon plaiſir & volonté eſt bonne, mais s'il diſpoſe d'icelle ſomme reſeruée au profit des mineurs, l'heritier *ab inteſtat*, ne l'aura.

Donation auec clauſe reſolutoire, que là où le donateur ſeruira au donataire, ladite donation ſoit reſolue & demeure nulle, telle donation ſe peut faire, & eſt bonne & valable.

Nota, que selon l'Ordonnance de l'an 1539. article 122. & 132. toutes donations & autres que testamentaires requierent insinuatiõ dãs quatre mois apres la possessiõ & datte d'icelles au Siege Royal du ressort.

Donation faite sans acceptation ne appellation est nulle, toutesfois toute personne peut accepter & suppléer pour le donateur en vertu de procuration à ce expresse.

Aussi peut-on accepter & suppléer pour le mineur de douze ans, mais auant qu'il ait attaint l'aage de vingt-cinq ans, il doit accepter à peine de nullité.

La femme ne peut donner, vendre ne contracter dés qu'elle a fiancé, non plus qu'apres les nopces, car deslors de ses fiançailles elle est en la puissance de son fiancé.

Bref, peut la femme donner, encores qu'elle soit en puissance de son mary, & disposer comme bon luy semblera, sans le sceu & consentement de son mary, de ses biens aduentifs & parafernaux au profit de toutes personnes, sauf de son mary, ou des enfans de sondit mary d'autre mariage, ou d'autres à qui les enfans de sondit mary puissent succeder.

Donation faite par personne malade, & dont la mort s'ensuit de prochain, est reputée donation, à cause de mort, & prenant effect par la mort, & ne valent que d'vn quart, encores que ces mots d'entre-vifs y soient apposez, & sont reduites & chargées comme les dispositions testamentaires.

Et par testament peut la femme mariée disposer d'vn quart de ses biens, sauf à son mary & enfans d'iceluy, comme est dit cy-dessus.

Celuy qui fait donation entre-vifs pendant sa maladie, & apres vient en conualescence, icelle donation est reputée à cause de mort, si elle n'est ratifiée par le donateur estant en conualescence.

Donation faite entre-vifs se peut reuoquer par ingratitude du donataire.

Par donation faite entre-vifs, association vniuerselle, & cōtract de mariage, l'on peut disposer de tous ses biens, & en frustrer ses vrays heritiers, sauf & reserué au pere & mere & enfans le droict de legitime.

Lequel droict de legitime se prend selon le nombre des enfans, & communément est reduit au tiers de ce que l'enfant auroit *ab intestat*, demeurant par arrests desvnis, de trois parties, les deux de ce qu'il auroit de la succession.

Donation à cause de mort est reuocable en trois cas: le premier si le donateur vient en conualescence; le second, s'il se repent d'auoir fait : le troisiéme si le donataire decede premier que le donateur.

Des Testamens.

Il n'est point besoin d'insinuation à testament, parce qu'encores que ces mots, donations entre-vifs, y soient portez, elle est tousiours reduite au quart des biens du testateur, lequel ne peut par aucun moyen disposer par disposition testamentaire qui puisse seruir que d'vn quart de tous ses biens; chargé de tous autres legats, quarte partie des debtes, quarte partie des funerailles, bien peut le malade donner par contract de mariage en faueur de ceux qui se marient, & leurs descendans.

Le pere & autres ascendans ne succedent point à leurs enfans, sinon és biens meubles & conquests, autrement à eux aduenus que par hoirie & succession.

Les bastards ne succedent point à leurs peres ou

meres en forme d'enfans ne heritiers, mais les enfans des bastards succedent bien à leur pere & mere, car ils sont legitimes, & celuy qui est né auant le mariage, pour ce appellé bastard, est fait legitime par le mariage subsequent d'iceux.

Celuy ou celle qui a fait profession de religion, ne succede point; & ne fait plus nombre d'enfans.

Chacun succede en biens prouenans de son estoc, sçauoir ceux du costé paternel, à ce qui est venu de leur costé, & de mesme du maternel.

Celuy qui par testament est institué heritier pour le tout ou autre excedant le quart, ne se peut preualoir du quart chargé, comme dit est.

Les meubles & fonds acquis par le deffunct sont reputez biens paternels, & y succedent les parens de costé & estoc, mais si lesdits parens les veulent prendre, ils seront tenus des debtes du deffunct, ou s'il n'y a assez de meubles, les debtes se payeront par les heritiers des deux costez *prorata bonorum*, & s'il y a meubles ou acquests, seront partis par moitié, & les debtes ainsi payees.

Si l'on a fait plusieurs testamens, les precedens sont reuoquez par le dernier, encores qu'il n'en seroit faite aucune mention, sinon qu'il fust ratifié en tout ou partie.

Il y en a qu'estans bien sains de leur personne, voulant faire voyage, ou estans si sages & bien aduisez, qu'ils font leur testament, & ce ainsi faut faire mention comme ils le font en bonne disposition, mais certain de la mort, & incertain de l'éuenement.

Et telles dispositions faites de testament, encore que le testateur soit en bonne disposition, ne peuuent valoir que d'vn quart comme les autres.

Sont neantmoins tous testamens reuocables à volonté du testateur.

Aussi peut le testateur par son dernier testament, ratifier en tout ou partie, ceux qu'il a fait le parauant augmenter, diminuer ou changer ce qui luy plaira, & ce dernier s'appelle codicille, lors qu'il se rapporte au precedent de tout ou partie.

Le Curé ou Vicaire peut receuoir testament, mais il faut sept tesmoins, ou pour le moins cinq, & à vn Notaire n'en faut que deux, comme en tous autres actes.

Des Contracts de Mariage.

Nota, celuy qui par contract de mariage a fait & institué heritier, n'en peut faire d'autre au preiudice de celuy qui est institué par ledit contract, toutesfois cela n'empesche point la disposition desdits biens.

Si la fille est seulement mariée par les freres.

L'on met apres toute constitution inseréé, & les termes du payement.

Et lesquelles sommes & choses promises & constituées sont à ladite future espouse pour tous biens paternels, maternels, fraternels, sororiers & autres quelconques, & dont moyennant icelle elle s'est tenuë pour bien contente, bien appanée & portionnée, & confesse en auoir eu & receu sa iuste part & legitime portion, & iceux ensemble toutes successions directe & collateralle à elle escheuës & à escheoir, elle a cedé, quitté & renoncé à sesdits freres.

Nota, que pour raison de telle constitution n'eust deu lots & ventes; car c'est pour renonciation, aussi ne peut telle renonciation s'estendre aux successions qui ne sont escheuës lors du contract à l'espousé, & n'estant que mariée par les freres y succede, comme elle eust fait auant ladite renonciation.

Bien ne peut iamais la fille mariée par le pere & mere, ou ayeül paternel, esperer aucune succession ne autre chose que sa constitution, s'il ne luy est particulierement donné ou icelle reappellée.

Toutes pertes, aduantages, donations entre-vifs, ou à cause de mort, conuenances de succeder & autres sont mutuelles esgalles apposées en contract de mariage par personnes capables à contracter sains ou malades, valent & tiennent au fur de ceux qui se marient, & leurs descendans.

Tous biens que la femme a lors de ses fiançailles sont reputez biens dotaux, s'il n'y a constitution de dot particuliere; & y en ayant, le surplus est appellé biens parafernaux, & ce qui luy vient durant le mariage est appellé biens aduentifs, desquels parafernauf & aduentifs, elle peut disposer comme dit est cy deuant sur les donations.

A faute de descendans, ou si les descendans decedent sans descendans, les biens retournent du costé & estoc d'où ils sont prouenus.

Les conuenances de succeder, apposées en contract de mariage, & où y a assignation entre les mariez seuls, ou entre autres, ne sont interrompuës par partage subsequent.

Les biens dotaux de la femme ne se peuuent vendre si elle n'est recompensée, & dans l'an & iour, apres le deceds de son mary, doit faire sçauoir à sa partie qu'elle ne se veut tenir à ladite recompense: toutesfois dés que la femme a vendu, elle doit protester de dix en dix ans pardeuant Notaires & tesmoins,

moins, ou pour le moins en presence des tesmoins de poursuiure ses droicts & biens, estant hors de puissance de son mary, ou le faire faire apres son deceds à ses enfans.

Les biens du mary qui reçoit la dot, constitue son hypotheque à la restitution du iour du contract de mariage, & si le mary laisse prescrire la dot de sa femme, il ne laissera à la restituer dés le iour dudit contract.

Quand restitution de dot a lieu, l'on n'est tenu de payer qu'aux mesmes termes qu'elle auroit esté promise, si terme y auoit par le contract.

Deniers dotaux sont priuilegiez, & en court l'interest dés le iour du terme de payer, s'il y a terme pris à vingt deniers pour liure, voire quand il n'y auroit protestations, toutesfois le plus seur est de sommer & protester.

Des transactions.

Faut noter que ce mot de transaction a telle vertu & effet, que dés qu'il est inseré en vn appointement qui s'appelle transaction, l'on ne peut estre releué ny restitué contre tel contract estant fait par personne capable à contracter, & ce pourueu qu'il y eust procez precedant intenté, car autrement cette diction transiger n'auroit du tout, & asseurément cét effet.

Des instrumens en retraict lignager.

Faut noter que si la partie contre qui elle est, fait l'instrument ne veut signer, il en faut faire mention, & de sa response sur ce.

Pour raison de retraict lignager fait dans le temps ou diligence requise, & sans fraude, n'est deub lots & ventes.

Chacun ne peut retirer que ce qui procede de

son estoc, & sōt les acquests reputez biens paternels.

Le lignager ne peut demander retraict pour le bailler à autre, & ne peut estre purgé par serment, ny ne peut semblablement ceder ses droicts de lignager.

Si le vendeur a vendu à son lignager, & qu'vn plus proche lignager voulust auoir la chose par droict de retraict, il ne sera receu. Comme la vente est faite à vn estrange, sont les parens preferez de degré en degré de leur proximité.

Le Seigneur feodal à deffaut de lignager est receuable à auoir le retraict de ce qui est de son cens & directe, ou bien iusques à tant que les lots luy sont payez, si elles luy sont acquises, satisfaisant comme le lignager, & si le Seigneur direct a acquis, le lignager n'est receuable, & l'auoir par retenuë, pourueu qu'il n'y ait dol ou fraude.

Retenuë n'a lieu où y a donation de plus valluë qui excede le prix de la chose qui a esté venduë, car tel contract est reputé donation & non vente, mais si la plus valluë n'excede le prix de la vente, la retenuë a lieu en payant estimation de la plus valluë auec le sol principal, estant tel contract reputé vente & non donation.

En contract d'eschange retenuë n'a aussi lieu, bien en vente faite par criées, pour laquelle vente de criée sont deubs lots & ventes, & non pour le retraict.

Celuy qui veut retraire la chose venduë par son lignager, doit venir dans trois mois apres le contract, ou apres la prise de possession reelle, laquelle prise de possession l'achepteur prendra en presence de deux tesmoins du lieu & iustice où la chose est située, & le plus seur est de venir dans les trois mois apres le contract que l'on prend, apres que l'on peut estre certain de la passassion d'iceluy, & dans iceux sommer l'achepteur, ou detempteur en personne ou domicile, & en cas de consigner és mains tierces, & retirer le depost en iugement, faisant à cette fin adjourner celuy qui a les deniers pour les porter en jugement, où ils demeureront iusques à diffinitiue, & ne faut faire ledit depost és mains des Iuges, leurs peres, enfans, ou freres, & faut consigner ce que l'achepteur dira luy couster de principal & cousts s'il le declare comme il luy faut sommer, & ne faisant declaration, suffit de consigner telle somme que le lignager voudra, tant de principal que loyaux cousts, sauf de suppléer ou recouurer.

Retraict n'a lieu en meubles, les bastards legitimez peuuent retraire la chose venduë par leur pere & mere seulement.

Si vn lignager ne vouloit retirer que ce qui a esté vendu par son lignager, il est contraint retirer tout ce qui est en la vente si bon lui semble à l'acquereur.

Des Procurations.

Faut noter que celuy qui est constitué Procureur special, ne peut & n'y doit exceder sa procuration: car il respondroit à son nom propre.

Faut tousious par seureté faire inserer sa procuration au contract que l'on fait.

Le Procureur ne doit pour sa seureté demeurer chargé de sa procuration, mais la laisser à iceluy auec lequel elle contracte, & en faire faire mention.

Et s'il apporte deniers à son constituant ou profit, en doit retirer descharge, autrement en seroit responsable trente ans apres ledit contract.

Des ventes de fruicts.

Si l'achepteur doit payer les cens, il en faut faire faire mention, car autrement n'y seroit tenu. Telles ventes se peuuent faire pour neuf ans & au dessous, & si elles estoient de plus long-temps lots & ventes en seroient deuës.

Nota, qu'en telles ventes est bien requis d'y mettre les constitutions de precaire cy-dessus : Car en defaut de ce, seront debatables.

A telles ventes de fruicts est bien requis que l'achepteur soit present, & aussi la realité du payement pour obuier à soupçon, fraude & collusion.

En vertu desdites ventes, l'on peut iouyr, toutefois la vente de fruicts fait cesser le loüage. Neantmoins le locataire estant dessaisy, a recours de tous despens, dommages & interests sur & contre son locateur.

Des loüages.

Tels contracts n'empeschent point la vente du fonds : Neantmoins si le bailleur les vend pendant ledit bail, il est tenu des dommages & interests du preneur. Toutefois sur ce pour legitimes causes, l'on peut chasser son locataire, comme s'il tenoit vn bordeau ou autre chose dissoluë, ou si le bailleur se marioit & n'auoit aucune maison pour se loger, & autres necessitez ou extremitez au bailleur.

Si l'on adcense vne maison, les meubles du preneur qui sont en la maison, sont hypothequez au payement dudit loüage, encores qu'il n'en soit fait mention, & est preferé le locateur à tous autres debiteurs.

Des Associations.

Si par contract d'association estant dit qu'il ne soit iamais loisible & permis soy départir de la societé contractée, telle pacte est nulle, bien peut-on limiter quelque temps.

Si l'vn des associez fait despense pour l'accouchement & nourriture de sa femme & enfans, cela doit estre pris des biens communs, & faire imputer la faute à l'autre associé, qui sçachant ou preuoyant cela ne demande partage.

Si l'vn des associez s'oblige pour debte faire en consecution de la communauté, & pour le faict d'icelle, elle sera acquitée des biens de ladite communauté, sinon qu'il fust approuué qu'il y eust dol ou fraude.

Il se peut aussi par lesdites associations vniuerselles, se faire heritier l'vn au dernier de l'autre, y ait enfans ou non, & sans que ladite association soit interrompuë par partage subsequent, ny par la mort de l'vn des associez, ny par suruiuance d'enfant, & en ce cas, les enfans n'auront que le droict de legitime, qui n'est qu'vn tiers de ce qui leur appartiendroit de la succession de leur part, toutesfois les associations & pactes de succeder, n'empeschent point que les associez ne puissent disposer de leurs biens par contracts de vente, ou autres entre vifs à plaisir & volonté, & n'ont vigueur que des biens dont l'associé decede saisi. Neantmoins on ne peut faire autre heritier au prejudice de son associé.

Des Enterremens.

Faut noter que charrois, coruées & maneuures, ne peuuent tomber & demeurer en arrerages.

Les cens ne peuuent estre demandez que dessus trois années dernieres procedant adjournement ou saisie.

Ceux qui sont entherinées peuuent estre executées trente ans apres le terrier, à faute de payement du commun.

Ventes sont deuës par loüage fait au dessus de neuf ans.

Le tenancier de l'heritage peut iceluy quitter & guelpir au Seigneur direct en payant les arrerages du cens, & baillant l'acte guelpine à ses despens.

Des partages.

Tous partages sont nuls, s'ils ne sont redigez par escrit, & consentent pardeuant Notaires, & ne suffit de ietter les lots en fait de mineurs : Car il faut pour la validité l'authorité de Iustice, & sont tousiours les mineurs restituez, s'il y a lesion, venant toutesfois dans les 35. ans.

Celuy qui est deceu d'outre moitié de iuste prix en partage, encores qu'il fust majeur, est releué & restitué venant dans dix ans apres.

Celuy qui demande partage peut requerir qu'inuentaire conseruatif soit fait, & se peut faire par Sergent, Greffier, ou autre au commun, & sans déplacer, & se fait encores que partie aduerse soustiennent les biens luy appartenir, & le requerant n'y auoir aucune chose, mais c'est aux perils & fortunes du requerant, & à ses despens.

Encores qu'il ne soit dit par contract de partage, que les parties se garantiront l'vn & l'autre, cela ne laisse s'entendre, car par euiction l'vn pourroit perdre la pluspart de sa portion. Toutesfois s'il est expressément conuenu que ce soit sans garentage, faudroit se faire restituer par lettres Royaux, à cause de la lesion & part illicite, ou en demeurer à iceluy.

Des dissolutions du mariage.

Les mariages se peuuent auant les espousailles dissoudre pour legitimes causes.

Mais ayant espousé & couché ensemble, qui est consommation du mariage, il ne se peut que par tres-grandes & legitimes causes, & que sur tout la femme se trouue entiere & sans corruption d'homme, par les matrones que l'on commet pour faire la visite, comme si le marié se trouue manque de puissance masculine.

Des fondations de Messes & Vicairie.

Les Curez qui resident en Parroisse ne sont que Vicaires perpetuels, car les Curez primitifs sont les Prieurs, Chapitres & Colleges des Eglises qui pournoyent quand lesdites Cures sont vacantes.

Celuy qui pretend la Vicairie luy appartenir, doit prier & requerir le patron, luy conferer lad. Vicairie nommée, & se presenter à celuy à qui la collation appartient, & en cas de refus, & eu sur ce Acte, s'adresser aud. Curé, & le sommer de le mettre en possession, & par defaut de ce protester de s'y mettre luy-mesme, & de tous despens, domages & interests contr'eux en leurs noms propres & priuez, & faire mettre par autre plus ancien Prestre, ou à defaut de Prestres par Notaires, & du tout faire faire bonnes actes & instrumens, ausques vn tesmoin signataire est fort requis. *Tutelles, curatelles, & ce qui en dépend.*

Si la mere n'est éleuë par les parens pour tutrice de ses enfans, & qu'elle en demande neantmoins la tutelle, elle sera tenuë de bailler caution. Toutesfois elle n'en doit estre excluse, moins de l'education d'iceux, sans cause legitime, jaçoit que les parens ne luy veulent accorder l'administration du bien.

Mere éleuë tutrice auec son mary demeure tutrice conjointe auec luy.

Licet matri & auiæ, non alijs mulieribus tutelam in liberos postulare. Pourueu qu'elles ayent passé vingt-cinq ans; *Solis testamentarijs tutoribus eas præcedentibus, legitimis & datiuis postpositis. Sed contractis secundis nuptijs, expelli eas à tutela conuenit. Verum bona eius qui tutelam gerentis affectauerit nuptias, in obligationem venire & teneri obnoxia rationibus paruulorum præcipimus.* C'est ce qui est dit. La mere tutrice se remariant auant que rendre compte & payer le reliqua, & demander & faire eslire tuteurs pour ses enfans, les biens de son second mary sont tacitement hypothequez enuers iceux mineurs. Quand la tutelle est testamentaire, elle ne se perd par le mariage de la femme, mais faut que la volonté du testateur soit accomplie.

Les femmes ne sont capables d'eslire, *Consilium est enim virorum non mulierum.* Ioint que les femmes seroient obligées à telles nominatiõs, & tenuës subsidiairement pour le faict d'autruy, contre tout droict.

Les parens ne doiuent vexer les mineurs de frais pour faire vne eslection, & faut s'il est possible, qu'elle soit faite de ceux qui sont dans le Bailliage.

A esté enioint à tous Iuges de specifier les parens du costé paternel & maternel, & en quel degré, sur peine d'estre pris à partie en leurs noms, & d'amende arbitraire.

Quand on eslist tuteurs aux mineurs, faut que les

parens du costé paternel & maternel soient appellez iusques au nombre de six de chacun costé, si tant se peut; & en defaut de ce, faut appeller des proches voisins & amis. Voisin esleu tuteur, faute de parens.

Suffit aux eslecteurs & nominateurs d'vn tuteur, de l'auoir esleu suffisant, & apparemment riche, au temps de la nomination, pour n'estre subsidiairement tenu, au cas qu'il deuienne insoluable, & le soit, *tempore finitæ tutelæ:* Ainsi furent deschargez du reliqua du compte rendu par le tuteur.

Garde & Bail.

Telle garde est au lieu des tutelles legitimes, & à l'instar du droict Romain, par lequel le pere doit ioüir des biens de ses enfans estant en sa puissance.

Au reste, tutelle & garde-Noble ne se peut deferer par lettres patentes contre la Coustume, article 1577. contre le Sieur de Gourdan, s'estant fait adjuger la tutelle, ou garde-Noble des enfans de sa femme.

Ou la Coustume ne parle point de l'ayeul ou l'ayeule. Ainsi par Arrest. Vn ayeul maternel, demandeur en Requeste, afin d'auoir la garde Bourgeoise de son petit fils, en fut debouté, & ordonné que partie aduerse demeureroit pour tuteur. En autres Coustumes qui disposent de l'ayeul & l'ayeule, ils sont preferables. Et par Ar. de 1585. vn ayeul fut preferé à la tutelle de sa petite fille, nonobstant la nomination testamentaire, faite par le pere ayant esleu la tante; *Licet iure cõmuni testamentaria tutela præualeat legitimæ, ac semper legitima tutela testamentaria cedit. Sed tutela legitima præfertur datiuæ,* De fait, pour l'absence du pere ayant esté procedé à l'eslection de tuteurs, le pere de retour demande la tutelle : elle luy est adiugée, nonobstant que les parens insistassent à l'eslection par eux faite : Et ordonné, que le tuteur cy-deuant esleu luy rendroit compte : *Quia est tutor omni iure legitimus,* si l'on n'alleguoit contre luy, cause pour l'en priuer, *vt pote,* mauuais mesnage, ou autre legitime.

La mere est tousiours preferée à l'ayeul, c'estoit vne mere qui auoit trois enfans masles de feu son mary, l'ayeule paternelle, apres la mort d'iceluy, vouloit en auoir deux, comme prenant plaisir en iceux, pour consolation de la perte de son fils leur pere, & auoit offert les nourrir iusques à ce qu'ils fussent paruenus à l'aage de marier, fut neantmoins ordonné, que la garde & nourriture desdits enfans, appartiendroit à la mere, & qu'apres icelle garde finie, icelle mere seroit tenuë les nourrir à ses dépens, *forte*, à cause des susdites offres de l'ayeule.

Le priuilege de garde Bourgeoise a esté octroyé aux Bourgeois de Paris, par Charles V. depuis confirmé par les Roys subsequens. C'est vn prouerbe ordinaire entre les anciens Praticiens, Qui bail prend, quitte le rend. Si la mere qui a la garde Noble de ses enfans doit reprendre quelque somme de deniers pour vne fois sur les biens de son mary, telle debte sera confuse en elle ; & se doit prendre sur les fruicts. Arr. 1594. entre la vesve M. Cujas & son second mary, appellant du Baillif de Berry, ou son Lieutenant, au profit des tuteurs d'Anne Cujas, fille dudit deffunct, & de ladite vefue, conformément aux text. *l. quoties §. 1. de adm. tut. l. si tutor post pubertatem de tut. & rat. distr. l. debitor de negoc. gest.*

l. stichum §. additio de solut.

Il est permis aux Nobles de mettre la garde & bail de leurs enfans entre les mains de qui bon leur semblera. Autresfois les Roys en ont pris la charge & s'en sont chargez. Il y a difference entre la garde noble & la tutelle; car celuy qui a la garde, n'est pas tousiours tuteur ou tutrice.

L'education des enfans, ores que la mere conuole à secondes nopces, adjugée à la mere. Par autre Arrest aux grands iours de Clermont, deffenses à la mere & tuteur de marier la fille, sans l'aduis des parens. Que si l'on se défioit de la mere, l'education de ses enfans luy seroit ostée. La Loy 1. C. *Vbi pupilli edu. deb. & innou. 22. & 38. hoc relinquit arbitrio iudicis, inspecta personarum qualitate.*

Vn tuteur peut estre contraint à la charge, mais nul curateur aux biens par contrainte, ouy bien aux causes, & bien souuent le Procureur du mineur est ordonné curateur en la cause, & ne peuuent les Procureurs ny les Aduocats refuser cette charge. Partant ne doit, comme necessaire, prejudicier, s'il n'y a dol, fraude ou coulpe équiualent de la part dudit curateur.

Le tuteur n'est tenu des cas fortuits ny force estrange : Mesmement s'il auoit mis les deniers pupilaires entre les mains d'vn Banquier, de tous estimé, homme de bien & riche. *Qui subitò lapsus est*, n'en est responsable. *Ita* les parens qui ont baillé aduis à la main-leuée pour le tuteur saisi, de crainte qu'il ne fist banqueroute à ses mineurs, ne sont garands de la banqueroute ensuiuie, le tuteur apparoissant soluable lors de leur aduis: *Ita contutoris factum imputatur collegæ; si potuit & de-*

buit suspectum facere, interdum & si debuit satis petere. Nam si idoneus subitò lapsus est, nihil collegæ imputari potest.

Le tuteur creancier du mineur, doit demander sa debte en Iustice, autrement la prescription peut courir contre luy : & en ce cas, est baillé curateur au mineur à la conuocation des parens, pardeuant le Iuge, afin de poursuiure contre luy la debte, sinon, la prescription a son cours.

Non est ignotum tutores & curatores adolescentium, si nomine pupillorum vel adolescentium scienter calumniosas instituant actiones, eo nomine condemnari oportet.

Item, D. Antonius cum patre honorario tutores imputare pupillo prohibuit, si superuacaneam litem instituissent, dum conueniuntur à vero creditore, nec enim prohibentur tutores bonam fidem agnoscere.

Id quod pupillorum nomine debetur, si tutor petat, non posse compensationem obijci eius pecuniæ quam ipse tutor suo nomine aduersario debet.

Tutor siue curator nomina, quæ iuste putat non esse idonea à priore tutore vel curatore suscipere quidem cogitur, non tamen exactionem periculo suo facere.

Qui nominibus à curatoribus prioribus susceptis siue tutoribus nomina agnouerunt periculum in se transferunt.

Cum post mortem pupilli, desinit esse nomen idoneum, tutor periculo eximitur.

Debitoribus pupillæ, pro officij ratione tutorem te constitutum adseuerans ad te nominum periculo pertinente, parere solutioni denuncia.

Si res pupillaris incursu latronum pereat vel argentarius cui tutor pecuniam dedit, cum fuisset celeberrimus, solidum reddere non possit, nihil eo nomine tutor præstare cogitur.

Haredes tutorum ob negligentiam quæ non lata culpa comparari poßit, condemnari non oportet.

Item, sumptus litis tutor reputabit & viatica; si ex officio necesse habuit aliquò excurrere vel proficisci. N'en sont deubs aucuns, par Ar. dans Pap. au recueil des Arr. tit. de tuteurs, où il dit, que Consuls, Sindicqs, Procureurs & Commis d'vn pays, ou Villes, mesmes les tuteurs ne seront receus à demander salaires & recompenses.

Toutesfois se trouue qu'il y en a eu de taxez & liquidez à certaine & petite somme pour vne fois, sans s'arrester à l'estat & declaration sur ce, *Et hoc magis arbitrio iudicis pro modo laboris* en ce que le tuteur n'a pû faire par autre que soy-mesme.

Vn tuteur ne peut faire bail à loüage de maison ou heritage de son mineur, sans le consentement du cōtuteur, & sans authorité de Iustice, auec publicatiōs.

Au reste, si le tuteur a fait bail, & ayant signifié que ses pupils estoient faits majeurs, est assez deschargé, ores qu'il n'ait rendu compte, & se doit adresser aux heritiers du pupil, s'il est decedé.

Ils ne doiuent prendre ny accepter aucunes cessions contre leurs mineurs, sur peine d'amende extraordinaire, despens, dommages & interests des parties. Ne peuuent accorder auec leurs mineurs, jaçoit qu'ils n'ayent prealablement rendu compte par le menu, pieces iustificatiues veuës, & en soit fait mention.

Par Article, vne mere aueugle estant interdite sous couleur qu'elle estoit possedée par vn sien gendre, fut l'appellation mise au neant, & ordonné que la mere, combien qu'elle fust aueugle, estant de bon sens, administreroit son bien. Et neantmoins que pardeuant le Preuost d'Orleans, ou son Lieutenant, presens ses parens, elle arrenteroit & donneroit à ferme *Compte de tuteurs.*

Pour estre la reddition de compte bonne & valable, mesme entre majeurs, faut que ce soit par le menu, les pieces iustificatiues veuës & exhibées. *Iuxta l. cum seruus, de cond. & demonst. vers. Quid ergò continetur his verbis: Si rationes reddiderit, Nam ita cautiones instrumentaque actus sui exhibere debet.* Iugé par Arr. 1567. que sur telles quittances generales, & reddition de compte, *infolle*, l'on en peut estre restitué, mesmes dedans trente ans, que l'on auoit l'action pour agir, parce que tel compte est nul de soy & la restitution équipole à compte que l'on demande, qui se peut diriger dedans 30. ans, que si l'on fondoit ces lettres seulement sur la minorité, l'on doit venir dedans les 35. ans. Parquoy le contract de transaction fait par le tuteur auec son mineur, sur la reddition de son compte, sans auoir representé l'inuentaire de ses biens, est nul, & s'il'on en peut estre releué, mesmement apres les dix ans de majorité, & y peut-on venir dans trente ans apres la majorité, parce que tel contract est nul, comme fait auec vn mineur non authorisé valablement: *Quippè cùm tutor, auctor in rem suam esse non possit.* Cette nullité fait viure l'action iusques à 30. ans, Aussi que ce n'est le cas de l'Ordonnance, car le majeur mesme qui a quitté la reddition de son compte, sans auoir esté instruit, ny veu compte, ne pieces iustificatiues peut dans trente ans, comme dit est, intenter son action & se faire releuer. Et de cét aduis ont esté Messieurs Bourdin, sur l'art. 134. de l'Ordõnance 1539. Et du Val. *de rebus dubiis.* Neantmoins depuis iugé du contraire, que le mineur y doit venir dans les 35. ans, fondant ses lettres sur la minorité.

Ainsi en toutes restitutions de contracts, si la cause, *puta*, de crainte, n'est permanente, ou la chose du tout nulle de soy, *vt pote*, en reddition ou composition de compte, *vt supra non visis tabulis*. Mais le dernier Arr. est au contraire, *ac melius*, à l'estroit de l'ordonnance. *Imo prima opinio praualet ex aequo*, puis que la nullité est aussi bien pour le maieur que pour le mineur, pourueu, comme dit a esté, que la nullité soit fondée non seulement sur la minorité, mais aussi sur la nullité du contract, & par ainsi l'on y peut venir dans le temps de l'action de compte, comme s'il n'auoit esté rendu & rien de fait valablement: *In contractibus enim, qui bonae fidei sunt, etiam maioribus officio iudicis causa cognita, publica iura subueniunt.*

En matiere de reuision de compte, cela s'entend que le comptable puisse augmenter comme l'oyant compte, debattre, mais si en la reuision de compte, le mineur n'a dequoy fournir aux frais du compte, le tuteur doit estre contraint d'auancer, à charge de coucher au chapitre de despense.

Vn tuteur est tenu de rendre compte solidairement, encore qu'il n'ait administré, sauf son recours. *Verum in diuisionem administratione deducta, siue à Praeside, siue testatoris voluntate, vnusquisque pro sua administratione conueniri potest periculum inuicem tutoribus seu curatoribus non substinentibus, nisi per dolum aut culpam suspectum non remouerunt: Sin verò ipsi inter se res administrationis diuiserunt, non prohibetur adolescens vnum ex his in solidum conuenire.*

Si diuidi inter se tutelam velint tutores audiendi

sunt, vt distribuatur inter eos administratio.

La solidité pour le payement du reliquà n'est transmissible mesmes aux heritiers du mineur, s'ils n'estoient en ligne directe, d'autant que tel priuilege est purement personnel & en faueur du mineur, partant ne passe outre sa personne. Quant au compte il est tousiours solidaire, & ne se peut rendre pour partie.

Tutor contutori non tenetur reddere rationem, sed potest deferri vt suspectus, ac ita rationem ab eo contutor petere potest, vel satisdationem petere optione contutori reseruata.

Vn compte où le tuteur a couché vne debte, depuis annullé, n'empesche la prescription de la debte par le pretendu debteur.

Le tuteur enfin peut estre contraint par corps, tant pour la reddition du compte, que reliqua deub.

Il faut que l'heritier du tuteur soit maieur de vingt-cinq ans, autrement il ne sera tenu paracheuer ce qu'a commencé le deffunct, & s'il faut qu'il soit masle, ainsi est de l'heritier du negociateur: Mais il suffit que l'heritier du prisonnier soit majeur, masle ou fille.

Excuse de tuteurs.

Mineurs de vingt-cinq ans, ores que fussent les Pere ou Mere, ne sont tuteurs de leurs enfans. *Exindè colligitur: vbi successionis emolumentum, vbi onus tutelæ, nisi ex causa proximiores excusentur aut remoueantur.*

Vn Soldat des gardes est exempt de la tutelle: s'il a seruy vingt ans aux guerres est exempt à iamais, mesme de tous subsides, & le certificat de ce verifié és Cours qu'il appartiendra. La tutelle est

desniée

desniée à celuy qui est obligé au fisc par contract de fermes, *Tutela denegatur ei qui cum fisco se miscuit per contractum: ob vectigalia ff. non ob prædia.*

Presbyteros, Diaconos, aut Subdiaconos tutelam suscipere permittimus, sit tamen intra 4. menses ex quo vocati sunt apud iudicem competentem in scriptis declarauerint, talem administrationem propria voluntate suscepisse: Si quis autem sic fecerit, nullum ex hoc præiudicium circa alienam tutelam vel curam patiatur.

Tutor, licet absens, decreto datus si sciens, solenniter se non excusauerit administrationi, constituitur obnoxius. Intra, 50. dies ex quo scit, se potest excusare.

Medecin exempt de tutelle, Arr. 1564. *Item, Medici, ac omnes professores litterarum ab omnibus functionibus ac muneribus publicis immunes sunt, grammatici, oratores, Philosophiæ præceptores.* Que s'ils en ont fait l'exercice par vingt-ans, ils sont affranchis à tousiours-mais.

General des Aydes exempt, par Arrest mil cinq cens soixante neuf, aux Arr. de Papon, tilt. des tuteurs & curateurs.

Les Conseillers Presidiaux ne sont exempts de tutelle, ains seulement les Iuges ordinaires, comme le Bailly ou son Lieutenant, le Preuost, &c.

Les francs Taupins, aujourd'huy par Edict, sont exempts de tutelles & autres charges personnelles.

Celuy aussi est excusé, qui a trois tutelles ou bien vne seule si grande & tant onereuse qu'elle soit comme équipollente à trois: Et faut qu'il propose ses excuses auant le serment diffinitif, autrement il ne seroit plus ouy, & s'il a protesté, sous ces excuses neantmoins & sans preiudice d'icelles, il peut estre ordonné qu'il fera le serment par prouision, car c'est vne matiere prouisionnale, qui ne reçoit de remise.

Il y en a qui equiparent la curatelle, qui est comme vne tutelle subsidiaire, pour faire nombre comme la tutelle, mesmement à descharge. *Item*, le nombre de cinq enfans, sous sa puissance.

A ce propos, encore que l'on tienne que tel curateur, ou coadiuteur, *Alias tutor honorarius*, ne soit chargé, ne d'administration, ny de compte, *prout dicitur, cæteri igitur tutores non administrabunt, sed erunt hi quos vulgo honorarios appellamus, nec quisquam putet ad hos periculum nullum redundare: Constat enim, hoc quoque, excussis prius facultatibus eius qui gesserit, conuenire oportere. Dati sunt enim quasi obseruatores actus eius & custodes. Imputabiturque eis quandoque, cur si male eum conuersari videbant, suspectum non fecerunt. Assiduè igitur & rationem ab eo exigere eos oportet, & sollicitè curare, qualiter conuersetur. Blandiuntur enim sibi qui putant honorarios tutores omninò non teneri. Tenentur enim secundum ea quæ supra diximus.*

Interests pupillaires.

L'on pratique que pour les deniers clairs, l'on a six mois sans payer interests, pendant lequel temps on les peut colloquer, & vn an, des debtes actiues, afin de les retirer, pour les mettre à interest, & depuis ledit temps pour l'vn & l'autre, l'on payera l'interest pupillaire, qui est cinq pour cent. l. *Quincunces vsuræ*, par la Loy.

Si tutor constitutus quos inuenerit debitores non conuenerit, ac per hoc minus idonei efficiantur, vel intra sex primos menses pecunias pupillares non collocauerit, ipse in debitam pecuniam & in vsuras eius pecuniæ, quam non fœnerauit, conuenitur.

Tutor qui post pubertatem pupillæ negotiorum eius administratione abstinuit, vsuras præstare non debet, ex quo obtulit pecuniam: Quin etiam iustius mihi videtur, cum per quem non stetit, quominus conuentus restitueret tutelam, ad præstationem vsurarum non compelli. Non sufficit obtulisse, nisi & deposuit obsignatam tuto in loco.

Si deponi oportet pecunias ad prædiorum comparationem, vsuræ non præstabuntur. Si quidem nec præceptum est vt deponantur, pupillares præstabunt.

Pecuniæ quæ in arca fuit, etiam hæredes tutoris vsuras præstabunt.

Si tutelæ agat, is cuius tutela administrata est, dicendum est, nonnunquam diem creditæ pecuniæ expectandum si fortè tutor pecuniam crediderit pupillæ nomine, quarum exigendarum dies nondum venit: Ita demum si potuit & debuit credere: cæterum si non debet credere non expectabitur.

Sciendum est, tutorem & post officium finitum vsuras debere in diem, quo tutelam restituit.

Au surplus, les tuteurs & curateurs des mineurs, sont tenus si tost qu'ils auront fait inuentaire des biens appartenans à leurs pupils, faire vendre par authorité de iustice les meubles perissables, & employer en rentes ou heritages, par aduis des parens & amis, les deniers qui en prouiendront, auec ceux qu'ils auront trouuez contens, à peine de payer en leurs propres noms le profit desdits deniers. Et en ce cas, *diem creditæ pecuniæ expectandum*, comme il est dit cy-dessus, & peut-on ainsi rapporter les debtes, ou achapts, au compte du mineur: puis que le tout a esté fait par l'aduis des parens; sinon, faudra payer le reliqua comptant en deniers.

DES TESTAMENTS, & ce qui en despend.

Les formes & solemnitez requises aux Testamens.

POurront les Curez & Vicaires receuoir les Testamens & dispositions de derniere volonté, encore que par iceux y ait legs à œuure pies, saintes & religieuses, pourueu que les legs ne soient faits en faueur d'eux, ou leurs parens : A la charge de faire signer le testateur, & les tesmoins, ou de faire mension de l'interpellation qu'ils auront fait audit testateur & tesmoins de signer, & de la cause pour laquelle ils ne l'auront sceu faire, suiuant nos Ordonnances, sans déroger toutesfois aux coustumes des lieux, requerant autre ou plus grande solemnité.

Par la coustume du Bailliage de Troyes il est porté, le testateur en faisant son testament n'est tenu garder les solemnitez du droict ciuil, mais suffit escrire & signer son testament de sa propre main, ou le passer en main de deux Notaires, ou du Curé & vn Notaire, ou du Curé & deux tesmoins, ou d'vn Notaire & deux tesmoins, ou de quatre tesmoins, pourueu que lesdits tesmoins soient idoines & suffisans, & ne soient legataires.

Scriptor igitur testamenti non prohibetur esse testis.

Entre testament & codicille, la coustume ne fait difference.

Que les tesmoins soient masles, comme tous tesmoins instrumentaires. Par la coustume de Paris l'aage de vingt ans est requis auec les qualitez & demeurances desdits tesmoins.

Leo statuit ne mulieres ad contractuum testimonia accedant.

Au surplus, sont iceux Curez tenus bailler lettres de Vicariat General; & icelles faire registrer és Greffes Royaux pour le regard des Parroisses assises és Villes où il y a Iuge Royal, & és autres lieux, en la Iustice ordinaire d'iceux, auant que les Vicaires puissent receuoir aucun testament.

Item, seront tenus iceux Curez & Vicaires, de porter de trois en trois mois esdits Greffes, les registres des Baptesmes, Mariages, Testamens & Sepultures, sur peine de tous despens, dommages & interests, & pour ce ne payeront rien au Greffe.

Ne peuuent estre lesdits Curez, ou Vicaires, ou leurs parens legataires au testament qu'ils receuront: *arg. text.* §. *l*, 14. *Atqui cum is qui sibi etiam iussu testatoris legatum ascripsit, Senatus iussit, cum nihilominus legato abstinere, idque apud hæredem remanere, vel potius coniunctum, cum onere tam. n fidei commissi, si quod sit.*

Faut mettre, comme en tous contracts, le temps de deuant ou apres midy. *Denique dolus malus & iurisconsultus abesto: à testamentis, f.*

S'il y a faute des Notaires, Curez, ou Vicaires pour le defaut des solemnitez à ce requises, l'on a recours contre eux, pour les dommages & interests des parties.

Il faut qu'il soit fait mention, comme il a esté dicté & nommé par le testateur, & à luy releu, & ce en presence des Notaires, Curez, ou Vicaires, & tesmoins.

Encore que le testament porte qu'il a esté dicté, nommé & releu, si toutesfois il appert par les tesmoins instrumentaires estans ouys en enqueste, que le testament ait esté apporté tout fait, ores qu'il ait esté leu & approuué, cela ne suffit, & en deffaut d'auoir esté dicté & nommé par le testateur, en vertu de cette nullité, fut le testament de Dame Claude Despence, qui auoit legué tous ses meubles & acquests à son aisné, declaré nul, cassé & rescindé, & ordonné que partage seroit fait, bien qu'il eust esté depuis corrigé par le porteur en la presence de la testatrice, & si la suggestion fut prouuée.

Le testament prend sa substance, selon la forme du lieu où il est fait & passé, & doit estre accomplie en termes precis, non en choses equipolentes.

L'Ordonnance a voulu, que les testamens militaires qui ont esté faits pendant les troubles, eussent effect, & fussent valables selon la disposition du droict.

Aucuns estiment que les gens de guerre estans en leurs pauillons & tentes, doiuent appeller pour le moins deux de leurs compagnons, pour faire leur testament : Mais estans à la guerre & prests à combattre, ils peuuent tester sans appeller aucuns tesmoins, & en la presence de ceux mesmes qui s'y rencontreront fortuitement. Les gens-d'armes estans en leurs maisons, ou en garnison, doiuent tester suiuant la coustume du pays, & ne sont exempts des solemnitez du lieu où ils testent, les captifs & prisonniers de guerre peuuent tester. Ainsi fut le testament du Vicomte de Martigue, fait en Flandres, luy prisonnier de guerre, confirmé. Et suffit de la volonté parfaite, ores que le testament ne soit parfait de solemnitez ; *In testem militaribus, inter liberos & alijs pijs*, & que la preuue de la volonté s'en puisse tirer deuëment.

Senatus non admisit testamenti nuncupatiui per testes probationem, attent. Mol. constit.

Toutesfois l'on peut prouuer vn testament auoir esté fait, & qui a esté veu par deux tesmoins.

Au propos du testament susdit du Vicomte de Martigue, Peleus neantmoins remarque, qu'vn testament fait par vn François, en pays ennemy, fut declaré nul.

Par Arrest 1604. le testament, ou codicille du testament ne portant point qu'il auoit esté dicté & nommé, leu & releu, suiuant la coustume de Paris, fut declaré nul.

L'on n'est point receu à prouuer par tesmoins vn defaut de solemnité de testament, ou bien que les solemnitez y ayent esté obseruées, si l'on allegue la perte de l'original du testament, parce que c'est vn acte qui se doit faire & prouuer par écrit, cóme tous autres où l'escriture est requise necessairement.

Les testamens nuncupatifs en France doiuent estre escrits, & ne se peuuent prouuer par tesmoins, mesmes en temps que le testateur ne peut trouuer des Notaires, à cause de la peste, ou autres empeschemens, & ne laissent en temps de contagion estre subiects aux solemnitez requises. Ainsi fut reietté vn testateur faute de signatures, nonobstant ladite contagion du testateur & tesmoins.

Le defaut de solemnité prescrite par la coustume vitie, mesme le testament pieux: Et a esté iugé, que les legs n'estoient point deubs d'vn testament non solemnel. Neantmoins la Cour ordonna d'office, que les mendians legataires auroient vne aumosne de vingt-cinq escus. Autres, qu'ils sont deubs, moyennant qu'il soit parfait en volonté, jaçoit que defectueux en solemnité.

Les testamens passez pardeuant vn Notaire Apostolique sont nuls, s'il n'estoit Curé ou Vicaire du testateur, & si foy n'y est encore adjoustée, sans oüir les tesmoins numeraires, mesmement pour la prouision.

Connoissance de validité ou inualidité de testament, de iurisdiction laye.

Executeurs testamentaires.

Par Arrest mil cinq cens nonante, fut receuë vne femme mariée, executrice d'vn testament de celuy qui l'auoit nommée, nonobstant que les femmes mariées ne puissent faire aucun acte d'obligation, sans l'autorité de leurs maris. Neantmoins fut ordonné, que cependant les legs seroient payez par la femme, & au principal appoinctement au Conseil.

Les Religieux, les Mendians mesmes peuuent estre executeurs testamentaires, auec licence & permission de leurs Superieurs : Toutesfois Balde excepte les Religieux sainct François. *Vt not. in clem. exiui de Paradiso, de verb. sig.*

Executeurs de testamens ne sont tenus de la coulpe, ny legere ne tres-legere, ains du dol & de la faute lourde & crasse seulement : Il n'est obligé aussi en son nom, du contract qu'il auroit fait en la qualité & au nom d'executeur, mais il oblige les heritiers du testateur, en la venduë qu'il fait des biens dudit testateur, pour l'accomplissement de sa derniere volonté.

Ne peut l'executeur se payer par ses mains de ce

qui luy est deu, ains le doit demander à l'heritier.

Les executeurs sont tenus payer durant l'an les debtes du testateur, claires & connuës, l'heritier, ou heritiers, sur ce sommez.

S'il faut vendre des immeubles pour l'accomplissement, les meubles n'estans suffisans, l'executeur doit ce demander en Iustice auec les heritiers, si mieux n'ayme fournir argent.

Quand il y a debat & contention entre les heritiers & executeurs, si pour le temps qui a passé depuis le deceds du testateur, on ne peut imputer ausdits executeurs aucune demeure, le Iuge a coustume de prefiger temps, dans lequel lesdits executeurs seront tenus executer ledit testament, & rendre ausdits heritiers compte & reliqua de leur execution.

De maniere que l'an & iour de l'execution testamentaire n'a cours que du iour que l'executeur a esté saisi, & que l'empeschement à luy fait par l'heritier a cessé : *Ergo annus vtilis.* Et depuis l'inuentaire fait & parfait pardeuant Notaires, ou Iuge du lieu, l'heritier presomptif present, ou appellé, & pour son absence, le Procureur de la Seigneurie est saisi des meubles & debtes, non immeubles, ores que le testateur l'eust ordonné, & n'en sera dessaisi, jaçoit que l'heritier presentast caution d'accomplir le testament, ou offrir deniers, iusques à concurrence de ce à quoy monte le testament.

Selon Bacquet, n'est la reddition du compte solidaire, ains pour autant que chacun en a geré, bien que tous administrateurs publics soient tenus solidairement. *Dubium* : bon, peut estre pour le payement du reliqua, mais le compte est tousiours solidaire, ſinon que la diuiſion euſt eſté demandée par les executeurs, & faite en Iuſtice.

Apres l'an & iour du deceds, les executeurs ſont tenus rendre compte & reliqua de leur execution, & y peuuent eſtre contraints par le Iuge ſeculier, ou par les Officiers du Diocesain, & qui premier preuient.

Il y en a qui tiennent que le Diocesain ne peut connoiſtre que des legs pieux Mais Guenois, ſur la Cōference des Couſtumes, ne fait diſtinction pour la reddition du compte, afin que la volonté derniere des treſpaſſez ſoit accomplie, *Quod eſt opus pium.*

Toutesfois par Arreſt contre l'Eueſque de Paris, executeurs de teſtament ne peuuent eſtre contraints par le Diocesain à rendre leur compte, bien peuuent eſtre contraints au payement des legs pieux, non plus que Marguilliers des Paroiſſes, pour ſçauoir s'ils ont fait dire tous les obits & ſeruices : Vray eſt que *in curſu viſitationis*, les Officiers du Diocesain peuuent demander ſommaire exhibition des comptes rendus par les Marguilliers, & pour voir ſi les obits & ſeruices dont eſt chargée la fabrique, ont eſté dits.

Les executeurs doiuent vendre auec authorité de Iuſtice, car s'ils vendoient ſans ladite authorité, telle vente eſt nulle, & ſeroit à bon droict contre ledit executeur debatuë.

Apres l'acceptation, l'executeur peut eſtre contraint par le Diocesain d'accomplir la volonté, *ſaltem quo ad pia legata.*

Si l'vn des executeurs renonce à l'execution, l'autre demeure, bien que le teſtament ne porte, chacun d'eux ſeul, & pour le tout.

Il y a hypoteque tacite sur les biens de l'executeur, du iour qu'il est saisi des meubles, & en l'administration.

Ceux qui peuuent tester ou non, testaments valables, ou non.

Trois choses doiuent estre concurrentes pour la personne, qui veut faire testament : 1. sain d'entendement : 2. l'aage : 3. joüissant de ses droits, ou qu'il ait quelque chose à luy propre & peculier, & dont le pere n'aye l'vsufruict, *vt aduentitiorum* : Comme par la Coustume de Victry, au cas de l'art. 110. les puberes, de droit. Et en ce cas, *vt infauorabilibus, dies aut annus incœptus habetur pro completo.* Du moins estant à moitié commencé, comme treize ans & demy passez, *etiam*, d'vn iour seulement.

Le prodigue ne peut faire testament, l'interdiction au prealable deuëment iugée, mais l'Emper. reçoit son testament, s'il ressent le jugement d'vn homme sain d'entendement. Ladres peuuent tester, Arrest 19. dans Papon, tiltre des testaments.

Surdus, mutus non possunt testari, sed hoc vitium superueniens testamentum prius factum non rumpit.

Ex testamento non completo nihil debetur. Voluntate, s. non solemnitate. Car au dernier cas, il y en a qui tiennent que les legs pieux ne laissent de valoir, & sont deubs.

Item, le second testament n'infirme le premier qui est solemnellement fait, s'il n'est aussi parfaict auec ses solemnitez, accomply, suiuant qu'il est requis en la Prouince où il se passe. *Imò*, le premier testament est resout par vn second, moins que solemnel, pourueu que la volonté s'y reconnoisse entiere, dans Peleus, Art. 1598. act. 4. *lib.* 4. *Iuxta l. ex parte de adim. legat.* Que s'il y a deux testamens de mesme iour, & n'apparoisse que le premier, *Neutrum valebit*, ou bien celuy seul demeurera, qui porte moindre legs.

Toutesfois, *si quis testamento iure perfecto, ad aliud venerit, non infirmatur prius quam secundum iure fuerit consumatum. Saltem quoad legata etiam pia, l. cum quidam, de his quorum vt ind. auferri.*

Le testament fait par vn criminel auant la condemnation & conclusions des gens du Roy, venant à deceder auparauant tout cela, ne peut subsister. *Nisi conscius criminis se occiderit.*

Especes de regles generales en matiere de legs testamentaires.

Ex Berthe in reperto.

Legatum generale non comprehendit, nisi ea quæ testator testamenti tempore habuit, non futura, nisi cauerit etiam de futuris, vel nisi res postea quæsitæ sint accessoria ad res primò legatas.

Legatorum hypotheca est diuidua inter cohæredes, ita vt quisque pro sua tantum parte conueniatur, tã actione personali quam hypothecaria, nisi in piis legatis, puta, dote, &c. hypotheca constitutus à testatore, quæ est indiuidua, saluo recursu contra non soluentes.

Legatum non debetur, quando legatarius est mortuus, viuo testatore. Si sciuit mortuum sorte transmittitur ad hæredes, sicut legatum res alienæ valet, si sciuit alienam. Ainsi l'action est transmise, & passe à l'heritier du donataire, *etiam ipso donatorio mortuo.*

Legatum ad diem incertum vel conditionale extinguitur morte legatarij ante diem vel conditionem.

Legatum rei quæ non reperitur, non perit, si culpa vel dolo hæredis res legata esse desiit, alias secus.

Legatum, pro tali filia maritanda, intelligitur, quando illa erit nubilis, alias non debetur, nisi nubat, sub cautione danda de soluendo tempore & loco.

Legatum purum etiam non agnitũ transmittitur ad hæredem legatarij eo s. mortuo post obitum testatoris, vel ante, si sciuit eum mortuum & non reuocauit, vt supra; vt quod cedit à die mortis.

Legatum caducum remanet heredi cum onere suo.

Legatum speciei minuitur propter æs alienum aut legitimam, sicut quantitatis etiam impijs legatis.

Legatũ lecti cõprehendit ea etiam quæ causa ornatus in lecto ponuntur diebus festis, & quæ ad lectum parata sunt.

De la disposition du testateur, & legs par luy faits.

Le testateur peut en son testament partager son heredité entre ses heritiers inégalement, pourueu qu'il leur laisse ce qui leur est donné par la coustume ou la valeur: Et en ce faisant, pour la part de l'heritier au patrimoine ancien du testateur, on luy peut laisser recõpense en argent: Ainsi que Louyse Baudouyn, à la Rochelle fait son testament, & entr'autres laisse à l'vn de ses heritiers, deux cens cinquante liures, qui estoit encore plus que ne pouuoit valoir le droit qu'il auoit en l'heritage ancien, sous peine que le contreuenant n'aura autre chose que ce qui luy appartient de ses propres anciens. Arr. 1600. par lequel ledit testament fut confirmé de poinct en poinct.

Iuxta quod Pater patrimoniũ inter liberos diuisit itaut longè amplius filio quam filiæ relinqueret: Quæsitum an soror fratri dotem conferre debeat: Si nihil indiuisum reliquisset, voluntate defuncti collationem dotis cessare, l. ex parte, §. intestator fam. erc.

Et vient à noter, que partage faict par le pere à ses enfans, doit estre gardé, *l. si cogitatione 21. C.*

fam. erc. & valet, quibuscumque verbis. l. 16. C. eod. Les Iuges sont tenus garder tel partage, *l.* 10 *& vlt. C. eod.*

La forme de faire tels partages & diuisions est exprimée. *In nu.* 18. *cap.* 7. de laquelle nous deuons apprendre que le pere qui veut faire partage entre ses enfans, qu'il le doit confirmer par son sein, ou de ses enfans Ar. entre le sieur de Sourdy & ses freres 1581. Que suiuant le testament du pere, portant partage entre ses enfans, & du consentement de la mere les biens demeureroient partagez, & les puisnez se contenteroient de leur part, sans auoir esgard au testament posterieur de la mere, qui les auoit auantagez au preiudice de l'aisné, & du testament paternel.

Ainsi le testament de deux conjoints ne se peut reuoquer par l'vn d'iceux suruiuant, & ce en faueur de leurs enfans communs. *Verùm*, le testament de deux conjoints se peut reuoquer par l'vn d'iceux, sans le consentement de l'autre, pendant leur vie, & a esté ainsi approuuée la reuocation du testament mutuel, pour le regard de la femme qui l'auoit reuoqué au cas susdit. A plus forte raison, le pere peut par son testament, mesmes au pays coustumier, ordonner que certaine maison demeurera à l'vn de ses enfans, en recompensant ses autres coheritiers sur les autres biens de sa succession, la recompense arbitrée selon la valeur de la maison.

Qui permet par testament disposer de la chose, ou l'approuue, il se preiudicie en cela: *Item*, de celuy qui ne contredit l'alienation qui se fait de sa chose propre en sa presence, ou l'hypotheque, qu'il a aussi specialement sur la chose d'autruy.

Vne personne ayant pouuoir de tester, peut par

ſon teſtament diſpoſer de tous ſes biens, meubles & acqueſts, & de la tierce partie de ſes propres à perſonne capable au preiudice de ſes enfans meſmes, en delaiſſant les deux tiers des propres & naiſſans à ſes heritiers, francs & quittes de toutes debtes où leſdits biens & tiers des propres ſeroient ſuffiſans, que l'on doit premier diſcuter.

Iuſques aux rentes conſtituées, que le legataire des meubles, acqueſts, & tiers des propres ſeroit tenu rachepter, du moins en acquiter l'heritier des deux tiers francs.

Et pourront faire les creanciers declarer contre les legataires executoire, ce qui eſtoit contre le defunct, qui ne ſeront neantmoins tenus que pour autant que chacun d'eux en amende, en quoy different de l'heritier qui eſt obligé aux debtes, iuſques à ſes biens propres.

Pour teſter des meubles & acqueſts entierement & du quint de ſes propres, faut auoir accomply l'âge de vingt-cinq ans, & en cas qu'il n'ait meubles, ne acqueſts, peut teſter du quint de ſes propres apres vingt ans accomplis : Ainſi des meubles & acqueſts, hors le quint des propres.

Pour legs particuliers, *Non de toto*, ſembleroit l'âge de droict ſuffiſant. *Non pubertas fœminarum in* 12. *anno valet ad matrimonium.*

Si le pere laiſſe par teſtament tous ſes meubles & acqueſts, n'ayans aucuns propres, à l'vn de ſes enfans, ores que ſoit en remuneration de ſeruices qu'il luy a faits, ils viennent neantmoins à partage entre tous les enfans également, au moins iuſques à la legitime.

Item, ſi quelqu'vn ayant diſpoſé de ſes meubles

& acquests, reconnoist par son testament deuoir à vne autre certaine somme de deniers, excedants le tiers de ses propres, dont il dit n'auoir cedule ny obligation, mais luy auoir presté en foy d'amy, ledit pretendu debt sera restraint au tiers des propres.

Il y en a qui sont d'aduis, que s'il n'y a que meubles & acquests, que les deux tiers sont pour la legitime. *Fortassis*, en la ligne directe, car en la collaterale n'est deuë autre legitime que des propres.

La legitime est, la moitié de telle part & portion que chacun enfant eut eu en la succession des pere & mere, ou autres ascendants, s'ils n'en eussent disposé par donation entre-vifs, ou derniere volonté, sur le tout desduit les debtes & fraiz funeraux.

Non ita, des collateraux, ausquels n'est deu legitime de ce qui sera fait entre-vifs, & pour ce qui est en derniere volonté, les deux tiers des propres seulement, tels qu'ils soient.

Vn heritier fut condamné à faire deliurance du legs qui estoit des propres, & excedoit le quint. C'estoit sous la Coustume de Paris, si mieux il n'aymoit bailler & deliurer tous les meubles & acquests, & le quint des propres. Par là se voit, que s'il est legué sur les propres, plus qu'il n'est permis par la Coustume, il se doit prendre, ou payer l'estimation sur les meubles & acquests appartenants à l'heritier.

Item, en la Coustume de Meaux, vn testateur nommé Guy de Fleury, n'ayant que des collateraux heritiers, legue à vne sienne niepce, vne ferme qu'il auoit en Sologne, qui luy estoit propre, & faisoit

tout

tout son propre au ressort d'Orleans, les heritiers *ab intestat*, poursuiuis pour la deliurance du legs, font offres du quart, suiuant la coustume, par Arrest fut dit que deliurance seroit faite à la legataire iusques à la concurrence de ce que le deffunt eust peu donner par la Coustume, & que éualuation & estimation faite des autres parts du propre, en seroit autant pris sur ladite ferme & mestairie, pour estre baillée à ladite legataire, *vt habeat quod legatum est in vna eademque re*, iusques à la quotte des propres, dont l'on peut tester la liquidation faite de tous. *Quæ pater subministrauit pietatis intuitu, vt potè studiorum causa, non imputatur in legitimam, neque in collationem veniunt:* Si autrement n'en a fait estat & cõpte, ou qu'ils eussent biens d'ailleurs, car en ce cas il pourroit precompter les frais & impenses, comme aussi pourront les coheritiers. Ainsi le pere ou la mere qui vient à dotter sa fille, & n'exprime de quels biens, il est à presumer que sont des biens propres de la fille, si les moyens y suffisent.

Les testamens portans substitutions, fideicommis ou legs subjets à retour, doiuent estre publiez aux Sieges Royaux des lieux, l'Audience tenant, conformement à l'Ord. de Moul. art. 57. Que si le testament n'a esté publié ny registré, cela ne nuira aux legataires, ou substituez, mais aux heritiers, & pour ce le testament n'est annullé, *Verùm*, aucun droit n'est acquis auant l'insinuation & enregistrement, & n'est receu l'heritier à debattre le defaut d'insinuation, car c'est à luy de faire publier les substitutions, d'autant que le substitué ne sçait que porte le testament, & à iuste cause d'ignorance, on ne le peut recouurer, & les mineurs en sont tousiours releuez.

Vn heritier testamentaire, ou legataire vniuersel, peut conclure possessoirement en cas de trouble.

Vn testament fut declaré nul, qui contenoit legs au profit du fils du Medecin, qui pensoit le testateur.

Item, les mineurs, ou autres personnes, ne peuuent donner ou tester directement ou indirectement au profit de leurs tuteurs, curateurs, pedagogues, ou autres administrateurs, pendant le temps de leur administration, & iusques à ce qu'ils ayent rendu compte, fors le pere, mere, & autres ascendans, pourueu que lors du testament & deceds du testateur, ils ne soient remariez.

Item, d'vn seruiteur domestique à son maistre.

Legs fait par vn mineur, au fils de son curateur, rejetté.

Belle decision, s'il y a prouision sur vn testament.

Les legataires ayans demandé deliurance de leurs legs, si le testament est impugné de nullité, suggestion ou fausseté, peuuent demander que par prouision le testament soit entretenu. Cette question a esté souuent agitée, mesmes en la cause concernant le testament de Monsieur l'Euesque de Vienne, par Arrest 1556. fut iugé pour la prouision, & Monsieur du Mesnil Aduocat du Roy, rapportoit que la Cour a tousiours tenu, que quand vn testament estoit signé seulement de la main du testateur, n'y auoit aucune prouision, parce que la verification du seing du deffunct consistoit en preuue: Pareillement, quand le testament est receu par le Curé, ou Vicaire general, n'y eschet prouision, d'autant que le Curé ou Vicaire n'est personne publique, & n'est tel instrument reputé authentique, pour le regard de l'execution: *Secus*, quand le testament est passé pardeuant Notaires, auquel on auroit tousiours tenu que la prouision y gisoit, *pendente falsi quæstione propter publicam auctoritatem*, des Notaires, *cum testamentum, si caret vitio, vt loquuntur, visibilis*, en baillant caution, *Nimirum*; Et doit estre ledit Arr. obserué, s'il n'y a des circonstances claires & apparentes, pour le vice du testament : Comme par Arr. 1595. fut la prouision adjugée sur vn testament debatu de faux infirmée, pourtant que le vice estoit oculaire.

Le pere qui a promis à ses enfans du premier lict, qu'il les conserueroit en leurs droicts hereditaires, ne peut tester au preiudice de cette promesse faite par contract de mariage. *Sed contra videtur in l. pactum quod dotali instrumento comprehensum est, vt si pater vita fungeretur ex æqua portione, eaque nubebat cum fratre hæres patris sui esset, neque vllam obligationem contrahere, neque libertatem mulieris patri testamenti faciendi potuit auferre.*

Es Coustumes, où n'y a representation en ligne collateralle, le testateur ne peut r'appeller les enfans de son frere trespassé, pour succeder auec ses freres, pour plus qu'il ne peut donner par la coustume de ses propres; & quant aux meubles & acquests, pour plus que leur pere en eust eu s'il eust vescu.

Par Monsieur le President de Morsan, fut dit en la Coustume de Paris, que les neueux n'auroient que le quint des propres, & telle part des meubles & acquests qu'eust eu leur pere s'il eust vescu. De maniere que le testament fut confirmé, en ce qu'il estoit conforme à la coustume, & corrigé en ce qu'il excedoit les termes d'icelle.

Vn testateur peut commander à la foy de son amy, tel qu'il voudra choisir, la disposition de ses biens meubles, & de son argent, sans rendre compte à son heritier. Arrest solemnel par Monsieur le President de Thou, par lequel il condamna l'heritier mettre la somme portée par le testament, & conformement à iceluy, entre les mains du Curé, nommé par le testament, pour en disposer. Ainsi d'vn legs secret delaissé à distribuer selon qu'il a esté dit à son confesseur, & n'est tenu le confesseur le reueler à qui, & suffit qu'il afferme en iustice, que ce n'est à son profit & n'y pretend aucune chose; car le confesseur n'est tenu reueler la confession.

Les heritiers sont tenus solidairement à payer le legs delaissé par le deffunt en faueur de mariage, & l'interest du iour de la poursuite, sauf leur recours l'vn à l'encontre de l'autre. Arrest confirmant la Sentence du Bailly de Troyes 1571. Ainsi de tout autre legs pieux.

Les biens donnez par testament, ou donation entre vifs, à vn collateral, auec substitution, ne peuuent estre chargez du dot, ou doüaire de la femme du donataire.

Si le pere donne & laisse par testament tous ses meubles & acquests, n'ayant aucuns propres à l'vn de ses enfans, ores que soit en remuneration des seruices qu'il luy a faits, ils viennent neantmoins à partage entre tous les enfans esgalement, *bis supra*.

Si ie legue trente liures prendre sur telle chose, & que ladite chose ne soit suffisante, ou soit deperie, faut que l'heritier en responde & satisfasse, car l'assignat donné n'est à autre fin que d'enseigner & monstrer à l'heritier le moyen qu'il peut auoir de promptement fournir audit legs.

En l'année 1596. aux grands iours de Lyon, fut iugé qu'vn ayant donné à son beaufrere les fruicts d'vne terre, iusques à ce que certains enfans eussent vingt-cinq ans, ausquels il leguoit lors la proprieté d'icelle terre, estant arriué que deuant les vingt-cinq ans ledit legataire des fruicts mourut, ny l'heritier du testateur, d'autant qu'il auoit esté priué du tout, ny l'heritier de l'vsufruictier, ne pouuoient pretendre les fruicts, *medij temporis*, & qu'ils appartiennent aux legataires de la proprieté, d'autant que l'vsufruit estoit consolidé auec la proprieté, & fut dit que le fruit & l'vsufruit ne se pouuoient transmettre à l'heritier de l'vsufruictier.

Quamuis his verbis, quoad cum Claudio iusto morati essetis, alimenta vobis & vestiarium legatum sit, tamen hanc fuisse defuncti cogitationem interpretatur, vt & post iusti Claudij mortem, eadem vobis præstari voluerit.

Ex his verbis: Do, lego, Æ ia Seuerinæ, cùm ad legitimum statum peruenerit, non conditio inserta, sed petitio in tempus legitimæ ætatis dilata videtur, ideo ad hæredem suam actionem transmittit, si vita iam functa est post mortem testatoris. s. vt eo tempore solutio fiat, quo Seuerina, si rebus humanis subtracta non esset, ætatis legitimæ fuisset.

Legatum Titio & filijs eius debetur simul omnibus, non ordine successiuo.

Legatum alienatum à testatore censetur reuocatum, non tamen per pignerationem.

Attamen legatum pium ex fundo non reuocatur per alienationem fundi, sed debetur in æstimatione.

Quatenus ad legata, nominati nomine proprio hæredes tenentur in viriles, si appellatiua, in hæreditarias portiones.

Post moram periculum interitus legati pertinet ad hæredem.

Fideicommissum vel substitutio relicta per testatorem sub conditione, si institutus seu grauatus decesserit sine liberis, vna cum pluribus aliis conditionibus alternatiue positis, non habet effectum nisi omnes conditiones existant, & sic alternatiua ponitur pro copulatiua.

In legatis & fideicommissis fructus post litis contestationem non ex die mortis consequuntur, siue in rem, siue in personam agatur. Verùm stantes fructus tempore mortis testatoris, ipsius sunt legatarij, quia pars sunt fundi.

Et le temps ne court contre l'ignorant pour le priuer des choses qui luy sont delaissées, car les legataires ont iuste cause d'ignorance.

De la Collation ou Prouision des Benefices.

Les benefices s'acquierent par la collation, qui est double; à sçauoir necessaire, ou volontaire. La necessaire est celle que le collateur est tenu de faire, comme au mandataire, ou au nommé, ou bien à celuy qui luy est presenté par le patron. La collation volontaire est celle qui est faite librement & volontairement, ce qui aduient le plus ordinairement, si ce n'est que les collateurs soient forcez par les nobles & plus puissans, ou par les femmes, ce qui est fort coustumier en France.

Et cette collation se fait quelquefois par les Cardinaux, à cause de leur Legation, ou de leur Euesché, & le Nonce du Pape ayant pouuoir de Legat *à latere* peut conferer les benefices: quelquefois la collation se fait par les Patriarches, autrefois par les Euesques: ou par les Abbez ou Prieurs, le plus souuent par le Chapitre, quelquefois par l'Euesque & le Chapitre tout ensemble, & quelquefois alternatiuement : par fois aussi par chacune des dignitez ou des Chanoines. Il aduient aucunefois que les personnes laïques, ores qu'ils ne soient point patrons, conferent les benefices par priuilege : comme le Roy de France, qui a ce priuilege de conferer le Doyenné de l'Eglise d'Angers, & plusieurs autres benefices par droit Royal.

Or, la tradition du bonnet & de la plume a cette vertu, que celuy auquel la collation a esté faite, peut de son autorité entrer dedans le benefice : toutesfois la coustume est, qu'il se fasse mettre en possession par quelqu'vn.

Quelquefois aussi les collateurs des benefices les conferent eux mesmes, quelquefois par autres, comme par leurs Vicaires, mais en quelque façon que ce soit, le droict est acquis par la collation de l'ordinaire, pourueu qu'elle soit assistée des choses que nous dirons cy-apres.

De la presentation & institution aux Benefices, & du droict de Patronage.

La presentation a accoustumé de se faire par le fondateur à l'Euesque ou autre Collateur & l'Euesque institue & pouruoit celuy qui est presenté par le Patron. Car si vne personne laïcque fonde vne Eglise, qu'il la dote, ou qu'il la bastisse, il s'acquiert par grace le droict d'y presenter, & autres droicts, ce qui s'appelle droict de Patronage. I'ay dit par grace, dautant que par la rigueur du droit, vn lay ne se peut mesler des affaires Ecclesiastiques ; Mais afin qu'ils ne fussent destournez de leur bonne affection de fonder les Eglises, mais plustost afin de les inciter dauantage, les Papes leur ont en recompense reserué le droict de Patronage, & leur ont confirmé. Presentation doncques est vne certaine exhibition legitimement faite de quelque personne par le Patron à l'Euesque, ou autre auquel la prouision & institution appartient.

Notez que la presentation se fait en deux manieres: l'vne par le Patron Ecclesiastique, & celuy-là a six mois pour presenter, à compter du iour de sa cõnoissance que le benefice est vacquant. Et est appellé Patron Ecclesiastique, celuy qui a ce droict à cause de l'Eglise ou benefice qu'il possede; dont vient que le droict de Patronage qui appartient aux Marguilliers & Fabriciers d'vne Eglise, est appellé Ecclesiastique; ores que ce soient personnes laïques, parce qu'ils n'ont ce droit qu'à cause de leur Eglise.

Le Patron luy est ainsi appellé, celuy qui a droict de patronage à cause de son patrimoine: & cettuy-là n'a que quatre mois pour presenter. Tellement que si les Patrons dans le temps qui est prefiny, presentent à l'Euesque, il sera tenu d'admettre le presenté s'il est capable, autrement la collation sera deuoluë au superieur immediat.

Quelquefois la presentation se fait à l'Archidiacre ou autre dignité, lequel par apres represente à l'Euesque, comme il se pratique au Diocese de Chartres, & en quelques autres endroits.

Mais quelque chose qu'il y ait, l'Euesque ne doit point admettre celuy qui luy est presenté par l'vn ny par l'autre des Patrons auparauant que d'auoir esté examiné & trouué capable, s'il ne se veut damner à credit, & est tenu du dommage enuers l'Eglise, tout ainsi que le Magistrat qui a deferé la tutelle d'vn mineur à vn homme non soluable. Ce qui ne se garde pas si rigoureusement auiourd'huy par aucuns de nos Euesques charnels, principalement quand les presentations se font par les fémes; ausquelles ils ne sçauroient refuser, mais mal-heur sur telle maniere de gens. Or si celuy qui est presenté par le Patron est receu par l'Euesque, s'il peut s'asseurer d'auoir iustement acquis le benefice.

Des choses requises à vne bonne prouision ou collation, & à ceux qui veulent auoir vn benefice.

Premierement à l'esgard du Collateur, ou de son Vicaire, il est requis & necessaire que le Collateur soit personne habile & capable, non excommunié: d'autant que ce qu'on ne peut faire de soy-mesme, on ne le peut aussi faire par autruy.

Item, la collation doit estre pure & simple, sans paction, sans condition ny moyen: autrement si elle est faite à la charge de recompenser vn tel, ou s'il y interuient quelque autre condition, la collation est simoniaque, & nulle. Toutesfois l'Euesque peut canoniquement conferer vn benefice à quelqu'vn, à la charge que s'il en est pourueu d'vn autre, il le resignera.

En apres, la collation doit estre faite librement sans aucune contrainte, force ny violence, sous lesquels noms se doit comprendre la seule affection du Collateur, sans aucun merite de celuy auquel il a conferé.

Pareillement, le benefice doit estre conferé sans aucune diminution, & ne peut l'Euesque conferer vn benefice, & se reseruer sur iceluy vne pension, ou à son nepueu, ou à son valet, parce que le benefice en seroit d'autant plus diminué.

Ne peut aussi l'Euesque en conferant vn benefice s'en reseruer les fruits; que s'il le faisoit par paction

& conuention, il commettoit simonie, & neantmoins cela reçoit quelques limitations : comme s'il en perceuoit les fruicts en vertu de quelque constitution, ou statut, ou par indulgence du Pape, & en cas de statut pour le rendre valable, quatre choses y sont necessaires.

Premierement, que la constitution soit faite du consentement du Chapitre. En second lieu, que cela ait esté statué auparauant la collation du benefice ; car s'il estoit fait apres la collation, & sans le consentement du Beneficié, il ne luy pourroit nuire, ne luy tollir son droict. En troisiesme lieu, que la constitution ne soit faite que pour vn temps, & non à perpetuité. En quatriesme lieu, que cela soit statué pour cause iuste & necessaire tout ensemble.

La collation doit aussi estre faite en public, c'est à dire, en presence de tesmoins dignes de foy, & non domestiques, autrement la collation ne fera point de foy.

Or, il conuient noter que la collation doit estre faite non pour vn temps, mais à tousiours. Car tout ainsi que le mariage ne se contracte point pour quelque temps seulement, parce que c'est vne conionction du mary & de la femme, qui a en soy vne societé inseparable de la vie, ainsi en est-il du mariage spirituel, comme on l'appelle.

Ce qui n'a toutesfois point de lieu au Pape, lequel peut de son autorité conferer vn benefice à temps, encores qu'il n'ait pas accoustumé d'ainsi en vser, aussi mal-aisément le receuroit en France.

Le second cas auquel la susdite regle n'a point de lieu, c'est aux benefices que nous disons *ad nutum, &c.* tant qu'il plaira, comme autrefois nous auons veu garder en l'Eglise de sainct Sulpice de Bourges, en laquelle on eslisoit vn Abbé triennal.

Le troisiéme cas est en la commande qui se fait par l'Euesque d'vne Eglise parrochiale pour six mois.

Le quatriesme est quand on commet vn coadjuteur pendant la maladie du titulaire du benefice ; car la maladie venant à cesser, cesse aussi l'office de coadjuteur.

Le cinquiesme cas est, quand vn visiteur est donné, à sçauoir quand l'Euesque a esté pris par les Payens, Infideles, ou Schismatiques ; car l'Euesque retournant de sa captiuité, la puissance du visiteur est abolie; tout ainsi que la puissance du Chapitre, quand l'Euesque a esté confirmé.

En sixiesme lieu, quand il y a sentence donnée au profit de quelqu'vn, & executer, celuy-là jouïra du benefice iusques à ce qu'il y ait vne autre sentence donnée au contraire.

En septiesme lieu, quand vne Eglise est vacante on a accoustumé d'y establir vn Procureur, *cum libera, &c.* auec pleine puissance d'administration, tant au spirituel, qu'au temporel. Et le Pape a de coustume de donner ce tiltre aux Cardinaux, quand il leur baille à commander les Eglises Cathedrales ou regulieres. La cause de cette commission est legitime, quand l'vtilité ou necessité de l'Eglise requiert d'auoir vne certaine personne, qui neantmoins n'a pas encore l'aage competant : & cependant on y commet vn Procureur auec toute puissance, tant sur le spirituel que le temporel, & n'y a que le Pape qui le puisse faire, & celuy-là s'appelle autrement, Visiteur.

La mesme chose peut estre faite par l'Euesque aux

benefices desquels la collation appartient à l'Euesque par droict de reserue ou par deuolut, c'est à sçauoir, quand n'y a personne qui y pouruoye l'Euesque y peut cependant commettre vn bon administrateur, iusques à ce que le Pape y ait pourueu.

Pareillement le Chapitre peut, le siege vaquant, establir vn Procureur aux benefices vacquans qui sont à la collation de l'Euesque, ou les bailler en commande, mais non pas les conferer : n'estoit que la collation fust necessaire, comme d'vn benefice qui est deub à vn mandataire, ou à vn qui est nommé.

Or à l'esgard de la personne à qui le benefice est conferé, il est requis & necessaire qu'il soit habile & capable: & sa capacité se doit iuger, selon l'aduis des interpretes du droict, s'il est sçauant, s'il est de bonne vie, & d'aage competant.

Mais ie pense qu'auant toutes choses il se faut informer de la volonté & puissance de celuy auquel on voudroit conferer vn benefice, à sçauoir s'il veut & s'il peut le seruir, cela estant, il faut qu'il en soit capable tant pour le regard de l'ordre, de meurs, science & aage, que des autres choses dont nous parlerons cy-apres.

Notez cependant, que ny l'Euesque ny les autres inferieurs ne peuuent conferer de la seule parole, ny faire preuue de leur collation sans lettres : d'autant que pour leurs fraudes ordinaires, on ne les croiroit pas sans lettres.

L'ordre requis en tout benefice est tel. Premierement au Cardinalat, l'ordre de Prestrise y est requis, s'il a le tiltre de Prestrise : & s'il n'a que le tiltre de Diacre; il est necessaire qu'il soit Diacre. Que s'il ne se fait promouuoir à l'ordre de Prestrise, ains qu'il demeure Diacre toute sa vie, sa conscience en est chargéee.

Quant à l'Euesque, il faut pour le moins qu'il soit Sousdiacre, le mesme est des Chanoines qui l'eslisent, car s'ils ne sont Sousdiacres auant l'eslection, leur suffrage ne vaut rien.

L'Abbé, le Doyen, le Preuost, l'Archiprestre, le Recteur & le Curé, doiuent auoir l'ordre de Prestrise, ou du moins ils s'y doiuent faire promouuoir dedans l'an. Aux autres la premiere tõsure suffit. Par ce moyen chacun peut obtenir des benefices ayans charge d'ame, & toute autre sorte, encore qu'il n'ait que la premiere tonsure, pourueu qu'il soit en aage, en laquelle il puisse dedans l'an se faire promouuoir aux ordres sacrez, ou à l'ordre requis pour tenir son benefice : soit que l'on impetre le benefice du Pape, soit que l'ordinaire le confere, soit que l'on obtienne le benefice par presentatiõ & institution, soit que quelqu'vn soit esleu, n'estoit que de droit ou de coustume, ou par la fondation, ou par le statut, l'ordre fut requis dés le commencement : ou bien si l'on disoit, que l'on presente vn Prestre du Seigneur, s'il n'estoit point Prestre lors qu'on luy confere le benefice, la collation ny l'institution ne vaudroit rien.

L'aage aussi y est requis. Mais il faut voir, quel âge est requis aux ordres. Pour receuoir la tonsure, il faut auoir sept ans accomplis; pour estre Sousdiacre, dixhuit ans; pour estre Prestre, vingt-cinq ans; pour estre Euesque, trente ans : mais par les Ordonnances de France, il suffit d'estre dans la vingt-septiesme année.

La preuue de l'aage tombera sur celuy qui s'en

voudra seruir, soit en demandant, soit en defendant. Mais il faut bien noter qu'il n'y a que le Pape qui puisse dispenser de l'aage, car c'est vne constitution conciliaire, contre laquelle les Euesques ne peuuent dispenser.

Outre ce que dessus, il est requis quelque science mediocre pour sçauoir regir & gouuerner le benefice duquel l'on est pourueu; & ne suffit au beneficié de sçauoir la Rethorique, la Dialectique ou la Medecine, par laquelle les corps sont gouuernez & non pas les ames. Toutesfois le malheur est que l'on n'y prend pas garde auiourd'huy de si prés.

D'abondant, les bonnes mœurs sont necessairement requises à vn beneficié : ce que i'ay gardé pour le dernier point, d'autant que c'est auiourd'huy la derniere chose dont on s'enquiert.

Il est aussi requis que celuy qui veut auoir vn benefice ne soit point marié, & qu'il soit nay en loyal mariage : Car vn bastard & illegitime ne sçauroit tenir vn benefice sans dispense.

En dernier lieu, si le benefice est conferé à vn absent, il faut necessairement qu'il l'accepte, & qu'auparauant la collation il declare sa volonté, autrement elle ne vaudra rien, encores que par apres il l'acceptast.

Le troisiéme point principal pour faire valoir vne collation, regarde la chose; à sçauoir que le benefice soit vacquant, autrement il ne pourroit estre valablement conferé.

Or vn benefice peut vacquer, ou par la mort, ou par resignation pure & simple, ou pour cause de permutation, ou par priuation & deposition, ou par translation en vn autre benefice, à laquelle quand on a presté consentement, le premier benefice est vacquãt, apres toutesfois la prise de possessiõ du second.

Item, si quelqu'vn se fait pouruoir d'vn second benefice incompatible, ou que par force il s'empare d'vn second benefice, le premier est vacquant. Pareillement, si celuy qui est pourueu d'vne Eglise parrochiale, ne se fait Prestre dedans l'an, il en est priué, & la rend vacquante. Item, le benefice est vacquant, si le beneficié contracte mariage, ou qu'il se fiance par paroles de present. Tous les dessusdits genres de vacatiõs ont accoustumé d'estre reduits à trois; car où le benefice est vacquant de droict & de faict, comme par mort & par resignation, il est vacquant de droict, entant que celuy qui a resigné le benefice n'y a plus de droict: Il est aussi vacquant de faict, parce que de fait il a resigné, ou il est mort, & que de fait il a quitté le benefice.

Quelquesfois le benefice est vacquant de fait seulement, comme quand quelqu'vn est spolié de son benefice, mais ie penserois qu'en ce cas il n'est vacquant: Il n'est vacquant de droict ny de faict, parce qu'il est occupé seulement par vn spoliateur, mais à mon auis, vn benefice est dit vacquant de fait, quand quelqu'vn par vn long-temps est absent de son benefice, en sorte que l'on ne sçait où il est; parce que lors il n'y a personne qui deserue le benefice.

Aucunefois le benefice est vacquant de droict, & non de faict: comme si quelqu'vn obtient vn second benefice pacifique, le premier est vacquant de droict, & non de faict, parce qu'il le retient encore auec le second. Tellement que si vn benefice est vacquant de droict & de faict, ou de droict seulement, il peut estre conferé, nonobstant la detention de l'autre, & le droit est acquis à celuy auquel il est conferé, fut-il absent; Mais s'il est vacquant de droit seulement, il faut que celuy qui le demandera au Pape luy fasse entendre la detention colorée de l'autre, autrement l'impetration seroit nulle: ce qui ne seroit pas si elle estoit descolorée, laquelle est ainsi appellée quand la possession est sans le droict.

C'est pourquoy l'Euesque ou autre collateur, doit en conferant exprimer le genre de vacation, ou par mort, ou par resignation, & ne suffiroit de dire en termes generaux, Nous te conferons vne telle Eglise vacante.

Des peines ordonnées contre les Collateurs qui conferent les Benefices à personnes indignes.

Comme ainsi soit que plusieurs abusent de leurs charges, voyons de quelles peines sont chastiez ceux qui conferent les benefices à personnes indignes: Et premierement ceux qui font telle faute, sont priuez du pouuoir de conferer pour la premiere collation, & (comme l'on dit) pour la premiere fois, & autant est de conferer vn benefice à vn excommunié qu'à vn indigne, de sorte que le benefice qui a esté conferé par vn Euesque, apres que l'Euesque en a conferé vn autre à vne personne indigne, est impetrable: d'autant qu'apres la collation faite à vn indigne, l'Euesque estoit de droict priué de la puissance de conferer vn autre benefice. Mais tousiours faut-il sçauoir si l'Euesque l'a fait sciemment ou par ignorance. Et neantmoins la presomption est que l'Euesque l'a sceu, parce qu'il est tenu de s'enquerir de la vie & mœurs auparauant que de conferer le benefice à quelqu'vn. Encore se faut-il enquerir s'il n'a point d'autre benefice: car ce seroit

roit peché de luy conferer encore vn benefice, tant parce qu'il en est indigne, que parce que cela est contre le droit prohibitif.

En second lieu, l'Euesque doit est suspendu de faire aucune collation : car puis qu'il vse mal de sa charge & de son administration, il en doit estre priué, ainsi qu'vn tuteur. Et si cette rigueur estoit gardée, il y en auroit auiourd'huy de suspendus plus que d'autres.

Tiercement, l'Euesque en ce faisant peche mortellement, en appliquant gens indignes au seruice de Dieu, & au grand détriment de l'Eglise.

En quatriesme lieu, il se monstre infidele à Dieu, parce que celuy-là doit estre fidele & sage que le Seigneur a estably sur sa famille, pour luy donner viande en son temps.

En cinquiesme lieu, les Euesques sont tenus des dommages & interests enuers l'Eglise qu'ils ont blessée, en luy donnant vne personne indigne & incapable de la regir.

En sixiesme lieu, ils sont tenus de la mauuaise administration de celuy qu'ils ont esleu ou qu'ils ont pourueu, & en sont responsables deuant Dieu, aussi seront-ils participans des peines que souffriront au dernier iugement ceux à qui ils ont donné des prouisions.

En septiesme lieu, ils commettent sacrilege, parce qu'ils blessent la chose sacrée, c'est à dire l'Eglise.

En huictiesme lieu, en ne conferant point les benefices vaquans aux gens doctes & gens de bien, ils se condamnent eux-mesmes au feu eternel.

En neufiesme lieu, ils donnent scandale, & à celuy qui scandalise autruy, il luy faut pendre vne meule au col & le jetter en la mer, comme il est dit en l'Euangile.

En dixiesme lieu, ils sont homicides, parce qu'ils ostent les biens qui sont deus aux saincts & gens de bien.

En vnziesme lieu, l'Euesque indigne merite d'estre decapité, s'il n'a esté fait Euesque malgré luy, & mesme à celuy qui confere à personnes indignes, mais si cela se pratiquoit, la plus grand part de nos Euesques n'auroient plus de testes.

En douziesme lieu, tels Euesques sont priuables, pour auoir enfrainct & violé les saincts Canons, & sont tenus de la perte des ames de leurs parroissiens qui ont esté damnées à cause de la prouision baillée à cét homme indigne. Il se pourroit encore rapporter icy plusieurs autres peines, desquelles sont menacez les Euesques qui conferent les benefices à personnes indignes, mais autant vaudroit parler à des sourds.

La forme des lettres de collation & prouision des ordinaires, & des choses requises en icelles.

Gulielmus Dei ac sanctæ sedis Apostolicæ gratia Syluanectensis Episc. dilecto nobis in Christo Simeoni Aubry in decretis Doctori, Decano Eccles. Diui Thomæ Cresperiensis nostræ diœcesis: Salutem in Domino. Quia de litterarum scientia, vitæ ac morum honestate, aliisque virtutum meritis, quibus illarum largitor personam tuam insigniuit, fuimus fama ac fide dignis testibus informati, quæ nos ad gratiam tibi faciendam excitant: Itaque volẽtes te iuxta tuæ persona merita fauore prosequi gratioso, parrochialẽ Ecclesiã Diuæ Agathes nostræ diœcesis nunc per liberam resignationem de ea per prouidum virum Magistrum Petrum Bontemps dictæ Ecclesiæ tunc rectorẽ in manibus nostris factam, & per nos admissam, ad præsens vacantem, tibi, quem ad reginem & gubernationem ipsius sufficientem & idoneum esse reperimus, cum inomnibus iuribus & pertinentiis vniuersis conferimus & prouidemus, ac de eadem te coram nobis constitutum per pilei traditionem in manibus tuis inuestimus, ac in corporalem possessionem, seu quasi eiusdem Ecclesiæ Diuæ Agathes præsentium tenore cum iuribus & pertinentijs supradictis inducimus, recepto prius abs te solit in talibus præstari iuramento, & iure nostro saluo. Quo circa vobis & singulis personis Ecclesiasticis, Notarijs & Tabellionibus publicis per ciuitatem & diœcesim nostras constitutis & subditis nostris auctoritate prædicta, tenore præsentium mandamus, cōmittendo quatenus vos aut alter vestrum, qui super hoc fuerit requisitus, ad dictam Ecclesiam accedatis, seu alter vestrum accedat, ac prædictum Magistrum Simeonem Aubry, vel procuratorem eius nomine, & pro eo in corporalem possessionem prædictæ Ecclesiæ Diuæ Agathes, iuriumque & pertinentium prædictorum inducatis vice nostra, & defendatis in ductum, amoto ab ea quolibet illicito detentore. In quorum omnium & singulorum fidem & testimonium præsentes litteras collationem & prouisionem nostras in se continentes fieri & per Secretarium nostrum subscribi & publicari fecimus & mandauimus: nostrique sigilli magni iussimus appensione communiri. Datum Syluanecti, anno 1595. die 6. Martij præsentibus Ioanne Loysel Presbytero, & Petro Vigneron, aurifice testibus ad præmissa vocatis & adhibitis. De mandato reuerendi Domini Episcopi R. Pulleu Secretarius. C'est à dire.

Guillaume par la grace de Dieu & du sainct Siege Apostolique, Euesque de Senlis; A nostre cher & bien-aymé en Iesus-Christ Maistre Simon Aubry

Docteur au decret, & Doyen de l'Eglise Collegiale de sainct Thomas de Crespy en Vallois de nostre Diocese, Salut en nostre Seigneur. Nous deuëment informez par tesmoins dignes de foy de vostre bonne vie & meurs, sens, sussisance, litterature, & autres merites de vertu, desquels il a pleu à Dieu vous orner. qui nous ont meu d'vser de gracieuseté enuers vous: A ces causes, desirans fauoriser les merites de vostre personne, nous vous auons donné & conferé l'Eglise parrochiale de saincte Agathe de Crespy dans nostre Diocese, de present vacante par la resignation pure & simple qui en a esté faite en nos mains par honorable personne Maistre Pierre Bontemps, lors Curé de ladite Eglise de saincte Agathe, vous ayant trouué suffisant & capable pour le regime & gouuernement d'icelle auec tous ses droicts & appartenances, & vous estant present deuant nous, en auons inuesty par la tradition du bonnet en vos mains, & vous mettons en possession corporelle, ou quasi de ladite Eglise, les appartenances & despendances en vertu de ces presentes, apres auoir pris de vous le serment en tel cas requis & accoustumé, & sauf nostre droict. Parquoy vous mandons, en commettant par l'autorité susdite, & en vertu des presentes, à toutes & chacunes les personnes Ecclesiastiques, Notaires & Tabellions publics establis en nostre Ville & Diocese, & à tous nos subjets sur ce requis, qu'ils ayent à se transporter ou l'vn d'entr'eux en ladite Eglise, & mettent ledit Maistre Simeon Aubry ou son Procureur pour luy & en son nom de par nous en la possession corporelle de ladite Eglise, de ses droicts & appartenances, & y estant mis le deffendent contre tout illicite detenteur. En foy & tesmoignage dequoy nous auons fait signer les presentes lettres de collation & prouision par nostre Secretaire souscrit, & y apposer nostre grand scel. Donné à Sélis l'an 1595. le sixiesme iour de Mars, en la presence de Maistre Iean Loysel Prestre, & Pierre Vigneron Orfebvre, tesmoins à ce faire appellez. Par le commandement de Monseigneur le Reuerend Euesque. R. Pulleu Secretaire.

Nous auons ainsi inseré tout au long la forme des lettres de prouision, parce qu'il y a ordinairemét du doute en icelles, & se diuisent en cinq parties: La premiere contient la salutation & la cause de la collation: La seconde contient la collation & prouision, ensemble l'inuestiture par la tradition du bonnet, & reception du serment: La troisiesme contient la delegation & commission addressée à tous Clercs, Tabellions & personnes Ecclesiastiques suiets du Collateur, pour mettre le pourueu en possession du benefice qui luy a esté conferé. En la quatriesme, l'Euesque collateur certifie auoir fait expedier les lettres de prouision par son Secretaire, & y apposer son grand scel. En la cinquiesme & derniere sont la datte & le nom des tesmoins, en apres le Secretaire sous-signe les lettres. Voila en sommaire ce que contiennent les lettres de prouision des benefices, encores que quelques-vns y apportent d'autres formalitez, mais ce que dessus est suffisant.

Le serment que le Curé fait à l'Euesque, c'est premierement, qu'il luy sera fidele & obeïssant, & au sainct Siege. En second lieu, qu'il gardera & fera garder les mandemens de l'Euesque, à sçauoir ses sentences & autres choses semblables. En troisiesme lieu, il iure qu'il deseruira l'Eglise qui luy est commise, tant aux choses diuines, qu'aux spirituelles & temporelles. En quatriesme lieu, qu'il residera sur le benefice qu'il doit deseruir. En cinquiesme lieu, qu'il ne delaissera point son benefice pour se transporter en vn autre sans le congé de l'Euesque. En sixiesme lieu, qu'il gardera & defendra les droicts & libertez de l'Eglise, & procurera son bien, comme vn bon tuteur doit faire. En septiesme lieu, qu'il n'alienera point le bien de l'Eglise, mais au contraire fera reuenir ce qui a esté alienè par ses predecesseurs. En neufiesme lieu, qu'il ne payera point que la pension ancienne & accoustumée. En dixiesme lieu, qu'il prendra ses ordres en temps conuenable, c'est à dire, s'il ne les a point encores prises.

Mais ce dernier point n'est pas necessaire, parce que s'il n'a pris ses ordres dedans l'an, le benefice est vacquant de droict. Voila dequoy vn Curé est tenu faire serment à son Euesque.

Doncques au commencement des lettres on met le nom de l'Euesque qui confere, comme nous auons remarqué cy-dessus aux lettres de tonsure. En second lieu, l'Euesque saluë celuy auquel il confere le benefice, & dit la cause qui l'a meu de luy conferer, & quelquefois il n'exprime aucune cause, parce qu'il n'en a point, n'estant poussé à ce faire que d'vne pure affection. En troisiesme lieu, il est narré que telle Eglise (N.) est vacquante par resignation, ou par quel autre moyen elle vacque. Ainsi l'Euesque ou l'Archeuesque ne peuuent tenir le genre de vacation pour exprimé, car cela n'appartient qu'au Pape seul, & ne peut l'ordinaire en ces lettres absoudre l'impetrant à l'effect d'obtenir le benefice, ce que peut le Pape & son Legat.

Ne peut aussi l'Euesque en ces lettres de prouision mettre la clause *quouis mundo*, de quelque façon que le benefice puisse vacquer, d'autant qu'il n'a pas le droit ny la puissance de pouruoir aux benefices vaquans par tout genre de vacations, comme si le benefice auoit vacqué en Cour de Rome, encore que quelques ignorans ayent accoustumé en leurs lettres d'y apposer cette clause, mais fort mal à propos, d'autant que le benefice n'est deu que par le moyen qui est exprimé, & mesmes que par droict déuolu l'Euesque ne peut conferer depuis qu'il a perdu la collatiõ: Non toutesfois que la collation soit nulle & vitiée, pour auoir dit par l'Euesque qu'il confere le benefice vacquant par resignation ou autrement, parce que ce qui luy est superflu ne gaste rien.

En cinquiesme lieu, est narré le lieu où le benefice est assis; & si c'est vne Eglise à part soy, on exprime le nom du Sainct, comme de saincte Agathe, autrement la collation ne vaut rien; & si c'est vne Chapelle dans vne Eglise, on exprime le nom de l'Eglise où elle est située, comme en l'Eglise de saincte Croix d'Orleans.

En cinquiesme lieu, est narré par la mort, ou par la resignation de qui le benefice est vacquant. Que si i'ay obtenu vn rescript sur vne Eglise contre vn Prestre, & que i'aye failly au nom du Prestre encore que l'Eglise soit certaine, le rescript est nul par la rigueur de droit; dont vient qu'en la signature du Pape on a accoustumé d'y mettre ces mots, en quelle maniere plus grande & plus certaine expression en puisse estre faite.

En sixiesme lieu, est nommé le Procureur qui a fait la resignation, si d'aduanture elle a esté faite par Procureur, afin que si elle estoit par apres arguée de faux, la verité puisse estre connuë, ioint que tout Procureur doit estre certain. Que si le titulaire a luy-mesme resigné, on a aussi accoustumé de l'exprimer; & si on doute de la resignation, elle se doit prouuer par instrument public & autentique, & ne s'en rapportera-on pas au dire de l'Euesque, ou d'autre qui l'asseureroit, non pas mesme au dire du Pape.

En septiesme lieu, l'Euesque mande à tous & chacun des Prestres, Clercs & Notaires, qu'ils mettent en possession celuy qu'il a pourueu du benefice, autrement personne ne peut prendre possession de sa propre autorité; & par la collation d'vn benefice, la possession n'est pas transferée: Au contraire, quelques-vns tiennent que celuy qui a pris possession de soy-mesme, est décheu de son droit; mais cela se doit entendre de celuy qui s'est mis en possession par la force & violence, & non de celuy qui a vn vray tiltre: & quand l'Euesque confere & inuestit quelqu'vn par la plume ou autrement, celuy-là pourra prendre possession de soy-mesme. Et encore que de droict ce soit l'office de l'Archidiacre de mettre en possession, la Coustume de France est telle, que cela se peut faire par le premier des Clercs, sans qu'il soit besoin de recourir à l'Archidiacre.

En huictiesme lieu, l'ordinaire ne met point la clause de Nonobstant, parce que l'inferieur ne peut déroger au droict du superieur, Tellement qu'vn autre que le Pape ne pourroit déroger à la fondation ny aux statuts d'vne Eglise, mais il est tenu de conferer selon & conformément aux statuts & à la fondation, autrement sa collation ne vaut rien, encore qu'il dit que c'est pour cette fois seulement, parce que cette clause appartient aux superieurs, qui peuuent déroger au droict; Mesme ie ne pense pas que les Cours de Parlement puissent vser de cette clause-là, pource qu'elles sont instituées pour rédre le droict & la iustice: or cette clause y repugne entierement, d'autant que si pour cette fois la Cour vouloit faire grace, & par consequent vne iniustice, elle feroit mal.

En neufiesme lieu, on a accoustumé de mettre aux lettres le iour que la collation a esté faite, comme nous auons remarqué cy dessus aux lettres de tonsure.

En dixiesme lieu, il faut pour le moins qu'és lettres de prouision il y ait deux tesmoins nommez, autrement on ne croira point à la collation de l'ordinaire au preiudice d'vn attendant Apostolique, ou autre pretendant droict, & ne faut point que pour cela l'Euesque pretende luy estre fait iniure, non pas mesme quand il donneroit lettres testimoniales de sa collation, ausquelles on n'adioustera pas plus de foy, afin d'obuier aux fraudes comme il a esté iugé par vn Arrest de la Cour, qui deffend de faire aucune collation sans tesmoins.

En vnziesme lieu, les lettres de prouision doiuent estre escrites d'vne mesme main, & non de diuerses escritures, autrement elles seroient suspectes: Ce qui est consideré de plus prés aux collations du Pape, mais ie n'ay point veu que l'on ait obiecté cela pour vn vice ou nullité aux collations des Ordinaires, encore que la fausseté se prouue par la diuersité des lettres.

En douxiesme lieu, la rature ou effaceure en lieu suspect, comme aux mots substantiaux & dispositifs, rendent les lettres de prouision suspectes, & n'y doit-on pas adjouster foy legerement. Il y à d'autres choses requises qui se peuuent connoistre par les mots de la prouision, & de ce que nous auons dit cy-dessus; partant il faut passer plus outre.

Si on peut faire plusieurs collations d'vn mesme benefice.

Ie demande si l'ordinaire, ou l'executeur de la grace Apostolique, qui a cõferé vn benefice vne fois, peut conferer le mesme benefice pour la seconde fois. Respond qu'il ne peut, d'autant qu'il a fait ce qui estoit de son office, tout ainsi qu'vn Iuge qui a vne fois prononcé sa sentence, & la premiere collation empesche la seconde apres l'eslection. Dauantage, le collateur ne peut reuoquer ny tollir le droit de celuy auquel il l'a donné, comme vn qui a donné entre-vifs, ne peut reuoquer sa donation, sinon en certains cas, parce aussi que la collation est deuoluë au superieur, d'autant que s'il a mal conferé, il est priué de la puissance de conferer derechef; & d'ailleurs que la variation & l'inconstance est prohibée, principalement aux Euesques & aux Clercs, excepté quand la collation est faicte à diuers droicts, comme s'il a conferé aux mois des graduez à vn non gradué, il peut en apres le conferer à vn gradué qui le requerra : Car la premiere fois, comme Euesque, il a conferé volontairement, & apres quasi par contrainte, comme executeur des concordats ; car ce sont droicts separez, encores que plusieurs retombent en vne mesme personne : Et par la disposition des loix, quand deux droicts concurrent en vne mesme personne, ils ont force de deux personnes.

Item, si l'Euesque a conferé à quelqu'vn sur la presentation, il peut encore apres conferer de plein droit, parce que si le patron a mal presenté, le droit luy est deuolu, ainsi il pouruoit par diuers droits.

Secondement, la regle n'a point de lieu, si l'Euesque a conferé vn benefice qui n'estoit pas vacquant, lequel neantmoins estoit tenu communément pour vacquant, ou qui n'estoit pas deuolu; car si par apres ce benefice vient veritablement à vacquer, l'Euesque le peut conferer.

La question est, entre plusieurs collations, laquelle doit preualoir. Resp. La regle veut que la premiere soit preferée à la seconde, mais cette regle reçoit plusieurs exceptions & limitations.

La premiere, quand il y a eu de l'empeschement en la personne de celuy qui a conferé, comme parce qu'il estoit excommunié, & pour cette cause il ne pouuoit conferer. Tellement que s'il a conferé vne fois, & puis ayant esté absous, il confere derechef, la seconde collation vaudra.

La seconde exception est, quand il y a eu de l'empeschement en la personne de celuy auquel on a conferé, comme parce qu'il estoit incapable, & que l'Euesque confere par apres à vne personne capable, la seconde collation sera iugée bonne & valable.

La troisiesme, s'il y auoit empeschement pour le regard du temps, comme si la collation auoit esté faite auparauant que le droict fut deuolu à l'Euesque, cette collation ne vaudroit rien, non pas mesme apres le temps, mais il faudra conferer de nouueau en temps deu.

La quatriesme, quand il y auoit empeschement, en

esgard à la chose, comme parce que le premier n'a pas exprimé le genre de vacation : le second qui l'a donné à entendre sera proferé; ou parce que l'Euesque a conferé le benefice auparauant qu'il fut vacant, ou parce que la forme n'y a pas esté gardée.

La cinquiesme si l'vn & l'autre empeschement y est à sçauoir en la personne & en la forme.

Quelquefois la premiere ny la seconde collation ou eslection ne vaut du tout rien, de sorte qu'il en faut faire vne troisiesme, où il faut impetrer le benefice de nouueau.

Que si l'Euesque confere à quelqu'vn deux benefices Curez par vn seul mot. Ie te confere, la collation est bonne, mis il y a six mois pour choisir lequel des deux il voudra ; ou bien s'il a pris possession de l'vn, il est reputé l'auoir choisi ; partant si apres il prend l'autre, le premier sera vacquant.

Aucunesfois les collateurs pouruoyent aux benefices, non eux-mesmes, mais par autre, comme les Euesques absens de leurs Eueschez, qui sont tenus d'y laisser des Vicaires : Anciennement ils estoient tenus en cas d'absence d'y establir des Procureurs, autrement des Vicaires. Aussi est-il vray que l'insinuation de la nomination faicte à vn tel Procureur ou Vicaire general au temporel & spirituel estably par l'Euesque, est bonne & valable, sinon il seroit en la puissance de l'Euesque en nommant ainsi, de frauder les graduez nommez qui auoient innué à ce Procureur, & mesmes les mandataires qui desireroient presenter leur commandement à ce Procureur estably.

Pareillement le Ministre des freres Mineurs est tenu d'establir vn Vicaire, & ces Vicaires là conferent au nom de l'Euesque : Mais parce que cette matiere est fort vtile & ordinaire és jugemens, & assez maigrement traitée par les interpretes, nous en parlerons icy vn peu plus au long.

De la prise de possession des Benefices.

Apres que nous auons parlé de la presentation de l'institution & collation des Benefices, ce seroit peu de chose qu'il y eut vne collation faite & vne prouision baillée, s'il n'y auoit quelqu'vn qui la mit à execution. Voyons donc qui sont ceux qui peuuent mettre en possession, & comment cela se faict. Ie lairray à part ces trois causes pour lesquelles on est mis en possession, dont parlent les Iurisconsultes en la Loy premiere *D. Quib. ex caus. in poss. eat.* afin de traiter seulement cette matiere possessoire beneficiale.

Or, il faut noter que celuy qui est pourueu d'vn benefice par qui que ce soit, n'en doit prendre possession de son authorité priuée, autrement il seroit estimé vn brigand, mais le mandement du collateur y est requis, non pas que pour auoir de luy-mesme pris possession, il fust priué de son droict, n'estoit qu'il eust vsé de force & violence contre celuy qui estoit desia en possession.

Si toutesfois l'Euesque en conferant le benefice en auoit inuesty par la tradition du bonnet & de la plume, tu en pourras prendre possession de ton autorité priuée. Neantmoins c'est tousiours plus seur de se faire mettre en possession par vn autre, mesmes apres la tradition du bonnet; & telle est la practique qui se garde.

L'ordre en cette matiere est, que la collation & prouision doiuent preceder, & la prise de possession suit apres, autrement si quelqu'vn prenoit possession auparauant que d'auoir sa prouision, il seroit intruz, & la collation qui luy en seroit faite apres ne vaudroit rien, non pas mesme quand par apres on obtiendroit le benefice du Pape, sans faire mention de cette prouision, car l'impetration seroit subreptice, tout ainsi que celuy qui a esté esleu s'ingeroit d'administrer auparauant sa confirmation.

On demande, qui sont ceux qui peuuent mettre en possession? Resp. En premier lieu, celuy qui est pourueu d'vn benefice peut estre mis en possession par l'Archidiacre, ou par le Doyen. Pareillement, le iuge ordinaire ou delegué du Pape peuuent mettre en possession.

Item, l'ordinaire qui confere, l'Archeuesque, l'Euesque, ou autre; auiourd'huy on peut se faire mettre en possession par le premier Prestre, Clerc, ou Notaire Apostolique, ou creé par l'Euesque: Car dans les collations des Euesques ou des autres, on a accoustumé de mander à toutes personnes Ecclesiastiques, Tabellions & Notaires, qu'ils ayent à mettre vn tel en possession, comme nous auons remarqué cy-dessus en la forme de la Collation,

Quelquesfois vn Prestre met en possession, & le Notaire en deliure vn acte en cette forme: L'an, &c. En la presence de moy Notaire & des témoins soubscrits, & pour ce faire appellez, fut estably tel N. lequel en vertu de la collation du Reuerend Pere en Dieu Monsieur l'Euesque de Paris, ou en vertu d'vne prouision Apostolique, a esté mis & induit en possession corporelle, réelle & actuelle d'vne telle Eglise N & de tous & chacun ses droits par tel N. Prestre, par l'entrée de ladite Eglise, aspersion de l'eau beniste, baiser du grand Autel, attouchement du Messel, & des ornemens sacrez, & par le son des cloches, & apres auoir gardé toutes les solemnitez en tel cas requises & accoustumées. A laquelle prise de possession i'ay esté present, & nul ne s'y est opposé, ou bien vn tel s'est opposé. &c. De toutes lesquelles choses ledit tel N. prouueu, a demandé à moy Notaire susdit en estre fait acte & instrument public pour luy estre deliuré. Ce fut fait en tel lieu, &c. és presences de tels tesmoins N. & N. & plusieurs autres personnes estans là assemblez, &c.

I'ay veu autrefois douter si vn Clerc à simple tonsure pouuoit mettre en possession, mais il n'y a point de difficulté, qu'ouy ; parce que l'Euesque donne ce pouuoir à toutes personnes Ecclesiastiques : Or par les Canons le Clerc à simple tonsure est dit personne Ecclesiastique, & n'est plus estimé personne laïque.

Toutesfois en cela il y a grande difference entre le Pape & les autres inferieurs, d'autant que le Pape a accoustumé de s'addresser à certaines personnes constituées en dignité pour mettre en possession, comme nous dirons cy-apres en parlant de la bulle de nouuelle prouision; mais l'inferieur mande, non à certaines personnes, mais à tous & chacun de ceux qui luy sont sujets, comme il est dit cy-dessus en la forme de la collation. Tellement qu'vn Prestre ou Clerc qui auroit son domicile à Orleans, & ne seroit point l'Euesque de Paris, ne pourroit pas mettre en possession dans le Diocese de Paris, parce qu'il ne luy est pas mandé ny cõmis, & s'il l'auoit fait sans commission, il seroit punissable, & cette prise de possession seroit nulle : Aussi vn Clerc sujet de l'Euesque de Paris ne pourroit sans iuste cause le refuser en estant requis, autrement il seroit punissable.

Neantmoins i'ay veu quelquefois des Cardinaux & Archeuesques commettre certaines personnes, tout ainsi que le Pape: & si ces Commissaires ont des empeschemens, ils peuuent deleguer d'autres pour executer leur commission, & vn qui ne seroit pas subdelegué ne le pourroit faire. Ie croy que l'ordinaire peut aussi commettre certaines personnes, si bon luy semble: parce que ie ne trouue point que cela luy soit deffendu. Mais pour éuiter toute doute & scrupule, on obtient vn mandement & commission general à toutes & chacunes les personnes, &c.

Et d'autant que la commission s'addresse aux Notaires & personnes Ecclesiastiques, on demande de quels Notaires cela se doit entendre. *Resp.* Quant à la prise de possession, vn Notaire Royal ne peut mettre vn beneficier en possession de son benefice, parce qu'il n'est pas Notaire pour cela, ains à ce regard il n'est que personne pure priuée, & les lays ne se doiuent mesler des choses Ecclesiastiques. Toutesfois si c'estoit vn Prestre qui mit vn Curé ou quelqu'autre, pourueu d'vn benefice en possession, le Notaire Royal pourroit donner l'acte & attestation de cette prise de possession.

Quelques-vns ont douté s'il estoit necessaire que ce Notaire ou Tabellion Apostolique fut Clerc, & personne Ecclesiastique. Ce que de prime face sembloit deuoir estre, parce que il est mandé aux personnes Ecclesiastiques, Notaires &c. Toutesfois ie suis d'auis contraire; d'autant qu'il est mandé en premier lieu aux personnes Ecclesiastiques, & en second lieu aux Tabellions & Notaires, lesquels

encores

encores qu'ils ne soient point Clercs, peuuent neantmoins mettre en possession à cause de leur office qui est public, & non à cause de la clericature, veu mesmes qu'il est deffendu aux Clercs d'estre Notaires.

Dauantage, le Clerc qui veut mettre quelqu'vn en possession doit bien prendre garde aux lettres de prouision & à sa commission, & la suiure exactement, & puis dire ainsi : Ie tel, de l'autorité du Reuerend Pere en Dieu Monsieur l'Euesque de Paris, & en vertu des lettres de prouision qu'il vous a baillées ie vous mets en la possesion d'vn tel benefice, (qu'il faut nommer) & de tous les droicts qui en dependent, premierement par l'entrée de l'Eglise, &c. Et ainsi qu'il entre dedans l'Eglise, & puis par l'aspersion de l'eau beniste, & autres choses mentionnées cy-dessus.

Et combien que par les lettres de prouision il soit premierement mandé aux personnes Ecclesiastiques de mettre en possesion, & en apres aux Notaires & Tabellions, toutesfois on ne considere pas l'ordre de l'escriture, & est en l'option de celuy qui est pourueu du benefice de prendre vn Clerc, ou vn Notaire, ou tous deux ; mais le meilleur est de prendre vn Clerc pour mettre en possesion, & vn Notaire qui l'escriue & en deliure l'acte.

Doncques, la possesion doit estre premierement prise par l'entrée de l'Eglise; car celuy qui veut prédre possesion d'vn fonds, il y doit entrer, & non pas tourner à l'entour de chacune partie d'iceluy.

En secõd lieu, la possesion est prise par l'aspersion de l'eau beniste, car il appartiẽt au Prestre & au Curé de faire l'eau beniste & l'aspersion d'icelle, pour en lauer & nettoyer le peuple qui vient à l'Autel.

En troisiesme lieu, par le baiser du grand Autel; & cela se fait, parce qu'au grand Autel le Curé doit celebrer, & faire la paix auec Dieu, & prier pour le peuple.

En quatriesme lieu, par l'attouchement du Messel, où de l'Antiphonaire, ou de quelque autre liure des Sacremens, lesquels vn Prestre doit auoir, ou il ne merite pas le nom de Prestre.

En cinquiesme lieu, quelques-vns adjoustent par l'attouchement les ornemens sacrez, mais cela n'est pas necessaire.

En sixiesme lieu, quelques-vns aussi adjoustent, par l'attouchement des fonds baptismaux, si c'est vne Eglise parrochiale; parce que tout ainsi que le baptesme, qui est la porte des Sacremens, est necessaire, aussi y en a-il qui veulent prendre ce qui est necessaire.

En septiesme lieu, la possession est prise par le son des cloches; & cela se fait afin d'y appeller le peuple, & que la prise de possession ne soit point cachée, mais publique.

En huictiesme lieu, quelques-vns ont accoustumé d'entrer au Presbytere; & si quelqu'vn de cette façon prend possession en l'Eglise, ou en la maison du Curé, la possession de tout ce qui dépend du benefice luy est acquise, sans aucune autre apprehension: Toutesfois cela n'est pas necessaire.

Que s'il ne peut entrer en l'Eglise, alors il suffira de toucher l'huis, ou le pesle, ou l'anneau qui est attaché à la porte de l'Eglise. Ce qui est vray, quand le pesle ou l'anneau qui est attaché à la porte luy est donné par vn Prestre, ou quelque autre qui a puisſance de ce faire, non pas par vn Officier du Roy.

En neufieſme lieu, ſi quelqu'vn eſt mis en poſſeſſion d'vne Prebende ou Chanoinie, on a accouſtumé de luy aſſigner place au Chœur & au Chapitre : pour le moins on luy donne vne chaire au Chœur pour ſe ſeoir.

En dixieſme lieu, ſi quelqu'vn mal à propos a pris poſſeſſion, encore qu'il ait bon droict, il ne ſera point maintenu en ſa poſſeſſion vicieuſe, & ſuccombera au poſſeſſoire.

En vnzieſme lieu, ce que le droict ciuil appelle poſſeſſion naturelle, eſt appellé en droict Canon poſſeſſion corporelle.

En douxieſme lieu, la poſſeſſion peut eſtre priſe en vertu de la ſignature, parce que la grace eſt parfaite par le mot *fiat*, &c. Soit fait, ou accordé, encor que ſur vne ſimple ſignature on ne puiſſe perceuoir les fruits d'vn benefice; ſur peine d'eſtre declaré intrus.

En treiziéme lieu, la priſe de poſſeſſion doit eſtre verifiée pas inſtruments publics, ou par eſcriture priuée, atteſtée de trois teſmoins, qui vaut autant qu'vn acte public. Ie croy qu'elle ſe peut auſſi prouuer par teſmoins, attendu que ie ne trouue point que cela ſoit deffendu.

En quatorzieſme lieu, encores qu'anciennement on ne mit point en poſſeſſion ſans connoiſſance de cauſe, & falloit differer iuſques à ce qu'il fut apparu de la verité du tiltre : toutesfois auiourd'huy vn Preſtre ou vn Notaire qui met en poſſeſſion, n'eſt qu'vn ſimple miniſtre ; c'eſt pourquoy il ne prend point connoiſſance de cauſe, & ne differe point de mettre en poſſeſſion : & la partie qui eſt miſe en poſſeſſion, s'il eſt troublé il prend lettres du

Roy, ou de quelques Seneschaux qui ont la puissance, pour faire appeller ceux qui les troublent, pour voir dire auec eux qu'il sera maintenu & gardé en la possession & saisine de laquelle il est. Que si quelqu'vn s'oppose, il sera adiourné pardeuant le Bailly ou Seneschal, & lors on baptize possessions contraires, ainsi que parlent les practiciens : apres on produit les tiltres, & le benefice est sequestré, ou la recreance adiugée.

De la signature de grace.

Traitons maintenant de la supplication ou signature de grace, & premierement nous dirons que c'est: ce qui est requis en icelle, comment elle est signée, si elle fait preuue, & des clauses qui y sont contenuës, & autres choses concernantes la supplication.

La signature est vne escriture en papier, escrite par le Pape ou son delegué, sans seau, escrite au milieu, contenant en brief la supplication de la partie, & la concession du Pape.

Ie dy premierement que la supplication ou signature est vne escriture, car toute supplication est escrite, & ne pourroit estre prouuée sans l'escriture, veu que deuant l'escriture elle ne peut estre appellée signature, parce qu'elle n'est point signée, & ce qui n'est point ne peut estre signé.

La raison pourquoy l'escriture est requise en la grace est, qu'il seroit fort difficile aux tesmoins de deposer de toutes les choses qui sont contenuës en la grace. Cette raison est limitée par quelques Docteurs en trois cas. Le premier, quand il faut prouuer la qualité de la grace, comme s'il est question de verifier la priorité de la grace, cela se peut faire par tesmoins. Le second, en saine conscience que nous disons *in foro conscientiæ* : car lors on peut vser de la grace sans lettres. Le troisiéme, quand il s'agist de prouuer la teneur de la grace, dont les lettres sont perduës. Par ce moyen il faut qu'escriture en ait esté faite auparauant qu'elle soit appellée signature: & si apres elle estoit perduë, on en pourroit faire preuue par tesmoins, ou par vn extraict qui seroit pris du liure des signatures de Rome, qui faict foy, comme nous dirons cy-apres.

Ie dy en second lieu, escrites en papier, à la difference de la Bulle : car ordinairement les supplications & signatures sont escrites en papier, & non en parchemin, comme la Bulle ; & tel est le Stile de la Cour Romaine, qui doit estre gardé.

En troisiéme lieu, ie dy souscrite par le Pape ou son delegué, parce que la signature n'est point si elle n'est signée & souscrite, de là elle a pris le nom de signature. Et combien que par le droict ciuil, signer soit imprimer sa marque & séeller, toutesfois par le droict Canon, auquel nous sommes à present, signer se prend principalement pour souscrire, & la signature est appellée par la partie la plus digne, qui est le seing du Pape. Que si vous auez esgard à la demande de la partie, elle s'appelle supplication, d'autant que par icelle la partie supplie : mais les praticiens de la Cour Romaine l'appellent signature, à cause de la plus noble partie. Dauantage, elle n'est pas dite simplement souscrite, mais elle a accoustumé d'estre signée au milieu, & incontinent apres la demande de la partie, & le Pape declare apres ce qu'il a intention de conceder, comme nous dirons cy dessous en la forme de la signature.

En quatriesme lieu, il est dit sans seau, à la diffegence du bref, qui se donne souuent en papier, mais auec vn seau, qu'on appelle l'Agneau du Pescheur, ainsi qu'il sera remarqué cy-apres en la matiere du Bref; parce que le Pescheur, c'est à dire S. Pierre a premierement vsé de ce séel.

En cinquiesme lieu, il est dit en la definition de la signature, contenant la supplication de la partie, car la partie a accoustumé d'vser de ces mots, *Beatissime pater, supplicat, &c. cum Ecclesia, &c.* & la partie a de coustume de mettre au commencement sa supplication, & apres le Pape y adiouste, *fiat vt petitur*, ou bien *concessum, vt petitur, &c.* soit fait; ou accordé ainsi qu'il est requis, & puis apres, on transcrit sommairement toutes les clauses qui doiuent estre inserées en la Bulle, ainsi que nous verrons tantost en la forme de la signature.

En sixiesme lieu, il est dit, contenant la concession du Pape: Tellement que par necessité la signature doit contenir la supplication de la partie, le seing & la concession du Pape, ou de son delegué, ou de son Vice chancelier; mais comme ainsi soit qu'ils expedient au nom du Pape, on l'appelle tousiours concession du Pape, par la regle de droict, *Qui per alium facit, &c.*

Outre cela, elle contient l'expression de la concession, qu'on appelle autrement la disposition, & la datte.

Elle est donc appellé signature, parce qu'elle est signée du Pape, ou de son Commis, & parce que c'est vne escriture signée, c'est à dire souscrite, autrement ce n'est point signature. D'où l'on infere que si le Pape confere de son propre mouuement, sans la supplication de la partie, elle ne pourra estre appellée signature : ce qui est veritable, si elle ne contenoit aucune narration, car autrement elle peut estre supplication, & neantmoins le Pape ne laissera pas de l'octroyer de son propre mouuement : Mais il faut tousiours que la supplication de la partie precede la concession du Pape, autrement elle ne seroit pas conceuë selon le stile de la Cour Romaine, & ne seruiroit de rien.

Dauantage, attendu que le Pape ne la signe qu'vne seule fois, on ne doit pas deliurer la suplication double, parce qu'en l'vne & en l'autre le seing du Pape y seroit necessaire, qui n'a accoustumé d'estre mis qu'en vne : & cela s'obseruoit en la Cour de Rome, du temps du Pape Paul II. ce que nous auons cy-dessus dit auoir esté deffendu par le Dataire, & n'ay point souuenance d'auoir veu vne signature double, si elle ne contenoit diuerses impetrations.

Item, vne signature fausse, non signée par celuy duquel elle deuoit estre signée, mais d'vn autre, ne merite pas d'estre appellée signature.

Ie demande en second lieu, quelles choses sont requises en vne supplication ? Resp. Premierement, la supplication de la partie, laquelle dure iusques à ces mots *concessum*, ou *fiat*, & les praticiens Romains appellent cette requeste de la partie, le corps de la signature.

En second lieu, la soubscription du Pape ou de son Commis apposée au milieu, & non à la fin, comme és autres instrumens. Mais icy le Pape l'accorde à la fin de la demande de la partie, & pour ce on y met, Accordé. Et d'autant que le Pape n'accorde pas tousiours tout ce qu'on luy demande, il expose ce qu'il veut accorder.

En troisiesme lieu, on met la declaration de la concession du Pape; Car ce que le Pape accorde simplement, par ce mot, *fiat vt petitur*, ou bien *concessum vt petitur*, il exprime apres ce qu'il entend octroyer. Et cette partie appellée par les praticiens, la disposition, ou les clauses; En apres on met la datte de la supplication & de la concession.

Formulaire de la signature de simple prouision, auec l'explication des clauses contenuës en icelles.

Beatiss. Pater, supplic. humil. S. V. deuotus illius orator Ioan. Balini clericus Magalonensis seu Montispess. Diœces. V. I. D. Cum itaq; parroch. Ecclesiæ sanctorũ Iuliani & Barralicæ loci de Balbanicis eiusdẽ Diœces. Montispessul. per obitum quondam Ludouici Balini extra Rom. Cur defuncti vacauerit & vacet ad præsens, quatenus sibi specialem gratiã facien. parroc. Ecclesiam huiusm. cuius fructus, &c. 24. dur. an. de ca. se. con. va. an non cedunt siue præmisso, siue alio quouismodo, aut ex alterius cuiuscumque persona seu per liberum resignat. D. Ludo. defuncti, vel cuiusuis alterius de illa in Ro. cu. vel extra eam, etiam coram Notario publ. & testi. spon. fact. aut per constit. execrab. seu assecutionem, &c. aut incapacitatem seu inhabilitatem cuiuscumque personæ, aut prouisione quauis, etiam Apost. auctoritate facta, nulla & inualida existen. vel alias vacet, etiam si deuol. affect. specialiter vel generaliter, vel alias ex quauis causa, etiam disposit vel conditionaliter exprimen. generaliter reseruat. aut litig. Cuius lit. status, &c. existat. eid. Ioann. Balini oratori cõferri, & de illa etiã prouidere dig. de gra. speciali, non obstan. præmissis, ac generalis Concilij, & quibusuis alijs Apostolicis, nec non prouincialib. & synodalibus constitu. & ordin. ac statut, &c. etiã iuramento, &c. roborat. priuilegijs quoque indultis, &

litteris Apostolicis quibusuis Ecclesiis, Monasteriis, locis, ordin. & personis conces. &c. ceterisque cõtrarijs quibuscumq;, quibus & illorum tenoribus pro hac vice derogare placeat: cum clausulis opportunis & consuetis.

Concess. vt petit. in pres. D. N. PP. G. Cassat. Card. Et cum absol. accen, ad effect. &c. Et quod obstan. orat. habeantur pro expressis, seu in toto vel in parte exprimi possint, non verius valor & vacationis modus etiam si de illa quauis generalis reserua. etiam in corpore iuris clausa præterquam per obitum apud sedem resultet, & quatenus litig. tit. stat. ac merita caussæ & caussarum, si quæ sint, ac nomina & cognomina, gradus & qualitates iudicum, & collitigan. seu se molestan. habeantur pro expressis, seu in toto vel in parte exprimi possint, in litteris latis. exten. Et cum clausula, Quamcumque generalem reserua. Importan. ex quauis caussa, etiam dispositiuè vel conditionaliter in litteris exprimen. Et cum clausula gratificationis, &c. Et quod litteræ in forma prouisionis gratiosa simplicis seu noua, vel alterius subrogationis, etiã quo ad possess. gratiæ, si neutri, si nulli, si alteri, perinde etiam valere, aut alia dicto oratori vtiliore via, & cum derogatione præmissorum ac aliorum quorũcunque quomodolibet contrariorum, ac regulæ de annali possessore, nec non iuris patronatus, quatenus, de illo existat. Etiam si laycorũ nobilium & illustrium personarum, etiam ex fundatione vel dotatione competat in toto, vel pro parte, & de speciali ad vitam, &c. Et quod omnium & singulorum denominationum, nominum & cognominum, qualitatum, annexorum situationis fruct. de augendo & diminuendo, ordinum, dependentium, annorum, dies, aliorumque circa præmissa necessarium, maior, verior seu amplior expressio specificatio fieri possit, in litteris latiss. extendenda cum derogatione statut priuileg. indul. & litterar. Apostolicar.

&c. Datum Romæ apud Sanctum Marcum Non. Martij, anno primo.

La forme de cette supplication regarde la simple prouision ; mais la forme de la Bulle, qui sera cy-apres inserée, appartient à la nouuelle prouision, & l'vne & l'autre sera declarée cy-dessous en parlant de la forme de nouuelle prouision. Or i'ay voulu transcrire la forme de toutes les deux, afin de les mieux faire entendre, parce que peu de gens sçauent la difference qui est entre la nouuelle & la simple prouision, que nous expliquerons en la declaration de la Bulle.

Beatissime, &c. Nous pouuons appeller le Pape de plusieurs sortes de noms : Car on l'appelle Tres-heureux, comme en cét endroit : on l'appelle aussi le Pontife Romain, le Pontife tres-grand, le Pape, quelquefois le tres-sainct & tres-heureux Archeuesque de la grande Rome, quelquefois tout simplement Euesque. Et le Pape certainement est bien-heureux, s'il gouuerne bien ; & si autrement, il est tres-mal-heureux, pour le compte qu'il doit rendre à Dieu à la fin de sa vie : Mais combien qu'en droict, le Pape soit appellé de diuers noms, toutesfois par le stile de la Cour Romaine, aux signatures de grace on a accoustumé de dire *Beatissime Pater, &c* ou bien, *Sanctissime Pater*.

Pater. Il est appellé Pere, à cause du soin qu'il doit auoir de tous, & de l'honneur que tous sont tenus luy rendre ; Car comme Dieu est pere & createur de tous, & que nous tous sommes ses enfans par la foy : pour cela mesme le Pape qui est son Vicaire appelle tous les Chrestiens ses enfans, & tous les fidelles l'appellent leur Pere, autrement le reícrit seroit nul, car il ne seroit pas dressé selon le stile de la Cour Romaine.

Supplicat. Celuy supplie, qui prie humblement & auec reuerence. Quelques-vns ont voulu dire que ce mot de supplier se rapporte des moindres aux superieurs; mais on y adiouste pour vne plus ample declaration, supplie humblement; parce que celuy qui supplie auec humilité, obtient facilement ce qu'il demande, car l'humilité est agreable à Dieu, & les mandemens du Pape doiuent estre humblement executez. Il faut remarquer en passant que la supplication doit estre dressée en telle sorte qu'elle profite à celuy qui demande, & ne nuise point à autruy: Toutesfois si elle nuisoit à autruy, & neantmoins que le Pape l'accordast, cela vaudroit, pourueu que le droict ja acquis ne fust osté.

S. *V.* c'est à dire *Sanctitati Vestræ.* Car qui doute que celuy ne soit tres-sainct, qui est esleué à vne si grande & tant souueraine dignité; Entendez qu'il est tres-sainct de nom & de qualité, mais par fois quelques Papes se laissent emporter aux affections & à leurs passiõs, & le sang & la chair leur reuele beaucoup de choses, parce qu'ils sont hõmes. Et ce nom appartient au Pape, comme excellent pardessus tous les autres: & aussi parce qu'il doit mener vne vie saincte, qu'il est nourry par la saincte Eglise, & qu'il sert à Dieu par l'instinct du sainct Esprit.

Par les lettres on escrit ainsi par abregé S. *V.* & non pas tout au long *Sanctitati vestræ*, pour obuier à la fausseté, afin de destourner celuy qui voudroit par apres fabriquer vne signature, & afin qu'elle soit plus briefue; tellement que s'il se trouuoit vne signature ainsi estenduë *Sanctitatis vestræ*, elle seroit suspecte, parce qu'elle ne seroit pas conceuë selon le stile de la Cour de Rome, que les droicts commandent d'obseruer.

Vestra. On dit Vostre par honneur. Et la signature ne vaudroit rien, s'il y auoit escrit *Sanctitati tuæ*, parce qu'elle seroit exorbitante du Stile, car nous ne rechercherons pas icy vne exacte façon de parler élegamment, comme les Orateurs, & cette forme de Latin ne gastera pas la signature, ainsi que nous dirons cy-apres en parlant de la Bulle.

Deuotus illius Orator, c'est à dire, voüé, dedié, addonné à vostre Saincteté. Mais en quoy le suppliant auant la grace est il addonné & voüé au Pape. Resp. Comme les enfans sont obligez au pere, ainsi tous les Chrestiens à Iesus-Christ, & au Pape qui est son Lieutenant, comme vrays enfans d'obeïssance.

Orator, c'est à dire, Prieur : car en suppliant il prie le Pape de luy faire grace, & dans l'Euangile il est dit; Tout ce que vous demanderez en priant, croyez que vous l'obtiendrez. Orateur se prend quelquefois pour vn Legat, ou pour qui parle elegamment, & sçait bien & disertement haranguer.

Ioannis Balini. Le nom & le surnom du suppliant doit estre escrit en la supplication; afin que le benefice luy puisse estre accordé. Et encore qu'il soit dit en l'Euangile, que toute personne qui demande à Dieu il luy sera octroyé, toutesfois le Pape n'accorde pas tousiours à Rome tout ce qu'on luy demande, s'il n'est bien iuste, mais on dit aux supplians qu'ils feroient mieux de ne point se consommer en despence inutile.

Clericus, Il faut nommément exprimer cela és impetrations des benefices, & si quelqu'vn ment, soy disant Clerc, il ne l'est pas, son impetration ne vaudra rien. Le Clerc se reconnoist en sa tonsure, en son habit, & en la qualité des affaires qu'il manie, d'autant que le Clerc ne se doit entremettre des affaires seculieres, ains seulement de spirituelles, mais nous voyons bien auiourd'huy le contraire. Donc l'impetrant se qualifie Clerc, parce que les benefices ne se doiuent bailler aux personnes laïques.

Magalonen. seu Montispessulani. Car il faut exprimer de quel Diocese est le suppliant, c. en quel Diocese il est nay, parce que l'intention du Pape est de pouruoir vn chacun en son Diocese. Il est donc ainsi couché par escrit, *Magalonen. Diaces.* & non pas *diuersis Magalon.* selon le stile qui est approuué. D'ailleurs, ie dy *Magalonen. seu Montispessulani*, parce qu'anciénemét le Siege estoit en l'Isle Magalone; mais d'autant qu'en l'an 1536. il fut transferé à Montpellier, c'est pourquoy ie dy de Magalone ou de Montpellier, à raison de la transaction. Que si le Pape mandoit de pouruoir Pierre Escolier de Montpellier ou d'Orleans, encores qu'il y estudiast, si toutesfois il n'en est pas natif, le benefice ne luy est pas deu, parce que le Pape plus facilement pouruoit les originaires que les autres. Toutesfois hors les impetrations, si le Pape parle des Escoliers de Paris, il s'entend non seulement des originaires, mais aussi des estrangers qui estudient à Paris.

Item, il ne faut pas seulement exprimer de quel Diocese est le Clerc, mais s'il est V. I. D. *Vtriusque Iuris Doctor*: Il est Docteur és droicts, ou bien s'il est Escolier, pour esmouuoir & exciter le Pape à luy faire plus grande grace. Toutesfois vn Docteur ou vn Escolier ne sont pas si astraints d'exprimer leur qualité, que si elle n'y est point, l'impetration puisse estre dicte subreptice : Car ce qui rendroit le Pape plus difficile à accorder doit estre necessairement exprimé, mais non pas ce qui le pourroit rendre plus facile.

Il faut aussi disertement exprimer l'Eglise parrochiale; car sans cela l'impetration, comme estant subreptice, ne vaudroit rien.

Sanctorum. Il faut pareillement exprimer le nom du Sainct en l'honneur duquel l'Eglise est fondée, que si elle est fondée en l'honneur de plusieurs, il les faut aussi nommer, non pas toutesfois nommer tous les Saincts, desquels les corps gisent en l'Eglise, ou en l'honneur desquels les Autels sont dressez, mais ceux-là seulement en l'honneur desquels l'Eglise a premierement esté bastie, n'estoit que la premiere erection eust esté changée, car lors il faudra exprimer l'appellation commune selon le temps.

Loci de Balianissis. Il faut donc exprimer le lieu auquel le benefice est assis, autrement l'incertitude gasteroit la prouision, n'estoit qu'il fut dit que plus grande & plus certaine expression en pourroit estre faite, comme nous dirons cy apres.

Eiusdem diœcesis Montispessulani. Ainsi il faut exprimer le Diocese auquel le benefice est situé, d'autant que le Pape pouruoit les originaires plus facilement que les estrangers. Si toutesfois il y auoit erreur au nom du Diocese où est assis le benefice, cela ne gaste pas l'impetration, comme s'il y auoit erreur au nom du propre Diocese de l'impetrant, parce qu'il n'y a homme si fol, qui ignore son nom, ou de son Diocese.

Toutesfois en la disposition de la signature, il

n'est point fait mention que le benefice soit de la Prouince de Narbonne ou de quelque autre Diocese, mais seulement au corps de la signature : & parce qu'il a esté assez exprimé en la supplication de la partie, il n'est ja besoin de l'exprimer derechef aux clauses: ce que nous apprenons du stile de la Cour de Rome, qui se reconnoist apparemment par l'inspection de la signature.

Mais notez, que si quelqu'vn par sa supplication a demãdé qu'il luy fust pourueu d'vn benefice au Dioceso de Paris, & n'a point exprimé son Diocese, si l'impetrant est du mesme Diocese que celuy auquel est assis le benefice, alors on pourra exprimer en la Bulle, tel N. Clerc du Diocese de Paris : mais s'il estoit d'vn autre Diocese, on ne le pourroit pas exprimer: partant l'impetration ne vaudroit rien, si la grace n'estoit faite du propre mouuement, ou que l'on eust escrit pour vn familier du Pape, car lors on ne lairroit pas de l'exprimer encore qu'il fust d'vn autre Diocese, & cela par l'intention presumée du Pape, qui veut que sa grace soit amplifiée, à cause de son propre mouuement, & en faueur de ses familiers. Que s'il y auoit en la signature cette clause, que plus grande expression du Diocese puisse estre faite & autres, &c. l'impetration sera bonne, & en la bulle on pourra suppléer le Diocese de l'impetrant. Et notez bien en trois cas, esquels l'impetration est bonne, encores que le Diocese de l'impetrant n'y soit pas exprimé.

Per obitum N. quondam vltimi possessoris, extra Romanam Curiam defuncti vacauerit, &c. Remarquez que s'il y a vn genre de vacation exprimé, à sçauoir par le deceds, on n'a point d'esgard à vne autre sorte de vacation : Partant il ne seroit point deu vn benefice vacquant par resignation.

Item, il est dit vacquant par le deceds, parce qu'vn benefice qui n'est point vacquant, ne peut & ne doit estre conferé : Au contraire, ceux qui mettent quelqu'vn en la place d'vn homme viuant, sont priuables de la saincte Communion.

Et combien que par ce nom de mort soit entendu la mort ciuile & la mort naturelle, toutesfois en cette matiere elle ne se prend que pour la mort naturelle, tellement que le benefice ne seroit pas deu s'il vacquoit par resignation. Toutesfois plus bas l'vn & l'autre genre de vacation est exprimé.

Il faut aussi noter, que si l'on impetre vn benefice qui est à par soy, il faut dire en la Bulle, *Cum itaque, &c. Eccles. sanctorum Iuliani, &c.* comme il a esté dit cy dessus : mais si le benefice est situé en quelque Eglise, ce n'est pas assez d'exprimer en quel Diocese il est mais il faut dire, *Cum itaque, &c. quoddam simplex beneficium ac perpetuum in Eccles. S. Marcelli existens, & in Diœcesi Par. &c.* autrement il faudroit rescrire la Bulle ou la presomption seroit contre elle, parce qu'elle seroit contre le stile de la Cour Romaine, & l'impetration ne vaudroit si elle n'estoit transcrite, au cas que la partie le voulut objecter.

Quondam, cy-deuant, est vn aduerbe qui signifie le temps, & ordinairement l'applique aux morts, & icy c'est vn téps passé. Il peut aussi signifier le temps present, comme nous dirons en parlant de la Bulle.

Ludouici. Il faut simplement exprimer le nom & le surnom du deffunct qui possedoit le benefice ; mais si on ignore le surnom, il suffira d'exprimer le nom ;

nom ; car pour celà on ne dira pas que l'impetration soit subreptice, pourueu que le nom du benefice soit exprimé, d'autant que par ce moyen il n'y aura point d'incertitude. Mesme l'erreur au nom du deffunt ne fait point de preiudice à l'acceptation ny à l'impetration, moyennant qu'on soit certain du corps du benefice impetré. Mais si on ignore le nom & le surnom du deffunt qui possedoit le benefice, il faut mettre par la mort de N. dernier possesseur d'iceluy, & faut mettre la lettre N. auec vn point suiuant, & cela suffira. Bref, il faut mettre en la fin de la signature cette clause, que le nom & surnom du dernier possesseur puisse estre exprimé en la confection des lettres : ainsi on les exprimera dans la Bulle, & l'impetration vaudra.

Extra Rom. Cur. defuncti, &c. Decedé hors la Cour de Rome : & faut exprimer que le benefice ait vacqué hors la Cour de Rome, parce que les benefices vacquans au dedans de la Cour de Rome, sont reseruez à la prouision du Pape, tellement que nul autre ne les peut conferer dedans vn mois apres, à compter du iour de la vacquation. Pourquoy le Pape plus difficilement pouruoit de ces benefices, que des autres qui vacquent hors la Cour, afin qu'il puisse en gratifier ses seruiteurs & domestiques. Il faut donc exprimer si le benefice a vaqué en la Cour de Rome, autrement l'impetration sera nulle. Et la Cour est par tout où est le Pape, non pas où est la Chancellerie. Pareillement les benefices de celuy qui meurt à deux iournées legales de la Cour, sont reputez vacquer en la Cour.

Que si au corps de la signature, il se fait expression d'vne reseruation, & aux clauses on met vne clause qui ressente vne reseruation generale, nulles autres reseruations n'y sont comprises, que celles qui sont exprimées, parce que les clauses d'où sont tirées les reseruations, ou en peuuent estre tirées, doiuent estre exprimées, autrement il n'y a point de reseruation: Et qui plus est, telle signature doit estre signée d'vn double *fiat*, c'est à dire au corps, & à la partie, autrement les benefices reseruez ne sont point deubs, principalement ceux qui vacquent en la Cour de Rome.

Vacauerit & vacet ad præsens. Cela est mis pour leuer toute doubte, d'autant que le passé exclud le present. Et parce qu'il est maintenant vacquant, il est necessaire d'y pouruoir.

Quatenus sibi specialem gratiam facientes, &c. Cette clause a accoustumé d'estre mise, quand le Pape pouruoit du benefice, & aux graces des prouisions. Mais quād on dispense à plusieurs benefices, on met cette clause aux dispenses, *Quatenus ipsum specialibus fauoribus & gratijs prosequentes, &c.* Et la grace speciale est appellée, quand le Pape pouruoit vne personne d'vn ou de plusieurs benefices, comme il sera dit cy-dessous en la Bulle de dispense.

Parrochialem Ecclesiam huiusmodi, &c. Entendez qu'il vous plaise conferer, & l'en pouruoir, ce qui est mis presque en la fin de la supplication, & en effect c'est vne demande. Cōme ainsi soit que l'Eglise parrochiale de sainct Iulian, &c. ait vacqué, & soit vacante à present, vous supplie tel N. qu'il vous plaise luy conferer, & le pouruoir de cette Eglise parrochiale. La clause est longue, & partant difficile à entendre à plusieurs à cause de plusieurs mots qui y sont entrelassez: mais tel est le stile de scribes de la

Cour Romaine, & principalement des lettres du Pape.

Cuius fructus, &c. On a accoustumé d'estendre ceste clause ainsi : Les fruicts & reuenus de laquelle n'excedent point par chacun an la valeur de vingt & quatre ducats de la chambre, selon la commune estimation. Or c'est chose bien certaine que la valeur du benefice, selon ce qu'il vaut communément doit estre exprimé, à fin d'en payer l'Annate au Pape, comme il est dit en la Pragmatique Sanction. Mais en France nous auons accoustumé d'exprimer l'estimation de la valeur du benefice à vingt-quatre ducats : car s'il ne vaut trente ducats, on ne paye point d'Annate. C'est pourquoy afin de l'euiter, on exprime icy la valeur de vingt-quatre ducats.

Apres, on dit; selon la commune estimation, à laquelle on a volontiers esgard. Car encore que le benefice vaille plus en vn an, qu'en l'autre, on ne s'arreste pas à ce qu'il a vallu ceste année-là, mais à ce qu'il vaut communément, toutes les charges desduictes.

Siue præmisso, siue alio quouismodo, vacet, &c. Comme il a esté remarqué cy-deuant, quand vn genre de vacation a esté exprimé, vn autre n'y est pas entendu. Aussi dit-on icy, soit qu'il vacque par le premier moyen, soit autrement en quelque sorte & maniere que ce puisse estre, en quoy toute sorte de vacations y comprise. C'est donc pour vne plus grande asseurance, qu'il y faut mettre ceste clause, car le mot, *Quouismodo* comprend tout genre de vacation, direct ou indirect, principal ou accessoire, mesme le droict deuolut; n'estoit que le benefice fust vacquant par la mort d'vne autre personne.

Ces clauses *sine præmisso, sine alio quouismodo, &c.* ne se donnent point, si elles ne sont demandées par la partie, non plus que, *seu per constitutionem execrabilis, vacet, ac specialiter reseruatum, inter alios litigiosum sit, & eius collatio deuoluta fuerit* : comme il est dit aux regles de Chancellerie du Pape Innocent VIII. *reg.* 2. C'est pourquoy la partie doit estre aduisée de le demander s'il le veut obtenir ; mais quand on le demande, le Pape n'en fait point de refus.

Tellement que ceste clause *Quouismodo*, comprend en soy tout genre de vacation, encore qu'vn autre impetrant eust exprimé au vray le genre de la vacation, pourtant il ne sera pas preferé à cestui-cy, s'il est posterieur en temps, parce que le premier a exprimé par ceste clause le vray genre de vacation en general.

L'exception est, quand vn genre de vacation est seulement exprimé en la Bulle, & tout genre és lettres executoriales, ou bien à la clause *Quouismodo*, car il ne s'entendra point vn autre genre que celuy qui est exprimé en la Bulle, parce que les lettres executoriales n'estendent point la grace.

Pareillement l'impetration ne vaudroit rien, s'il n'y auoit pour le moins vne sorte de vacation exprimée, mais qu'il fut dit simplement, vacant par le moyen qui sera exprimé en la Chancellerie Apostolique : & si aucun l'auoit ainsi impetré, & auoit obtenu signature, on ne luy expedieroit pas vne Bulle là dessus, comme il est expressément dit en la 45. regle de Chancellerie.

Mais si on impetre vn benefice creé d'aujourd'huy, on n'y met point ceste clause *Quouismodo, &c.* mais on dit en la Bulle, *Beneficium prædictum, sic vt præmittitur vacans*, ou bien, *ab eius primaua erectione, vt præfertur vacans, cum omnibus iuribus, &c.*

On n'y met point aussi la clause, *Dummodo eius dispositio ad nos deuoluta fuerit, &c.* parce que les autres moyens ne conuiennent pas à ce benefice de nouueau erigé. Partant il faut retrancher tous les mots superflus. Ioinct que la collation n'en a peu estre deuoluë au Pape, le benefice estant de nouueau erigé.

Ny la clause, *Dummodo tempore datæ præsentium non fuerit alteri eius quæsitum*, encores que le Pape presques en toutes les impetrations ait accoustumé d'y apposer ceste clause : mais parce que le benefice est de nouueau erigé, le droict d'icelluy n'a peu estre acquis à vn autre.

Ny la clause, *Aut si aliqui super prouisionibus, &c.* qui se met à la fin de la Bulle, où elle déroge aux lettres obtenuës pour les benefices qui vacqueront: mais ces lettres ne comprenoient pas le benefice de nouueau erigé apres les lettres, tellement qu'il n'y faudra point déroger.

Ny la clause, *Ipsumque beneficium dispositioni Apostolicæ reseruatum fuerit, &c.* ne doit point estre mise en la Bulle : car le benefice ayant esté creé, impetré, & conferé d'aujourd'huy, il est bien certain qu'vn autre n'y a peu auoir droict, qu'il n'a peu estre reserué, ny la prouision deuoluë. Parquoy ces clauses ne sont point necessaires : que si elles y estoient inserées, elles ne gastent rien; mais seulement elles sont superfluës. Toutesfois s'il y auoit long temps que le benefice fut erigé, les iustes clauses y pourroient seruir.

Aut ex alterius cuiuscumque persone, &c. Car si tu as impetré vn benefice par la mort de Iean, & il vacque par la mort de Iacques, le benefice t'est deub en vertu de cette clause, ou d'autre personne quelconque : Autrement la collation faite d'vn benefice vacquant par la mort de Titius, ne sera point estenduë, s'il est vacquant par la mort d'vn autre : car ce n'est pas l'intention du pape de le conferer s'il est vacquant par le deceds d'vn autre, d'autant qu'il peut vacquer par le deceds de quelqu'vn qui sera de la Cour, auquel cas la collation en est reseruée au pape, joinct que la clause *Quouismodo*, ne se rapporte qu'à la personne qui est disertement exprimée.

Siue per liberam resignationem dicti Ludouici, siue cuiuslibet alterius de illa in Rom. Curia, vel extra eam etiã coram Notario publico, & testibus sponte factã, &c. Ce qu'il auoit dit generalement, il l'expose plus particulierement, *siue quouismodo vacet, siue per liberam resignationem Ludouici.* De sorte, que si ce Louys a resigné par crainte, l'impetration ne vaudra rien, & le pape n'a pas entendu le conferer, ou si par resignation de quelque autre estant en la Cour ou hors la Cour de Rome, parce que le benefice resigné en la Cour est affecté au pape, & si ceste clause n'est apposée en la disposition, le benefice qui est vacquant *in Curia* n'est point deub, & n'a point accoustumé d'estre mise en la Bulle, si le benefice n'a vacqué hors la Cour de Rome.

Etiam coram Notario publico facta conscribitur. Car si quelqu'vn d'aduãture auoit resigné pardeuant vn Notaire ou vn lay, le benefice est vacquant au preiudice du resignant, & le Pape le confere. Autre chose est en vne prebende, où les fruicts sont separez. Car lors si la prebende est vacquante par la mort de Iean, & qu'elle soit impetrée par la mort de Iacques, ces clauses ne te releueront pas, de peur de donner lieu à la variation : & parce qu'en matiere de prebendes il n'appert point de certain corps, d'autant qu'elles ne sont point distinguées ; de sorte qu'encores que ces mots soient mis en la supplication, ils ne profitent de rien, à cause de l'incertitude. Toutesfois il suffiroit d'exprimer le nom ou le surnom du deffunct Chanoine, auec la clause, que plus grande expression puisse estre faite du nom, ou du surnom.

Item, si quelqu'vn resigne son benefice, & qu'il n'y ait point de Notaire, mais seulement des tesmoins, le benefice ainsi resigné sera deub à l'impetrant, en vertu de ceste clause, *& testibus sponte factam:* parce qu'il suffit que la resignation soit faite, pourueu qu'elle se puisse prouuer : ce qui se peut faire par tesmoins, car les tesmoins & les instrumens ont vne force pareille.

Toutesfois si en la signature il estoit seulement dit que le benefice est vacquant par resignation faite és parties, & puis on vueille exprimer en la Bulle, qu'elle a esté faite pardeuant vn Notaire & des tesmoins, elle ne seroit pas receuë en Cour de Rome. Car premierement il presuppose qu'il estoit vacquant lors qu'il l'a impetré, parce qu'il estoit resigné au pays : maintenant il veut dire qu'il n'estoit pas vacquant : ainsi il demande que la resignation *in Curia* soit admise. Parquoy cela ne se peut faire, parce qu'il allegue choses contraires, & partant il doit estre rejecté, car autre chose est la vacation en Cour de Rome, autre chose hors la Cour.

Aut per constitutionem execrabilis, aut, &c. de multæ vacet. Il faut noter que le Pape Ican XXII. a fait vne constitution extrauagante, laquelle se commence *Execrabilis* au tiltre *de prabend.* apres le chapitre *de multa*, publiée au Cōcile de Latran au mesme tiltre, où il veut qu'apres auoir pris possession pacifique d'vn second benefice Curé de droict le premier soit vacquant, & qu'il puisse estre impetré: que si la partie pretend les retenir tous deux par l'espace d'vn mois sans dispence, il soit priué de l'vn & de l'autre, & que les benefices soient reseruez à la prouision du Pape, pour cela le Pape confere, ores que le benefice fut reserué, ou qu'il fut vacquant, par le chapitre *de multa*, ou l'extrauagante *Execrabilis*, & pleut à Dieu qu'ils fussent bien gardez. Mais en France on n'obserue point ceste reseruation, parce que les Euesques conferent ces benefices là deuant le mois donné par le chapitre. *Statutum de prabend. in* vi. pour le regard de ce genre de vacation, non pas quand vrayement le benefice sera vacquant *in curia*, mais on garde la reserue du droict & du chapitre *Statutum*.

Pareillement ceste expression n'est pas necessaire, quand on impetre vn benefice simple: dautant que par l'impetration d'iceluy, le benefice Curé n'est pas vacquant, ny au contraire; Parquoy il n'est pas necessaire d'escrire ces mots en la signature, encore moins en la Bulle.

Seu per assecutionem alterius beneficij, &c. Si quelqu'vn a impetré vn benefice vacquant par l'apprehension d'vn autre fait canoniquement, il doit exprimer en la signature, si c'est par authorité ordinaire ou Apostolique, qu'il l'a obtenu: autrement s'il veut exprimer dans la Bulle, que c'est d'authorité Apostolique, on ne l'expediera pas, parce que de ceste prouision naist vne reseruation generale, dautant que le benefice est affecté à la prouision du Pape.

Aut incapacitatẽ seu inhabilitatem cuiuscumque personæ, &c. Cette clause est aussi fort vtile, parce que l'impetrant par resignation ou autrement n'obtiendroit pas, si le benefice estoit vacquant par l'inhabilité du possesseur : comme par exemple, s'il n'estoit promeu dedans l'an, ou qu'au temps de la collation il fut irregulier, ou noté de quelque inhabilité ou incapacité : mais par le moyen de cette clause le benefice sera deu à l'impetrant, encore qu'il vacque par l'inhabilité ou incapacité du possesseur.

Aut prouisione quauis etiam Apostolica authoritate facta nulla & inualida existente, vel alias vacet, &c. Cette clause y est apposée expressément, parce que si le Pape confere inutilement, & que la prouision qu'il aura baillée soit nulle, possible à cause de la subreption des lettres, ou de l'inhabilité de la personne, toutesfois nul autre ne pourra conferer ce benefice, parce qu'il est affecté au Pape. Mais par ceste clause, le Pape veut que sa collation vaille: combien qu'au Royaume de France ceste reserue & affectation n'est pas gardée, comme nous auons dit cy-dessus en la matiere des reserues. Le Pape dira aussi, *vel alias vacet.* Et en quelque façon que le benefice soit vacquant, l'impetrant en iouyra par le moyen de ceste clause generale. Or par ces mots *nulla & inualida, &c.* on prouue au contraire, que si le Pape confere pour la seconde fois vn benefice à quelqu'vn, nonobstant la premiere collation, cela s'entendra d'vne collation nulle & inualide, & non de celle qui est bonne ; & encore que le

Pape le dit, on ne le croira pas.

Etiam si deuolutum, &c. De cette clause de la signature on tire la clause de la Bulle. *Etiam si tanto tempore, &c.* Et ce qui est mis en la supplication briefuement auec vn *Et catera.* on l'estend en la Bulle, tout ainsi que le Notaire estend en la grosse la clause de la minutte. Donc ces mots, *Etiam si deuolutum, &c.* pource que les Euesques ont six mois, & les Archeuesques autres six mois pour conferer : & apres, le droict est deuolut au Pape, & vn autre ne peut disposer de ce benefice deuolut. C'est pourquoy la partie demande, que si la collation est deuoluë au Pape, il luy plaise de luy conferer : que si apres le droict deuolut, l'ordinaire conferoit & que l'impetrant fust en possession par trois ans, celuy qui aura la prouision de l'ordinaire ne pourra estre inquieté, parce qu'il a eu vn tiltre coloré.

Neantmoins si on impetroit vn benefice vacquant *in Curia*, ou vne dignité principale, ou la plus grande apres l'Euesque, il ne seroit besoin de mettre en la signature ceste clause, *Etiam si deuolutũ :* car puisque le benefice est reserué à la collation du Pape, il n'est point dit deuolut, attendu que la collation en a tousiours appartenu au Pape. Et combien que par vn droict special l'ordinaire apres vn mois puisse conferer vn benefice qui a vacqué *in Curia*, toutesfois il n'est pas deuolu de l'ordinaire au Pape, parce que le Pape peut tousiours conferer : mais afin qu'vne trop longue vacation ne soit preiudiciable, le Pape permet à l'ordinaire de conferer apres le mois.

Ny en la Bulle aussi on ne mettra pas la clause, *quod tanto tempore, &c, quod collatio deuoluta est, ad Pa-*

pam: parce qu'il est impossible que le droict soit deuolu, puisque le pape a tousiours peu conferer, & non autre.

Affectum. Cela est dit, parce que si le pape a dóné en commande vn benefice seculier vacquant à vn regulier, ou vn benefice regulier à vn clerc seculier, pour sa vie, & que le commendataire vienne à mourir, le benefice demeure affecté par ceste commende, depuis que le pape y a mis la main : de sorte que nul inferieur pour ceste fois ne le peut conferer, ny s'en entremettre. Vn benefice est pareillement dit affecté à raison d'vn procez & d'vn attendant qui a accepté, mais il ne s'est pas faict pouruoir, & par tout où le pape a mis la main.

Dauantage si le pape le conferoit, & qu'il ne fut point exprimé que le benefice est affecté à la prouision du pape, la prouision ne vaudroit rien, & seroit iugée subreptice : parce que ceste affectation à force de reserue, & que le pape n'entend pas facilement conferer ceux qui sont reseruez. Neantmoins en France nous ne gardons point ces reserues ny ces affectations, mais on dispose des benefices, tout ainsi que s'ils n'estoient point reseruez ny affectez. C'est pourquoy ceste clause en pays d'obedience est de grand poix, mais non pas en France, & n'estoit que le stile de la Cour Romaine requiert que ceste clause soit apposée, quand elle seroit obmise en France, la Bulle ne la signature n'en vaudroit pas de pis.

Specialiter vel generaliter reseruatum, &c. Les benefices sont dits specialement reseruez, quand le pape donne à quelqu'vn puissance de conferer quelques benefices, & se les reserue, tellement que nul autre, excepté celuy pour lequel specialement il reserue, ne les peut conferer ny obtenir, ou bien s'il reserue quelques benefices à sa disposition, comme il a esté dit cy-dessus au traité des reserues : Mais par cette clause la collation vaudra faite à l'impetrant, encores que le benefice fust reserué à vn mandataire.

De mesme si les reseruations sont generales, comme les benefices vacquans en tel Eucsché, ou quand ce sont benefices des familiers du Pape, ceux-là sont reseruez generalement, toutesfois ils ne sont point compris par cette clause, à cause de la regle de Chancellerie 62. qui veut que si la clause d'où est tirée la generale reseruation, n'est signée par vn double *fiat*, elle ne puisse estre exprimée, encore soit au corps specialement ou generalement, comme icy, & en la disposition, à la partie, auec la clause importante la generale reseruation.

Aut litigiosum cuius litis statum, &c. Cela y est escrit à cause de la constitution du Pape Boniface VIII. en ces mots : Si ceux contre lesquels il y a procez pour des dignitez, personats, ou autres benefices Ecclesiastiques qu'ils possedent, afin de les faire ceder ou deceder pendant le procez : nous ordonnons que telles dignitez, personats & autres benefices, tant que celuy qui possede viura, ne puissent estre conferez à d'autres en façon quelconque, ny qu'en iceux soit faite eslection ou presentation de personne; que s'il estoit fait autrement, nous le declarons nul & de nul effect, &c. Or par cette clause il est derogé à la constitution Bonifacienne; mais à la Bulle on a accoustumé d'estendre, que le procez soit encore indecis entre deux. Mais aujourd'huy les ordinaires conferent les benefices litigieux pendant le procez, si l'vn des collitigans est decedé, & ce par la coustume de France, on ne garde point ceste constitution de Boniface. Vn benefice est dit litigieux par la seule citation faite par juge competant.

Si toutesfois vn tiers qui n'est point partie au procez resignoit à quelqu'vn des collitigans, il ne seroit point besoin de faire mention du procez qui n'est point auec ce tiers, & la bulle se pourroit expedier sans parler du procez. Toutesfois à cause du stile de la Cour Romaine, lequel il faut suiure, on a accoustumé de mettre cette clause en la signature: & neantmoins elle ne peut estre obmise en la Bulle.

Eidem oratori prouidere misericorditer dignemini de gratia speciali, constitutionibus & ordinationibus Apostolicis caterisque in contrarium facientibus, non obstantibus quibuscumque cum clausulis opportunis, nec-non & consuetis. Ces mots sont mis en cas ablatif, parce que s'il y auoit quelques constitutions ou ordonnances Apostoliques repugnantes generalement à cette concession, il y seroit derogé par ces clauses. Et iusques icy est assez parlé de la premiere partie de la signature.

De la seconde partie de la signature.

La seconde partie de la signature est, en laquelle le Pape ou son commis soubscrit à la supplication de la partie, & faut noter a accoustumé de signer la supplication de la grace en trois façons, ou par vn *fiat vt petitur*, ou par *fiat A.* ou par vn *fiat* du propre mouuement.

Il signe la nouuelle grace par *fiat vt petitur, &c.* Soit fait comme il est requis: & si la grace est reformée par *fiat A.* comme il est dit aux regles du Pape Alexandre VI. au tiltre de la signature de grace. S'il s'appelle Paul il signifie *fiat P.* ou autrement suiuant la premiere lettre de son nom.

Mais s'il le fait de son propre mouuement, il a accoustumé de signer, *fiat motu proprio*, & ne dit pas, *vt petitur*, quand il rescrit de son propre mouuement, ce qu'il fait, s'il escrit par vn Cardinal, ou vn sien familier qui a des faueurs, ou quand il luy plaist.

Que si elle est signée par celuy que le Pape aura commis, alors il soubscrit *Concessum vt petitur, in præsentia D. N: P. Hieron. Card. Verallius.* Notez que si le Pape n'est present à la signature, on met simplement, *Concessum vt petitur, Hier. Cardin. Virallius.*

Quelquefois il signe ainsi, *Concessum in forma in præsentia D. N. P. Hier. Card.* Et de cette forme de souscrire, celuy qui est commis par le Pape a accoustumé d'vser aux graces principales, & nouuelles prouisions. Mais il faut remarquer, que si ce qui est accordé à la forme, en ce cas le Pape signe *fiat in forma*, ou son Commis *Concessum in forma*, autrement tout ce fait simplement, parce que le Pape veut que la forme telle que de droict, soit gardée.

Aux reformatiõs des graces qui ne regardent point la concession d'vne nouuelle grace, mais quelque qualité & circonstance seulement, comme au rescrit de *Perinde valere*, celuy qui est commis par le Pape signe tout simplement *Concessum N. Card.*

Si le Pape signe la commission, il dit *Placet*, n'estoit qu'il rescriuit aux parties en commettant, car lors il dit *fiat:* & si c'est vne affaire qui touche la Chambre, il dit *videat Camera:* si elle touche la religion, il signe *videat Protector.*

Item, les graces qui sont signées par *fiat*, sont tousiours preferées aux prouisions par *Concessum*, quand il y a concurrence, comme il est dit en la Regle 31. du pape Innocent; parce que la prouision du pape à cause de sa prerogatiue doit estre preferée. Et mesmes, si en vne signature il y auoit *motu proprio*, & en l'autre il n'y eust que *fiat* simplement, sans dire *motu proprio*, celle où il n'y aura que *fiat*, sera preferée, encores que le propre mouuement ait bien d'autres effects.

Dauantage celuy qui est pourueu par *fiat*, est preferé à celuy qui n'est pourueu que par *Concessum*, encores qu'il fut en possession, qui est vne limitation du Chapitre *si a sede de prabend.* Et en ce cas il est bon de produire la signature, parce que cela ne se peut reconnoistre par la teneur de la Bulle; partant il faut estre aduisé en cette matiere beneficiale, & prendre garde tant à la Bulle, qu'à la signature, & des deux en tirer la verité: Car si tost que le pape a escrit *fiat*, qui est vn mot, lequel signifie le temps present, aussi-tost la grace est parfaite.

La Chancellerie, és cas qui luy sont permis, signe par le mot *Concessum*, & non par *fiat*; le mesme est du Legat, s'il n'en a vne particuliere permission du pape.

Quelquefois la supplication est signée par vn double *fiat*, quand on donne vne reseruation generale; & lors le premier *fiat* doit estre mis entre la demande de la partie & la concession, comme il se fait communément: Et le second *fiat* s'escrit à le marge des clauses ou de la disposition. Le mesme est si la supplication est signée, par vn double *Concessum*, parce qu'vne Iussion reïterée vaut autant qu'vn propre mouuement. Auiourd'huy presque toutes les signatures sont signées doublement, peut-estre pour obuier aux faussetez qui ne sont que trop frequentes en telle matiere.

Et combien que le grand Penitencier signe par *fiat*, toutesfois il y a de la diuersité, parce qu'il signe, *fiat informa, fiat de speciali, fiat de expresso*: mais il ne signe pas comme le Pape *fiat motu proprio*. La raison est, que sa charge & sa puissance ne s'estend qu'aux confessions des pechez & aux absolutions, laquelle absolution doit estre demandée, selon ce qui est dit en l'Euangile, demandez & vous receurez.

Item, cette clause, *fiat vt petitur*, mise en la supplication, par laquelle on demande qu'il soit suppleé aux defauts d'vn contract ou des procedures, ou de quelque autre acte, opere, encore que les defaux ne soient point exprimez : ce qui n'est pas quand elle est respondue par *Concessum*, car lors il faut disertement exprimer les defaux, lesquels se doiuent entendre des solemnitez de droict, & non pas des defaux des personnes, comme d'irregularité, ou de bastardise, ny des defaux du droit naturel, comme du consentement.

On a demandé, si en la signature il n'y a que le mot *fiat*, ou *Concessum*, sans adiouster, *vt petitur*, cela vaudra. Resp. Qu'ouy, & sur icelle on peut expedier la Bulle, dautant que comme il a esté dit, par le mot *fiat*, la grace & la signature est parfaite. Et quand il appert de la volonté du Pape, il n'en faut plus disputer. Toutesfois le stile requiert qu'en la signature, en laquelle les defaux sont suppléez, on mette ces mots tout au long, *fiat vt petitur*.

D'ailleurs, la concession faite par le Pape s'entend selon

selon les qualitez exprimées en la supplication, comme si on a demandé vn benefice Curé, ou vne dignité, il est ainsi accordé par le mot *fiat*, & principalement quand il est escrit *fiat* ou *Concessum vt petitur.* Mais notez que si la signature abolifie ou restraint la narration de la partie, il se faut arrester seulement à la concession du Pape, & non à ce qui est narré par la partie.

De la troisiesme partie de la signature.

La troisiesme partie de la signature est la disposition & concession du Pape: & ce qu'il a accordé simplement par le mot *fiat*, maintenant il exprime & donne à entendre particulierement ce qu'il a voulu accorder : Et premierement.

Et cum absolutione à Censuris, &c. Cela s'estend ainsi en la Bulle, *teque absoluentes, & absolutum fore censentes. &c.* autrement le rescrit impetré par vn excommunié ne vaudroit rien.

On adiouste cette clause aux Bulles des pensions, *vt compellatur debitor pensionis sub sententiis, censuris & pœnis Ecclesiasticis, &c.* & si cette clause estoit obmise en la supplication, elle pourroit neantmoins estre adioustée en la Bulle; parce que ce qui est tacitement entendu, est reputé comme exprimé, joint qu'elle est ordinaire, & du stile de la Cour.

Quod obstantiæ oratoris, maximè beneficiales, habeantur pro expressis in toto vel in parte. Par le moyen de cette clause tous les benefices, & les monasteres, priorés, preuostés, dignitez, personats, administrations, offices, & tous autres benefices Ecclesiastiques, tant ayans charges d'ames, que non, seculiers & reguliers, de quelque ordre que ce soit, pourront estre exprimez, d'autant que par cette expression rien n'est donné de nouueau, mais ce qui a esté donné & receu est rapporté; ce qui se peut faire par cette clause : & quand on a demandé quelque chose estre tenuë pour exprimée, & qu'en la signature il est dit, *fiat*, la grace vaut, tout autant que si cela auoit esté exprimé.

Tellement que si vn monastere estoit baillé en commende à vn Religieux, il pourra par cette clause exprimer en la Bulle tous & chacun les benefices qu'il tient en tiltre ou en commende, qui pourroient faire obstacle à cette commende & prouision, afin qu'elle ne soit point superfluë. Que si en la premiere Bulle il ne les auoit exprimé, il pourra impetrer *Perinde valere* de mesme datte qu'estoit la premiere, & ce à cause de la signature, où il estoit dit, qu'elle puisse estre expediée par vn rescrit de *Perinde valere*, ne se peut faire, que deux Bulles soient: Mais cela expediées d'vne mesme teneur, à sçauoir la premiere en laquelle on n'a point exprimé les benefices, & la seconde qui les exprime si la premiere a esté produicte : parce que tout acte s'entend de la premiere. C'est pourquoy les Banquiers qui font cela errent grandement, & tout ainsi que la premiere ne vaut rien, non faict pas la seconde, n'estoit que la premiere eut esté rescrite auant le procez commencé, ce qui se peut faire.

Siue obstent in toto vel in parte. Car l'argument est bon du tout à la partie, de sorte que s'il y a quelque chose qui nuise à toute la Bulle, il pourra estre exprimé en vertu de cette clause, *vel in parte*. Et si cette clause n'y estoit, quand l'impetrant n'auroit qu'vn benefice de cinq sols, & qu'il ne l'eust point exprimé, l'impetration seroit subreptice, & ne vaudroit rien, mais auec cette clause elle est bonne.

Notez qu'il y a bien grande difference, que les obstances soient tenuës pour exprimées ou que les obstances beneficiales puissent estre exprimées, car par vertu de la premiere clause, il n'y aura qu'vn seul benefice qui puisse estre exprimé en la Bulle, & non deux : parquoy s'il en a deux, l'impetration d'vn troisiesme ne vaudra rien, parce qu'vn benefice l'empesche. Il ne pourra donc estre exprimé que par vertu de cette clause.

D'ailleurs les fruits ny la valeur d'iceux ne pourront estre exprimez en vertu de cette clause, comme estans obstances beneficiales, &c. C'est pourquoy on y met l'vne & l'autre clause, c'est à sçauoir *quod obstantiæ maximè beneficiales habeantur pro expreßis seu quod exprimi poßint*. Et cette diction *maximè* faict que non seulement les obstances beneficiales, mais aussi les autres y sont comprises.

Et pour la clause *quod obstantiæ beneficiales exprimi poßunt*, on ne sçauroit exprimer en la Bulle que deux benefices & les fruicts d'iceux, l'vn en tiltre l'autre en commende : & apres il peut obmettre la clause de Nonobstant, s'il n'en a point d'autres, comme il se pratique en la Chancellerie de Rome, de crainte qu'il n'aille à l'infiny: autrement il en pourroit auoir cent par ce moyen : & les tenir pour exprimés.

Aussi n'est-ce pas l'intention du Pape de donner encore des benefices à ceux qui en ont tant : parquoy encore qu'vn benefice soit tenu pour exprimé en la signature, il doit toutesfois estre exprimé en la Bulle ; non toutesfois plus de deux, encores qu'il soit dit, autant qu'il en ait. Et par ce moyen on éuite les tromperies des macquignons de benefices, qui n'expriment iamais les benefices, pensans que cette clause s'estend à tous les benefices, ce qui n'est pas veritable.

Au contraire, si celuy qui iouyt paisiblement d'vne Eglise parochiale, & d'vne autre non paisible, mais seulement qui luy a esté conferée, si en la signature il n'a fait mention de la paisible, mais seulement de l'autre, auec la clause, que les obstances soient tenuës pour exprimées, il ne pourra en vertu de cette clause exprimer en la Bulle de dispence la parrochiale paisible, ainsi, *tecum vt cum talis Ecclesia, si illam assequaris, Ecclesiam sancti N. pacificam & sine illa, &c.* parce que la dispence regarde l'aduenir & non le passé : Partant, il la deuoit exprimer, afin d'en obtenir la dispense.

Dauantage, s'il y a quelques clauses au corps, c'est à dire en la demande de la partie, qui ne soient point repetées en cét endroit, c. en la disposition ou comme les Romains l'appellent, *ad partem*, c'est chose certaine qu'il n'est point estimé auoir esté accordé, encore que le mot *fiat* se rapporte à tout.

Autre chose est, quand il est limité, comme nous voyons en la signature, en laquelle le Pape limite & declare ce qu'il entend accorder. Toutesfois cette clause, *pro expressis &c.* n'oste pas l'incapacité de la personne, comme s'il estoit illegitime, mineur, ou qu'il eust quelqu'autre defaut. Car elle s'estend principalement aux benefices, lesquels elle exprime, & non les defaux de la personne : c'est pourquoy en vertu de cette clause, ces defaux de la personne ne pourroient pas apres estre exprimez en la Bulle : & si ils y estoient exprimez, là on pourroit arguer la Bulle de faux, pour y auoir adjousté ce qui n'auroit pas esté accordé.

Pareillement il conuient remarquer que si le suppliant demande en la signature luy estre pourueu d'vn benefice, & qu'il exprime tout ce qui luy peut faire obstacle, & que le Pape signe, *fiat motu proprio*, il n'est plus besoin d'y mettre la clause, *quod non obstantiæ beneficiales habeantur pro expressis, vel quod exprimi possint*, parce que cette clause du propre mouuement a la force de la clause de Nonobstant, & oste le silence, comme la clause *pro expressis*.

Cette clause encore, *quod obstantiæ habeantur pro expressis*, n'oste pas le defaut de l'intention, ny de l'inhabilité, & n'induit pas vne dispence.

D'ailleurs aux lettres gracieuses, il faut exprimer les benefices, & leurs qualitez, & que l'impetrant soit clerc, ou s'il est bastard, la bastardise, & la valeur comme ie diray tantost, l'intrusion & l'iniuste perception des fruicts, le droict à la chose, il faut aussi exprimer le nombre des Chanoines quand on escrit contre le nombre, & la collation, & la possession colorée, l'vnion & le droit de Patronage lay, & generalement toutes autres choses doiuent estre exprimées, par lesquelles le Pape seroit rendu plus difficile à accorder ce qu'on luy demande.

Est aussi à remarquer qu'il n'y a que le Pape seul qui vse de cette clause en matiere beneficiale, & non pas le Legat, ny autre, si le Pape ne leur en a donné le pouuoir. Et ces expressions se doiuent faire deuãt le Pape, mesme par l'impetration du Legat, mais elles ne se font point deuant l'Euesque ou autre ordinaire, c'est pourquoy la taciturnité ne gaste point la prouision de l'ordinaire, qui est desia certain, ou le doit estre : autre chose au Pape ou au Legat *à latere*.

Nec non verus valor, &c. C'est à sçauoir qu'il ait la valeur pour exprimée, ou qu'elle soit tenuë pour exprimée, parce qu'en l'impetration d'vn benefice la vraye valeur d'iceluy doit estre exprimée. Toutesfois par ceste clause l'impetration vaut encore que la vraye valeur ne soit pas exprimée, parce qu'elle est tenuë pour exprimée, ou elle se pourra exprimer en la Bulle: Et neantmoins se faut il exprimer quelque valeur, autrement cette clause ne seruiroit de rien, & par le stile on ne receuroit pas vne signature, en laquelle il n'y auroit point de valeur exprimée.

Et cette clause à accoustumé d'estre apposée tant en la signature d'vne Commende, que si le benefice estoit donné en tiltre, d'autant qu'en l'vn & en l'autre il y a pareille raison, encore que ce soit la commende d'vn monastere. Neantmoins par la coustume de ce Royaume cette clause ne nous est point necessaire, sinon pour garder le stile de la signature, laquelle autrement seroit suspecte, encore qu'elle ne fut pas nulle, parce qu'en France on n'exprime point la iuste valeur.

Adioustez que si quelqu'vn auoit donné à entendre par la signature, que le benefice vaut cent liures parisis, cette somme pourra en la Bulle estre reduite à Ducats, ou au contraire, afin que la iuste valeur soit exprimée à l'occasion de cette clause.

Toutesfois si la valeur a esté vne fois exprimée en la Bulle, elle ne pourra plus estre changée, tant à cause qu'il n'est pas loisible de varier, que à cause qu'elle sera tousiours entenduë de la premiere expression: il pourra neantmoins estre excusé par cette clause, que la iuste valeur soit tenuë pour exprimée : parce que afin de faire valoir l'impetration, on la tient pour exprimée : Mais d'autant qu'en la Bulle on n'a pas exprimé la vraye valeur, cette fausse expression nuira, n'estoit qu'elle fut transcrite ; ce qui est malaisé à faire apres le procez encommencé, ou bien à cause de le coustume qui est en ce Royaume de ne point exprimer la iuste valeur, ou bien que l'on obtint vn rescrit de *perinde valere* extraict de cette signature.

Etiam, En la signature on a aussi de coustume d'apposer la clause, d'augmenter ou diminuer iusques à la vraye valeur des fruicts : laquelle sert pour augmenter la iuste valeur iusques au tiers, & non plus. Si toutesfois auec cette clause d'augmenter il y a vne autre clause en la signature, *quod maior specificato etiam fructuum fieri possit*, afin que cette derniere clause opere quelque chose, on pourra bien faire vne expression mesme outre le tiers : parce qu'il n'y faut point de diction qui n'opere quelque chose.

Si l'on dit, que les fruicts peuuent estre augmentez iusques à la moitié, & qu'il ne soit point exprimé, nonobstant la regle, ils pourront neantmoins estre augmentez, comme il est exprimé.

En apres si on dit, *quod maior & verior specificatio fieri possit*, *nonobstante regula*, alors on pourra exprimer mesmes iusques à la moitié, puisque l'on a derogé à la regle.

Item, combien que cette clause d'augmenter ou diminuer soit correlatiue, & doiue operer en l'vn & l'autre cas, toutesfois les officiers de Rome ne veulent point ouyr parler de diminution, mais bien de l'augment, parce qu'en diminution, c'est autant retranché de leur droict, c'est pourquoy ils ne la veulent point receuoir.

Tellement que si en la signature quelqu'vn auoit exprimé que le benefice vaut vingt-quatre ducats, & en la Bulle il n'en veut dire que seize, il n'y sera pas receu; car en disant ainsi, il voudroit que la Bulle luy fust expediée gratuitement, comme l'on a accoustumé de faire pour vn petit benefice de seize ducats, mesmement quand c'est pour quelque pauure personne, & à l'esgard de quelques Officiers, mais ainsi tous les Officiers seroient frustrez, c'est pourquoy on n'en fait pas de compte, & qui voudroit diminuer le prix exprimé, ne seroit pas receu.

Le mesme est, si quelqu'vn a dit en la signature que le benefice vaut trente ducats, & en la Bulle il dit vingt-quatre, elle ne sera point expediée, d'autant que quand il vaut trente ducats, on paye l'Annate, & s'il ne vaut que vingt-quatre, on n'en paye point. C'est pourquoy les François ont gardé cette coustume iusques auiourd'huy, de n'exprimer que la valeur de vingt-quatre ducats d'or de la Chambre. Le mesme des autres sommes, comme s'il a dit que le benefice vaut cent ducats, & maintenant il ne veut dire que quatre-vingts; on n'expediera point sa Bulle, comme parlent les Romains, parce que cela est au detriment des Officiers; mais ils deuoient plustost effacer de la signature la clause de *diminuendo*, car autrement il faut qu'elle opere quelque chose. Partant, il faut bien que les impetrans prennent garde de n'exprimer point en la signature vne grande valeur du benefice, afin que par apres ils la puissent augmenter en la Bulle, n'estant pas loisible de diminuer, mais bien d'augmenter,

Dauantage, si quelqu'vn a impetré deux benefices, & qu'il ait dit en la signature conjoinctement, les fruits desquels n'excedent pas la valeur de cent escus, si par apres il vouloit en la Bulle exprimer la valeur separément, il n'y seroit pas receu; comme s'il vouloit dire qu'vn tel benefice vaut cinquante escus, & l'autre encore cinquante escus; mesme quand les Bulles s'expedieroient separément, parce que la Bulle doit estre extraicte de la signature, en laquelle vne expression estant faite, il ne s'en peut faire vne autre, n'estoit qu'on eust adjousté cette clause en la supplication, *quod fructus simul & separatiui exprimi possint*, ce que les Banquiers aduisez ont accoustumé de faire, afin que la rigueur du stile ne leur nuise point.

Toutesfois si quelqu'vn auoit impetré deux benefices, & obtenu deux signatures, les deux prouisions pourront estre mises en vne seule Bulle, encore que les supplications soient de diuerses dattes, mais la valeur d'iceux sera exprimée separément.

Mais si les deux supplications sont esgalement principales, toutesfois de diuerses dattes & pour vn mesme benefice, on ne pourra expedier la Bulle sous la datte de la derniere, en la joignant, comme si la seconde estoit la reformation de la premiere, mais elle sera expediée sur la premiere ou sur la seconde. Comme si i'ay premierement impetré *beneficium sancti Seuerini*, & i'ay obmis d'exprimer *quod sit plebania*, ie l'ay depuis exprimé en la seconde signature, & ie veux conioindre la premiere auec la seconde, cela ne se peut faire, parce que de deux choses imparfaites, on ne sçauroit faire vne Bulle parfaite, mais ie prendray vn rescrit de *perinde valere*, ou bien il faut auoir vne nouuelle interpretation.

Que si les deux supplications sont d'vne mesme datte, & l'vne & l'autre est defectueuse & imparfaite en quelque chose, neantmoins estans joinctes ensemble elles font vne bonne prouision, toutesfois la Bulle ne pourra estre expediée sur toutes les deux. Parquoy le Dataire defend de deliurer vne supplication doublée, s'entend de mesme datte, autre chose est si de diuerse datte ; car on peut auoir plusieurs impetrations & prouisions d'vn mesme benefice. Mais si la seconde estoit parfaite sans l'adjonction de la premiere, la Bulle s'expedieroit sur la seconde, ou la Bulle s'expedieroit sur la premiere, & puis apres on auroit vne autre Bulle en la forme de *perinde valere*, pour la confirmation de la premiere : & cela est le plus seur.

Il y a vne autre clause qu'on a accoustumé de mettre en la signature, à sçauoir, *Quod verius vacationis modus habeatur pro expresso, seu exprimi possit.* C'est chose bien certaine que quand vn genre de vacation a esté exprimé, il ne s'estend point à vn autre. Parquoy les impetrans bien aduisez disent que le benefice est vacquant d'vne certaine sorte, laquelle sorte de vacation est tenuë pour exprimée ? mais cela ne se donne point pour vne Chanoinie ne Prebende, si le Chanoine n'est denommé, parce qu'il pourroit prendre en cette Eglise telle Chanoinie qu'il voudroit. De sorte que s'il impetre vn benefice vacquant par mort, on ne luy donnera point, s'il vacque par resignation, ou autrement, si cette clause n'y est, *& alias quouismodo vacet*, comme on a accoustumé de mettre aux lettres Apostoliques.

Mais si quelqu'vn impetre vn benefice qui a

vacqué par si long-temps, que l'on n'a point certaine cognoissance de quelle façon il a vacqué, cette clause n'est point necessaire : toutesfois parce que c'est le stile ordinaire de l'y mettre, quand elle y sera il n'y aura rien de gasté.

Il faut noter que la clause *Verior modus vocationis exprimi poßit*, n'est point admise, quand en la demãde de la partie, & ainsi au corps de la signature, il n'y a point de certain genre de vacation exprimé. Et si en la signature on a exprimé vn certain genre de vacation auec cette clause *quod modus vacandi habeatur pro expresso*, cela ne seruira de rien: car il faudra mettre en la Bulle la mesme sorte qui est exprimée en la signature, n'estoit que l'expression eust esté mise en la signature conditionnellement; à sçauoir que par aduanture le benefice a vacqué par mort, &c. & lors par le moyen de cette clause vne autre sorte de vacation y pourra estre exprimée.

Item si au corps de la supplication il y a cette clause *quod verus illius vacationis modus etiam si ex eo quæuis generalis reseruatio etiã in corpore iuris clausa resultet, habeatur pro expresso*, & qu'en la disposition de la signature, *& ad partem*, (comme disent les Romains) il y ait clause qui emporte reseruation generale, *ex quauis causa etiam dispositiuè in litteris exprimenda:* par ces moyens on pourra apres en la Bulle exprimer vn benefice mesme vacquant *in Curia*, ou par vne autre reserue, & sera deub à l'impetrant.

Mais si on impetre vn benefice vacquant par l'heresie de quelqu'vn, & qu'il n'y ait point encore de sentence prononcée contre luy, on mettra en la Bulle, *Prouidemus de beneficio, quod dilectus talis, N. detinet*, & mettra-on la clause du vacquant,

&c. Mais s'il y a Sentence renduë par le Iuge Ecclesiastique contre l'heretique, de laquelle il n'y a point d'appel, en ce cas apres la sentence on dira *quod talis N. filius iniquitatis detinet, &c.* & on ne dira point *dilectus*, parce que telles ne sont point aymez du Pape.

Et n'est point besoin de dire en la Bulle d'impetration, que la sentence dont il n'y a point d'appel a passé en la force de chose iugée, comme on a accoustumé de dire aux autres sentences, mais quand il y seroit dit, ce n'est que chose superflue, & non pas qui preiudicie en rien.

Aujourd'huy en France, és cas esquels la priuation se fait *ipso iure*, on impetre le benefice, & l'impetrant en prend possession, & puis il prend lettres en cas de saisine & nouuelleté, & demande à estre maintenu & gardé en la possession & saisine de ce benefice. Si celuy que l'on pretend estre priué est en possession, & qu'il s'oppose, on luy donne iour pardeuant le Iuge Royal, & en verifiant qu'il n'est point pourueu, ou sa simonie, ou son heresie, ou autre cas qui priue *ipso iure*, on adiuge la possession à l'impetrant. Et cette voye est bien plus courte que s'il falloit faire vne declaration, & attendre trois sentences de droict.

Veut aussi le Pape que le vray genre de vacation soit tenu pour exprimé, ou qu'il puisse estre exprimé, combien que la reserue generale, mesme enclose au corps de droict, y soit : c'est chose certaine que le benefice reserué au Pape ne peut estre conferé par vn autre, c'est pourquoy il faut exprimer la reserue du Pape, autrement la collation ne vaut rien. Toutesfois si cette clause est apposée en la signature, la reseruation, mesme enclose au corps de droict, pourra estre exprimée, comme quand le benefice vacque *in Curia*. Or l'on fait mention des reseruations encloses au corps de droict, d'autant que plus difficilement il y est derogé : mais les autres qui ne sont point escrites au droict, encores qu'elles soient escrites aux regles de Chancelleries, toutesfois elles ne sont point dites estre encloses au corps de droict.

Item, on a de coustume d'adiouster, *præterquam per obitum apud seden.*, parce que le Pape n'entend pas conferer les benefices vacquans, *in Curia*, desquels il veut pouruoir ses seruiteurs qui labourent en la vigne du Seigneur : & cela s'adiouste à la signature afin que le pape ne soit point trompé : quelquefois, le Pape l'accorde sans aucune exception.

Quatenus litigiosum, litis statum, &c. ac materia causæ, & causarum, si quæ sint, ac nomina & cognomina, gradus & qualitates iudicum, collitigantium, seu se molestantiũ habeantur pro expressis seu exprimi possint, per literas entendenda. par la disposition de droict, il est deffendu de conferer vn benefice litigieux, mais par cette clause il est permis, & est derogé au droit, & peut le pape conferer vn benefice litigieux,

L'estat & les merites de la cause doiuent aussi estre exprimez, si elle conteste, si on a conclud au procez, autrement le rescrit ne vaut rien: toutesfois icy l'estat de la cause est tenu pour exprimé, ou il le pourra estre en la Bulle; Mais cette clause ne doit pas estre mise aux rescrits pour les benefices qui vaqueront, à sçauoir aux mandats : car ce qui est de l'aduenir appartient au Iuge, & ainsi il n'est pas litigieux,

Nomina iudicum, *&c.* deuant quels iuges on iuge la cause est pendante, comme il est dit de l'appel. Le pape en cest endroit que cela soit tenu pour exprimé: & en la Bulle on pourra exprimer pardeuant quels iuges la cause est pendante & indecise, soit seculiers ou Iuges Ecclesiastiques : & suffit d'exprimer le nom de l'office, comme pardeuant le Bailly de Valloys ou son Lieutenant à Crespy, encore que le Iuge ne soit nommé par nom ne par surnom : mais il faut exprimer le nom & le surnom des parties, afin que le Pape en soit rendu certain.

Comme aussi le pape veut & entend que les degrez & les qualitez tant des iuges que des parties plaidantes soient tenuës pour exprimées, lesquelles pourront estre estenduës en la bulle.

Et cum clausula generalem reseruationem impetrante, ex quauis causa dispositiue vel conditionaliter in litteris exprimenda. Quelquefois au corps & en la narration de la supplication on peut tirer quelque reserue comme que le cedant estoit familier du Pape, & en la disposition on met cette clause : en ce cas on pourra exprimer en la Bulle cette reserue speciale, *vel ex eo quod a nonnullis asseritur, &c. quod familiaris noster & continuus commensalis fuit, vel talis Cardinalis, generaliter reseruatum existat.*

Tellement que si cette clause est mise au corps, & soit icy repetée, elle pourra estre supleé en la Bulle, pourueu toutefois qu'il soit dict en la signature, que le vray genre de vacation puisse estre exprimé *nonobstante regula*: autrement si ces mots, *nonobstante regula* n'y estoient adioustez, cela ne se pourroit faire, parce que cette clause a autant de force que si la reserue y estoit specifiquement exprimée.

Et cum clausula gratificationis, &c. Cette clause s'estend ainsi en la Bulle, *Etiamsi forsan illud alicui seu aliquibus conferri, & de illo prouideri concesserimus, & mandauerimus, seu nos de illo duobus prouiserimus: ita vt in data pares seu æquales existant, & mutuo se impediant: & propterea locus gratificationi existat, tibi gratificando eo casu, Apostolica auctoritate conferimus, decernentes, &c.* Ceste clause, si elle n'estoit apposée en la signature, elle ne pourroit se suppléer en la Bulle: & profite grandement aux impetrations: comme si deux en vn mesme iour auoient impetré du Pape vn mesme benefice, celuy qui a esté gratifié sera preferé, encore que l'autre eust le premier pris possession du benefice, ou qu'il fust le premier resignataire, ou que tous deux fussent impetrans de mandats ou expectatiues d'vn mesme iour.

Vel subrogationis. Le Pape veut que les Bulles se puissent expedier en vertu de la subrogation mesmes en ce qui regarde la possession. Car le Pape peut subroger quant à la possession, encore que la possession soit de faict, laquelle ne passe point si elle n'est apprehendée. Et encore que quelqu'vn fust subrogé en la bulle quant à la possession, s'il ne l'auoit prise, il n'y seroit maintenu en ce Royaume, ou ce seroit auec grande difficulté: mais le possessoire seroit adiugé à l'autre qui seroit en possession.

Et gratiæ si neutri, si nulli, vel si alteri. Le Pape permet que les Bulles se puissent expedier en la forme de la grace, *si neutri, si nulli, &c.* dont il sera parlé plus amplement en son lieu.

Perinde valere, aut alia dicto Oratori vtiliore. D'autant que ces lettres de graces sont frequentes & ordinaires, il en fait icy mention. Les autres ne le sont pas tant : & veut, que s'il est plus vtile à la partie, qu'on puisse aussi luy expedier ses Bulles en la forme *si neutri, si nulli*, ou en la meilleure forme & plus vtile que l'on aduisera. Parquoy la partie pourra prendre conseil sur la signature, quelle forme luy sera plus profitable, & suiuant icelle faire dresser ses Bulles : mais quelquesfois là dessus les parties vont au conseil des banquiers qui ne l'entendent pas dont viennent de grands inconueniens, des procez & la perte des benefices à cause de l'impetration qui est nulle.

Cum derogatione præmissorum ac aliorum quorumcumque contrariorum, &c. Il veut que les choses contraires ne puissent faire empeschement; & qu'il y soit derogé par la Bulle; en laquelle pour cette occasion on met, *nonobstantibus constitutionibus & ordinationibus Apostolicis, ac dictæ vestræ vel alterius Ecclesiæ, iuramento, confirmatione Apostolica, vel quauis alia firmitate roboratis, statutis & consuetudinibus contrarijs quibuscumque, &c.*

Ac regula de annali possessore, laquelle veut que si quelqu'vn impetre vn benefice possedé paisiblement l'espace d'vn an, il doit exprimer le nom, la grade, la noblesse du possesseur, & la cause par laquelle il apparoisse qu'il n'y a aucun droict, & dans six mois le faire appeller en iustice : mais par ces mots il y est derogé. I

Tellement que si quelqu'vn a impetré vn benefice qu'vn autre possedoit sans tiltre canonique, & que l'impetrant n'ait point exprimé la cause de la detention, s'il a esté derogé à cette regle, comme en ce lieu, la Bulle sera expediée sans expression de cause ou derogation à cette regle : Mais si quelqu'vn

a impetré

a impetré vn benefice qu'vn autre a possedé par plusieurs années, & que le Pape tienne le temps de la detention pour exprimé, nonobstant la regle de Chancellerie, l'impetration vaudra, n'estoit qu'il fust triennal possesseur, d'autant qu'en ce cas le possesseur ne doit estre molesté au possessoire, ny au petitoire, de sorte que l'impetration seroit nulle, encores qu'aucuns ayent esté d'aduis contraire.

Nec non iure patronatus, quatenus de illo existat, etiam si laicorum nobilium & illustrium personarum, etiãsi ex fundatione vel dotatione competat in toto, vel in parte. En cette clause il faut repeter, *nec non cum derogatione iuris patronatus quatenus de illo existat, &c.* afin que le Pape y vueille deroger. Le droict de patronage est vn droict honorifique, onereux & profitable, appartenant à celuy qui a basty, dotté ou fondé vne Eglise, ou à celuy qui a droict de luy & à ses successeurs. Mais apres l'Eglise construite on n'acquiert plus de droict de patronage, parce qu'on ne peut imposer de seruitude à vne chose sacrée, sinon du consentement du Pape, car vn autre ne le sçauroit faire, encore qu'il eut dotté l'Eglise, n'estoit qu'elle fut entierement destruite. Combien que les Papes de grace ayent reserué ce droict aux lays, afin de les induire à bastir & fonder les Eglises.

Or depuis que le droict de patronage a commencé à leur appartenir, les Papes n'ont point accoustumé de conferer les benefices qui sont sous le patronage lay, sans deroger à ce droit de patronage. C'est pourquoy cette clause y est mise, car il n'est pas besoin de faire mention ny de deroger au patronage qui appartient aux Ecclesiastiques, d'autant que le Pape & son Legat peut conferer de plein droict sans le consentement des patrons, mais pour le regard des lays il y faut deroger, pour le moins conditionnellement, par ces mots, *quatenus de illo existat.*

Le patron lay est ainsi appellé, quand il a fondé l'Eglise de son patrimoine, ou qu'il a le droict de celuy qui l'a fondée de ses biens patrimoniaux. Le Patron Ecclesiastique, quand l'Eglise est fondée des biens de l'Eglise, & que le Clerc a ce droict à cause de l'Eglise.

Mais il faut noter, encore qu'il y ait regle par laquelle le Pape ne peut conferer vn benefice qui depend de la collation du patron lay, sans derogation, autrement il y auroit de la subreption : toutesfois celuy qui sera ainsi pourueu sera dit auoir vn tiltre coloré. Ce qui est neantmoins limité és cas suiuans.

Le premier quand les patrons ont donné leur consentement. Aussi le Pape met en la prouision, *Dummodo dictorum patronorum ad hoc expressus accedat consensus.* Car y allant de leur interest, s'ils le consentent. il n'est pas besoin de derogation. En ce Royaume de France, s'il y a plusieurs patrons, & que la plus grande partie le consente, le Pape deroge au plus petit nombre, encore que la coustume soit de n'y point deroger du tout.

En second lieu, le Pape peut pouruoir sans derogation au patronage, apres que le droict de conferer luy est deuolu, comme si le patron lay ne presente point dans les quatre mois, & que l'ordinaire aussi n'y pouruoye point, en ce cas la collation est deuolue au Pape : & neantmoins aux lettres de prouision du Pape il faut faire mention du droict de patronage.

Item, quand la presentation du patron est nulle, la prouision du Pape est bonne sans derogation: dautant qu'en ce cas les patrons ayans faict ce qui dependoit d'eux, ils n'y ont plus d'interests.

En quatriesme lieu, si le benefice estoit vacquant *in Curia per obitum*, selon l'opinion de quelques vns, laquelle n'est toutesfois pas suiuie.

En cinquiesme lieu, quand les patrons ne veulent pas consentir sans cause de permutation, en ce païs coustumier le Pape peut conferer, voire mesme l'Euesque, comme aucuns ont estimé, & nous le remarquerons cy-dessous plus amplement.

En sixiesme lieu, quand le Pape s'est reserué la prouision lors de la fondation, comme au Doyenné de S. Alest, au diocese de Nismes. Car lors il confere sans aucune derogation, faisant toutesfois mention de ce droict de retenuë.

En septiesme lieu, si le droict de patronage appartenoit à quelqu'vn par prescription ou priuilege, il n'est point necessaire d'vser de derogation, parce que le droict de patronage ne s'acquiert point par ces moyens là, si faict bien le droict de presenter. Ie penserois neantmoins qu'il ne seroit pas mauuais d'en faire mention, parce que le Pape plus difficilement l'accorderoit.

En huictiéme lieu, si vn Clerc estoit en possession de presenter, & que le droict de patronage fut lay, la prouision du Pape seroit bonne sans derogation, parce qu'on regarde la possession.

En neufiesme lieu a dispensé vn Euesque de retenir tous ses benefices, il peut aussi retenir ceux qui sont sous patronage lay.

En dixiesme lieu, le Pape peut imposer vne penſion ſans le conſentement du patron lay, parce que la pleniere diſpoſition des benefices luy appartient.

En vnzieſme lieu, le Pape peut diſpenſer vn homme de lettre de tenir deux benefices, meſmes eſtans ſous le patronage des lays, & ſans le conſentement du patron.

En douzieſme lieu, quand le pape deroge au droit de patronage des lays, ſa prouiſion eſt bonne, parce qu'il le peut faire, & non pas ſon Legat, ou autre inferieur. Et la forme de deroger à ce droict conditionnellement par le pape eſt telle. *Nos iuri patronatus huiuſmodi quatenus dicta Eccleſia de dicto iure ſit, pro hac vice, derogamus, &c.* Encores que la partie doiue preciſément & non conditionnellement l'exprimer dans la Bulle, ſi le patronage appartient à vn lay, autrement l'impetration ne vaudra rien.

Item, où il y a droict de Patronage, on ne met point cette clauſe, *Ex quauis cauſſa nec generalem reſeruationem importante.* Mais en la France couſtumiere & en Normandie, le Pape n'a point accouſtumé de deroger au droict du patronage des lays, & la derogation n'y eſt point receuë.

Item, en permutation, le conſentement du patron eſt requis, autrement la prouiſion ſera annullée; parce que ſi cela auoit lieu vn ennemy du fondateur & de l'Egliſe y pourroit eſtre admis, ſi toutesfois le patron ſans cauſe ne le vouloit conſentir, l'Eueſque pourroit approuuer la permutation: Mais il faut auparauant ouïr le patron & la cauſe de ſon refus, car l'approbation de la reſignation appartient à l'Eueſque, & non à ſon inferieur: C'eſt pourquoy l'Eueſque peut conferer vn benefice à cauſe de permutation, auec le conſentement du patron, ſans aucune preſentation, laquelle n'eſt requiſe que quand le benefice eſt vacquant par mort.

Toutesfois par la couſtume generale de l'Egliſe, preſque tous les Eueſques expedient telles permutations, ſans attendre le conſentement du patron, & ſans l'appeller.

Que ſi par le ſtatut de l'Egliſe, ou lors de la fondation il auoit eſté dit que nul ne ſoit preſenté à vne telle Egliſe, ou qu'elle ne ſoit conferée à perſonne qui ne ſoit de tel aage, ou qu'il ne ſoit Preſtre, il n'y a que le Pape qui puiſſe deroger à tels ſtatuts, ny y pouruoir ; ou bien s'il eſtoit dit, que quiconque aura ce benefice n'en pourra auoir vn autre, le Pape ſeul & non autre pourra deroger à la fondation. Toutesfois Panorme eſt d'aduis que du conſentement du patron l'Eueſque peut conferer, meſmes à vn qui ne ſeroit pas Preſtre.

Toutesfois en la creation d'vne penſion creée par le Pape, le conſentement des patrons n'y eſt point requis, à cauſe de la toute puiſſance qu'il a ſur les benefices, n'eſtoit que dans la ſignature il y eut *de patronorum conſenſu*, parce qu'en ce cas il faudroit l'exprimer dans la bulle, qui eſt touſiours dreſſée ſuiuant la ſignature.

Que ſi quelqu'vn auoit impetré vn benefice affecté au patronage lay, & qu'il n'en eut point fait mention en la ſignature, il ne le pourra pas exprimer en la Bulle, mais il pourra de nouueau impetrer le benefice, ou obtenir vn reſcrit *de perinde valere*.

S'il dit en la ſignature qu'il a eſté pourueu par l'ordinaire, mais parce qu'il doute que ſa prouiſion ne ſoit pas bonne, partãt il ſupplie le Pape de le pouruoir de nouueau, il pourra exprimer en la Bulle qu'il a esté presenté & institué, d'autant que cela est faict de l'authorité ordinaire, & qu'en matiere d'institution l'ordinaire a plus de droict que le patron.

Ce seroit autre chose si l'Euesque auoit pourueu sans le consentement des patrons dans le temps des quatre mois; que si les patrons estoient negligens de presenter dedans ce temps, la prouision de l'Euesque sera iugée bonne.

Conuient noter que si le presenté auoit pris possession du benefice auparauant son institution, il perdroit son droict, qu'il a par la presentation; tout ainsi qu'on dit de celuy qui a esté esleu : car l'argument est bon de l'eslection à la presentation. Et si auparauant son institution il en perçoit les fruits, il a besoin de rehabilitation, parce qu'il a pris sans tiltre.

Parquoy il faudra pour remedier à cette faute, qu'il impetre de nouueau le mesme benefice du Pape, & qu'il donne à entendre qu'apres la presentation & deuant l'institution il a perceu les fruits, & par ce moyen il s'est rendu intruz & inhabile, afin que le Pape luy donne absolution & rehabilitation: autrement vn tiers suruenant pourroit impetrer le benefice, comme vacquant par intrusion.

Neantmoins la signature de l'impetrant ne sera point expediée s'il n'a composé des fruicts qu'il a perceus, & qu'il en ait baillé la moitié à la Chambre Apostolique.

Or en la derogation qui se fait au droict de patronage lay, il ne faut pas faillir d'exprimer si le patronage appartient à personnes nobles; car la derogation seroit plus difficile à faire, comme il faut faire mention, s'il y eschet, des Roys & personnes illustres; d'autant que par la derogation generale au patronage lay, les Roys ny les autres Princes n'y sont point compris. De sorte que si le Roy y a interest, & qu'il s'oppose, la prouision ne vaudra rien. Et mesme si le benefice vacquoit *in Curia per obitum*, & que la presentation appartint au Roy, le Pape n'y sçauroit pouruoir sans le consentement du Roy, n'estoit que d'autrefois il y eust esté derogé

Item, la derogation se fait à ce droict de patronage, s'il compete par fondation, dotation, achapt, donation, ou permutation, soit pour le tout, soit pour partie : mais cela n'a point de lieu en ce pays.

En apres; encores que les Docteurs tiennent que vne prouision est bonne, ores qu'il n'y ait point de derogation, quand le lay s'est acquis le droict de presenter par coustume, prescription ou priuilege, tant parce que par ces moyens, il n'est point tenu pour patron, que aussi parce que la raison sur laquelle est fondée le droict de patronage cesse, à sçauoir de crainte qu'ils ne soient refroidis de fonder les Eglises, dautant que cestuy-là ne l'a pas fondée.

Toutesfois en la pratique on n'y met point de difference, mais on met tousiours la derogation en la Bulle, ou bien elle est iugée subreptice.

On a accoustumé d'adiouster vne autre clause *& de speciali ad vitam, &c.* qui demonstre que l'impetrant peut obtenir les moindres & les principales dignitez, desquelles il est fait mention au corps de la signature.

Il y a encore vne autre clause : *Et quod omnium & singulorum denominationum, nominum & cognominum, qualitatum, annexorum, situationis fructum de augendo & diminuendo, ordinum, dependentium, ann-*

rum diœcesi, aliorumque circa præmissa necessariorum, maior, verior, seu amplior expressio seu specificatio fieri possit. Cette clause est iuste & fort vtile, car par fois on obmet en la signature quelques choses qui ne pourroient estre suppleées en la Bulle, si cette clause n'y estoit, & sans laquelle l'impetration seroit subreptice.

Premierement, le Pape veut que toutes choses en general & en particulier puissent estre exprimées plus au vray, & notez que quand toutes choses doiuent estre exprimées & à part soy, il ne suffit pas de les exprimer en general, mais l'expression s'en doit faire auec toutes leurs qualitez & circonstances.

Denominationem. Si le benefice n'a esté bien denommé en la signature, on pourra en vertu de cette clause exprimer le vray nom en la Bulle, comme si i'ay dit que c'est le benefice de S. Iean, & c'est le benefice de S. Pierre.

Nominum & cognominum. Cette clause a de l'efficace, car si quelqu'vn auoit impetré vne Prebende & Chanoinie vacquante en l'Eglise de Paris par le deceds de Iean, & elle vacque par le deceds de Pierre, elle ne seroit pas deuë à l'impetrant, & ne pourroit estre corrigée sans cette clause, ou autre semblable, à sçauoir *quod nomen & cognomen vltimi possessoris melius specificari possit.*

Autre chose est en l'impetration d'vn benefice, en laquelle l'erreur au nom du deffunct dernier possesseur, ne gaste rien, & le peut-on corriger en la Bulle : Mais aux prebendes l'incertitude gaste la prouision, d'autant qu'il n'appert point du corps de la Prebende, tellement que pour éuiter le soupçon, on a accoustumé d'y adiouster cette clause, *vt verior specificatio fieri possit nominis & cognominis, &c.* Et s'il n'appert point que plusieurs Chanoines soient decedez, l'erreur au nom & au surnom pourra estre corrigé, parce que la vacquation ne peut estre entenduë que de cettuy-là. Mais s'il y auoit plusieurs prebendes vacquantes par la mort de plusieurs, cela ne se pourroit corriger, autrement il luy seroit libre de declarer laquelle des prebendes il voudroit choisir, qui seroit vne chose absurde, principalement où les prebendes sont inégales, comme en l'Eglise de sainct Hilaire de Poictiers.

Neantmoins en vertu de cette clause, on ne pourroit pas corriger le nom ny le surnom de l'impetrant, qu'il doit bien sçauoir & l'exprimer. Quelques-vns adioustent aussi le nom du Patron ou de la Patrone de l'Eglise, & cela n'est point mal fait, que s'il y a de la faute en l'expression, elle sera corrigée par cette clause.

Qualitatum. Il ne faut pas seulement exprimer la qualité de l'impetrant, comme si c'est vn Archidiacre, ou s'il a quelqu'autre dignité, mais aussi la qualité du benefice, si c'est vne Cure ou dignité, tellement que si la qualité n'est point exprimée, on l'interprete negatiuement : comme s'il est dit simplement le benefice de S. Iean, il s'entendra que ce n'est point vne Cure : & si l'on impetre vn Prioré simplement, on mettra en la Bulle non Cure.

Cette clause ne sert de rien, si l'impetrant d'vne Cure est mineur de 25. & qu'il n'ait point fait mention de son aage. Parquoy les Banquiers aduisez y adioustent ces mots, *quod etiam ætatis verior specificatio fieri possit*, quand on demande vn benefice pour vn mineur de vingt-cinq ans: & par cette clause plusieurs benefices ont esté conseruez, qui eussent esté perdus en iugement.

Elle ne sert aussi de rien à vn bastard, parce qu'en la supplication il est tenu d'exprimer le defaut de sa naissance, n'estoit qu'au corps, & en ces clauses il y eut *nonobstante defectu natalium*, ou bien *quod etiam defectus natalium verior specificatio & expressio fieri possit.* Encore passe-on plus outre quand il y a pis, pour vne plus grande seureté, en y adioustant *etiamsi de moniali, vel coniugata vel alius quicumque etiam maior defectus adesset, &c.* Et à cause de la pluralité des Bulles, il est bon de dire & adiouster à cette clause, *quod verior expressio fieri possit, etiam in prima, secunda, & vlteriori expeditione, nonobstante regula.*

Annexorum. Cette clause pareillement seroit inutile, pour faire exprimer en la Bulle les benefices annexez, parce que de droict ordinairement on ne les exprime point quand ils sont annexez accessoirement, à sçauoir vn auec l'autre, autre chose s'ils sont vnis esgalement. Et d'autant qu'il en pourroit exprimer vn autre que celuy qu'il a entendu auparauant, il est bon d'y mettre cette clause, *quod etiam annexorum specificatio fieri possit*, & seruira si les benefices sont annexez esgalement. Sur tout, il faut remarquer que le benefice auquel l'autre a esté annexé doit estre nommé, sur peine de nullité de l'impetration, & ne se pourroit corriger par la Bulle; & partant seroit besoin de nouuelle impetration, si vous n'y adioustez cette clause, *& annexorum vtriusque, &c.*

Etiam scrutationis. Personne ne peut en vertu de cette clause, *quod maior expressio, &c.* exprimer cette qualité, que le benefice est scitué en l'Eglise, en laquelle l'impetrant y en auoit vn autre : parce que c'est vne autre incompatibilité, qu'il ait deux benefices soubs vn mesme toict. Parquoy il est besoin d'vne nouuelle impetration ou d'vn rescrit *Perinde valere,* qui sera tiré de la signature : n'estoit qu'on eust adiousté à cette clause, *quod maior specificatio fieri etiam situationis possit* : alors on poura exprimer que le benefice est situé en vne telle Eglise, en laquelle i'ay vn autre tel N. benefice, ce qui est bien à noter.

Fructuum, &c. Nous auons cy-deuant parlé de la clause qu'vne plus veritable expression puisse estre faicte des fruicts, à sçauoir pour augmenter ou diminuer. Mais notez, que si le pape accorde que la vraye valeur puisse estre exprimée, alors on pourra dire la valeur telle qu'elle soit, & iusques à quelque somme que l'on voudra : & s'il est dit, que la vraye valeur puisse estre augmentée, en ce cas on l'augmentera iusques à la troisiesme partie.

Ordinum. Il est aussi permis d'exprimer au vray de quel ordre est le benefice : comme si i'ay dit que le benefice est de l'ordre de S. Augustin, & il est de l'ordre S. Benoist, cela se pourra exprimer en la Bulle, à sçauoir quand c'est vn benefice regulier, & non pas en vn benefice seculier, qui n'est d'aucun ordre, n'estoit qu'on voulust rapporter ce mot, *ordinum*, aux ordres de Prestrise, Diaconat. &c.

Dependentium. Quelquesfois le benefice depend d'vn autre monastere, & par le moyen de cette clause on mettra en la Bulle qu'il est dependant d'vn tel monastere.

Annorum. Ce mot est mis, afin qu'on puisse au vray specifier l'année : comme si i'ay dit que le benefice à vacqué l'an trentiéme; maintenant ie veux en vertu de cette clause, dire que c'est l'an trente & vniésme. Mais cela semble superflu, parce quon n'a point accoustumé d'exprimer l'année de la vacance, mais on dit vacant depuis n'agueres. Vray est que le mois doit estre exprimé, quand le benefice a vacqué au mois des graduez nommez, autrement la prouision seroit subreptice, eu esgard à l'intention du Pape, lequel n'entend pas déroger aux Concordats.

Diœcesis. Car si i'ay dit que le benefice est dans le Diocese de Paris, & il est dans le Diocese d'Orleans, ie pourray en la Bulle faire corriger l'erreur en vertu de cette clause, comme aussi s'il y auoit erreur en l'expression du Diocese de l'impetrant.

Aliorumque circa præmissa necessari rum verior expressio fieri possit. Cette clause n'est pas si generale & n'opere pas tant que chaque mot puisse estre changé, mais ceux qui sont necessaires pour l'affaire, à ce que la Bulle & l'impetration soit valable. Car si l'aage est vne fois exprimé, on n'en pourra dire apres vn autre, d'autant que l'aage doit tousiours estre declaré au vray, & que le Pape ne pouruoit de nourrice aux petits enfans, ainsi il laisse cette charge à leurs meres.

Maior, verior, seu amplior expressio fieri possit. En ce qu'il est dit, plus grande, il s'ensuit que si en la suplication de la dispence quelqu'vn s'est dit Docteur ou Noble, il ne peut pas apres se dire Escolier, parce que les lettres & la noblesse induisent le Pape à se dispenser; & si cela n'estoit, la dispence ne vaudroit rien, comme estant faite sans: Il ne pourra aussi apres simple Clerc, s'estant premierement qualifié prestre.

Item, le mot de plus grande, presuppose qu'il y a quelque chose d'exprimé auparauant. Partant cette clause ne seruiroit de rien, si quelqu'vn impetroit vn benefice vacquant *per modum in litteris exprimendum*, s'il n'y auoit quelque premiere expression.

Et en ce qu'il est parlé de specification ou expression: c'est à dire, que ce qui est generalement dit en la signature, doit estre specialement designé en la Bulle. D'ailleurs il est fait mention de l'expression, afin que la Bulle ne puisse estre arguée de subreption: Mais sur tout il faut prendre garde que ce qui est de substantiel en la signature ne soit obmis en la Bulle. Les autres choses se pourront corriger selon la qualité des affaires, la coustume des Bancquiers, & le stile de la Cour de Rome.

La clause, *in litteris latissimè extendenda*, sert quand le Pape veut deroger aux regles de la Chancellerie: Car lors il faut qu'en la narration de la Bulle la regle de Chancellerie soit entierement inserée.

Cum derogatione statutorum, priuilegiorum, indultorũ & literarum Apostolicarum. De cette clause on en fait vne autre qui se met à la fin de la Bulle, *nonobstantibus statutis, priuilegijs & capitulis*: & toutesfois on doit adiouster à cette clause, *cum derogatione statutorum & priuilegiorum Ecclesiarum seu Ecclesiæ, etiam in confectione litterarum exprimendorum, &c.* afin que par apres on exprime les priuileges de la Bulle, si besoin est.

Notez que par cette clause on ne pourroit pas expedier vne Bulle *cum creatione in Canonicum ad effectum*, s'il n'estoit exprimé en la signature. Et que cette derogation ne s'estend point aux regles de Chancellerie, s'il n'est disertement dict *cum de-*

rogatione regularum Cancellariæ.

Il conuient aussi noter, que s'il y a quelque clause raturée en la signature, elle ne sert de rien, sinon pour monstrer que si le Pape l'a raturée en la decision, il est entendu auoir accordé tout le reste, qui autrement selon les regles de la Chancellerie n'eust pas esté tenu pour accordé par la signature.

La supplication signée du predecesseur n'a point accoustumé d'estre changée ou corrigée par le successeur, mais on obtient lettres de *perinde valere*, auec la clause *rationi congruit*, si on doubte de la premiere impetration.

Datum, *&c*. Il sera parlé de la datte cy dessous en la Bulle.

Or on adiouste foy à la signature sans la Bulle, quand elle est approuuée & verifiée par le registre des signatures, & en ce cas il faut auoir vn *sumptum*, selon le stile de la Cour Romaine.

Item, quand elle peut estre suffisamment verifiée par autres moyens, comme par le tesmoignage des Banquiers experts, qui deposent qu'elle est bonne, & bien dressée selon le style de la Cour de Rome. Donc la practique de France est telle, que si ie ne puis obtenir mes Bulles à cause du legitime empeschement de la guerre, de prẽdre des lettres Royaux, par lesquelles i'expose ledit empeschement, & demande qu'il me soit permis de verifier cette signature par gens experts. Quelquesfois on obtient la permission sur vne simple requeste presentée, quand l'empeschement est notoire.

Item, quand il est question de dresser la Bulle sur icelle, à laquelle par consequent il est bien necessaire d'adiouster foy. C'est pourquoy à Rome l'Abbreuiateur a vn registre auquel il transcrit les signatures tout au long, afin d'y auoir recours pour la verité, qui est telle que si la Bulle est differente, on iuge pour la signature contre la Bulle.

En quatriesme lieu on adiouste foy à la signature sans Bulle, quand les parties le consentent, encores que quelques-vns ont esté d'aduis contraire, disans que ce n'est qu'vne escriture pure priuée: enquoy ils s'abusent, attendu qu'elle est expediée par les Officiers de la Cour de Rome, qui la rendent publique. Ioinct que si ce n'estoit qu'vne escriture pure priuée; le Pape ne la signeroit pas ; & en tout cas elle feroit tousiours foy entre les parties de leur propre consentement.

En cinquiesme lieu, elle faict foy contre l'impetrant, comme s'il auoit demandé le benefice d'vn homme viuant : ou bien s'il auoit exposé que le benefice a vacqué au mois des Graduez, par là il monstrera que le benefice estoit affecté aux Graduez, & si il n'est pas receuable à se vouloir ayder d'vne partie de la signature, & de l'autre non, apres qu'il l'a impetrée.

En sixiesme lieu, si ma signature est faicte par *fiat*, & la tienne par *Concessum*, la mienne sera preferée, & y aura t'on esgard.

En septiesme lieu, si on demande qu'vn Religieux soit receu, & que luy soit pourueu d'vn benefice Ecclesiastique, la reception se fera en vertu de la simple signature.

Et notez que la concession faicte par le Pape en la signature est entenduë selon la supplication de la partie. Comme si quelqu'vn demandoit absolution de deux excommunications, & que le Pape die, *fiat vt petitur*, il semble les auoir toutes deux leuées ; autre chose seroit s'il n'y en auoit qu'vne d'exprimée.

Item, si on demande en la signature que la qualité de benefice soit tenuë pour exprimée, ou autre chose, & que le Pape signe, *fiat vt petitur*, la grace vaudra autant que si la qualité ou autre chose requise auoit esté exprimée: Autrement si l'expression de la qualité estoit obmise, la grace seroit nulle.

Que si la partie donne à entendre que le benefice a vacqué en vn certain temps, à sçauoir au mois des graduez, & qu'il demande ce benefice luy estre conferé, & que le Pape die, *fiat*, la concession est presumée faite auec ce mesme temps.

Item, si ie demande que la Bulle soit reformée pour vne cause, ou pour vn certain defaut, & qu'il soit respondu *fiat*, cela ne s'entendra point d'vne autre cause, ou d'vn autre defaut que celuy qui a esté exprimé, n'estoit que le Pape eust limité la demande ou cancellé vne partie d'icelle; car en ce cas il se faudra arrester à ce qui a esté limité ou cancellé. La seconde exception est és choses qui requierent vne concession speciale & expresse, lesquelles si elles ne sont exprimées par la signature, ne sont reputées auoir esté concedées par le mot *fiat*, mais plustost auoir esté negligées.

A tant auons nous parlé de la signature, il faut maintenant venir à l'explication de la Bulle, afin d'accomplir la pratique d'acquerir les benefices ; & cela fait, traiter la maniere de les conseruer.

FIN.

ADDITIONS NOUVELLES AU PRATICIEN FRANÇOIS.

Des Iuges, & degrez de Iurisdiction.

CHAPITRE PREMIER.

Combien y en a-il de sortes?

QVATRE, sçauoir les Iuges ordinaires, les Iuges commis ou deleguez, les Iuges arbitres, & les Iuges d'Eglise.

Combien y a-il de degrez de Iurisdiction en matiere profane.

Trois, le Iuge domicillier, le Iuge Royal, & le Iuge Souuerain, ou en dernier ressort, comme les Parlemens & Cours Souueraines, ou les Presidiaux, en ce qui est de leur pouuoir.

Combien y a-il de degrez de Iurisdiction en matiere beneficiale ou petitoire?

Quatre: l'Official de chaque Diocese, l'Archeuesque, le Primat des Gaules, qui est l'Archeuesque de Lion, & nostre S. Pere le Pape, ou ses deleguez;

Combien de Iuges en matiere beneficiale au possessoire?

Deux : le Iuge Royal & les parlemens.

Des Iustices Subalternes.

CHAP. II.

Combien y a-il de Iustices Subalternes.

TRois : la basse, la moyenne & la haute.

Dequoy connoist la basse Iustice?

Des droicts deubs au Seigneur comme cens, rentes, exhibitions de contracts, de la police, du degast de bestes, iniures legeres, & autres semblables, dont l'amende ne peut exceder sept sol six deniers.

Dequoy a connoissance la moyenne?

Des actions de tutelle, d'iniures legeres dont l'amende ne peut exceder soixante sols de droicts & deuoirs deus au seigneur, & autres comme la basse.

Peut-on faire vne adiudication par decret desdites Iustices basse & moyenne?

Non, mais ouy bien en la haute, y gardant les formes prescrites par les Ordonnances & Coustumes des lieux.

Si vne cause se presente deuant les bas & moyens Iusticiers, dont la reparation & amende excede leur pouuoir, que doiuent ils faire?

Ordonner que les parties se pouruoiront.

Où se doiuent pouruoir les parties?

Pardeuant le haut Iusticier.

Dequoy connoist le haut Iusticier?

De toutes matieres ciuiles & criminelles, excepté des cas Royaux, comme sont le crime de leze-Majesté humaine, l'infraction de sauuegarde, l'émotion populaire, l'assassinat ou meurtre de guet à pend en grãd chemin, fausse mõnoye, port d'armes & autres.

Qui examine lesdits Iuges hauts Iusticiers?

Sont ses Iuges Royaux, pardeuant lesquels les appellations de leurs sentences & iugemens ressortissent.

De quoy les Seigneurs hauts Iusticiers sont-ils tenus pour le mal iugé de leurs Iuges?

Seront condamnez en soixante liures parisis.

Quelle difference entre la haute, moyenne & basse Iustice?

La haute a droict de fourches patibulaires, les autres non; la haute, pour connoistre de ce que connoissent les deux autres: & les bas & moyens Iusticiers ne connoissent de ce qui appartient, à la connoissance du haut Iusticier, sinon comme il a esté dit cy-deuant.

Où se releuent les appellations des sentences des bas ou moyens Iusticiers?

Pardeuant le haut Iusticier?

Quelles sortes de prisons doiuent auoir les hauts Iusticiers?

Ils doiuent auoir prisons qui ne soient plus basses que le rez de chaussée.

En quels cas les Sentences des hauts Iusticiers sont-elles executoires nonobstant l'appel, & iusques à quelle somme?

En prouision d'alimens, en baillant caution iusques à vingt liures parisis.

Lesdits Iuges peuuent-ils ioindre la prouision au principal?

Non; ils la doiuent adiuger ou en debouter.

Des Iuges Consuls de Paris.
CHAP. III.

Quelles personnes sont admises aux charges de Iuge Consuls à Paris, & quel nombre de Iuges il y a?

CInq Marchands qui soient natifs du Royaume, dont la charge ne dure qu'vn an.

De quoy connoissent-ils?

De tous differends entre Marchands habitans de Paris & d'ailleurs, pour le fait de marchandise.

Iusques à quelle somme iugent-ils en dernier ressort?

Iusques à cinq cens liures tournois.

Si les priuilegiez faisans trafic & marchãdise peuuent faire renuoyer leurs causes, pour raison de ladite marchandise aux Requestes, ou deuant le Conseruateur des priuileges des Foires?

Non, mais il faut proceder pardeuant les Iuges Consuls.

S'il y a obligation ou cõtract pour le fait de ladite marchandise passé sous le scel du Chastelet de Paris, peut-on faire appeller ou renuoyer au Chastelet? Non.

Où ressortist l'appel des condemnations excedant cinq cens liures?

Au Parlement.

Dans quel temps se doit releuer l'appel?

Dans trois mois.

Qui executent leurs iugemens?

Les Huissiers & Sergens Royaux.

Lesdits iugemens sont-ils executoires par corps quand ils ne le portent?

Ouy, contre le condamné & contre la vefue, & non contre l'heritier.

Si vn Marchand ou autre achepte marchãdise pour son

vsage de laquelle il ne se mesle, peut-il estre conuenu par lesdits Iuges?

Non, mais pardeuant son Iuge ordinaire.

Si criées peuuent estre faites pardeuant lesdits Iuges en vertu de leurs iugemens?

Non, mais elles se doiuent faire pardeuant Iuges Royaux.

Si leurs iugemẽs excedent cinq cens liures, sont-ils executoires nonobstant l'appel & sans preiudice diceluy?

Ouy.

De la Iurisdiction des Preuosts des Marchands, Maires & Escheuins des villes.

CHAP. IV.

Dequoy connoissent-ils à Paris?

DEs causes entre Marchands, pour fait de marchandise arriuée sur les ports, comme bleds, vins, bois, charbons, foings & autres.

Où ressortit l'appel de leurs sentences?

Au Parlement?

De la Iurisdiction des Iuges Royaux ressortissans sans moyens au Parlement.

CHAP. V.

Dequoy connoissent lesdits Iuges en premiere instãce.

DE toutes matieres ciuiles & criminelles, fors au ciuil des Fermes & aydes du Roy, & où il a interest, dont les Eleus connoissent, & des causes dont la Cour de Parlement connoist priuatiuement à tous autres, comme des crimes de leze-Majesté au premier chef.

Dequoy connoissent-ils par appel ?

Des appellations tant des Iuges Royaux que Subalternes, qui leur sont inferieurs en matiere ciuile, fors des appellations qui sont interiettées des Preuosts & Conseruateurs des priuileges des Vniuersitez qui ressortissent sans moyen au parlement.

De quoy connoissent-ils priuatiuement aux autres Iuges ?

Des causes du Domaine du Roy, esquelles il est partie en leur Iurisdiction, des baux dudit Domaine & deuoirs deus en Roy, sans prejudice de la Iurisdiction du Tresor.

Et outre, connoissent des procez qui sont meus pour raison du ban & arriere-ban, ensemble de toutes causes ciuiles, personnelles & possessoires des Nobles, tant en demandant qu'en defendant: & des causes criminelles où lesdits Nobles sont defendeurs & accusez; outre des matieres beneficiales, & autres à eux reseruées par les Ordonnances.

Si lesdits iuges peuuent éuoquer.

Non.

En prononçant sur vn appel lesdits Iuges, mesmes les Presidiaux preuuent-ils dire appellation & ce, ou l'appellation au neant ?

Non, mais ils doiuent dire qu'il a esté bien ou mal iugé, & n'appartient qu'aux Cours Souueraines d'vser de cette forme de prononciation.

Iusques à quelle somme iugent-ils difinitiuement & nonobstant l'appel ?

En matiere criminelle, quand la reparation n'excede quarante liures, leur Sentence s'execute, nonobstant l'appel, tant en principal que despens, dommages & interests, à quelque somme qu'ils se puissent monter.

Si quelqu'vn estant d'vne Iurisdiction Subaterne est assigné deuant le Iuge Royal du lieu, peut il demander son renuoy pardeuant le Iuge Subalterne?

Non, mais il peut estre vindiqué par le Seigneur ou Procureur Fiscal de la Iustice Subalterne.

De la Iurisdiction des Presidiaux.

CHAP. VI.

Quel nombre de Iuges doiuent assister pour iuger Presidialement ou en dernier ressort?

SEpt, & pour iuger les recusations cinq; & s'il n'y a des Iuges en nombre suffisant, seront pris Aduocats du Siege.

Iusques à qu'elle somme peuuent-ils iuger par iugement dernier?

Diffinitiuement iusques à deux cens cinquante liures pour vne fois payer, & iusques à dix liures de rente ou reuenu annuel en principal, & des despens, à quelque somme qu'ils puissent monter, & outre iusques à cent liures tournois en benefices, en ce qui concerne le temporel: Mais en ce qui concerce les choses sacrées, comme oblations, & autres droicts spirituels & dixmes, ils n'en peuuent iuger presidialement, non plus que des cens, droicts seigneuriaux & retraicts lignagers & feodaux; Mais il peuuent iuger par prouision iusques à cinq cens liures en baillant caution, & vingt liures de rente vn reuenu annuel en principal, & aux despens à quelques sommes qu'ils se puissent monter, & les appellations qui en seront interiettées, n'auront aucun effet suspensif de l'execution, ains seulement deuolutif en la Cour de Parlement

Si lesdits iugemens sont donnez par defaut ou forclusion, auront-ils mesme effect que les autres?

Ouy, s'ils sont donnez par lesdits Presidiaux au nombre de sept.

Quel est le premier chef de l'Edict des Presidiaux?

C'est le iugement diffinitif en dernier ressort.

Le second.

Le prouisionnal.

S'il y a appel de leur Sentence en dernier ressort, & que l'intimé ne veille proceder en la Cour de Parlement, que sera fait par l'intimé?

Il se pouruoira au grand Conseil par requeste, pour faire declarer l'appellant non receuable en son appel.

N'y a-il aucun moyen de se pouruoir contre lesdits iugemens en dernier ressort?

Ouy, par requeste ciuile deuant lesdits Presidiaux, s'il y a lieu, & elle s'obtiendra dans les six mois.

Si l'appellant veut proceder en la Cour sur ledit appel, le peut-il faire?

Ouy, si par la Sentence y est apparente iniquité & contrauention aux Ordonnances, parce que les Presidiaux sont inferieurs des Parlemens, lesquels doiuent reformer leurs abus.

Si la demande faite deuant lesdits Presidiaux n'est limitée, ou qu'elle n'excede leur pouuoir, que sera fait pour la faire iuger par iugement dernier?

Le demandeur le restraindra si bon luy semble, iusques au pouuoir des Presidiaux.

Quand & en quel estat de la cause se doit faire la restitution?

Par l'appointement de contestation soit en cause principale ou d'appel, ou auparauant iceluy.

Si apres ladite restrinction se trouue estre deu dauantage au demandeur, peut il demander le surplus?

Non, mais il sera en l'opinion du defendeur, s'il succombe de se dire quittte de iugé, en payant suiuant ladite restitution.

Si ladite restrinction ne se peut faire apres le iugement donné? Non.

Si l'vne & l'autre des parties sont respectiuement demandeur comme au cas de saisine & nouuelleté, l'vne d'icelle peut-elle faire la restrinction l'autre ne le voulant?

Non, mais faut qu'elle soit faite par les deux parties.

Les Presidiaux peuuent-ils vser de cette prononciation par iugemens souuerains?

Non, mais seulement par iugement dernier au Presidial.

Si le procez est party, par qui sera il departy?

Il doit estre enuoyé au plus prochain presidial.

Si les Presidiaux peuuent connoistre des cas attribuez aux Preuost des Mareschaux & Vice-Baillifs?

Ouy, par concurrence & preuention, & peuuent iuger en dernier ressort au nombre de sept.

Conoissét-ils des matieres criminelles en dernier ressort?

Ouy, en premiere instance, au cas susdit de preuention estant Preuostaux.

Si lesdits Presidiaux peuuent connoistre des appellations des Conseruateurs des priuileges Royaux des Vniuersitez? Ouy, au cas de l'Edict.

Dequoy ne peuuent connoistre lesdits Iuges Presidiaux en dernier ressort au ciuil ny criminel ?

Au Ciuil, du Domaine du Roy, & des rentes portans lots, ventes, saisine & amendes, des tenuës feodales, des retraicts lignagers & feodaux, des causes des Eglises, esquelles pour l'obscurité de la demande n'eschet restrinction, des fins de non proceder; ny des causes esquelles les qualitez d'heritiers ou de communs en biens seront controuersées.

Au Criminel, ne peuuent connoistre en dernier ressort d'aucunes matieres, fors aux cas susdits de preuention auec les preuosts des Mareschaux.

Dans quel temps se doit releuer l'appel du Presidal

Dans six sepmaines.

Si en la Chancellerie des Presidiaux peut estre expedié toutes sortes de lettres.

Non, n'y peut estre expedié que commissions, relief d'appel, anticipations, desertions & conuersions d'appel, en oppositions és cas de l'Edict d'iceux Presidiaux.

Lesdits Presidiaux peuuent ils euoquer?

Non.

Peuuent-ils condamner en amendes?

Ils peuuent iuger en dernier ressort iusques à soixante sols parisis d'amende contre ceux qui commettent insolences en leur Siege.

Quelle est l'amende du fol appel és Presidiaux?

De dix liures parisis, contre ceux qui auront conclud en appel, & soixante sols parisis contre ceux qui acquiesceront.

Si lesdits acquiesemens ès Presidiaux sont de mesme effet au cas de l'Edict, quels iugemens contradictoires?

Ouy.

S'il y a appel des taxes de despens adiugez par lesdites Sentences Presidiales, où sera-il releué?

Pardeuant les autres Iuges & Conseillers dudit Siege qui n'auront fait la taxe, pourueu qu'ils soient au nombre de sept.

S'il y a appel de l'execution de leur sentence, qui en connoist?

Lesdits Presidiaux, quand la Sentence est donnée en dernier ressort, selon l'Edict de leur pouuoir.

Si l'on obtient requeste ciuile contre les iugemens donnez par iugement dernier, est-il besoin de lettres?

Non, mais il suffit de presenter requeste ausdits Iuges Presidiaux.

Quelle est l'amende contre celuy qui est debouté de ladite requeste ciuile?

De dix liures, moitié au Roy, & l'autre moitié à la partie.

Si contre lesdits iugemens on peut proposer erreur?

Non, n'y a que contre les Arrests des Cours Souueraines.

Le scel desdits Presidiaux se peut-il executer hors le ressort du Siege Presidial?

Ouy, par tout le ressort du Parlement où est ledit Presidial.

De la Iurisdiction des Conseruateurs Apostoliques, des Priuileges Royaux des Vniuersitez, & des Foires.

Chap. VII.

Dequoy connoissent lesdits conseruateurs Apostoliques.

DEs matieres spirituelles entre personnes Ecclesiastiques, selon les priuileges à eux octroyez par le Pape.

Les Royaux de quelles causes connoissent-ils?

Des causes personnelles & mixtes d'Escolliers en matieres profanes, & du possessoire des benefices.

Combien de temps un Escolier doit-il auoir estudié pour iouyr du priuilege d'escollarité?

Il doit auoit testimonial du Regent sous lequel il a estudié six mois, confirmé par le Recteur de l'Vniuersité.

Par la discontinuation de quel temps perd il ce Priuilege?

Par la discontinuatiou de six mois.

Lesdites Lettres de Scolarité sont elles annales comme les commitimus?

Ouy, elles ne durent qu'vn an?

Combien de temps les Escoliers iouyssent-ils de leurs priuileges?

Les Escolliers qui estudient aux Humanitez, Dialectique & Physique, quatre ans: Ceux qui estudient en droict Ciuil, sept ans: Ceux qui estudient en Theologie, quatorze ans.

Vn Sergent ne peut-il en vertu des Lettres de Scolarité faire au refus du iuge le renuoy d'vne cause plaidée pardeuant lesdits Conseruateurs, comme en vertu d'vn commitimus?

Non, mais faut demander son renuoy par Aduocat ou Procureur, & en cas de refus en appeller comme de Iuge incompetant.

Ledit Conseruateur est il Iuge dudit Priuilege comme Messieurs des Requestes du Palais.

Non.

Quand l'Escolier demande son renuoy, que luy peut demander le Iuge & la partie, auant que l'auoüer ou denier?

Qu'il fasse apparoir de sa qualité & de son interest en la cause.

Si le Procureur du Roy est partie, ou qu'il soit question des droicts seigneuriaux, l'Escolier pourra-il faire renuoyer la cause pardeuant le conseruateur?

Non.

Si vn Escolier ayant droict par transport peut faire renuoyer?

Ouy, si le transport est de pere à fils, de frere à frere, ou d'oncle à nepueu.

Si l'on pretend que le transport soit frauduleux, que doit faire le defendeur en renuoy?

Demander que le demandeur afferme si le transport n'est frauduleux & simulé, & si c'est pour tourner à son profit.

Si vn qui a priuilege de Committimus peut distraire l'Escolier Iuré, ou autre qui iouyssent du priuilege de l'Vniuersité?

Ouy, pource que le priuilege du Roy est plus fort que les priuileges de ses sujets, qui ne les tiennent que de luy.

De la Iurisdiction du Conseruateur des Foires.

CHAP. VIII.

De quoy connoist ledit Conseruateur des priuileges de France?

DEs causes entre Marchands pour raison de marchandises venduës & acheptées esdites Foires, argent presté qui se doit rendre en icelles, & autres negoces faits en Foires.

Vn Marchand Forain peut-il attirer vn Marchand non Forain pour le payement d'vne lettre de change, pardeuant ledit Conseruateur?

Ouy, encores qu'elle ne soit payable ausdites Foires.

Les Sentences données par ledit Conseruateur sont-elles executoires nonobstant oppositions ou appellations quelconques, & sans preiudice d'icelles?

Ouy, à quelques sommes qu'elles se puissent monter.

S'il y a appel des iugemens comme de Iuge incõpetant, peut-il passer outre nonobstant ledit appel?

Ouy.

Où se releuent les appellations dudit Conseruateur des Foires?

En Parlement.

Lesdites Sentences se peuuent elles executer nonnobstant l'appel?

Ouy.

Si celuy qui a autre priuilege peut demander son renuoy?

Non.

Des Iuges arbitres & compromis.

Chap. IX.

Qu'est-ce que compromis?

C'Est conuenir par les parties de personnes pour iuger leurs differends, que l'on appelle arbitrateurs & amiables compositeurs.

De combien de sortes de Iuges arbitres?

Deux: Sçauoir, les Arbitres qui sont commis pour iuger les differends pendans pardeuers eux entre proches parens, comme en matieres de partage, de compte de tutelle, restitution de dot, & de doüaire: & les Arbitres dont les parties conuiennent par compromis, qu'on appelle Arbitrateurs.

Quelle difference entre les deux?

Les Arbitres nommez par le Iuge doiuent garder les formalitez de Iustice & l'ordre de droict.

Les Arbitrateurs & amiables Compositeurs iugent & composent sommairement, sans estre tenus de garder les formalitez de Iustice.

S'il y a appel d'vne Sentence renduë par lesdits Iuges Arbitres & les Arbitrateurs & amiables Compositeurs, où sera-il releué?

S'il est question de chose que les Presidiaux puissent iuger en dernier ressort, il sera releué pardeuant eux, sinon directement au Parlement.

S'il y a trois Arbitres, & que l'vn d'eux soit refusant signer leur Sentence, pourra elle subsister?

Ouy, estant signée des deux autres.

Les Sentences renduës par lesdits Iuges se peuuent-elles executer nonostant oppositions ou appellations, & sans preiudice?

Ouy, tant en principal que despens.

S'il y a peine portée par le compromis, & qu'il y ait appel de la Sentence arbitrale, que sera-il fait?

Sera presenté Requeste par l'intimé la Cour estant saisie de l'appel, à ce que l'appellant soit condamné payer la peine, & iusques à ce que toute audience soit déniée.

Quelle poursuitte sur ladite Requeste.

A la barre à l'ordinaire.

Quel delay auec le defaut aux Ordonnances?

De trois iours seulement, comme en autres matieres sommaires, & sera pris appointement à escrire & produire dans trois iours.

Les appellations des Sentences arbitrales, sont-elles verbales ou par escrit?

Sont toutes appellations verbales.

Apres vn appointement au Conseil ou autre Arr[...] interlocutoire, est-on receuable à demander la peine?

Non, mais il la faut demander auparauant.

S'il y a appel formé & non releué, la peine est-elle acquise?

Ouy, en la demandant.

S'il n'y a appel des Sentences arbitrales, comment faut-il proceder?

Il en faut demander l'homologation.

Pardeuant qui?

Pardeuant le Iuge où le procez estoit pendant, & s'il n'y auoit procez pardeuant le Iuge Royal des lieux.

Quelle poursuite en la Cour de Parlement & en la Cour des Aydes pour faire ladite homologation.

Elle sera demandée auec le Procureur qui occupe en la cause.

En quelle forme.

Sera baillé copie de la sentence au Procureur, & luy sera presenté & signifié l'appointement d'homologation, lequel estant signé de luy & de Monsieur le Procureur General, sera receu au Greffe; & s'il y a Rapporteur, luy sera baillé auec vne Requeste pour auoir Arrest.

Si l'vne des parties refuse l'homologation, que sera fait.

Sera presẽté requeste afin de l'homologatiõ, qui sera poursuiuie à la Barre ou demandée à l'Audience.

De la Cour des Monnoyes.

CHAP. X.

De quels Iuges estoit elle composée anciennement.

DE deux Presidens, de huict Conseillers, d'vn Procureur du Roy, d'vn Greffier, & d'vn premier Huissier.

Nota, qu'à present y a dauantage de Iuges & Officiers.

Dequoy connoist-elle souuerainement.

Des deniers des boëttes de toutes les monnoyes du Royaume, des abus & maluersations qui se commettent par les Maistres, Preuosts, & autres Officiers d'icelles; ensemble pour les Orfevres, Ioyalliers, Graueurs, Batteurs & Tireurs d'or & d'argent en la manutention de leurs ouurages.

Qui connoist de tous lesdits cas parmy le Royaume de France.

Les gardes & Preuosts des monnoyes, chacun en leur ressort.

Lesdits gardes & Preuosts iugent ils souuerainement.

Non

Où resortit l'appel d'iceux.

En la Cour des Monnoyes de Paris, n'y ayant autre Cour Souueraine pour lesdites monnoyes en tout le Royaume.

De quoy connoissent lesdits President & Conseillers generaux des Monnoyes, faisant leurs cheuauchées par la France.

Ils connoissent souuerainement de tous les cas susdits, priuatiuement aux gardes & Preuost, ainsi que fait ladite Cour.

Et pour le regard des crimes capitaux & delicts commis au fait des Monnoyes, en peuuent-ils connoistre souuerainement?

Ouy, pourueu qu'ils appellent auec eux pour iuger sept ou huict Conseillers des Cours Souueraines ou Presidiaux, par concurrence & preuention auec les Preuosts des Mareschaux, pour le regard de la fausse monnoye.

De la Iurisdiction de Messieurs des Requestes du Palais.

Chap. XI.

Dequoy connoissent Messieurs des Requestes du Palais?

Des matieres personnelles, possessoires & mixtes entre priuilegiez.

Connoissent-ils des matieres criminelles?

Non, si elles ne viennent incidemment en consequence de ce qui est pardeuant eux, ou en execution de leurs Sentences.

Quelles personnes ont leurs causes commises aux Requestes du Palais de Paris.

Les principaux Officiers de la Couronne, Conseillers du Conseil Priué, Maistres des Requestes, Secretaires, Officiers domestiques couchez en l'estat & aux gages du Roy, de la Reine, de la Reine mere, des enfans de France, du premier Prince du Sang : les Officiers des Cours Souueraines, douze Aduocats & douze Procureurs plus anciens, les Chapitres & Communautez des Eglises & Colleges, & autres qui ont eu priuilege par concession, les Lieutenant Ciuil, Criminel & Particulier, les Aduocats & Procureurs du Roy, les Conseillers du Chastelet, les Lecteurs & Professeurs du Roy, les vingt-quatre Commissaires des Palais, les Doyen, Chanoines & Chapitre de Paris, & autres Officiers. Comme aussi les vefues des susdits, pendant leur viduité seulement.

N'y a-il que douze Aduocats & Procureurs plus anciens qui iouyssent dudit priuilege.

Ouy, tous Aduocats & Procureurs qui ont demeuré dix ans en leurs charges en iouyssent, ainsi qu'il a esté iugé par plusieurs Arrests, & l'ordonnance pour ce regard n'est obseruéee à la rigueur.

Quelle difference y a il entre lettres de Committimus, & lettres de garde gardienne.

Committimus sont les priuileges des Officiers de la maison du Roy, & autres dessus nommez. Garde gardienne est vn priuilege Royal particulier donné aux Eglises de fondation Royale : en vertu de committimus le Sergent peut renuoyer aux Requestes au deffaut du Iuge : en vertu de garde gardienne il ne peut faire le renuoy, mais il faut le demander en Iustice.

Combien de sortes de Priuileges?

Trois: Celuy des commençaux de la maison du Roy & autres, celuy des escolliers, & celuy de clericature: Outre le priuilege des Foires de Lyon, & & autres lieux.

Si vn priuilegié a transport d'vn qui n'est priuilegié, peut il en la cause se seruir de son priuilege.

Non, si ce n'est vn transport de pere à fils, d'oncle à neueu, ou de frere à frere.

Si lesdits sieurs des Requestes peuuent euocquer aucune instance en consequence d'autre pendante pardeuant eux.

Les Ordonnances le deffendent, neantmoins ils le font ordinairement.

Si vn priuilegié peut en vertu de son priuilege faire appeller aux Requestes vn autre priuilegié demeurant hors le Parlement de Paris, ou faire renuoyer la cause.

Non, sinon qu'il fust des commençaux de la maison du Roy.

Iusques à quelle somme Messieurs des Requestes peuuent-ils cognoistre.

Iusques à dix liures tournois à vne fois payer, & au dessus en matiere personnelle & mixte, & où la demande ne se peut restraindre au dessous desdits dix liures.

Si vn priuilegié de Committimus peut distraire l'Escolier Iuré, ou autres qui iouyssent du priuilege de l'Vniuersité, de sa Iurisdiction.

Ouy, parce que le priuilege du Roy est plus fort.

Si vn priuilegié estoit assigné à la requeste de Monsieur le Procureur General du Roy deuant vn Iuge Royal.

pour deniers Royaux, pourroit-il faire renuoyer la cause aux Requestes du Palais?

Non, parce que le Roy ne donne aucun priuileges contre luy mesme.

Iusques à quelle somme les Sentences desdites Requestes sont-elles executoires nonobstant l'appel?

Quand il ne s'agist au principal que de quarante liures parisis elles sont executoires, tant au principal que pour les despens.

Si toutes autres sentences desdittes Requestes sont executoires nonobstant l'appel?

Non.

Peut on éuocquer des criées aux Requestes, & en quel estat de cause?

Ouy, iusques au congé d'adiuger exclusiuement.

Si vn opposant aux criées priuilegié peut faire renuoyer les criées aux Requestes?

Ouy, auant le congé d'adiuger.

Si vn Iuge ne veut renuoyer vne cause, que faut-il faire?

Le Sergent fera ledit renuoy en la presence du Procureur du deffendeur, ou luy signifiera, sauf à le debattre aux Requestes.

Si au preiudice dudit renuoy le Iuge passe outre, que faut-il faire?

Faudra demander aux Requestes ce qui a esté fait au preiudice dudit renuoy estre cassé & reuoqué comme attentat.

De la Iurisdiction des Requestes de l'Hostel.

CHAP. XII.

De quoy connoissent-ils?

DV debat des estats & offices donnez par le Roy entre toutes parties, des causes personnelles & mixtes entre aucuns officiers domestiques de l'Hostel du Roy, & des causes personnelles, possessoires & mixtes de Messieurs des Requestes du Palais, leurs veufves & enfans des Secretaires du Roy, Officiers du grand Conseil, au choix desdits Secretaires & Officiers d'aller aux Requestes du Palais ou de l'Hostel? Mais pour Messieurs des Requestes ils ne peuuent plaider qu'aux Requestes de l'Hostel.

Si les enfans apres le deceds de leur pere iouyssent de leur priuilege? Non.

Quelles causes iugent-ils souuerainement?

Les renuoys du Conseil Priué ou d'Estat, les appellations interiettées des appointemens donnez par vn Maistre des Requestes en l'instruction d'vn procez audit Conseil, & des forclusions, taxes & executoires des despens. & des causes intétées pour salaires d'Aduocats dudit Conseil, pourueu qu'ils soient le nombre introduit par l'ordonnance.

Quel est le nombre? De sept.

Où resortist l'appel des causes qu'ils ne iugent souuerainement.

En la Cour de Parlement.

Quand lesdits sieurs des Requestes de l'Hostel ont

iugé souuerainement, quel moyen de se pouruoir contre leurs iugemens?

Par requeste ciuile, ou proposition d'erreur pardeuant eux.

Si quelque Arrest est produit en vne instãce pardeuant eux, contre lequel on se vueille pouruoir par requeste ciuile, qui connoistra de ladite requeste ciuile.

Seront les Iuges qui auront donné l'Arrest.

De la Iurisdiction du Baillages du Palais.

CHAP. III.

Dequoy connoist le Bailly du Palais:

DE toutes causes, tant ciuiles que criminelles de son ressort, qui est l'enclos du Palais, le Marché-Neuf, l'Isle du Palais, les Faux-bourgs sainct Iacques.

Où ressortist l'appel?

Au Parlement, en matiere ciuile & criminelle.

Ledit Bailly peut-il iuger souuerainement, & en quel cas?

Il ne peut iuger en dernier ressort en aucun cas.

Ne iuge-il point iusques à quarante liures parisis de reparation comme les autres royaux.

Ouy, & ses Sentences en ce cas s'executent nonobstant l'appel, & sans preiudice d'iceluy.

De la Iurisdiction du Tresor, & du Domaine du Roy.

CHAP. XIV.

Dequoy connoissent les Iuges du Tresor?

DE ce qui despend du Domaine du Roy priuatiuement à tous Iuges dans les limites de la Preuosté & Vicomté de Paris, des Baillages de Senlis, Melun, Brie-Comte-Robert, Estempes, Dourdan, Mante, Meulan, Beaumont sur Oize, & Crespy en Vallois : comme aussi des dixmes infeodées où le Roy a interest, des executions des amendes de la Cour de Parlement, Cour des Aydes, & des Eauës & Forests, & du droit d'aubeine, priuatiuement aussi à tous autres Iuges, quand il est écheu dans lesdits limites.

Où se releuent les appellations du Tresor.

En Parlement.

S'ils iugent en dernier ressort en certain cas.

Non.

En quoy consiste le Domaine du Roy.

C'est ce qui est vny & incorporé à la Couronne, & qui a esté tenu & administré par les Receueurs du Roy par l'espace de dix ans, & autres en signe de compte, comme aussi les terres qui ont esté alienées & transferées par les Roys, à la charge de retourner à la Couronne.

Combien de sortes de Domaine du Roy.

De deux. L'vn qui luy est écheu, & qu'il possedoit auant que d'estre Roy, lequel est alienable, comme s'il auoit quelques terres ou autres choses, si ce n'est que par apres il soit vny à la Couronne: L'autre est celuy cy-dessus qu'il possede à cause de sa Couronne, & qui ne peut estre alienè que pour grandes & vrgentes affaires,

Si ledit Domaine est prescriptible.

Non.

Qu'est-ce que droict d'aubene.

C'est vn droit qui appartient au Roy seul, quand

vn estranger non naturalisé decede en France.

Que faut-il faire pour recueillir la succession d'vn estranger, par quelles personnes, & pardeuant quels Iuges.

Tous les Substituts de Monsieur le Procureur General du Roy, chacun en leur ressort, peuuent faire sceller les meubles, & saisir les immeubles de l'estranger decedé present le Iuge, ou de son ordonnance.

Si l'on intente action pour raison du droict d'aubeine, quels Iuges en connoistront.

Lesdits Iuges du Tresor en ce qui est de leur ressort, & dans les limites cy-dessus specifiez.

Si les Iuges des lieux n'en peuuent connoistre.

Ouy, ils en peuuent connoistre hors lesdits limites.

S'il y a appel du iugement, qui en connoistra, & s'il ira en la grand' Chambre, ou aux Enquestes.

Messieurs de la grand' Chambre en connoistront, au cas que le Procureur du Roy y soit principale partie, & y ait interest contre les contendans l'aubeine. Et si le Roy n'y est partie principale, ains deux contendans ayans don du Roy; on ira à l'ordinaire aux Enquestes si c'est procez par escrit, sinon à la grande Chambre si c'est appelation verbale.

Quel est preferable du premier ou du second donataire d'vne aubeine.

Le second, s'il a le premier fait verifier son don apres trois mois expirez, apres le don fait au premier.

Et le premier sera preferé, pourueu qu'il soit dans le temps de le faire verifier.

Dans quel temps le faut-il faire visiter?

Dans trois mois.

Si on ne le faisoit verifier dans trois mois, si l'on en seroit décheu?

Ouy, si l'on ne monstroit des diligences.

Comme se doit pouruoir vn tel donatire pour faire verifier son don, & en auoir la deliurance?

A la Chambre des Comptes pour la verification, & au Tresor pour la deliurance.

De la Mareschaussée & Connestablie de France.

Chap. XV.

Dequoy connoissent les Iuges de la Connestablie & Mareschaussée.

DEs causes qui se meuuent pour raison de lart militaire, tant ciuiles que criminelles, payement de gages des Officiers & gens de guerre, reception desdits Officiers; comme aussi des actions personnelles entre les Trompettes, Huissiers, Heraux d'armes, pour raison dudit art militaire: Des abus commis par les Preuosts des Mareschaux, leurs Lieutenans & Archers.

Iugent-ils lesdites causes en dernier ressort.

Non.

Où ressortist l'appel de leurs iugements?

En Parlement.

Si vn priuilegié en matiere ciuile peut faire renuoyer lesdites causes aux Requestes.

Non, ains faut qu'il procede à la Conestablie.

De l'Admirauté de France.

Chap. XVI.

Dequoy connoissent les Iuges particuliers de l'Admirauté.

L'Admiral ou ses Lieutenans particuliers par les lieux establis sur les Ports de Mer & Havres de France, connoist priuatiuement de tous crimes commis sur Mer, & des differens qui se meuuent pour le fait de la Marine, & de l'entherinement des remissions obtenuës pour raison desdits crimes, excepté pour Gentils-hommes & autres personnes qualifiées, lesquelles se doiuent pouruoir au Parlement.

Si lesdits Lieutenans peuuent iuger nonobstant l'appel en matiere ciuile?

Ouy, iusqu'à six liures.

Et encores en matiere criminelle contre Matelots & Mariniers, pourueu qu'ils appellent auec eux six notables hommes du Conseil, tous leurs iugemens sont executoires nonobstant l'appel, pourueu qu'ils passent de deux voix pour le moins.

Dequoy connoist l'Admirauté du Palais de Paris?

Des appellations interiettées desdits Lieutenans Particuliers du ressort du Parlement de Paris.

Ne connoist-elle que desdites appellations?

Elle connoist aussi des renuoys qui sont faits par lesdits Lieutenans Particuliers des causes de consequence.

Dans quel temps se releuent les appellations desdits Lieutenans Particuliers en ladite Admirauté.

Dedans quarante iours sous le scel de l'Admiral.

Où ressortissent lesdites appellations de ladite Admirauté du Palais.

Au Parlement.

Dans quel temps les faut-il releuer.

Dans trois mois.

Lesdites sentences de l'admirauté du Palais de Paris sont-elles executoires nonobstant l'appel.

Ouy, iusques à douze liures.

Et les condemnations d'amende iusques à vingt-cinq liures.

Dans quel temps se faut-il presenter apres l'assignation escheuë, tant en la cause principale que d'appel.

Trois iours apres, comme au Parlement.

De la Iurisdiction des Eauës & Forests, & Siege des grands Maistres à la Table de Marbre.

CHAP. XVII.

Dequoy connoissent-ils en premiere instance ?

DE tous procez concernans directement le fonds & proprieté des Forests, Isles & Riuieres du ressort du Parlement de Paris, tant du Roy, premier Seigneur, qu'autres particuliers.

Peuuent-ils audit cas iuger souuerainement, nonobstant l'appel ?

Non.

Où ressortissent les appellations du iugement des grands Maistres, ou de leurs Lieutenans ?

Au Parlemeut.

Dans quel temps se releuent en ladite Cour les appellations? Dans trois mois.

Lesdits Iuges des Eauës & Forests connoissent-ils d'aucunes appellations?

Ouy, des appellations des Lieutenans particuliers desdites Eauës & Forests en chacune Prouince & maistrise particuliere.

Dans quel temps les appellations se releuent pardeuant eux. Dans quarante iours.

Cōment s'intitulent les sentences des Eauës & Forests,

Les grands Maistres Enquesteurs, & generaux Reformateurs des Eauës & Forests de France au Siege de la Table de Marbre du Palais à Paris.

Comment celles des Iuges Souuerains.

Les Iuges ordonnez pour iuger en dernier ressort & cas d'appel.

Où se faut-il pouruoir pour la verification des lettres de commission & exemption de Gruërie, grayrie, tiers & danger, & autres prouisions concernans lesdites Eauës & Forests.

Aux Eauës & Forests de la Table de Marbre, & quand il est question de la couppe de bois de haute fustaye du Roy, il les faut faire verifier au Parlement & en la Chambre des Comptes.

Si en procedant par lesdits grands Maistres, lesdits Lieutenans & Conseillers, aux informations & reformations, instruction & iugement de tous procez s'il y a appel passeront ils outre.

Ouy, par maniere de prouision, nonobstant oppositions ou appellations quelconques, & sans preiudice d'icelle, pourueu que le cas soit reparable en diffinitiue.

Iusques à quelle somme les sentences du Iuge desdites

Eauës & Forests sont-elles executoires nonobstant l'appel.

Iusqu'à dix liures de rente ou reuenu, cent liures pour vne fois payer en principal, pourueu qu'au iugement il y ait assisté sept Iuges.

Dans quel temps se faudra-il presenter pardeuant eux en cause principale ou d'appel.

Dans trois iours aprés l'assignation escheuë comme au Parlement.

Y a il appel des iugemens interuenus sur lesdites appellations?

Ouy, pourueu qu'ils ne soient donnez en dernier ressort par les Iuges Souuerains.

Quels sont les Iuges Souuerains, & dequoy ils connoissent?

Ils connoissent des procez concernans les reglemens des vsages; delicts & maluersations commis és Eauës & Forests, Isles & Riuietes, tant du Roy que Seigneurs, & autres particuliers, Laïcs & Ecclesiastiques du ressort du Parlement de Paris; & estans instruits, seront iugez en dernier ressort & sans appel audit Siege de la Table de Marbre, par l'vn des Presidens du Parlement, & auec luy iusqu'au nombre de dix, tant des Conseillers de ladite Cour, que des Lieutenans & Conseillers audit Siege, à la charge que ceux du Parlement excederont en nombre double ceux dudit Siege.

S'il est question de reformations, abus, crimes, & delicts commis esdites Forests, ou qu'il y ait iugement de mort naturelle ou ciuile, donné par lesdits Iuges cy-dessus, où lesdits sieurs de la Cour ont assisté, aura-il appel.

Non, ains tels iugemens seront executez comme les Arrests de la Cour de Parlement.

Iusques à quelle somme se peuuent executer les Sentences desdits grands Maistres, & ses Lieutenans & Conseillers estans sur les lieux.

Iusques à quarante liures pour vne fois payer, & pour les despens non excedans icelle somme, pourueu qu'ils soient au nombre de trois.

Si quelques Officiers ont delinqué, qui en connoistra?

Lesdits grands Maistres, & leurs Lieutenans esdites Eauës & Forests.

Les grands Maistres & leurs Lieutenans aux Eauës & Forests peuuent-ils connoistre des droicts, d'vsages, delicts, & abus commis és Forests des Princes, Gentils-hommes, gens d'Eglise, & autres particuliers.

Ouy, par preuention auec les Officiers des maistrises particulieres.

Où seront receus les Maistres particuliers, & leurs Lieutenans?

Deuant le grand Maistre où son Lieutenans, à la Table de Marbre.

Des Esleus.

Chap. XIX.

Dequoy connoissent-ils?

DEs Tailles, Taillon, Subsides & Imposts, & connoissent tant des matieres ciuiles que criminelles.

Qu'est-ce que Taillon?

C'est vne crue des Tailles.

Iusques à quelle somme peuuent-ils iuger nonobstant l'appel?

Iusques à cent sols, & au dessous.

Peuuent-ils iuger en dernier ressort nonobstant l'appel, & en quel cas.

Iusques à trente sols de surtaux, & de cinquante sols de despens: & deffenses aux Cours Souueraines d'en connoistre.

Où se releuent les appellations des iugemens des Esleus.

En la Cour des Aydes.

Dans quel temps se doiuent releuer lesdites appellations.

Dans quarante iours.

FIN.

L'instruction des causes sommaires, dictes parlent sommairement.

CE n'est pas d'auiourd'huy que Monsieur le Procureur General s'est plaint à la Cour, des fuites & chicaneries de beaucoup de Procureurs, lesquels au lieu d'expedier les causes legeres promptement, & suiuant que les Reglemens & Arrests les y obligent, consomment les parties en frais, & les font miserablement perir en ceste ville, à la solicitation & poursuite d'vne affaire, qui pourroit estre vuidée en vn mot si la iustice regnoit en leurs consciences. C'est donc pourquoy la Cour a rendu diuers Arrests sur ce sujet, le dernier desquels i'ay seulement trouué à propos de mettre icy.

Extraict des Registres de Parlement.

Sur la plainte faite à la Cour par le Procureur General du Roy de l'inexecution des Arrests, mesme de celuy du vingt-deuxiesme Nouembre mil six cens dix, portant Reglement pour le soulagement des parties, auquel les Procureurs estoient obligez d'obeïr, & afin d'arrester le cours des longueurs que quelques vns d'entr'eux apportent à l'expedition des affaires du Palais, requeroit y estre pourueu, LA COVR a ordonné & ordonne que l'Arrest du vingt deuxiesme Nouembre mil six cens dix, sera executé, & suiuant iceluy enioint aux Procureurs vuider hors iugement dans trois iours apres le delay à eux donné suiuant la distance des lieux les causes d'appel de deffaux, coustumaces, desny de renuoy, fins de non proceder, taxes de despens faites en presence des Procureurs des parties, desertions, folles inthimations, & autres causes legeres, passer dans ledit temps les appointemens pris sur peine du seiour des parties en leurs noms priuez de la somme de soixante sols par chacun iour, & outre de vingt sols par iour pour la necessité des prisonniers, au payement desquelles sommes les refusans seront contraints en vertu de l'Ordonnance mise au bas de la Requeste, sans qu'il soit besoin d'en leuer autre executoire, & pour chacun des exploicts d'execution qui seront faits, les Huissiers de ladite Cour ne pourront prendre que douze sols parisis. Ordonné que l'Arrest sera publié en la Communauté des Aduocats & Procureurs à ce qu'ils n'en pretendent cause d'ignorance. Fait en Parlement le quatriesme Mars mil six cens quarante-vn, signé Guyer. Ledit Arrest leu & publié à la Communauté le 7. desdits mois & an.

Voila l'Arrest suiuant lequel les Procureurs deuroient faire prompte iustice pour le soulagement des parties, mais comme la bonté de la Cour ne demande que l'expedition, elle s'est aduisée encores depuis peu & au mesme temps du precedent, de donner l'Arrest, dont voicy la teneur, mesme pour l'expedition des instances sommaires, & causes sujetes à l'expedient.

Extraict des Registres de Parlement.

Sur la remonstrance faite par le Procureur general du Roy, que depuis quelque temps, les Audiences sur Requeste, ont esté si frequentes que ce qui s'estoit introduit, pour plus prompte expedition & iustice, & pour moins donner d'Arrests sur la requeste de l'vne des parties sans ouyr l'autre, les consommoit en longueur de temps & en frais, dont naissoit beaucoup d'autres desordres & inconueniens, dont requeroit y estre pourueu. LA COVR a ordonné & ordonne que pour faire droit sur les Requestes afin d'euocation, ionctions, disjonctions, deffenses particulieres, eslargissemens pour causes Ciuiles, cessions de biens, main-leuées, oppositions à l'execution de vente de meubles & des Arrests de ladite Cour non contradictoirement donnez, publications des monitions, reintegrandes, sequestres, prouisions & autres matieres sommaires, il sera mis sur icelles Requestes, parlant sommairement les parties à l'vn des Conseillers qui sera à cet-fin commis sans qu'il soit besoin qu'icelle Requeste soit rapportée, mais il suffira qu'elle soit mise sur le bureau, par celuy des Conseillers qui s'en sera chargé, au pied de laquelle Requeste sera estendu par l'vn des Clercs du Greffe seruant à la Chambre, le parlent sommairement, le nom du Rapporteur laissé en blanc, pour estre à l'instant remply de la main du President, sans qu'il soit besoin d'aucune distribution sur les Registres du Greffe de ladite Cour. Lesdites Requestes ainsi responduës pourrōt estre signifiées le mesme iour, auec commandement de comparoir le lendemain de la signification à la Barre de la Cour, deuant le Conseiller à ce commis; & si la partie ne compare, le commandement sera reïteré pour le iour suiuant, &c. Faute de comparoir sera donné defaut, par vertu duquel sera ordonné que la requeste & pieces seront mises dans le mesme iour par deuers ledit Conseiller, pour deux iours apres la signification de l'appointement estre procedée au iugement de l'instance: & si le deffendeur fournit deffences, l'appointement sera signé par vn comparant, contenant seulement les noms des parties, & dattes des Requestes, sans qu'il soit fait ny dressé aucun procez verbal par le Conseiller à ce commis, & seront les pieces & productions des parties baillées & renduës sans passer par le Greffe, lequel appointement portera que lesdites Requestes & pieces seront mises pardeuers ledit Commissaire, pour dans le mesme temps de deux iours, apres que lesdites pieces auront esté mises par l'vne des parties l'autre sommée de satisfaire, de sa part, estre procedé au iugement de ladite Instance, sans autre forclusion, ny signification & Requeste, lesquels deux iours ne courront que du iour de l'acte & sommation signifiée, & ne seront les appellations de tels appointemens receuables, & afin qu'il n'y ait suiet de donner Arrest à contredire, les parties seront tenuës se bailler respectiuement coppie l'vne à l'autre des pieces importantes qu'elles voudront mettre pardeuers ledit Commissaire; & pour éuiter aux surprises que pourroient commettre ceux qui sont demandeurs en requeste contre leurs parties, qui n'auront encore Procureur constitué en la Cour : Ordonne que si leursdites parties aduerses sont demeurantes en cette ville & faux-bourgs, en ce cas ceux qui presenteront telles Requestes seront obligez par icelles d'en faire mention, afin qu'elles puissent estre signifiées à personnes ou domicile de leurs parties aduerses ; & d'autant qu'il est tousiours necessaire de donner Arrest sur Requestes, pour ou contre les personnes demeurantes hors cette ville & faux bourgs, auant qu'elles peussent estre signifiées à personnes ou domicile, & encore moins qu'aucun Procureur ait peut estre constitué en ce cas quelques prouisions ou deffenses qu'ayent obtenu les demandeurs, le profit qui en sera leué sur la simple signification faite au Procureur, de la Requeste qui sera presentée à la Cour par la partie aduerse, sur laquelle Requeste sera tousiours mis, parlent sommairement pour y proceder; ainsi que dit est, si bon semble à l'vne ou l'autre des parties : Ne seront toutesfois lesdites deffenses leuées, si ce n'est contradictoirement, au cas qu'elles ayent esté données d'abatre des bois de haute futaye, démolir maisons, passer outre à vn contract, ou à la celebration d'vn mariage, d'enleuer ou tenir maieurs ou mineurs, eslargir prisonniers, les retenir ou traduire de prison à autre, en cas d'absence ou maladie des Rapporteurs, en sera subrogé vn autre sur Requeste par le President, auquel Conseiller subrogé seront baillées les pieces qui auront esté mises entre les mains du precedent Commissaire, laquelle subrogation sera signifiée, à ce que la partie aduerse n'en pretendẽ cause d'ignorance, seront les Arrests qui interuiendront sur lesdites Requestes prononcées de iour à autre, sans attendre le iour de la prononciation ordinaire, ne sera mis le committitur pour parler sommairement que sur les Requestes des cas cy dessus toutes les Requestes sur lesquelles sera respondu viennent les parties seront deliberées, & le nom du Rapporteur cotté, comme aussi l'Ordonnance escrite & mise de la main de l'vn des Clercs du Greffe seruant à la Chambre, deffenses sont faites aux autres de l'entreprendre, à peine d'amende arbitraire contre le contreuenant, & sera le present Arrest publié à la Communauté des Aduocats & Procureurs. Fait en Parlement le 4. Mars 1641.

Signé, GVYET.

Leu & publié en la Communauté des Aduocats & Procureurs, pour estre gardé & obserué, le 7. Mars 1641. Signé, Archambault.

Suiuant lequel Arrest, & pour l'instruction desdites instances sommaires: voicy la procedure qui s'y obserue.

Apres que la Requeste qui contient la demande de la partie a esté baillée à vn de Messieurs, ou au Commis du Greffe, il met au bas d'icelle ces mots; Parlent sommairement les parties à M. tel, Conseiller. Fait en Parlement le tel iour.

Ceste Requeste est par ledit Greffier presentée à Monsieur le President, qui remplit le nom du Rapporteur, & apres on va retirer ladite Requeste dudit Greffier ou du Conseiller à qui on l'a bailée, & on la fait signifier au Procureur de la partie aduerse, auec l'acte de sommation qui suit.

A la Requeste de M. tel, Procureur de tel, soit sommé, & interpellé M. tel, Procureur de tel, de comparoir demain dix heures du matin, deuant Monsieur tel, Conseiller en ladite Cour, à la Barre d'icelle, pour estre sommairement oüy sur l'enthterinement de la Requeste presentée par ledit tel, le tel iour & an, à ce qu'il n'en ignore.

Cét acte signifié, si le Procureur ne compare on en fait signifier vn second tout semblable, sinon qu'on y adiouste; Soit derechef sommé & interpellé, & si à ceste seconde sommation le Procureur du deffendeur ne compare, ny ne fournit ses deffenses par escrit, le demandeur prend par defaut le reglement qui suit.

Defaut est donné par nous (faut mettre le nom du Rapporteur,) Conseiller du Roy en sa Cour de Parlement, Commissaire en ceste partie: à tel demandeur à l'entherinement d'vne Requeste par luy presentée le tel iour, comparant par tel son Procureur, contre tel deffendeur & defaillant: Par vertu duquel nous ordonnons que ladite Requeste du demandeur, & ce que bon semblera aux parties, sera mis par deuers nous dans huy, pour à nostre rapport leur estre par la Cour fait droict, deux iours apres, ainsi que de raison. Fait à la Barre de la Cour le tel iour, & soit signifié.

Ce reglement signé de Monsieur le Rapporteur, on le fait signifier au Procureur du deffaillant, & l'on peut le mesme iour luy faire signifier qu'on produit, par l'acte qui suit.

A la Requeste de M. tel, Procureur de tel, soit signifié & declaré à Maistre tel, Procureur d'vn tel: Que suiuant le Reglement du tel iour, il a produit par deuers Monsieur tel, Rapporteur en l'instance sommaire d'entre les parties, de laquelle il poursuiura le iugement incessamment, à ce qu'il n'en ignore.

Apres la signification duquel Acte on le cotte sur le dos: Acte de produit pour vn tel, contre vn tel, & on le peut porter auec la production chez le Rapporteur, lequel vous donne Arrest apres les deux iours du produit expirez.

Mais si apres les sommations cy dessus le Procureur du deffendeur fournit de deffense, vous prenez le reglement en la forme qui ensuit.

Comparans pardeuant nous tel, Conseiller du Roy en sa Cour de Parlement, Commissaire en cette partie, tel demandeur à l'enterinement d'vne Requeste du tel iour, par tel son Procureur, d'vne part: Et tel deffendeur, par tel son Procureur d'autre part, apres que le demandeur a persisté en sa Requeste, & le deffendeur ses deffenses par luy fournies & requis despens; nous icelles parties ouyes auons ordonné que ladite Requeste & pieces des parties seront mises pardeuers nous dans huy pour deux iours apres leur estre fait droict, ainsi que de raison. Fait à la Barre de ladite Cour le tel iour, & soit signifié.

Ce reglement signé dudit sieur Rapporteur, & signifié au Procureur du deffendeur, faut dresser l'inuentaire de la production, comme és autres Instances cy deuant, sinon que d'ordinaire on produit sous la cotte A, la requeste qui contient la demande, sous la cotte B, les deffenses, sous la cotte C, les pieces iustificatiues de la Requeste, sous la cotte D, les pieces d'instruction, E l'inuentaire.

Et la production faite on la porte chez le Rapporteur, & on fait signifier vn semblable acte de produit que celuy cy dessus.

Deux iours apres le Rapporteur vous donne Arrest dont vous payez les espices, & leuez l'Arrest en la forme des autres Arrests, dont il est cy-deuant parlé, & l'Arrest leué, faut retirer le sac & pieces du Rapporteur, & luy en donner vne descharge. Quelques-vns veulent que les Procureurs aillent eux-mesmes deschacher leurs Registres desdites productions ; mais la plus grande partie de Messieurs pour le soulagement des Procureurs se contentent desdites descharges.

Est à obseruer que les demandeurs qui desirent auancer font faire coppie des pieces iustificatiues de leurs Requestes, & en font donner coppie au Procureur du deffendeur, ou à la partie, s'il n'a mis Procureur, & pourueu qu'elle demeure en la ville ou faux-bourg de Paris, sans attendre que l'on fasse signifier aucunes exceptions par vn acte en cette forme.

A la requeste de M. tel, Procureur en Parlement, & Procureur de tel : Soit signifié & baillé coppie à M. tel, Procureur de tel, ou à tel partie aduerse des pieces qui ensuiuent.

Premierement de telle piece, en datte du tel iour.

Plus, &c. & ce pour iustifier le contenu de la requeste, à ce qu'il n'en ignore.

En faisant signifier lequel Acte on peut faire les susdites sommations de deffendre, & ainsi l'on gagne le temps : Et s'il interuient Arrest à contredite l'on fait la mesme poursuite qu'és autres instances.

Extraict des Registres de Parlement.

SVr ce que le Procureur General du Roy a monstré à la Cour, Qu'au preiudice des Arrests d'icelle, donnez sur le reglement des parle sommairement, il se commet plusieurs desordres ausquels il est necessaire de remedier : Les Procureurs de la Communauté pour ce mandez & ouys, la matiere mise en deliberation. LA COVR a ordonné & ordonne, qu'il ne sera doresnauant mis parle sommairement sur aucune Requeste, sinon sur les Requestes afin d'euoquation, ionction, disionction, deffenses particulieres, & élargissement pour causes ciuiles, cession de biens, main-leuée de saisie mobilaire, opposition à l'execution & ventes de meubles, deniers, grains, & fruicts pendant par les racines, opposition à l'execution des Arrests donnez sur simple Requeste communiquée ou non communiquée, Publication de monitions, reintegrande, sequestre, prouision alimentaire, prouision sur promesse ou obligation, demande en reddition de compte contre le Commissaire general aux saisies reelles : Et afin de faire declarer vn Arrest interuenu en vne instance sommaire commun, pourueu que ce ne soit contre l'heritier d'vn deffunt, auquel cas sera l'instance traittée à la barre : Ordonne que doresnauant les instances de Subrogation aux criées, opposition afin de charge, ou distraire, mesme apres le congé d'adiuger, subrogation au lieu d'vn resignant, ou precedent titulaire, ou d'vn ceddant. Lettres de respy, d'omologation de Contracts, d'attermoyement, transaction, sentence arbitrale, peine de compromis, frais preiudiciaux, frais & mises d'execution, demande en condamnation de despens de deffaut leué aux presentations & folle assignation, se poursuiuront suiuant la forme ancienne à la barre de la Cour. Ordonne ladite Cour, que conformement à l'Arrest du 4. Mars 1641. le demandeur sera tenu donner copie en faisant signifier sa Requeste de parle sommairement sur les cas susdits, des pieces iustificatiues de sa demande, & le deffendeur de celles de ses deffenses le iour de la signification de la demande & deffenses, sans qu'à l'aduenir sur lesdites instances sommaires, il soit ou puisse estre donné aucun Arrest à contredire, ny ordonné que l'on contestera plus amplement pardeuant le Rapporteur, ains où l'instance sommaire ne pourroit estre iugée definitiuement sera renuoyée à la barre, ausquelles instances sommaires ne pourront aussi sous quelque pretexte que ce soit, estre iointes aucunes instances principales, appellations, sommations, requestes ciuiles, ny autres instances, ains se pouruoiront les parties sur icelles, selon la forme ancienne de proceder. Ordonne que les Requestes afin d'interuention és instances sommaires demeureront iointes ausdites instances, pour en icelles iugeant y estre fait droict, & si à l'aduenir le Conseiller commis sur aucun parle sommairement estoit absent, soit par maladie ou autrement, sera mis vn subrogatur sur la Requeste par le President pour iuger l'instance sommaire deux iours apres que la requeste aura esté signifiée. Fait iteratiues deffenses ausdits Procureurs de bailler aucunes requestes pour estre receus opposans aux Ordonnances de parle sommairement, ains proposer leurs moyens pour exceptions ou deffenses, & où il se trouueroit concurrence, & qu'en mesme iour de la signification deux Conseillers soient commis se pouruoiront à l'ancien, & que l'Arrest du 4. Mars pour l'instruction & iugement desdites instances sommaires, sera gardé & obserué, & pour pouruoir aux desordres qui sont au Greffe, où ne se trouuent le plus souuent les minuttes des Arrests donnez sur requestes ou instances sommaires. A ordonné & ordonne, qu'incontinent apres qu'vn Arrest aura esté fait & deliuré à la partie, la minutte d'iceluy sera baillée à vn des Clercs du Greffe escriuant à la peau qui sera proposé par le Greffier en chef d'icelle pour en faire Table, afin que les parties puissent facilement & promptement sçauoir les noms du Rapporteur & du Procureur qui aura presenté la Requeste & fait la poursuite : A fait & fait tres-expresses inhibitions & deffenses à tous Procureurs de cotter sur leurs Requestes, autre que celuy qui sera veritablement Rapporteur, & de contreuenir au present reglement à peine de nullité des procedures, despens, dommages & interests de l'vne & l'autre des parties, & de vingt-quatre liures Parisis d'amende en leurs priuez noms pour la premiere fois, applicable aux pauures de la Communauté des Aduocats & Procureurs de ladite Cour, dont sera deliuré executoire aux Procureurs de la Communauté d'icelle, & pour la seconde fois de suspension de leurs Charges pour trois mois, & sera le present Arrest leu en la Communauté desdits Aduocats & Procureurs tous les premiers Lundis de chacun mois, à ce qu'aucun n'en pretende cause d'ignorance. Fait en Parlement le 22. Nouembre 1651.

Signé, GVYET.

Leu & publié en la Communauté des Aduocats & Procureurs de ladite Cour, le Lundy 27. Nouembre 1653.

Signé, BIGEON.

REGLEMENTS POVR la Iustice.

EXTRAICT DES REGISTRES des Requestes du Palais, du premier iour de Iuin 1647.

LA Cour deuëment informée des abus & contrauentions qui se commettent par les Officiers d'icelle au preiudice des Reglemens cy-deuant faits : Et desirant y pouruoir, apres auoir ouy lesdits Officiers & Procureurs de Communauté, & veu les Reglemens cy deuant faits, &

en executant iceux par maniere de prouision : A ordonné & ordonne qu'il

1. Sera mis en tous les Iugemens de la Cour vingt-deux lignes à la page, & quinze silabes à la ligne, pour lesquels le Greffier en Chef ne pourra prendre pour tout droict, que vingt sols tournois pour roolle, non compris le droict de controolle, lequel il ne pourra leuer qu'en obseruant l'Edict de Creation d'iceluy, & ce faisant mettre trente lignes à la page, & vingt silabes à la ligne.

2. Enjoint à tous les Clercs escriuans en peau quinzaine apres que les Dictums de la Cour leur auront esté baillez, iceux mettre és mains dudit Greffier en Chef, & deffences à eux de les transporter hors l'estenduë de ladite Cour, à peine d'amende arbitraire.

3. Et au regard des Dictums des années precedentes iusques à huy, lesquels ils ont en leur possession; seront tenus lesdits Escriuains en peau, leurs veufves, heritiers ou ayans cause dans vn mois pour tous delais & par corps, iceux remettre entre les mains dudit Greffier en Chef, & dont ils se purgeront par serment, que par dol ou fraude, ils n'en retiennent aucuns, & ne delaissent d'en auoir, desquels Dictums ledit Greffier en Chef fera Registre d'année en année à ses despens : Et à l'esgard de ceux des années precedentes en fera expedier lesdits Registres dans quatre ans.

4. Ne pourra ledit Greffier en Chef prendre que cinq sols pour chercher les minuttes des Sentences renduës auparauant l'an, & pour chercher

celles qui auront esté renduës dans l'an, ne luy sera payé aucune chose.

5. Toutes Sentences diffinitiues, prouisoires, interlocutoires & autres contradictoires sujetes à execution, seront portées à la signature par les Clercs de Greffe à peine d'amende arbitraire, à la reserue des appointemens de retentions, delay de garand, de deliberer, de veüe, de produire, contredire ou à mettre, d'informer, renouuellement de delay, que les pieces seront mises au Greffe, promesse mise au Greffe, promesse tenuë pour reconnuë, fournir moyens de faux, satisfaire aux Sentences, à faute de ce faire passé outre au Iugement du procez, receu partie interuenante, communiquer Tiltres, escrite par memoire, intendits, les lieux veus & visitez, Reception d'enqueste, rendre compte, rapport entheriné, publication d'enqueste, subrogation de Criées, appointemens d'esllection de domicille & autres appointemens, concernans l'instruction de semblable qualité : Tous lesquels iugemens ne pourront estre deliurez par à tous ceux par le Commis de l'Audiance.

6. Pareillement seront portées à la signature les premieres encheres qui se publient en Iugement: Ensemble les adiudications, sans que l'on soit tenu d'y porter les actes d'opposition.

7. Deffences aux Commis des Greffes de mettre leurs noms à la fin des expeditions, ains la Collation seulement auec paraphe.

8. Toutes Sentences subietes à execution, ne seront signifiées ny publiées par les Huissiers sur la simple collation des Clercs de Greffe, si el-

les ne sont signées par le Greffier : Et pour toutes autres, elles seront signifiées sur la simple Collation.

9. Toutes Sentences diffinitiues qui gisent à execution, & celles dont il y aura appel seront leuées en forme ou par extraict, ainsi que bon semblera aux parties.

10. Les Decrets seront signez auant que d'estre scellez.

11. Dans les petits Dictums des Sentences d'Ordre ne sera employé à l'aduenir que les espices & prononciation d'icelles : Et seront tenus les poursuiuans Criées de payer & aduancer le droict de signature, qu'ils employeront par apres en frais extraordinaires de Criées.

12. Les actes homologuez seront transcripts dans les Sentences d'homologation si bon semble aux parties, & non autrement : Et sera tenu ledit Greffier en Chef signer lesdits Iugemens, ainsi qu'il en sera requis par les parties.

13. Seront tenus les Clercs escriuans en peau, escrire de leurs mains les Sentences lisiblement & correctement, & d'estre tousiours audit Greffe en habit decent : Deffences à eux d'auoir des Clercs pour escrire lesdites Sentences à peine d'amende.

14. Enioint aussi à tous les Commis dudit Greffe d'escrire ou faire escrire les Iugemens, & expeditions, lisiblement & correctement à peine d'amende.

15. Sera tenu ledit Greffier des Presentations Registrer les cedules des presentations tout au long, & en lettres lisibles dans les cahiers, qu'il sera

sera tenu clorre & signer tous les Mardys matin de chacune semaine, à peine de trente liures d'amende, applicable au pain des prisonniers de la Conciergerie du Palais, & à les communiquer aux Procureurs & à leurs Clercs pour les deliurer huictaine apres seulement, & ne prendra pour le deliuré d'vn deffaut ou congé, à faute de comparoir, que douze deniers soubs les mesmes peines.

16. Les Procureurs seront tenus se presenter au Greffe en toutes les causes suiectes à presentation, tant en demandant qu'en deffendant, & faire autant de presentations qu'il y aura d'exploicts separez & demandes differentes.

17. Pourront lesdits Procureurs se faire signifier les actes portant qu'ils ont receu les assignations, & qu'ils offrent d'occuper, & se bailler les cedules des presentations manuellement, & se cotter & signer sur leurs Registres, pourueu qu'ils se presentent si le cahier n'est pas clos, & au cas qu'il le soit, au cahier suiuant.

18. Ne pourront lesdits Procureurs se cotter sur le cahier desdites Presentations, qu'au prealable ils n'ayent donné leurs cedules signées d'eux au Greffier.

19. Les cedules desdites Presentations seront registrées, les cahiers d'icelles cottez par nombre, & paraphez en chacun feuillet.

20. Deffences à toutes personnes de transporter lesdits cahiers hors le Greffe à peine d'amende arbitraire.

21. Enioint au Commis de l'Audiance de parapher incessamment, & deliurer aux Procureurs

& leurs Clercs les minutes des Iugemens & appointemens concernans l'instruction des causes, pour estre par lesdits Procureurs ou leurs Clers, & non par autres mis en parchemin, sans que ledit Commis en puisse prendre aucune chose, fors des Sentences qu'il a droict, & est en possession d'expedier en forme, lesquelles il ne pourra prendre qu'à raison de sept sols, six deniers pour chacun roolle, en mettant à la page d'vn feüillet ou roolle en parchemin vingt-deux lignes, & quinze syllabes à la ligne, & en la peau escrite sur le blanc quarante-quatre lignes.

22. Sera tenu le Commis de l'Audiance mettre les minutes des Sentences qu'il aura expediées en forme és mains du Commis du paraphe à la sainct Martin, & Pasques de chacune année.

23. Le Commis & garde des sacqs & Registres, sera tenu toutes les semaines du iour du produit, & sans attendre les forclusions, mettre les instances en distribution sans aucune remise, pour quelque cause & occasion que ce soit.

24. Enioint au Commis garde du depost de rendre les sacqs aux Procureurs quand il n'y aura point d'appel des Sentences, en luy payant cinq sols tournois pour sa descharge, quelque nombre de sacqs qu'il y puisse auoir pour vne partie ou plusieurs parties, par mesme Procureur & mesme production, pourueu toutesfois que lesdits sacqs ayent passé au Greffe.

25. Quand il y aura appel d'vne Sentence, sera tenu ledit Commis garde du depost de porter incessamment le procez au Parlement, & ne pourra prendre que cinq sols tournois pour cha-

cune partie ou plusieurs partie par mesme Procureur & mesme production, quelque nombre de sacqs qu'il y ait.

26. Le Commis garde du depost ne pourra prendre pour la façon d'vn executoire ou port d'enqueste ou procez que cinq sols tournois, & pour l'enuoy des pieces maintenuës fauses, moyens de faux, & autres baillez aux Messagers que quinze sols tournois.

27. Ne pourra ledit Commis garde du depost prendre aucune chose pour la reception des enquestes, informations, pieces maintenuës fausses qui luy seront apportés, fors pour les bailler, cinq sols tournois.

28. Enioint aux Commis des Chambres incontinent qu'vne sentence aura esté proncée de porter ou faire porter les sacqs és mains du Commis garde des sacqs & Registres, pour en faire la descharge sur le produit, à la reserue des Iugemens interlocutoires & de prouision, dont les sacqs seront remis à l'instant és mains des Clércs des Rapporteurs.

29. Deffences ausdits Commis & à leurs Clércs de communiquer lesdits sacqs ny aucunes pieces d'iceux, à peine d'amende arbitraire, & sur ledit produit seront tenus les Clercs escriuant en peau se charger quand il faudra expedier vne sentence en forme, & ce fait, les remettront entre les mains dudit Commis, garde des sacqs & Registres, qui en demeurera chargé, iusques à ce qu'il les ait rendus aux Procureurs, ou portez au Parlement en cas d'appel, & seront tous les sacqs desdits procez baillez ausdits Commis, garde des sacqs dans trois mois.

30. Seront aussi les Dictums mis és mains des Clercs escriuans en peau par les Commis desdites Chambres aussi tost qu'ils auront esté prononcez, lesquels Clercs escriuans en peau s'en chargeront sur vn Registre qui sera par eux fait & gardé par les Commis desdites Chambres, lequel registre sera porté de mois en mois par les Commis desdites Chambres és mains du Greffier en Chef, lequel retirera sans salaire desdits Clercs escriuans en peau les Dictums qui ne luy auront point esté rendus dans la quinzaine, comme a esté dit cy-dessus.

31. Les Commis des Chambres ne pourront prendre que 8. s. tournois pour la prononciation d'vne Sentence renduë par deffaut ou congé : & pour les deffauts diffinitifs où il y a deux escus d'espices, que dix sols tournois ; pour les forclusions 15. sols tournois ; & pour les Sentences renduës sur productions des parties, 16. s. tourn. pour la premiere feüille ; & pour les autres suiuantes 12. s. tournois, en mettant à chaque feüillet trente lignes au moins, & à chaque ligne seize sillabes ; pour les aduenirs cinq sols tournois. Pour les Reglemens donnez aux Audiances des Chambres par deffaut ou congé quinze sols tournois : & pour les contradictoires seize sols tournois.

32. Les Commis des Chambres prendront pour les Sentences d'Audiance seize sols tournois pour roolle, en mettent à la page vingt-deux lignes, & quinze sillabes à la ligne.

33. Et pour vne redistribution quelque nombre de sacqs qu'il y ait vingt sols tournois, & pour les forclusions douze sols tournois.

34. Ne pourront lesdits Commis prendre aucune chose pour respondre sur les requestes de reception, de production nouuelle, ny pour les bailler à l'Huissier: Et deffences à eux de respondre aucune requeste pour quelque cause que ce soit, depuis qu'il y aura Rapporteur, & à cette fin les Procureurs seront tenus cotter sur les Requestes les noms desdits Rapporteurs.

35. Tous appointemens passez entre les Procureurs des parties donnez à l'Audiance du Parquet, concernans l'instruction des procez, seront deliurez ausdits Procureurs sur les expeditions qu'ils en feront eux-mesmes; & ne pourra le Commis des paraphes prendre pour son droict de paraphe que deux sols tournois, & des deffaux, permissions & aduenirs six deniers tournois: Et des Sentences qu'il expediera en forme cinq sols tournois pour chacun roolle en mettant vingt-deux lignes à la page, & quinze sillabes à la ligne. Deffences aux Commis des paraphes d'expedier aucuns Iugemens qu'ils n'ayent esté prealablement paraphez par le Commis de l'Audiance, si ce n'est des Iugemens pris entre les Procureurs par appoincté & de leur consentement; & ne pourront lesdits Procureurs faire entrer lesdits Iugemens en taxe de despens, s'ils n'ont esté paraphez par ledit Commis de l'Audiance.

36. Ne pourra le Commis tenant les criées prendre pour l'enregistrement des criées des maisons, rentes, Offices & autres biens de pareille nature, & heritages non excedans cinq articles iceluy includ, que quarante sols tournois; & pour dix articles iceluy aussi includ, soixante sols tournois, &

depuis dix quelque nombre qu'il y ayt 4. liures tourn. Pour vn acte d'opposition 10. s. tourn. & pour le deliuré du Decret 15. sols tournois.

37. Enioint ausdits Commis des Criées de mettre aux Sentences d'adiudication vingt deux lignes à la page, & quinze sillabes à la ligne, & auront douze sols tournois pour roolle.

38. Ne pourront lesdits Commis pour l'extraict des opposans prendre que huict sols tournois pour roolle, ausquels ils seront tenus de mettre vingt-deux lignes.

39. Deffences aux Clercs escriuans en peau d'inserer aux Sentences en forme les aduertissemens & contredicts : Enioint d'y mettre seulement les demandes & deffences, & moyens sommaires des parties, pour lesquels auront six s. tournois pour chacun roolle, ausquels ils seront tenus de mettre 22. lignes à la page, & 15. sillabes à la ligne, desquelles Sentences ils seront tenus faire minute sans qu'ils puissent rien pretẽdre pour le droict de minutte : Et pour les Sentences de prouision par extrait, n'y pourront mettre que les qualitez, Reglemens & dispositif, sans qu'ils puissent prendre desdites Sentences plus de six sols tournois pour roolle comme dit est.

40. Deffences aux Huissiers & seruiteurs des Chambres de prendre argent des parties pour les Audiances qui se donneront aux Chambres; Et de prendre plus de dix sols tournois pour la communiquation d'vne production nouuelle, & sans qu'ils puissent prendre aucun droict pour les remettre au Greffe des sacqs & Registres.

41. Et ne pourront prendre pour leurs assistances

aux publications qu'ils feront pardeuāt Messieurs plus grands salaires que huict sols tournois.

42. Et seront tenus les Huissiers de seruice se trouuer en habit decent à l'entrée des Chambres, à sept heures du matin, & à 2. heures de releuée, pour receuoir les commandemens de la Cour, sans que pendant ledit temps, ils en puissent desemparer sans permission, & en cas de contrauention seront mulctez d'amende arbitraire.

43. Seront aussi tenus tous les Officiers de ladite Cour se rendre en la fonction de leurs charges au palais en habit decent aux heures prescriptes par les Ordonnances à peine d'amende arbitraire.

44. Enioint ausdits Huissiers d'eux mesmes faire toutes les significations & exploicts, iceux nettement & lisiblement escrits, sans qu'ils puissent faire les significations à domicile, sans charge expresse escrite & signée du Procureur, au dos de la piece qu'il faudra signifier & faire eux mesmes lesdites significations, sans les faire faire à leurs Clercs à peine de faux : Et en cas qu'ils le fassent permis aux procureurs de se saisir desdits Clercs, ensemble des expeditions desquelles, ils seront porteurs pour preuues desdites contrauentions.

45. Deffences aux Greffiers & Huissiers de deliurer les expeditions & actes, que aux Procureurs, leurs Substituds ou Clercs, & non aux parties ny soliciteurs.

46. Ordonne que tous lesdits Huissiers seront au palais en leurs places à huict heures du matin & y feront residence iusqu'à midy: Et depuis la S. Martin iusqu'à la Chandeleur, depuis 2. heures de releuée, iusqu'à cinq, & depuis ledit iour iusques à

la S. Simon & S. Iude, iusques à six heures ; & ne pourront faire aucunes significations en Esté apres 7. heures, & en Hyuer apres 5. à peine de nullité.

47. Enioint à tous les Officiers de la Cour de mettre le receu de leurs droicts au dos des actes qu'ils deliureront.

48. Sera le Reglement du 29. Decembre 1636. fait entre le Greffier des Collations & les Huissiers de ladite Cour, touchant les Collations, executé selon sa forme & teneur : Et en ce faisant, ne pourront lesdits Huissiers estre Commis pour faire lesdites Collations, sinon auec connoissance de cause.

49. Les deffaux se pourront bailler à Iuger six iours apres la signification de la permission, & trois iours apres la premiere iteratiue, & s'il y en eschet vne seconde ou autres iteratiues vingt-quatre heures apres la signification.

50. Et seront les demandeurs tenus bailler coppie de leurs pieces sur lesquelles ils fondent leurs demandes ; autrement & à faute de ce faire, ne courra le delay pour deffendre, que du iour de ladite communication.

51. Tous declinatoires seront proposez quinzaine apres la signification du premier deffaut : Autrement & à faute de ce faire dans ledit temps & iceluy passé, le delay de deffẽdre ne delaissera d'auoir son cours, & ne sera donné aucun nouueau delay, si ce n'est auec grande connoissance de cause.

52. Tous appointemens seront receuz sans que qualitez puisse nuire ny preiudicier, si à la signification d'iceux le Procureur ne l'empesche : Et par sa responce declare les causes de son empesche-

ment, ou par Requeste presentée le lendemain de ladite signification.

53. Toutes Sentences données, tant sur production qu'à l'Audiance, & sur deffault seront par les Clercs du Greffe deliurées par extraict s'ils en sont requis.

54. Enioint à tous les Procureurs de mettre en tous les appointemens immediatement aptes le nom de chacune partie, le nom de son Procureur: Faict deffences au Greffier d'en receuoir autrement à peine de nullité.

55. Seront à l'aduenir deliurées Sentences par deffaut, portant profit aux Procureurs qui auront vne Requeste respondue & signifiée auec deux aduenirs signifiez; Et en cas que les condamnez par icelles obtiennent par deffault des deffences d'executer lesdites Sentences: Lesdites deffences seront leuées sur le premier aduenir signifié; & seront tenus les Procureurs de demander le Rapport des appointemens & Sentences subiectes à rapport vn mois apres la signification qui leur en sera faicte, autrement ils n'y seront plus receuz, & seront les rapports demandez: Sçauoir des appointemens & Sentences données à l'Audiance du Parquet, & de celles à faute de comparoir ou de deffendre à ladite Audiance du Parquet, & les autres aux Chambres où elles auront esté dõnées.

56. Ne pourront les Procureurs demander le rapport des Sentences qu'ils ne les ayent à la main ou coppie d'icelles signifiées.

57 Et seront pareillement tenus les Procureurs de produire au Greffe toutes leurs productions complettes, mettre & signer le defficit s'il y en a, à pei-

ne d'amende contre les contreuenans : Et deffences au Commis du depost de receuoir lesdites productions, si elles ne sont complettes.

58 Deffences aux procureurs presenter Requestes pour plaider aux Chãbres, soit sur le principal ou prouision, s'il n'y a des deffences fournies, & d'en poursuiure le Iugement par deffaut, s'il n'y a aduenir ou acte : Et en cas qu'il y ait vne des Chãbres saisies par requeste presẽtées en icelle & signifiées : Leur fait deffences de se pourueoir à d'autre Chambre, à peine d'amende arbitraire pour la premiere fois, & d'interdiction pour la seconde.

59. Enjoint aux procureurs de mettre en toutes les expeditions des causes, où il y aura plusieurs parties & procureurs ; & notamment és ordres les noms & surnoms de ceux pour lesquels ils occupent, & de cotter leurs noms sur peine de tous despens, dommages & interests des parties en leurs propres & priuez noms, faire les copies lisibles & en bon papier.

60. Deffences aux procureurs de faire faire aucuns inuentaires de productions par leurs Clercs. Enjoint à eux de les faire eux-mesmes, & les faire escrire correctement & lisiblement, & de mettre à chacune page de grand papier, vingt-deux lignes & douze silabes à la ligne, & en petit papier douze lignes à la page, & six silabes à la ligne.

61. Leur fait deffences de faire aucuns aduertissemens, contredicts & saluations, ny de les faire signer par les Aduocats: Permis à eux de faire vn recit sommaire au preambule de l'inuentaire, & quand il y aura aduertissemens faits par Aduocats: Deffences à eux de les transcrire dans l'inuentaire,

ny de faire aucun recit du fait ; leur permet seulement d'y mettre les Conclusions. Fait aussi deffences aux procureurs poursuiuans Criées de faire plus d'vne production en l'ordre.

62. Pourront neantmoins faire des productions nouuelles si besoin est.

63. Enioint aux procureurs d'attacher des Copies aux Requestes qu'ils presenteront, & de mettre les productions & Requestes de contredicts dans des sacqs.

Criées.

64. Ordonne qu'à l'aduenir apres les Criées faites & certifiées, elles serõt rapportées & Registrées au Greffe, & ne se pourra faire aucune poursuite sur lesd. Criées que 8. iours apres l'enregistrement d'icelles, & se feront les poursuites pour bailler moyẽs de nullité cõtre le saisi, sans qu'il soit besoin de le faire signifier à aucun procureur des oposãs.

65. Sera tenu le Commis des Criées d'auoir en son Greffe les Registres desdites Criées, & les communiquer aux procureurs toutesfois & quand il en sera requis sans prendre aucun salaire.

66. Le poursuiuãt Criées sera tenu de bailler Copies au procureur du saisi & plus ancien procureur des opposans des actes, moyens d'oppositiõ & Tiltres afin de charge, & de distraire, & leur declarer le nom de Mrs les Rapporteurs, & aux procureurs des opposans afin d'hypotheque, leur declarer par actes lesd. oppositiõs, afin qu'ils ayent à en prẽdre cõmunicatiõ par les mains dud. anciẽ procureur, pour lequel acte ne sera taxé pour chacune signification & Copie faite à chacun procureur, que 16. den. parisis, en ce compris le droict de l'Huissier.

67. Qu'il ne se fera aucune poursuite contre les opposans afin de conseruer, soit de bailler causes d'opposition ou pieces iustificatiues, ains seulement sera pris le Reglement à produire à huictaine, pendant lequel temps les opposans pourront bailler leurs causes d'oppositions: Et où les Procureurs le feront, lesdits frais n'entreront en taxe, & où ils seroient passez par le tiers, en respondra en son nom,& sera priué de sa taxe.

68. Le congé d'adiuger estant interuenu, sera enregistré par ledit Clerc ayant les charges de Criées, ensemble les Sentences, Iugemens, afin de charge ou de distraire, sans qu'il puisse prendre aucun droict.

69. Le Commis des criées sera tenu mettre en l'enchere qui sera faite en chaque page vingt-deux lignes, & à la ligne quinze sylables, & pour chacun roolle luy sera payé sept sols six deniers tournois.

70. Et apres ladite enchere, sera publié par le premier Huissier desdites Requestes l'Audiance tenant: Et pour son salaire sera payé & taxé quinze sols tournois; & pour les affiches au Parquet desdites Requestes, aux portes du Palais, sainct Barthelemy, & autres lieux où besoin sera cinquante sols tournois pour tout, & pour la publication sur laquelle sera fait des remises huict sols tournois.

71. Sera ladite enchere publiée aux Iurisdictions des choses saisies, & pour ce faire payer au Greffier trente sols pour en deliurer acte.

72. Et outre ladite enchere, sera publié au Prosne des Parroisses des choses saisies les Dimanches,

dont les Curez bailleront certificat, & pou iceux leur sera baillé cinq sols tournois.

73. Apres la quarantaine expirée, à compter du iour de la publication faite sur les lieux de la premiere enchere, sera dressée l'adiudication, sauf quinzaine, dans laquelle ne seront compris tous les heritages: Mais seulement sera fait mention estre declarez en la premiere enchere, dans laquelle adiudication seront mises les charges nouuelles, & autres innouations suruenuës depuis la premiere enchere, laquelle adiudication, sauf quinzaine, sera mise au net vn en parchemin par le Commis desdites criées, ainsi qu'il est dit cy-dessus, auquel sera payé quinze sols tournois, & pareille somme pour la publication à l'audiance.

74. Ladite adiudication, sauf quinzaine, sera signifiée au Procureur du saisi, & à tous les Procureurs des creanciers opposans, apres laquelle quinzaine expirée seront faites trois remises de quinzaine en quinzaine, qui seront signifiées aux Procureurs des saisis, & plus ancien Procureur des opposans, pour chacune desquelles remises sera payé audit Commis de l'Audiance dix sols tournois, au premier Huissier huict sols tournois, apres lesquelles se fera l'adiudication au plus offrant & dernier encherisseur en la maniere accoustumée, & pour le droict de ladite adiudication sera taxé au Commis de l'Audiance, & au premier Hussier pareille somme. Et où il arriueroit quelques oppositions ou empeschemens à l'adiudication, il ne sera fait ny taxé aucune remise, si ce n'est

apres les empeschemens leuez, laquelle remise sera signifiée à tous les Procureurs desdits opposans, qui seront lors de ladite adiudication, sauf quinzaine.

75. Sera tenu l'Adiudicataire de consigner dans quinzaine le prix de son adiudication : Et en cas de poursuites allencontre de luy, à faute de ce, les frais d'icelle seront par luy payez, sans qu'ils puissent estre compris en la declaration des frais extraordinaires de criées.

76. Sera tenu le poursuiuant criées mettre és mains du premier Huissier l'enchere & adiudication, sauf quinzaine, sans laquelle ne sera fait aucune publication ny enchere

77. Sera le Decret expedié par le Commis de l'Audiance, sans que par iceluy il puisse vser d'aucunes redites, ains le plus succintement que faire se pourra : Et sera tenu de mettre à chacune page vingt-deux lignes, & quinze syllables à la ligne, & pour son salaire aura douze sols tournois pour chacun roolle, sans qu'il puisse rien pretendre pour la minute.

78. Et apres ledit Decret expedié, sera mis entre les mains du Receueur des Consignations pour mettre sa quittance, sans que luy ou son Commis puissent pretendre aucun droict pour ladite quittance, & apres sera ledit Decret mis és mains du Commis à la garde du scel de ladite Cour, auquel pour iceluy garder vingt-quatre heures, & apres apposer le sceau, sera payée cinq sols tournois; & pour les oppositions formées en ses mains huict sols tournois, & pour l'enregistrement

quinze sols tournois, sans qu'il puisse pretendre aucune chose pour la garde : Permis aux parties choisir tel Notaire que bon leur semblera, pour faire expedier leurs quittances.

69. Apres l'adiudication sera leué l'extraict des opposans, sans que dans le roolle d'iceux ledit Clerc puisse mettre que le nom du Procureur de l'opposant, & de la qualité d'iceluy, & par ledit extraict sera tenu faire mention des opposans dénommez au procez verbal de criées.

80. Sur lequel extraict le Procureur du poursuiuant Criées obtiendra l'appointement à produire, & sur iceluy fera vne seule production : Et ne pourront les procureurs des opposans faire aucune poursuite de l'ordre qu'ils n'ayent esté au prealable subrogez.

81. Sera l'instance d'Ordre mise en distribution, ainsi qu'il est accoustumé, & ayant retiré le procureur du poursuiuant Criées les productions, contredira icelles par vn seul contredit, dont il sera tenu bailler vn extraict à chacun des Procureurs pour ce qui les concerne, sans qu'il puisse estre taxé que deux coppies ; Sçauoir l'vne d'icelles entiere, qui sera baillée au procureur du saisi, & l'autre pour tous les opposans en la forme cy-dessus.

81. Et si le poursuiuant criées neglige la poursuite de l'Ordre, vn opposant pourra demander la subrogation sans estre tenu à aucun remboursement : Et si nonobstant ladite subroga-

ledict poursuiuant Criées continue ses poursuites, elles ne luy seront taxées comme inutiles.

83. Les sacqs ne pourront estre rendus aux Procureurs que par le Clerc & garde des sacqs & Registres, ainsi qu'il est accoustumé.

84. Et quant à la taxe des despens de frais extraordinaires de Criées seront taxez auec le Procureur du saisi poursuiuant & plus ancien Procureur des creanciers opposans seulement, & où il y auroit plusieurs debiteurs saisis qui seroient comparus par diuers Procureurs, ne sera taxé pour tous lesdits Procureurs qu'vne seule assistance, qui sera partagée esgalement entre eux.

85. Et au regard du Commissaire aux saisies reelles tres expresses inhibitions & deffences luy sont faites de contreuenir à l'Edict de Creation de sondit Office, & de faire plus grandes procedures pour paruenir au Bail Iudiciaire, qu'vne Ordonnance & deux deffaux, & tout ce qui sera fait au pardessus sera reietté, sans qu'il puisse les repeter allencontre des saisissans & saisis, & les Baux qui seront faits des choses saisies, seront faits le plus succinctement que faire se pourra.

86. Et à chacune page desquels Baux sera mis vingt-deux lignes, & quinze silables à la ligne, & ne pourra ledit Commissaire pretendre aucun voyage des Sergens exprez enuoyez sur les lieux pour paruenir ausdits Baux, ains seulement vn vin de Messager.

87. Toutes adiudications qui seront faites à l'aduenir en ladite Cour, seront à la charge, que l'Adiudicataire sera tenu de souffrir que le Fermier iudiciaire iouisse de son Bail pour le reste de l'annee

en

en laquelle l'adiudication luy sera faite en luy payant le pris d'iceluy, si mieux il n'ayme rembourser de ses labeurs & semences, ce qu'il sera tenu faire de ses deniers, & sans que luy ny lesdits Fermiers iudiciaires puissent cy-apres pretendre aucun remboursement de leurs labeurs & semences sur les biens du saisi ; Et seront les poursuiuans criées dans tous les affiches & remises qu'ils feront faire, d'y faire inserer & publier ladite charge.

88. Et sera tenu le Receueur des Consignations à la premiere requisition qui luy sera faite par le Procureur du poursuiuant criées, ou le plus ancien Procureur des opposans, de deliurer vn Extraict sommaire des payemens qu'il aura faits en consequence de la sentence d'ordre pour voir les creanciers qui auront esté payez, & ce qui reste en ses mains, sans que pour ce, il puisse pretendre aucune chose : Et sera tenu le Procureur du poursuiuant criées, mettre incessamment la sentence d'ordre, & procez verbal de liquidation entre les mains du Receueur des Consignations, lequel Procureur sera tenu iceluy communiquer aux Procureurs des autres opposans, quand requis en sera, sous leur recepissez.

89. Enioint aux Clercs de Messieurs en tous actes qui seront par eux deliurez & expediez, de mettre en chacune page vingt-deux lignes, & douze syllabes à la ligne.

90. Et pour l'obseruation du present Reglement, sera commis de mois en mois vn de Messieurs des Chambre de la Cour, pardeuant les

quels se pouruoiront ceux qui auront à faire plaintes des contrauentions audit Reglement, pour estre par eux fair rapport à ladite Cour, & par elle pourueu, ainsi que de raison.

Extraict des Registres de Parlement.

CE iour la Cour, ayant deliberé sur ce qui a esté proposé par le Procureur General du Roy, & arresté à la derniere Mercuriale; concernant les entreprises qui se font sur la iurisdiction & auctorité du Parlement par euocations en la Cour des Aydes, des Requestes de l'Hostel & du Palais, Chastelet de Paris, & autres Iustices subalternes, & par des appellations qui se releuent en ladite Cour des Aydes, qui se doiuent releuer au Parlement : Et oüy sur ce les Procureurs de la Communauté pour ce mandez : A ordonné & ordonne audit Procureur General, faire diligence de rechercher les actes & memoires des diferens particuliers euoquez & releuez, Pour y estre pourueu au premier iour : Cependant fait inhibitions & defenses à tout procureur du parlement de signer aucunes requestes pour euoquer & relener des appellations en ladite Cour des Aydes, de causes qui auront esté meuës & intentées en premiere instance esdites Requestes de l'Hostel, & du palais & Chastelet de paris : Leur fait en outre defenses d'occuper esdites instances euoquées, & appellations en ladite Cour des Aydes : Leur enioint de se pouruoir audit parlement, & y proceder, & non ailleurs: sauf à ordonner sur le renuoy en ladite Cour de

Aydes, si faire se doit: Et sera le present Arrest leu & publié en la Communauté desdits procureurs. Fait en parlement le 14. Iuin 1649.

De l'Ordonnance de la Cour, le present Arrest a esté leu & publié en la Communauté des Aduocats & Procureurs d'icelle, le 17. iour de Iuin, 1649.

Signé, Le Roy.

Extraict des Registres de Parlement.

CE iour la Cour, ayant deliberé sur ce qui a esté proposé par le procureur General du Roy, & arresté en la derniere Mercuriale: concernant les taxes des despens: Et oüy les procureurs de la Communauté pour ce mandez: A arresté & ordonné, qu'à l'aduenir toutes taxes de dépens se feront à tournois, & non à parisis: Qu'il ne sera taxé, mesmes pour frais ordinaires & extraordinaires de criées, que douze deniers tournois pour le Commissaire; huict deniers tournois pour l'assistance du procureur; & six deniers tournois pour le calcul: Et qu'esdit frais ordinaires & extraordinaires, il ne sera point taxé le double: Et sere le present Arrest publié à la Communauté des Aduocats & Procureurs de ladite Cour. Fait en Parlement le 14. Iuin, 1649.

De l'Ordonnauce de la Cour, le present Arrest a esté leu & publié en la Communauté des Aduocats & Procureurs d'icelle, le 17. Iuin 1649.

Signé, Le Roy.

Extraict de l'Arrest de Reglement general & contradictoire fait entre les Greffiers & Commis des Greffes Ciuil & Criminel, de la Cour de Parlement, le 3. Mars 1635. Par lequel se void clairement en quel desdits Greffes les sacqs, procez, enquestes, informations, declarations des despens, pieces iustificatiues d'iceux, comptes, pieces maintenues de faux, moyens de faux, & toutes autres choses se doiuent mettre, & en quel desdits Greffes les expeditions s'en doiuent faire.

PAR le premier article d'iceluy Reglement, il est dit, que tous les procez criminels, commencez & instruits criminellement auec leurs dependances, seront portez audit Greffe Criminel.

Fors & excepté les procez criminels où il y aura Sentence confirmatiue d'autre sentence de reception en procez ordinaire & en enqueste : Et encores les procez, instances, informartions & autres pieces concernans les dégradations de bois, spoliations, reuendications, & reintegrandes, banqueroutes & autres semblables differens, qui par Sentence seront reduits à des amendes pecunieres, restitutions, dommages, interests & despens ; quoy que le Procureur General y soit partie ou ses Substituts, & que l'instruction en aye esté faite extraordinairement, lesquels seront mis & portez au depost dudit Greffe Ciuil : A la charge neantmoins, que si on reprenoit l'extraordinaire separement, ou que par que lesdites Sentences il y eust peines afflictiues ou à faire declaration nuë teste, blasmé ou admonesté en la chambre, seront portez au Greffe Criminel, & par les autres condamnations esquelles les peines seront moindres, que celles-cy, cy-dessus, appartiendront au Greffe Ciuil.

Que s'il est fait vn procez criminel à vn banqueroutier separément, appartiendra au Greffe Criminel, toutesfois si on iuge conioinctement la deconfiture de ses effets & biens auec ses creanciers, femme & enfans, seront portez au Greffe Ciuil.

Les informations qui seront faites en vertu d'Ordonnance ou Arrest de ladite Cour sur faussetez, subornations de témoins ou autres crimes qui interuiendront incidamment faites aux executeurs des Arrests donnez esdites matieres ciuiles, & sur la contrauention desdits Arrests ou attentat, seront portez audit Greffe Ciuil, pour y estre registrez & distribuez: Toutesfois où esdites matieres il y auroit force publique, port d'armes & assemblées illicites, meurtres, homicides ou autres grands exceds requerans peines extraordinaires, audit cas seront les informations portées audit Greffe Criminel.

Et où és matieres de faussetez & autres crimes qui interuiendront incidamment esdits procez ciuils, la Cour verroit le crime incident requerir vne punition extraordinaire, & renuoyroit icelle instance criminelle en la Tournelle, audit cas iceux procez criminels incidens seront portez au Greffe Criminel pour y estre registrez & distribuez,

Item, Les declarations de despens dont il y aura

appel, & qui seront adiugez par Sentence ou par Arrest, quoy que donnez en matiere criminelle, seront portez audit Greffe Ciuil auec leur dependances, excepté les appellations d'articles de despens qui seront iointes à des appellations de Sentences portans adiudication d'iceux ou de Requeste ciuile, si aucune il y en auoit, lesquels audit cas appartiendront audit Greffe Criminel.

Tous procez de separations de corps & de biens seront portez au Greffe Ciuil pourueu qu'il n'y ait condamnation de peines cy-dessus declarées, & qu'esdits procez & instances, il n'y ait accusation de venefice ou attentat, auquel cas seront portez audit Greffe criminel. Comme aussi, tous procez de rapt, pourueu que l'action n'ait commencé ciuillement, pour dot, allimens, pensions ou dommages & interests, auquel cas ils seront portez & mis audit Greffe Ciuil.

Reglemens touchant les taxes des expeditions des Greffes de la Cour de Parlement, & exercices de leurs charges.

Extraict des Registres de Parlement.

ENtre les Clercs du Greffe ciuil de la Cour, escriuans à la peau, demandeurs à l'entherinement d'vne requeste par eux presentée à ladite Cour, le dix-neufiesme Decembre six cens treize, d'vne part: Maistre Daniel Voisin, & Iean Guyet, exerçans les principales charges de l'Audiance, & du Conseil de ladite Cour, deffendeurs d'autre. Veu par la Cour, l'Arrest donné en plaidant le vingt-deux Feurier, 614. par lequel auroit esté ordonné que ladite requeste, reglement de l'an cinq cens quatre-vingts quinze, & autres seroient mis pardeuers aucuns Conseillers d'icelle, pour en deliberer au premier iour: Ladite requeste desdits Clercs, tendant afin suiuant les Edicts du Roy, des années cinq cens quarante-quatre, & soixante-dixsept, verifiez en ladite Cour: L'arrest du Priué Conseil du vingt trois Octobre quatre-vingt-deux: Et l'Arrest de reglement de l'an cinq cens quatre-vingts-quinze, fussent maintenus en l'exercice de leurs charges, ledit reglement gardé & obserué: & en ce faisant estre conseruez à faire la grosse de toutes les expeditions dudit Greffe, distribution égale fust faite entr'eux suiuant les reglemens, defenses audit Voisin & Guyet de les y troubler, & condamnez leur restituer les émolumens. Arrest des quatorze Aoust quatre-vingts quinze, 24 Nouembre six cens, vingt-trois Iuin six cens vn, & 24. Mars six cens dix; Escritures, productions & contredits desdites parties qui n'auroient baillé saluations. Requeste presentée à ladite Cour par lesdits Clercs le 15. Ianuier dernier, tendant afin qu'il fust ordonné que les pourueus desdites charges de Clerc escriuant à la peau, seroient examinez par deux Conseillers, & receus en icelle auec les pieces y attachées, signifiée & mise au sac. Requeste presentée à ladite Cour, le iour des presens mois & an, par M. Esmé Ian commis à la garde des sacs de la grand'Châbre, sur laquelle il auroit esté receu partie interuenant en ladite instance, & acte de ce que pour tous moyés d'interuention & production il auroit employé le contenu en icelle, à ce qu'il fust ordonné que tous les Procureurs ou leurs Clercs seroient tenus d'oresnauant produire au Greffe és mains dudit Iean, tous les sacs & productions qu'il estoit besoin produire à la grand' Chambre pour iceux mettre és mains des Conseillers, à peine de payer le double des taxes, & defenses aux Clercs desdits Conseillers d'en receuoir. Conclusions du Procureur general du Roy, oüy lesdites parties & anciens Procureurs, ensemble lesdits Voysin & Guyet sur l'exercice de leurs charges & pretentions en execution de l'Arrest du vingt-trois Iuin six cens vn. Tout consideré: DICT a esté que ladite Cour a ordonné & ordonne, Que tous les Clercs du Greffe depuis les six heures du matin iusques à onze heures, & douze heures en temps de Caresme, y retourner de releuée aux heures accoustumées, n'en partiront qu'vne heure apres la leuée de ladite Cour, excepté lesdits Clercs escriuans à la peau, lesquels ne seront tenus d'y venir depuis la feste de Toussaincts iusques à la Purification, deuant les sept heures, & se pourront retirer le soir lors qu'ils ne pourront plus escrire sans lumiere de feu. Leur fait inhibitions & deffenses d'entrer audit Greffe auec habits indecens, ains y porter leurs bonnets carrez & robbes longues, ne s'absenteront de cette ville plus d'vn iour sans permission du Greffier, & suruenant quelque indisposition ou empeschement legitime, seront tenus faire sçauoir leurs excuses au Greffier, par l'vn desdits Clercs. A fait & fait inhibitions & deffenses ausdits Clercs d'exercer aucune charge, soit de Procureur, Commissaire du Chastelet, Clercs de Presidens, Conseillers, Aduocats ou Procureurs: Enjoinct à ceux qui s'en trouueront pourueus de s'en demettre & décharger dans huictaine du iour de la prononciation du present Arrest, autrement à faute de ce faire dés à present declare ladite charge de Clerc vacante. Ordonne qu'il y sera pourueu en leur lieu de personne suffisante & capable: Enioint aux Clercs se comporter modestement au Greffe, s'abstenir de contentions, paroles iniurieuses, insolentes, & autres actions indecentes; se contenir en leur place auec silence & modestie, & deferer au Procureur general du Roy, pour aduertir les Commissaires qui seront deputez par ladite Cour pour l'obseruation du present reglement, ceux qui commettront quelque inciuilité & indecence: leur fait inhibitions & deffenses vaguer par la Salle du Palais, à l'entrée des Chambres, n'ailleurs, d'aller aux bancs des Procureurs pour y rechercher les expeditions à ceux qui les rechercheront à leurs bancs ou ailleurs au preiudice du present reglement, à peine de priuation de leurs charges. Maistres Daniel Voysin & Iean Guyet seruiront à la grand' Chambre, exercera ledit Voysin la charge de premier principal Clerc & commis du Greffe; & ledit Guyet, celle du Conseil, mettront les ordonnances de ladite Cour sur tou es requestes deliberées à la Grand'Chambre, & expediront toutes cõmissions ordonnées en icelle, sans qu'autres qu'eux en puissent expedier aucunes, ny mettre les responses aux requestes à peine de faux. Et exerceront lesdits Voysin & Guyet leurs charges suiuant l'Arrest du vingt-vn Iuin six cens vn, lequel ils obserueront selon sa forme & teneur. Ledit Voisin expedira tout ce qui est de l'audiance, mesmes les appointemens de reception d'Enqueste, renouuellement de delais, renonciation à communauté ou succession, cautions reprises, & appointemens receus par ordonnance de la Cour l'audiance tenant. Sera tenu ledit Voisin mettre les cahyers des plaidoiries de l'audiance, quatre mois apres les Arrests donnez és mains de celuy qui sera commis par le Greffier pour les garder & communiquer. Et encores lesdits Voisin & Guyet, de mois en mois les cahyers des plaidoyers faits à huis clos, les feuilles du Conseil, Arrest sur requeste, & tout ce qui est de leurs charges és mains de celuy qui sera aussi commis par le Greffier pour les garder & communiquer, & en faire les expeditions, s'il en sont requis, iusques à ce qu'il les ait baillez à celuy qui sera commis par le Greffier pour en faire le registre. Tous appointemens d'acquiescemens, conclusions, actes d'opposition, presentation de caution, & autres actes qui se reçoiuent au Greffe, seront receus par ledit Voisin, & en son absence ou empeschement, par le Clerc du Greffe qui sera nommé en sa place par le Greffier, & en leur absence par ledit Guyet & non par autre : Et ceux des Enquestes, par les clercs commis pour le seruice desdites Chambres. Tous lesquels appointemens receus, tant par led. clerc comis, que par ledit Guyet seront par eux paraphez, & à l'instant remis és mains de Voisin qui les mettra chacun iour entre les mains de celuy que le Greffier nommera, fors

& excepté ceux qui seront prononcez à l'audiance ou receus par ordonnance de la Cour, l'audiance tenant, & dont la fueille de ladite audiance sera chargée, & les expeditions faites par Voisin seul priuatiuement à tous autres clercs dudit Greffe, & le surplus indifferemment expedié par lesdits Voisin & Guyet, & tous les autres clercs. Seront faites liasses separées de tous les appointemens & expeditions receuës & mises au Greffe chacun iour qu'ils seront receus suiuant les Arrests de quatre vingts quinze, & six cens vn: Et seront lesdits appointemens & expeditions cottées par nombre en la marge, és registres, sans qu'il soit fait aucune table d'iceux, auec defenses à tous les clercs du Greffe de les receuoir, sinon à ceux qui en ont la charge: & à eux de les retenir, & sera ladite liasse baillée tous les soirs à M. Martin Mirebeau, pour les garder & communiquer. Seront les Arrests donnez chacune semaine tant à la grand'Chambre, que de la Chambre de l'Edict, & aux Enquestes, hormis les iugez baillez à Maistre Emé Iean, & les iugez des Chambres des Enquestes à Maistre Iean Fenet, sans qu'autres se puissent entremettre les receuoir. Enioint ausdits Maistres Emé Iean & Fenet, faire les liasses desdits Arrests qui seront cottez par ordre & nombre arresté & signé d'eux au dos du dernier arresté chacun iour de Samedy, pour estre prononcé à la fenestre. Leur a faict & fait inhibitions & defenses de les prononcer aux parties ou leurs Procureurs audit Greffe, ne ailleurs à autre iour que le Samedy pour quelque cause que ce soit, ne les communiquer auant la prononciation qui sera faite par ledit Guyet: Et auant que fermer le Greffe, les remettre és mains desdits Maistres Esmé Iean & Fenet, qui les bailleront dans le mesme iour, sans en retenir aucun, sçauoir ledit Iean à Maistre Denis Mesnet, & ledit Fenet à Maistre Claude Martin l'aisné, Clercs dudit Greffe, pour en faire chacun deux tables, l'vne commune & l'autre secrette. Tous les Arrests donnez en la grand Chambre sur congez, defaux, arrests des quatre mois, & autres arrests sur requeste seront expediez par lesdits Voysin & Guyet Les Arrests de l'audience publique de l'Edict, defaux & congez seront expediez par Voysin. Et les Arrests de l'audiance à huis clos, arrests des quatre mois, & autres arrests sur requestes seront expediez par le Clerc commis par le Greffier pour seruir à ladite Chambre. De tous les arrests à contredire, donnez tant à la grand Chambre, Chambre de l'Edict, que és Chambres des Enquestes, actes d'inscription en faux, & autres Arrests sur moyens de faux, actes de reprises, renonciations & oppositions: Lesdits Voysin & Guyet en pourront retenir chacun deux par preciput par chacune sepmaine, & le surplus desdits Arrests seront distribuez par le Greffier. Faict ladite Cour inhibitions & defenses ausdits Clercs d'en expedier aucuns qu'ils ne soient premierement enregistrez & distribuez, comme dit est. Ordonne que les tables seront rapportées & remplies le Lundy suiuant à l'ouuerture de l'audience, sans qu'il soit loisible ausdits Clercs qui feront lesdites tables laisser aucunes places à remplir, ou adiouster des Arrests qui n'auront esté prononcez, lesquels feront mis à la liasse de la procuration du Samedy suiuant, sans que pour quelque occasion que ce soit lesdits Clercs puissent interuertir ledit ordre, sur peine de priuation de leurs charges; Les Arrests dont l'execution doit estre poursuiuie à la requeste du Procureur general du Roy, seront portez au Parquet trois iours apres l'expedition par le Clerc qui les aura faits : & les appoinctemens contenant homologations des concordats entre personnes Ecclesiastiques : Reglemens & autres concernans le public luy seront communiquez, & ne pourront estre expediez qu'il n'ait esté ordonné par la Cour, auec cognoissance de cause. Enioint aux Clers du Greffe, d'escrire la grosse desdites expeditions en parchemain de longueur & largeur conuenable, en lettres pleines & bien formées, tellement que l'escriture soit lisible durable & correcte, suiuant les reglemens cy-deuant faicts, à quoy le Greffier tiendra la main, & deux iours apres que lesdits Arrests auront esté expediez seront tenus les deliurer sans pouuoir differer pour quelque cause que ce soit, & dans ledit temps remettre les minuttes en la liasse, & s'en faire descharger. Enioint ausdits Clercs faire les expeditions au Greffe : Leur a fait & fait inhibitions & deffences à peine de priuation de leurs charges, transporter hors d'iceluy, les minuttes des Arrests, appoinctemeus & autres actes. Ordonne que les minuttes des decrets qui n'ont encores esté mises au Greffe y seront apportées. A permis & permet aux Clercs de l'Audience & du Conseil de la grand Chambre, auoir chacun vn Clerc, par lequel ils pourront faire grossoyer les expeditions qu'ils ne pourront escrire de leurs mains, l'escriture desquels sera receuë & approuvée par le greffier, comme celle des Clercs dudit Greffe, & y mettant lesdits Voysin & Guyet la collation de leurs mains en demeureront responsables. Toutes les expeditions dudit Greffe seront faites de la main desdits Clercs du Greffe, & de celle des Clercs accordez ausdits Voysin & Guyet sans qu'il soit loisible à quelqu'autre personne que ce soit d'en faire aucune, sur peine de faux. Maistre Estienne le Gaigneur seruira à la Tournelle, pour ce qui est du Ciuil, y receura les plaidoyers, mettra les responses sur les requestes rapportées en icelle, & expediera les commissions concernans le ciuil. Maistre Macé le Tellier continuera le seruice aux trois premieres Chambres des Enquestes. Maistre Baptiste Marchant à la quatriesme. Et Maistre Claude Langlois à la cinquiesme, auquel seruice ils ont esté commis par le greffier, & en leur abscence, indisposition, maladie ou autrement, ceux que le greffier y commettra, mettront les responses sur les requestes qui y seront deliberées, receuront les acquiescemens de l'ordonnance desdites Chambres, les plaidoyers faicts en icelle, & les bailleront le mesme iour audit Voysin, pour estre employées en la liasse comme dessus. Maistre Esmé Iean aura la charge des sacs de la grand Chambre, & de faire l'extraict des amendes adiugées en icelle, és mains duquel les Procureurs produiront sur toutes instances & incidens, leur faisant defenses de produire ailleurs, & de bailler aucuns sacqs aux Conseillers, s'ils ne leur sont distribuez, ne mettre sur les etiquettes desdits sacs ces mots, Pour ioindre, sinon qu'il y eust auparauant vne autre production distribuée sur le registre, à laquelle ladite production deust estre iointe, suiuant le reglement de l'instance ou ordonnance de la Cour, à peine de payer le double des taxes deuës pour chacune production, & qu'à l'aduenir tous les sacs desdites instances seront remis au Greffe, és mains dudit Iean, pour les rendre aux Procureurs, en le payant de son droict, sans que les Clercs des Conseillers les puissent rendre aux Procureurs, n'autres. Ledit Maistre Esmé Iean ne receura aucuns defauts, ny congez, que par les mains des Procureurs, ou de leurs substituts, & qu'il ne luy soit apparu de la signification faite trois iours francs auant qu'ils soient mis au greffe, & que lademande soit signée desdits Procureurs ou leurs substituts, ne les productions des instances appoinctées en droict ou au Conseil, que l'Arrest ou appoinctement par lequel les parties sont reglées ne soit produit, ne aucunes productions que les inuentaires ne soient signez desdits Procureurs ou leurs substituts. Maistres René Vincent, & Iean Fenet, feront la charge de procez par escrit, & ce qui en depend, suiuant l'Arrest du trente Aoust, quatre-vingts quatorze: Et seront tenus ensemble ledit Iean ayans les clefs du greffe s'y trouuer les premiers, & sortir les derniers, & auront le soin de voir qu'il ne soit fait aucun diuertissement audit greffe,

Ledit Maistre Denys Mesnet aura les clefs des armoires des ordonnances, dont il continuera l'inuentaire, & en sera responsable, fera le registre d'icelles, & le communiquera à ceux qui auront la charge d'en faire l'expedition, sans permettre les transporter hors du Greffe, pour quelque personne ou quelque occasion que ce soit, sans permission, par Arrest de la Cour. Maistre Claude Gallard fera les expeditions pour les Lepreux & pauures de cette ville, suiuant la commission qu'il en a dudit Greffier, & aura les deux amendes accordées à ceux qui ont fait cette charge: Comme aussi il fera la grosse du controolle de toutes les amendes adiugées en ladite Cour. Et pour pouruoir qu'aucune obmission desdites amendes ne soit faite: les Clercs qui ont la charge de faire l'extraict desdites amendes des Arrests donnez tant en la grand'Chambre, Chambre de l'Edict, que Chambres des Enquestes, plaidoiers & appointemens, seront tenus bailler ledit extrait au Receueur des amendes, & vn semblable audit Iean à la fin du Parlement pour en faire la grosse, & la deliurer audit Receueur des amendes, pour l'employer à la reddition de ses comptes: Et pour le salaire, tant de la minute que grosse, auront pour chacune amende, deux six deniers à prendre sur ledit Receueur. Defend à tous les Clercs du Greffe, sur peine de payer les amendes en leur propre & priué nom, de grossoier & deliurer aucun arrest ou appointement où il y aura amende qu'il ne soit marqué ou paraphé par ceux qui sont commis pour faire les extraits desdites amendes, ny d'expedier aucuns arrests ou oppointemens

mens esquels y aura amende de soixante sols, ou cent sols parisis, qu'il ne leur apparoisse de la quittance du Receueur desdites amendes, suiuant l'Arrest du vingt quatre Nouembre, six cens trois. Et pour empescher tout desordre & confusion audit greffe: Ladite Cour fait inhibitions & defenses aux Clercs du greffe ciuil, faire aucunes expeditions du greffe criminel, & à ceux du criminel d'en faire aucunes du ciuil, à peine de nullité & priuation de leurs charges. Et pour pouruoir à la conseruation des registres & minuttes dudit greffe ciuil, Ordonne ladite Cour que le greffier fera trauailler aux registres des minuttes non registrées & cependant que lesdites minuttes seront remises par chacun desdits Clercs en leur ordre & liasses, & lesdits registres & minuttes baillées à celuy que le greffier aura commis à cette charge, lequel sera tenu les communiquer aux autres Clercs qui feront les expeditions, dont il les fera charger & descharger depuis six iusques à sept heures du matin: & en consideration de ce qu'il sera diuerty d'autres expeditions luy sera payé de chacun registre & minutte deux sols tournois, sans que de plus ancien registre il puisse prendre dauantage: comme au semblable sera payé ausdits Clercs deux sols pour chacun registre d'ordonnance, ce qui n'aura lieu pour le regard desdits Voysin & guyet, ausquels ils seront tenus bailler lesdits registres sans aucun salaire.

TAXES DES EXPEDITIONS.

PREMIER ARTICLE.

Et pour le regard des salaires des Clercs dudit Greffe, ordõne ladite Cour que les Arrests des 14. Aoust 95. 24. Nouembre 600. seront gardez & obseruez & qu'aucun desdits Clercs, mesmes les Clercs seruans à l'audience & au Conseil ne pourront prendre que 10. s pour chacune peau de parchemin, pour quelque pretexte ou occasion que ce soit, sinon pour les causes cy-apres specifiées.

2. Maistre Daniel Voysin faisant la charge de l'audience prendra pour la lecture des prouisions d'offices ou autres, trente sols, sauf pour la lecture des prouisions des Ducs, Pairs, & Officiers de la Couronne, pour lesquels il pourra prendre iusques à six escus, sans rien prendre pour la publication des Edicts presentez par le Procureur general du Roy, concernant le seruice dudit Seigneur.

3. Pour la matricule de chacun Aduocat, seize sols.

4. Maistre Iean Guyet ayant la charge du Conseil, aura vn escu pour l'Arrest de reception aux offices.

5. Pour les Arrests preparatoires pour ladite reception, vingt sols tournois.

6. Et pour les Arrests donnez au Conseil sur requeste pour tout salaire, minutte & grosse, trente sols.

7. Le principal Clerc qui aura la charge d'enregistrer les criées, ne pourra prendre pour l'en-

registrement de chacune d'icelles, que trente sols.

8. Pour la publication& expedition de chacune enchere, de chacune remise & adiudication sauf quinzaine, dix sols.

9. Pour l'adiudication pure & simple, trente sols.

10. Et pour la commission pour publier l'enchere sur les lieux en sera payé à raison de dix sols pour peau. Et sera tenu publier lesdites encheres à la premiere audience qui se tiendra apres qu'elles luy auront esté baillées.

11. Pour receuoir les oppositions & en deliurer acte qu'il sera tenu expedier conformément à la minutte qui luy en sera baillée, sans y adiouster ne diminuer, cinq sols.

12. Pour chacun aduenir mis en parchemin, cinq sols.

13. Pour chacun feuillet de plaidoyers en papier, en gardant les ordonnances pour le nombre de lignes, pour minutte & grosse, deux sols six deniers tournois.

14. Pour chacun congé & defaut donnez en l'audience, deliuré aux Procureurs, sept sols six deniers tournois.

15. Et pour le regard des defauts & congez sur lesquels les procureurs feront quelque declaration, aura pour chacun dix sols tournois.

16. pour les Arrests contradictoirement donnez en l'audience publique ou à huis clos, & autres par lesquels sera ordonné que les parties mettront leurs pieces, & tous autres, horsmis les appointez au Conseil, 40. sols: & seront insc-

F ii

rez sommairement ausdits Arrests, les moyens des parties, plaidoyers & conclusions dudit Procureur general, & deliurez promptement sur les qualitez du roolle.

17. En ce non compris les Arrests de retention de cause, acquiescemens & autres expeditions faites en iugement sans plaidoyé, pour lesquelles ledit Clerc ne prendra plus grand salaire que le Greffier.

18. Pour l'expedition des Arrests des quatre mois sur requeste, ensemble des decrets, homologations dont ils font la minute, prendront pour grosse & minute pareil salaire que le Greffier.

19 Leur fait inhibitions & defences de prendre ny exiger aucune chose outre dix sols pour peau, des Arrests donnez sur appointemens au Conseil, & instance, ou procez par escrit.

20. Pour vn appointemement de conclusion, vingt deniers, ou à raison de dix sols pour peau, au cas qu'il y ait quelque reglement ioint, ou qu'à cause des qualitez l'appointement soit plus grand que d'ordinaire.

21. Pour les executoires des despens, deux sols & six, ou dix sols pour peau, au cas que les qualitez & nombre soit plus grand que d'ordinaire.

22. Et pour l'expedition des commissions à pareille raison de dix sols tournois.

23. Pour la collation des pieces en papier deux sols tournois pour feuillet.

24. Ladite Cour enioint ausdits Clercs du Greffe d'escrire leurs salaires au bas de leursdites expeditions.

25. Leur fait inhibitions & defenses de receuoir cy apres leurs salaires par leurs mains, ains ordonne que leursdits salaires seront receus à la fenestre par le Commis à receuoir les droits du Greffier.

26. Fait defences aux parties & Procureurs payer lesdits salaires à autre qu'audit Commis, ny receuoir les expeditions par autres mains que par celles dudit Commis, sur peine de punition exemplaire.

27. Enioint audit Greffier commettre personne fidelle pour receuoir lesdits droicts & payer ceux qui auront fait lesdites expeditions.

28. Les Clercs qui ont la charge des sacs & productions pourront prendre leur salaire accoustumé, tant pour les mettre entre les mains des Conseillers ausquels il auront esté distribuez, que pour les receuoir apres qu'ils auront esté iugez par Arrest interlocutoire ou diffinitif, & à cette fin suiuant les Arrests de ladite Cour seront tenus les Procureurs de mettre au Greffe toutes les productions, tant principales, qu'incidens, griefs & responses dont sera fait registres.

29. Sçauoir pour chacun procez que le Clerc du Greffe fera redistribuer par les Presidens de la Chambre, & pour nommer le Rapporteur au Procureur qui fera la poursuite, cinq sols tournois.

30. Pour bailler les procez par escrit, & sentence estant au Greffe au Rapporteur, & pour son salaire de la recherche, sept sols six deniers tournois.

31. pour les autres sacs qui seront apportez & mis au Greffe par traditum, pour estre ioints audit procez par escrit, moyens de faux, & pieces maintenuës fausses, & pieces apportées par ordonnance de ladite Cour, cinq sols.

32. pour la communication des pieces maintenuës fausses cinq sols tournois.

33. pour verifier sur le papier des distributions, & dire le nom du Rapporteur, deux sols six deniers tournois.

34. pour chacun procez par escrit qui sera rendu au procureur apres iceluy iugé, compris toutes les productions iointes, griefs & responses, suiuant ce que de tout temps a esté accoustumé, cinq sols tournois.

35. pour retirer les sentences des procez concluds & non baillez, deux sols six deniers.

36. Pour chacun extraict que le Clerc du Greffe fera ce qui est taxé tant pour la grosse des enquestes & informations secrettes, que salaire des tesmoins, pour bailler aux Procureurs pour dresser les despens pour chacun feuillet, cinq sols tournois, à la charge d'inserer les lignes & mots à la page, suiuant le dernier reglement.

37. Pour receuoir & bailler les griefs, deux sols six deniers tournois.

38. Pour receuoir & bailler les responces ausdits griefs, deux sols six deniers tournois.

39. Pour receuoir & bailler les productions sur appellations & instances iointes au procez par escrit, cinq sols tournois.

40. pour chacun feuillet de grosse de faits secrets, extraicts du procez qui seront leuez pour

faire enquestes ou interrogatoires, dix sols tournois qui seront payez à la fenestre.

41. pour chacun feüillet de coppie de faicts non secrets, baillez pour seconde fois au procureur deux sols six deniers tournois.

42. pour la closture desdits faits non secrets, deux sols six deniers tournois.

43. pour bailler les sacs de procez renuoyez, & pour la verification mise sur l'etiquette, sept sols six deniers.

44. pour bailler les informations faites de l'ordonnance de la Cour, au procureur general du Roy, ou ses substituts, cinq sols tournois.

45. pour bailler les enquestes faites de l'ordonnance de la Cour, és mains des Rapporteurs, cinq sols tournois.

46. pour chacune production d'instance appointé en droict ou au Conseil, cinq sols tournois.

47. pour chacun defaut & congé baillé à iuger, deux sols six deniers tournois.

48. pour bailler vn procez aux Huissiers, cinq sols pour tout salaire, encores qu'il y ait plusieurs productions apportées de diuers parlemens.

49. pour bailler vne instance redistribuée à vn autre des Conseillers, cinq sols tournois.

50. pour rendre aux procureurs les sacs de chacun procez ou instance iugée, quelque nombre de sacs qu'il y ait, cinq sols tournois.

51. pour rendre chacun defaut & congé iugez aux procureurs, douze deniers,

52. Aux Clercs du Greffe qui reçoiuent les plaidoyers, des Chambres des Enquestes, les-

dits Procureurs y-estans mandez pour chacun Arrest qu'ils deliureront outre le droict de grosse, quinze sols tournois, qui seront payez à la fenestre.

53. Ceux qui ont la cherche des sacs feront les paraffes ordonnez par la Cour, des pieces contenuës aux productions par eux enregistrées, pour lesquels paraphes ils ne pourront prendre au plus que trente sols, outre le droict du greffier en chef.

54. La Cour fait inhibitions & defenses ausdits Maistres Esmé Iean, Vincent Fenet, & leurs successeurs, de prendre autre droict que celuy cy dessus.

55. Pour la distribution ou redistribution des procez, mesmes de ceux de la Chambre de l'Edict, desquels ils seront tenus faire registre, pour estre sur iceluy les procez distribuez.

56. Et de commettre aucune exaction sous pretexte que les sacs dont l'etiquette se trouue perduë n'ont passé par le Greffe.

57. De bailler les procez aux Huissiers sans charge de Procureurs.

58. Prendre aucune chose pour la recepte des espices.

59. Griefs & responses, si les parties n'en ont fourny.

60. Grossoyer les moyens de faux declarez admissibles, ains seront tenus les enuoyer aux Iuges ausquels la commission est addressante, tels qu'ils auront esté mis au Greffe.

61. Et à tous lesdits Clercs du Greffe de prendre ou exiger aucune chose desdites parties, Pro-

cureurs, Clercs ou autres personnes quelsconques, outre leursdits salaires cy-dessus specifiez, encores qu'il leur fust volontairement offert & baillé, & introduire aucuns droicts nouueaux sous quelque pretexte que ce soit, le tout sur peine de priuation de leurs charges, & d'estre punis comme concussionnaire, sans esperance de grace ou moderation. Pour satisfaire aux commandemens & seruices extraordinaires, ouurir & fermer le Greffe, les quatre derniers receus escriuains à la peau, viendront les premiers audit Greffe, & en sortiront les derniers.

PRESENTATIONS.

62. Le Greffier des presentations, pour les congez & defauts aux ordonnances, prendra pour tout salaire, compris le droict du Clerc, trois sols.

63. Pour les defauts aux presentations, à raison de trente sols pour peau, compris le droict de Clerc, & pour les congez dix sols tournois.

64. Seront lesdits congez & defauts expediez en la peau, & non en cahier, sans qu'ils puissent exceder vne peau : & enioinct aux Procureurs de faire les demandes des congez & autres defauts sommaires.

65. Pour chacune cause mise au roolle ordinaire, cinq sols par prouision, iusques à ce qu'autrement en ait esté ordonné.

66. Pour mettre au liure rouge, deux sols tournois.

67. Fait inhibitions & defenses audit Greffier des presentations sur peine de suspension de sa charge pour la premiere fois, & de priuation pour

la seconde: d'exiger des parties, leurs procureurs ou autres directement ou indirectement, aucune chose outre les salaires cy-dessus ordonnez, encores que les parties luy offrissent volontairement.

68. Enioint audit Greffier des presentations remettre tous les Samedis les cedulles des presentations des congez & defaux, dont il sera dresser le cahier pour estre communiqué le Mercredy suiuant sans autre remise, suiuant la forme ancienne, & sans qu'il luy soit loisible receuoir aucune cedulle, que le iour de Samedy, sinon pour les mettre au subsequent cahier, & dressant lesdits cahiers, enregistrer la cedulle entierement, & la cotter par nombre pour obuier aux faussetez qui se pourroient commettre sur lesdits cahiers, sur lesquels cahiers ledit Greffier ne pourra deliurer aucun congé & defaut deuant le temps de l'ordonnance, & qu'apres auoir esté enregistrez trois iours francs au liure rouge, apres ledit temps: Lequel liure rouge, iceluy temps passé, il sera tenu de communiquer par chacun iour.

69. Ce qui sera obserué aussi pour la reception des congez & defaux aux ordonnances de la Cour, dont il sera tenu pareillement faire cahier communiquable au iour de Lundy, pour estre veu & croisé par lesdits Procureurs de l'ancienne forme, & apres le temps de l'ordonnance.

70. Lesquels defaux & congez pour obuier aux faussetez seront deliurez & expediez par ledit Greffier, escrits de la main de ses commis, & signez de luy.

71 Enioint audit Greffier des presentations de clorre le cahier de non presentez, dans le vingtdeuxiesme iour d'Aoust, sans qu'il puisse receuoir ny adiouster audit cahier aucune presentation apres ledit temps, à peine de nullité, & des dommages & interests des parties. Et pour l'obseruation & execution du present reglement, ordonne ladite Cour que de trois mois en trois mois vn iour de la semaine, l'vn des Presidens & deux Conseillers d'icelle, se transporteront audit Greffe pour receuoir les plaintes des contrauentions faites à iceluy, informer d'iceux pour y pouruoir, & ce qui sera par eux ordonné, executé nonobstant oppositions ou appellations quelsconques, & sans preiudice d'icelles. Et sera le present reglement leu en la presence de tous lesdits Clercs du Greffe qui seront à cette fin assemblez, registré és registres de la Cour pour y auoir recours quand besoin sera, & mis en vn tableau au Greffe, à ce qu'aucun n'en pretende cause d'ignorance. Et sur la requeste desdits Clercs du quinziesme Ianuier, ordonne que les pourueus desdites charges de Clercs escriuans à la peau, seront receus par le Greffier d'icelle sans despens. Prononcé le vingt-neufiesme iour d'Auril mil six cens dix-sept.

Signé, DV-TILLET.

EXTRAICT DES REGISTRES de Parlement.

SVR ce que le Procureur general a remonstré, qu'il y auoit plainte, que l'on contreuenoit tous les iours aux Arrests donnez par la Cour, auec grande connoissance de cause, pour regler les Commis & Clercs du Greffe d'icelle: Ce qui tournoit à l'incommodité & surcharge des parties, mesmes en ce que des expeditions qui se deliurent à la fenestre, l'on prend pour lesdits Commis & Clercs, vn salaire excessif, & plus grand qu'il ne leur est attribué par lesdits Arrests: A quoy il requeroit estre pourueu, en sorte que le soulagement moyenné par ledit reglement, pour les suiets du Roy ne leur demeure infructueux. Veu les Arrests & reglemens: Ouy le rapport des President & Conseillers deputez pour l'entretenement & execution d'iceux: Tout consideré. Ladite Covr a ordonné & ordonne, Que Maistre Michel Ragoulleau, commis par le Greffier en chef, pour le controlle, mettra & escrira de sa main, au pied de chaque Arrest, Premierement le salaire dudit Greffier en chef, puis audessous, & par la ligne separée, celuy du commis, ou Clerc qui auroit fait l'expedition, & ce suiuant la taxe portée par les Arrests des vingt neuf Auril mil six cens dix sept & deuziesme Mars mil six cens dix-neuf, sans icelle exceder, pour quelque consideration que ce soit: lesdites expeditions controllées & taxées comme dessus, seront par ledit Ragoulleau mises entre les mains de Maistre François de la Nouë, pour icelles deliurer à la Fenestre. Luy fait la Cour inhibitions & defences d'en tirer autre salaire que celuy qui sera escrit de la main dudit Ragoulleau, Et ausdits commis & Clercs dudit Greffe, de prendre des parties aucuns den. pour aduances, ny autres salaires, sous quelque couleur que ce soit, que celuy qui se payera à la fenestre, à peine de priuation de leurs charges. Et pour faciliter l'execution du present Arrest, ordonne que les commis & Clercs dudit Greffe cotteront les noms des Procureurs qui les auront chargez des expeditions, & mettront en marges de leursdites expeditions, la qualité d'icelles : Comme Arrests d'audience à huis ouuert, ou à huis clos, Arrests sur requeste, sur defaut, ou sur congez, Arrest de quatre mois, *Iterato*, Commission sur requeste, pour faire appeller & compulser : ou informer, Arrest par appoincté, acte d'inscription en faux, Arrest sur inscription en faux, actes d'opposition, actes de reprises, reglemens au Conseil, executoires de remboursement d'espices, & contre Procureurs, & sur toutes autres expeditions qu'ils feront, au mesme marge desquelles, pour les expeditions, dont leur est attribué taxe de plus de la moitié du droict du Greffier en chef, ils cotteront, s'ils les expedient pour seconde fois. Et en cas que lesdits commis, ou Clercs dudit Greffe mettant sur leursdites expeditions *Gratis*, pour leur façon, ledit Ragoulleau ne delaissera de cotter au pied le salaire deu, qui ne sera neantmoins pris par de la Nouë. Et sont faites defences ausdits commis &

Clercs de mettre *Gratis*, si de vray ils n'en gratifiét les parties, & sans en rien pretendre. Leur enioinct au surplus, d'obseruer & entretenir lesdits Arrests desdits 29. Auril 1617. & 2. Mars 1619. de poinct en poinct, sur les peines y contenues, & plus grandes s'il y eschet, Et sera le present Arrest prononcé ausdits commis & Clercs, qui seront à cét effet assemblez, à ce qu'ils n'en pretendent cause d'ignorance. Prononcé le 20. iour de Iuillet 1619.

Signé, DV TILLET.

ARTICLES ARRESTEZ PAR Maistres Iean Guignard, Iean Rolland, Iean Nau, Gabriel Sauuage, Procureurs de communauté, Nicolas Viset Greffier, Iacques le Royer, Lucien, Liesse, & Guillaume Sire Iean cy deuant Procureurs de Communauté pour les taxes, qui se doiuent faire aux despens qui se taxeront, tant en la Cour de Parlement, Requestes du Palais, Cour des Aydes, qu'autres Iurisdictions de l'enclos du Palais, & depuis reueus & augmantez par Maistres Nicolas Vizet, Estienne Veillon, Pierre Ioannet & Pierre l'Hermite anciens Procureurs, pour obuier aux desordres qui se commettent iournellement ausdites taxes par ceux qui voyent lesdits despens comme tiers.

Toutes les taxes cy-apres reglées, sont à parisis, ainsi que l'on a coustume de taxer.

SIEGE SVBALTERNE CIVIL.

Consultation, douze sols parisis.

Pour le premier exploict contenant la demande, quatre sols.

Presentation, seize deniers.

Greffier, neant.

Si la partie est demeurante hors le lieu de la Iurisdiction ne sera taxé vin de Messager, parce qu'au iour de l'assignation l'on plaide, douze sols.

Pour chacun roolle au Greffier, vingt deniers.

Iournée du Procureur, seize deniers.

Pour salaire du Iuge qui fait enqueste pour chacun tesmoin, quatre sols.

Pour le Greffier neant, parce qu'il a la grosse, s'il n'y a transport, auquel cas sera taxé les deux tiers du Iuge.

Pour chacun interrogatoire au Iuge, douze sols.

Au Greffier neant, s'il n'y a transport, auquel cas comme dessus.

Si le Iuge ce transporte, sera taxé pour iournée, compris sa dépance, soixante-quatre sols.

Au Greffier, trente-deux sols.

Au Procureur, trente-deux sols.

SIEGE SVBALTERNE CRIMINEL.

Au Sergent qui fait l'information sur le lieu pour chacun tesmoin, quatre sols.

A l'adioint, deux sols.

Sera taxé au Sergent grosse d'information, parce

qu'il faut qu'il garde la minutte, à raison de deux sols le roolle.

Au Procureur Fiscal qui verra les informations, huict sols.

Au Iuge douze sols.

Au Greffier pour le decret, quatre sols dix deniers.

Au Greffier qui communique les informations tant au Procureur Fiscal qu'au Iuge pour decreter ne sera rien taxé neant.

Pour le Sergent qui execute le decret d'adiournement personnel sur le lieu six deniers.

S'il se transporte, vingt-quatre sols.

S'il y a prise de corps, & que le Sergent soit assisté de deux recors pour constituer prisonnier, trente-six sols.

Pour l'interrogatoire au Iuge, douze sols.

Ou plus à l'arbitrage.

Au Greffier neant.

Au Procureur Fiscal qui prend communication, huict sols.

Le Greffier pour l'interrogatoire aura moitié du Iuge, & pareil droict pour le recollement & confrontation.

Conseil sur l'interrogatoire, huict sols.

Pour les assignations aux tesmoins, s'il n'y a transport chacun deux sols.

Et taxer tous les exploicts de mesme iour en vn article, comme pareillement toutes les taxes des tesmoins.

Au Iuge pour le recollement & confrontation de chacun tesmoin six sols.

Au Greffier s'il n'y a transport neant.

Toutes

Toutes les consultations, chacune seize sols.

Pour chacun roolle d'escritures & inuentaire deux sols, si elles ne sont escrittes en minutte, auquel cas arbitraire.

Pour les voyages en matiere ciuile, si les parties sont demeurantes hors le lieu, sera taxé voyage pour apporter l'exploict.

Voyages pour produire.

Voyages pour poursuiure le iugement de leuer la Sentence.

POVR LE CRIMINEL.

Voyage pour le decret.

Voyage pour l'interrogatoire.

Voyage au recolement & confrontation.

Voyage pour les conclusions ciuiles, ou deffences par attenuation & produire.

Voyage pour la Sentence & Iugement.

PAIRIE CIVILE.

Consultation, vingt-quatre sols.

Exploict contenant demande, quatre sols.

Presentation, deux sols.

Greffier neant.

Si la partie est demeurante hors le lieu, ne sera rien taxé pour aduertir de la presentation.

Pour chacun roolle de papier sera taxé quatre sols, s'il n'y a plus grande ou moindre taxe.

Et ne sera taxé reuision.

Iournée du Procureur, deux sols.

Pour le salaire du Iuge qui fait enqueste, six sols

pour chacun tesmoin, si le Iuge n'a mis plus ou moins qu'il faut suiure.

Au Greffier, deux sols & vn denier.

Si le Iuge se transporte, sera taxé par iour quatre liures seize sols, s'il n'a mis plus grand receu.

Au Greffier soixante-quatre sols & idem.

Au Procureur soixante quatre sols, & Idem.

PAIRIE CRIMINEL

Au Iuge qui fait information pour chacun tesmoin six sols.

Au Greffier trois sols.

Si c'est vn Sergent qui fait l'information pour chacun tesmoin quatre sols.

A l'adioint trois sols.

Pour le decret au Iuge douze sols.

Pour le Procureur Fiscal douze sols.

Pour le decret au Greffier huict sols.

Pour l'interrogatoire au Iuge douze sols.

Au Greffier six sols.

Recollement & confrontation au Iuge 9. s. Greffier quatre sols six deniers.

SIEGES ROYAUX CIVIL.

Consultation vingt-quatre sols.

Adiournement sans transport quatre sols.

presentation deux sols.

Au Greffier quatre sols.

Si la presentation est sur vn appel deux sols.

Iournée du procureur sur iugement ou sentence deux sols.

S'il y a Aduocat & procureur, sera taxé à l'Aduocat quatre sols, au procureur deux sols.

S'il y a long plaidoyé, sera taxé à l'Aduocat douze sols ou plus, selon le labeur.

Au Greffier pour chacun roolle trois sols 9. den.

S'il y a moindre taxe il la faut suiure.

pour le salaire du Iuge qui fait enqueste pour chacun tesmoin s'il est Lieutenant general ou preuost des Mareschaux sur le lieu douze sols.

Aux Conseillers & Lieutenans particuliers quatre sols.

Au Greffier quatre sols.

A l'Adioint moitié du iuge.

A l'Enquesteur pour chacun tesmoin huict sols.

pour l'Adioint moitié quatre sols.

pour l'interrogatoire au Iuge vingt-six sols huict deniers, s'il n'y a ou moins receu.

Au Greffier douze sols dix deniers, & Idem.

Si le Iuge se transporte, sera taxé par iour huict liures.

S'il est Lieutenant general presidial dix liu. 4. s.

Au procureur quatre liures 16. sols.

Au Greffier les deux tiers du Iuge.

A l'Enquesteur six liures.

Au Conseiller sept liures quatre sols.

SIEGES ROYAVX CRIMINEL.

Au Iuge qui fait l'information pour chacun tesmoin sera taxé comme dessus à l'enqueste.

Au Greffier, Idem.

Au Sergent qui a fait information pour chacun tesmoin quatre sols.

A son adioinct moitié, deux sols.
Au Procureur du Roy, pour le droict douze sols, dix deniers.
Au Iuge, douze sols, dix deniers.

PRESIDIAL CRIMINEL.

Au procureur du Roy pour ses conclusions sur information, vingt cinq sols huict deniers.
Au Iuge, idem.
Au Greffier pour le decret, douze sols six deniers.
Pour l'interrogatoire au Iuge vingt-cinq sols, huict deniers.
Au Greffier, douze sols, dix deniers.
Au procureur du Roy qui en a eu communiquation, vingt-cinq sols huict deniers.
Pour le Conseil sur l'interrogatoire, douze sols.
Recollement & confrontation au Iuge, 12. sols.
Greffier moitié.

Le tout s'il n'y a plus grande ou moindre taxe laquelle il faut suiure.

Quand c'est vn recollement qui vaut confrontation au Iuge, huict sols.

Les voyages seront taxez faits sur les lieux aux expeditions comme il est dit cy-dessus, au subalterne.

Et si la partie est de grande qualité & est present en personne lors du recollement & confrontation, sera taxé son voyage & seiour selon sa qualité & du crime.

De quelque qualité que soit la partie ne sera taxé pour apporter l'exploict & pour produire quand il y aura contredits, voyage & seiour, que pour homme à cheual.

Et comme la distance des lieux aura lors de

l'apport de l'exploict vn iour & pour produire deux iours de seiour.

Le voyage pour faire iuger sera taxé selon la qualité de la partie, & aura trois iours de seiour, si le iugement est diffinitif.

Et s'il n'est qu'interlocutoire ne sera taxé que pour homme de cheual.

Et pour ce qui regarde le ciuil à regler sur ce que l'on taxe au Chastelet de Paris, ainsi qu'il ensuit.

CHASTELET DE PARIS.

Consultation si elle est signée d'Aduocat, vingt quatre sols, sinon huict sols.

Exploict portant demande, quatre sols.

La raison pourquoy l'on ne taxe que quatre sols parisis, c'est que les huict sols que l'on taxe pour la consultation sont pour le procureur qui dresse l'exploict ou fait les memoires.

Commission pour faire appeller partie demeurant hors Paris ou pour faire saisir, 24. sols.

Enregistrement compris le quart en sus estably, au mois d'Octobre 1644. cinq sols quatre deniers.

L'on ne taxe presentation sur les assignations données à la Chambre du procureur du Roy, ains 2. sols pour la iournée & autres au Greffier pour auoir appellé la cause.

pour le desliure d'vn deffaut, quatre sols.

Droict de Conseil sur demandes, deffences repliques & dupliques & pieces signifiées, huict sols. L'on ne taxe point de droict de Conseil sur ce qui est baillé, soit deffences, repliques ou pieces, ains iournée de l'appointement de deliberer, pour laquelle deux sols, & pour l'appointement si il est leué, trois sols, sinon neant.

L'on ne taxe point de droict de Conseil pour les causes qui se traittent en la Chambre ciuille, ny en celle du Procureur du Roy, parce que ce sont causes sommaires.

Pour vne Requeste pour faire appeller partie, ou pour faire saisir, huict sols.

Signification faite au Chastelet, deux sols, à domicille, quatre sols, outre les coppies que l'on taxe, selon ce qu'elles contiennent.

Requestes verballes si elles ne sont grandes, quatre sols, outre la signification qu'il faut comprendre & accoller.

Aduertissement & autres escritures d'Aduocats pour roolle de grand papier, huict sols.

Au Clerc pour roolle, vingt deniers.

Outre laquelle reuision l'on taxe la coppie quand il y en a eu de baillée ou exilée.

Grosses d'inuentaires pour chacun roolle, 4. s.

Pour la coppie exibée, le quart de la grosse.

L'on n'exibe point les inuentaires, si l'appointement ne porte contredire,

L'on ne taxe point de consultation pour produire, mais iournée du iour du produict, pour laquelle, quatre sols.

Au Greffier pour le produict, six sols, pour vn carré 8. sols, & 18. sols pour peau, qui compose deux roolles, le passé y est compris.

Façons de Sentences où il y a espices, seize sols pour peau.

L'on taxe audience aux Iugemens qui portent donné par nous, fors ceux qui sont donnez en la Chambre ciuile, & en celle du procureur du roy, pour laquelle huict sols.

Iournée des sentences où il y a espices & des remises des adiudications, quatre sols.

Le droict de reccpte d'espices, monte 4. sols pour escu; l'Escu reuient auec ledit droict à 71. sols 3. deniers, qui est 56. s. dix deniers parisis.

Communiquations des procez & instances pour fournir de contredits, dix sols dix deniers.

Consultation en cause d'apppel 32 sols.

Remises des procez iugez au rapport de Messieurs les Lieutenans ciuil & particulier trente-deux sols, l on ne baille que seize sols parisis.

pour celles des procez iugez au rapport des Conseillers.

Retraict des sacqs six sols pour chacun sacq.

L'on taxe iournée pour retirer les sacqs, pour laquelle quatre sols.

Les Iugemens signifiez sur memoires qui n'ont esté leuez, ne doiuent estre taxez ains la iournée & signification & point d'audience.

Iournée de reception des cautions, deux sols.

Comparution chez Messieurs les Lieutenans, 32. s.

Aux Commissaires pour chacune vacation aux seellez 4. l. 16. s. ou 32. sols pour heure, suiuant plusieurs Arrests & reglemens, les vacations se reiglent à deux par iour, sçauoir vne pour la matinée, & vne pour l'apres disnée.

Aux procureurs pour chacune vacation, soixante-quatre sols.

pour la grosse des procez verbaux, quatre sols pour chacun roolle.

pour chacune opposition qui sont receuës pour lesdits Comissaires, huict sols.

Grosse, quatre sols pour roolle.

Ausdits Commissaires pour chaque iour tesmoins ouys, informations, quatre sols.

Grosse quatre sols pour roolle.

Grosses des actes passés par les Notaires huict sols pour roolle de grand papier, quatre sols du petit, & seize sols pour roolle de parchemin.

Pour vne saisie réelle quarante huict sols.

Pour les quatre criées faites à Paris, huict liures.

Pour les declarations de despens, si c'est des procez par escrit huict sols pour chacun article bon, & pour les causes d'audiance quatre deniers.

Aux Sergens pour chacune vacation de vente de meubles quarante huict sols.

Pour chacune exposition quarante huict sols.

Grosses des procez verbaux de vente quatre sols du roolle, l'on ne taxe rien pour les minuttes.

Pour chacune opposition que reçoiuent les Sergens quatre sols.

A LA COVR APPELLATIONS verballes.

Sera taxé voyage pour apporter l'exploict pour homme de cheual, si la partie est de la qualité.

Pour plaider si la partie est presente.

Si la cause est playdée & iugée, soit à l'audiance ou par escrit, sera taxé voyage selon la qualité.

Mais si elle est appoinctée au Conseil ou interloquée ne sera taxé que pour homme de cheual.

Et en ce cas si elle est appoinctée au Conseil, ou interloquée, ou qu'il ait esté taxé voyage pour l'interlocutoire ne sera taxé voyage pour produire aduis pour le vin quatre liures seize sols.

Pour payer les espices & leuer l'Arrest sera taxé voyage selon la qualité.

Si au lieu de iuger diffinitiuement est donné Arrest interlocutoire autre qu'à contredire, sera taxé voyage d'homme de cheual comme il a esté dit cy-dessus.

Si la cause est appellée à tour de roolle, ou par deffaut, il y aura voyage selon la qualité, tout ainsi que si la cause estoit plaidée.

Sera taxé a l'Aduocat cinquante deux sols paris. pour chacun Arrest où il se sera presenté pour plaider, & que la cause sera appellée encores qu'il n'ait plaidé.

En toutes instances appointées au Conseil, soit du roolle ou par appointé sur telles assignations, discutions, incompetances ou folles inthimations ne sera taxé qu'vn seul voyage, s'il n'apparoist que la partie soit presente lors de l'Audiance ou de l'Arrest, auquel cas sera taxé deux voyages pour homme de cheual, quand le poursuiuant fera apparoir des diligences de vuider la cause, deuant qu'elle soit mise au roolle ou iugée.

Mais où le deffendeur feroit apparoir des diligences de la vuider auant le roolle finy ne sera taxé qu'vn seul voyage en cause, & hors cela en sera taxé deux pour homme de cheual.

Quand par Arrest sur l'appel, les parties sont mises hors de Cour & de procez sans despens, sera taxé voyage selon la qualité pour payer les espices & leuer l'Arrest, pourueu qu'il y ait l'adionction des despens par la Sentence confirmée.

Pour payer les espices d'vn Arrest où il y a sans

despens, & qu'il n'y a point aussi d'adiudication par la sentence ny tout voyage, ains pour le vin selon la quantité des espices & l'arbitrage du tiers.

Les demies presentations se taxeront tant en la Cour de Parlement que Cour des Aydes; autant de fois comme il y aura de nouueaux Parlemens, iusques à ce que la cause soit iugée en l'Audiance ou appoinctée.

Pour faire taxer les despens si la partie est presente, ou que la procuration soit passée à Paris, où qu'il y ait vn homme enuoyé exprés pour cela, & nommé par la procuration sera taxé autant que l'assistance, sinon sera taxé & moderé à l'arbitrage du tiers.

Les Euesques ayans Abbayes, plaidans pour les seruices & droicts de leurs Abbayes n'auront voyage, que comme Abbez & non comme Euesques, & ainsi des Abbez qui ont des Prieurés, quand il sera question de leurs Prieurez.

Quand les Arrests portent compensation de partie de despens, mesmes sans despens en quelques chefs, & les autres reseruez, pourueu qu'il y ait condemnation de quelque portion de despens, les espices se taxeront pour le tout, s'il n'y a retention au contraire.

Curateurs aux causes, aux biens vaccans, Collecteurs & artisans qui vont pour des Communautez seront taxés pour homme de cheual.

Femme de qualité d'aller à cheual, qui semble ne deuoit pas auoir plus grande taxe que son mary, pouuant enuoyer vn homme de sa qualité, aura neantmoins quarante-huict sols.

Les artisans & autres allans à pied vingt sols.

Les Messagers ordinaires ayans procez, auront de deux voyages l'vn.

Idem de plusieurs plaidans en Communauté, desquels aucuns sont demourans à la campagne, les autres és villes où sont les procez pendans, auront de deux voyages l'vn, sera taxé le voyage pour le plus éloigné & le plus qualifié au choix.

Faut taxer voyage pour produire, quand mesmes n'y auroit qu'vn employ s'il y a Arrests à contredire.

Et s'il n'y a point d'Arrest à contredire, taxer pour le vin quatre liures seize sols.

Idem, aux Requestes du Palais.

Au Conseil Priué du Roy pour iournée d'homme de cheual sera taxé quarante-huict sols.

Pour vn Gentil homme six liures.

Les procurations affirmatiues de despens passeront à l'accoustumée encores qu'elles ne soient passées à Paris, le voyage sera taxé selon la qualité, pourueu que le procez soit de consequence.

Sera taxé vn seul voyage sur les appellations d'executoires de despens taxez au Parlement, presens les procureurs des parties.

Et quand il aura appel des articles auparauant l'executoire leué, sera taxé deux voyages.

Et quant aux appellations de taxes de Messieurs qui seront iugées sans estre releuées aduenir & obtenuës, ne mises roolle. Ne faut aucun voyage, & suffit d'vn seiour à l'arbitrage.

pour dresser vne declaration de dommage & interests, sera taxé voyage d'homme de cheual.

pour reprendre vn procez quand il y a changement de partie, ou de procureur de costé ou d'autre, faut voyage d'homme de cheual.

Faut voyage pour dresser vne demande libellée en execution d'Arrest, si la partie est assignée apres vn an expiré.

La Sentence portant sans despens, les despens se payeront par moitié.

Mais si la Sentence gist en execution l'emolument d'icelle se doit taxer en frais & mises d'execution.

Si la Sentence est prononcée sur plusieurs chefs, & que pour aucuns il y ait sans despens ou interloqué.

Neantmoins y ayant adiudication de despens pour vn chef, les espices de la Sentence & le voyage se taxeront pour le tout.

PROCEZ PAR ESCRIT en la Cour.

Voyage pour apporter l'exploict, pour homme de cheual comme dessus.

Voyage pour l'Arrest selon la qualité, s'il y a des incidans, ausquels il y a aux Arrests à contredire sera taxé voyage pour produire pour homme de cheual.

pour l'Arrest diffinitif selon la qualité des parties.

S'il est de grand Commissaire & qu'il n'excede deux vacations ne sera taxé que le voyage ordinaire de quatre iours de seiour.

S'il y a plus de deux vacations sera taxé seiour pour les vacations à prendre deux iours pour chacune vacation au parlement & en la Cour des Aydes pour deux vacations trois iours, le tout outre les quatre iours accoustumez de taxer pour leuer l'Arrest.

En vne instance sommaire comme de deffences particulieres, fraix preiudiciaux, frais d'execution contestez ou parlé sommairement, ne sera taxé qu'vn voyage d'homme de cheual, pour payer les espices, leuer l'Arrest pour produire, quatre liures seize sols.

Presertion sur appel incidant releué par requeste vingt six sols.

Consultations sur icelles appellations, quarante-huict sols.

Consultation sur requeste ciuille faut taxer sept liures quatre sols.

Pour les actes ou appointemens pour lesquels l'on taxe seize ou vingt deniers seront taxez à ladite somme, ou plus grande selon la grandeur, à l'arbitrage du tiers iusques à quatre sols, quand ils seront grands.

Sentence portant sans despens, espices par moitié.

Si elle gist en execution, ores qu'elle porte sans despens, les espices & la sentence se taxeront pour le tout.

Sur vn appel interietté & non releué pour le droict de Conseil, sera taxé douze sols.

Quand les iuges allans en commission feront leur taxe il la faut suiure, sauf à la partie à se pouruoir, mesmes sera taxé la despence s'ils l'ont payez sauf comme dessus.

Mais s'il n'y a taxe faite, & l'on demande tant la vacation que la despence, faut reduire l'vn & l'autre à ce qui se doibt legitimement taxer pour la simple vacation, selon les taxes cy-dessus.

Quand il y aura grosses espices & vacations de petits Commissaires, l'on pourra augmenter le seiour des deffendeurs ou autres plus grand à l'arbitrage.

CRIMINEL EN LA Cour.

En matiere criminelle sera taxé voyage pour prendre droict sur l'interrogatoire quand la partie sera presente pour homme de cheual seulement, & non autrement.

Conclusions, sur Requeste presentées à la Cour, sur lesquelles y aura Arrest, sera taxé vingt six sols.

Pour le sallaire du Procureur en la Cour qui fait faire vne information, recollement & confrontation pour chacune vaccation, vingt six sols.

Et sur les lieux aux procureurs douze sols.

Pour former vne inscription de faux, & dresser les moyens quand ils sont ioints au procez taxer voyage pour homme de cheual.

Et s'ils sont declarez admisibles, taxer selon la qualité.

Quand il y aura assignation pardeuant vn des Messieurs en leur hostel & à la barre sur vne Ordonnance du deffaut sera taxé douze sols sur chacune assignation pour le procureur.

S'il y a comparution de parties, & en suitte fait procez verbal pour chacune comparution, taxé vingt six sols, ou la moitié de la taxe de Monsieur le Commissaire.

Gistes & Geollages trois sols quatre deniers, la despence de prison selon les personnes mesmes quand il y a deffences de sortir la Ville & Faux-bourgs, ou que la partie est à la poursuitte de l'Audiance, à cause du decret.

pour l'entrée en prison, douze sols.

La sortie, idem.

Les salaires des rapports des Chirurgiens se taxent selon le taxe qui en a esté faite ou à l'Arbitrage.

TAXES DES PARTIES SVIVANT leurs qualités par iour.

MESSIEVRS D'EGLISE.

Le Cardinal, seize liures.
l'Archeuesque, douze liures.
l'Euesque, huict liures.
l'Abbé, six liures.
Les Doyen, preuost & Archidiacre des Eglises Cathedralles, quatre liures.
Les Chanoines, soixante sols.
Les Curez, soixante sols.

Les Prestres, soixante sols,
Les Prieurs, quatre liures.

MESSIEVRS LES PRINCES.

Quand il s'agist de leurs droicts hors paris, sera taxé deux voyages, l'vn pour apporter l'exploict d'homme de cheual, & l'autre pour iuger seulement pour Escuyer.

Le Connestable idem comme aux princes.
Les Mareschaux de France, idem.
Cheualliers des deux Ordres du Roy, dix liures.
Marquis & Comtes, huict liures.

Cheualiers simples quand ils sont d'ancienne extraction, six liures.
Le Baron, six liures.
L'Escuyer, cent sols.
Capitaines des gens de pied, cent sols.
Le Lieutenant, quatre liures.
Enseigne, idem.
Capitaine appointé, cent sols.

MESSIEVRS DE IVSTICE.

Le president au Mortier.
Les presidens des Cours Souueraines.
Les Conseillers des Cours Souueraines, huict liures.
Le Lieutenant general du Siege presidial, cent sols.
Le presidant des mesmes Sieges, idem.
Les Lieutenans particuliers & criminels, quatre liures.

Les Conseillers, quatre liures.
L'Aduocat & Procureur du Roy, quatre liures.
L'Aduocat de la Cour, quatre liures.
Procureur de la Cour, soixante sols.
Preuost des Mareschaux, cent sols.
Son Lieutenant, quatre liures.
L'Aduocat du Presidial, soixante sols.
Le Greffier, quarante sols.
Le Procureur, quarante sols.
Les Lieutenans aux Sieges particuliers & assesseurs, quatre liures.
Les Aduocats & Procureurs du Roy esdits Sieges, quatre liures.
L'Aduocat, Procureur & Greffier ausdits Sieges, quarante sols.

MARCHANDS ET ARTISANS.

Seront taxez à cheual tous Marchands, quarante sols.
Taneurs, idem.
Meusniers s'ils sont proprietaires, idem.
Laboureurs, idem.
Orpheures, idem.
Orlogers, idem.

SERONT TAXEZ A PIED.

Cordonniers des Villes hors Paris, dix sols.
Sauetiers, idem.
Crocheteurs, idem.
Tailleurs, idem.
Vignerons, idem.

Menuisiers, idem.

Serruriers, idem.

Charpentiers, idem.

Massons, idem.

Couureurs, idem.

De toutes les villes, excepté Paris, & ceux de paris seront taxez à quarente sols.

Ceux qui viennent pour des communautez sera taxé pour homme à cheual, quarante sols.

Comme aussi aux Mareschaux, Maistres Massons, Charpentiers & Appotiquaires des villes Capitalles des prouinces.

Tous les autres se peuuent regler sur les susdits.

INSTANCES PAR CONTVMACE & restitutions.

Quand le demandeur aura obtenu vn debouté de deffences, ne sera taxé voyage pour produire sur iceluy, ains seulement quatre liures seize sols.

Et quand l'instance iugée par forclusion sur ledit debouté de deffences, ores qu'il y ait reglement à contredire, n'y aura qu'vn voyage pour faire iuger pour homme de cheual, & non selon sa qualité.

Mais quand la partie s'est fait restituer, & puis apres qu'il y a reglement à contredire, sera taxé voyage pour produire, & vn pour faire iuger & euer l'Arrest.

TAXES DES SERGENS.

Vn Sergent porteur d'vne Sentence ou Arrest qui se transportera de sa demeure pour mettre à execution ladite Sentence ou Arrest ou saisir reellement, en vn lieu où il y a des Sergens Royaux, ne pourra prendre sa taxe pour estre allé expres. mais sera taxé pour homme de cheual, de la demeure du demandeur iusques à celle du deffendeur, ou bien de la plus proche ville de sa demeure, & ce à raison de quatre liures seize sols, si il a saisi reellement, sinon soixante-douze sols.

Et où le deffendeur seroit qualifié & redouté, encore qu'il y ait des Sergens au lieu de sa demeure sera taxé pour le transport d'vn Sergent de la plus prochaine ville.

FRAIS ORDINAIRES DE CRIEES.

Commancent au commandement de payer, & y entre ce qui est essentiel pour le decret.

La saisie reelle.

Le procez verbal de criées.

Voyage d'homme de cheual pour faire marché.

Consultations sur les criées, quarante huict sols.

La Sentence de certiffication de criée.

Les salaires des Aduocats & procureurs & certifficateurs tel qui sera taxé sur les lieux, sinon quatre sols.

Outre le droict de certificateurs de criées si y en a & selon la taxe.

Voyage d'homme & de cheual pour leuer le procez verbal de criées & sentence de certiffication.

Le registrement des criées, vingt-cinq sols huict deniers.

Moitié de la commission pour faire appeller le saisi pour bailler moyens de nullité, & les opposans pour fournir causes d'opposition.

Moitié de voyage pour apporter l'exploict.

Si l'on baille deffaut à iuger contre le saisi, faute de bailler moyens de nullité, la demande, inuentaires & espices, vont en l'extraordinaire, & l'Arrest, iournée & signification en l'ordinaire.

Et aux requestes du Palais, trois remises en l'ordinaire, le reste en l'extraordinaire.

L'Adiudication sauf quinzaine en ordinaire.

Pour chacune remise à l'Huissier & Greffier, chacun dix huict sols.

Au procureur, douze sols.

S'il y a vne quinte criée, elle va à l'extraordinaire.

Au Procureur pour dresser la premiere enchere & adiudication sauf quinzaine, & premiere remise selon la grandeur.

Iournée de l'adiudication, sauf quinzaine, douze sols.

Iournée du Procureur du iour de l'adiudication simple, vn escu.

Ne sera taxé voyage en l'ordinaire pour l'adiudication par [illegible] pro mora, douze liures.

Pour chacune apposition d'affiche dans le Palais, quatre sols.

A S. Barthelemy, Chastelet & Hostel de Ville, huict sols.

Aux portes de la Ville, douze sols.

Au Commis du Greffe pour la remise, cinquante deux sols.

A luy pour l'adiudication pure & simple, cinquante deux sols.

Au Greffier & Huissier des requestes pour chacune remise, chacun huict sols.

Au procureur pour chacune iournée, douze sols.

FRAIS EXTRAORDINAIRES de criées sera taxé.

Consultation pour faire les criées & premier exploict de commandement, quarante huict sols.

Moitié de la Commission & moitié du voyage, sur l'assignation au saisi, pour bailler moyens de nullité, & aux opposans leurs causes d opposition.

La demande, inuentaire & espices sur le deffaut qui sera baillé à iuger contre le saisi, faute de bailler moyens de nullité.

Quand la sentence ou l'Arrest de congé d'adiuger partie, adiudication de despens contre le saisi, les frais de l instance vont en l'extraordinaire en la subrogeant par le demandeur, ses creanciers en son lieu.

Quand le saisi se rapporte à la Cour d'en ordonner l'appointement à mettre & l'inuentaire vont à l'extraordinaire, pour lequel inuentaire ne sera taxé plus de quarante-huict sols.

Tout ce qui sera fait contre le saisi ou autre sur appellations de saisie & criées, oppositions afin de distraire charges reelles, pour estre la charge ausdites criées, ne fait que rendre compte aux Commissaires.

Si les criées se font contre vn curateur aux biens vaccans ou deguerpis toute la procedure qu'il se fait contre luy, doit entrer en taxe.

Toutes les procedures & frais de l'instance d'ordre, vont en frais extraordinaires, fors les causes d'opposition & inuentaire de production du poursuiuant, qui n'entrent que pour moitié, l'autre moitié confuse audit poursuiuant, regadant son interest particulier.

Le voyage pour produire sur l'ordre pour le tout voyage d'homme de cheual, pour faire faire l'adiudication par decret.

Voyage selon la qualité pour faire iuger l'ordre.

Et pour faire taxer les despens pour homme de cheual, s'il y a homme present.

C'EST LA TAXE FAITE PAR Monsieur l'Official de Paris, touchant les droicts des Appariteurs en l'Officialité dudit Paris, deuxiesme Ianuier mil six cens vingt.

PRemierement, pour chacun exploict de signification, commandement qui sera fait en ceste ville de Paris, sera payé cinq sols.

Item, pour les exploicts qui seront faits aux faux-bourgs de cestedite ville de Paris, sera payé six sols six deniers.

Item, pour chacun exploict fait à vne lieuë de ladite ville de paris, sera payé seize sols.

Item, pour les exploicts qui seront faits plus loin, leur sera payé à raison de dix sols par lieuë, fors & excepté pour les captures & conduites des prisonniers iusques en l'Officialité, pour lesquelles leur sera taxé selon leur vacation.

C'EST LA TAXE FAITE PAR Monsieur l'Official de Paris, touchant les droicts du Geollier de l'Euesché, le deuxiéme iour de Ianuier mil six cens vingt.

PRemierement, ledit Geollier aura la somme de cinq sols pour chacune Sentence diffinitiue donnée sur le procez par escrit, cinq sols.

Item, pour chacune Sentence interlocutoire donnée sur le procez par escrit, il y aura deux sols six deniers.

Pour chacune dissolution de fiançailles cinq sols.

Pour chacune adiudication de mariage celebré hors la Chappelle, cinq sols.

Pour son assistance pour chacun mariage celebré en la Chappelle des prisonniers, luy sera payé dix-sept sols six deniers.

Pour assister aux interrogatoires extraordinaires, qui sont de remise au Pretoire, où y aura partie ciuile, & non autrement, il aura dix sols.

Pour l'entrée de chacun prisonnier, dix sols.

pour assister aux confrontations des prisonniers, ou interrogatoires qui leur seront faites de releuée, sera payé, sçauoir pour chacun interrogatoire dix sols & pour chacune confrontion cinq sols.

pour conduire vn prisonnier hors l Euesché deuant les Iuges, & se faire assister quand il y aura partie ciuile, vingt sols.

pour la sortie de chacun prisonnier, dix sols.

pour le giste & geollage de chacun prisonnier couchant en vn lict tout seul, cinq sols par iour. S'ils couchent deux en vn lict, sera payé pour chacun quatre sols.

pour le giste & geollage de chacun prisonnier couchant sur la paille auec vne couuerture, sera payé vn sol & trois deniers.

Ledit Geollier aduertira les promoteurs, ou l'vn d'iceux, des esctoües nouuelles qui seront faites sur son Registre, & ce par tout le iour qu'elles seront faites, des prisonniers criminels, afin qu'on les interroge dans vingt-quatre heures, & iusques à ce, il les tiendra à part, sans les rudoyer en aucune façon.

Ledit Geollier ne pourra fouiller aucun prisonnier, si ce n'est en la presence de ceux qui en feront l'escroüe, laquelle demeurera chargée de ce qu'il aura trouué sur eux, pour le tout leur estre rendu en sortant.

Ledit Geollier ne mettra aucuns fers aux pieds ou mains des prisonniers, & n'en mettra aucun dans les cachots sans l'ordonnance du Iuge.

Ledit Geollier laissera visiter lesdits prisonniers, sçauoir le matin depuis les six heures en Esté, & sept heures en Hyuer, iusques à Midy, Et depuis les deux heures de releuée, iusques à sept en Esté. & iusques à cinq en Hyuer: & n'empeschera qu'ils ne prennent l'addresse de tel Procureur, & tel conseil qu'ils voudront auoir pour faire les poursuites de leur deliurance.

Ledit Geollier ne pourra retenir aucun prisonnier à faute de payement de leursdits gistes & geollage, ains se contentera de prendre des obligations, pour auoir recours sur leurs biens, ainsi qu'il verra bon estre.

C'EST LE REGLEMENT FAIT par Monsieur l'Official de Paris, le huictiéme iour de Iuillet mil six cens vingt, sur la taxe des salaires des Procureurs.

PREMIEREMENT.

En causes de Mariage, où il y aura contract, ou Fiançailles, sera taxé pour vne consultation, quarante-huict sols parisis.

En celles où il n'y aura point de contract, ains sur simples promesses : & és autres causes ciuiles, où il y aura appoinctement en droict, sera taxé *pro consilio*, vingt-quatre sols parisis, & és causes iugées en l'Audience, douze sols parisis.

Si les parties representent vne consultation signée d'Aduocats, la taxe en sera faite par ledit sieur Official à sa discretion, au profit de la partie qui l'aura payée.

Pour le premier plaidoyé du procez, comprise sa presentation és causes de Mariage, quand les parties contestent & sont interrogées, sera taxé vingt-quatre sols parisis.

Pour les autres iournées où il y aura procureur, sera taxé huict sols parisis, selon qu'il est accoustumé.

pour la iournée de coutumace, sera taxé quatre sols parisis.

pour la vacation du procureur és causes extraordinaires, sera taxé pour chacune heure vingtsix sols parisis.

pour chacune demande que les procureurs dresseront, deffenses, repliques, dupliques, & autres semblables, sera taxé douze sols parisis pour chacune piece.

pour chacun roolle des faits, interdicts, & autres escritures qu'ils feront, où il y aura quinze lignes à la page, & dix syllabes à la ligne, seront taxez quatre sols parisis.

Pour les coppies qui en seront fournies, seront taxez à raison de la cinquiesme partie des grosses.

Pour les escritures qui seront faites, dressées & signées par Aduocats, comme aduertissemens, faits, interdicts, contredicts, saluations, griefs, response à griefs, & autres, à raison de huict sols parisis.

Et pour le Procureur, pour le droict de reuision, moitié du droict de l'Aduocat.

Pour chacun Roolle de procez, auquel le fait du procez pourra estre succinctement representé, pourueu qu'il n'y ait point d'aduertissements ou escriture au procez, & l'induction de chacune piece faite sommairement, y ayant en chacune page quinze lignes, & dix syllabes ou enuiron à la ligne, sera taxé quatre sols parisis.

Et pour le Clerc, six deniers tournois.

Pour chacun Article qui demeurera bon &

alloüé en declaration de despens, au lieu qu'elle se payoit par Roolle, sera taxé dix deniers parisis.

L'assistance du procureur à la taxe des despens, sera taxée aux deux tiers du droict dudit sieur Official.

Pour l'audition de chacun tesmoin qui sera ouy en ville, enqueste ou information : pour le Commissaire deputé, quatre sols parisis, & pour l'Adioinct, deux sols parisis, outre sa grosse.

Si l'information ou enqueste est faite aux champs, sera taxé au Commissaire deputé, pour chacun iour, pour luy, son cheual, & despence, quatre liures seize sols parisis, & pour son Adioint, y allant exprés, sera taxé quarente huict sols parisis.

pour la grosse, soit d'information ou enqueste, sera taxé pour roolle, ayant quinze lignes en la page, & en chacune ligne dix syllabes, trois sols, compris le droict du Clerc.

Pour chacune monition mediocre, grosse, vacation, & contreseel, vingt-quatre sols parisis.

Pour vne dispence de bans accordée par ledit sieur Official, douze sols parisis.

Pour les causes d'appel.

SEra taxé pour les Presentations, quarante-huict sols parisis, à cause qu'elles sont extraordinaires.

Pour les vacations extraordinaires comme dessus, vingt six sols parisis pour heure.

Pour les grosses des actes desdites causes, à raison de trois sols tournois pour roolle, compris le droict de Clerc.

Pour chacune Consultation de causes d'appel, où eschet consultation, quarante-huict sols parisis.

Pour les escritures desdites causes d'appel comme dessus, tant pour l'Aduocat que pour le Procureur.

Pour chacune requeste de commandement de produire, & de forclusion, & pour vacation de la faire respondre, huict sols parisis.

C'EST LE REGLEMENT FAIT par Monsieur l'Official de Paris le huictiesme iour de Iuillet mil six cens vingt, sur la taxe des salaires du Greffier en l'Officialité.

POur chaque heure que le Greffier vacquera soit à receuoir interrogatoires de prisonniers où il y aura partie ciuile, ou en autres vacations de causes ciuiles extraordinaires, visitations, congrez, & autres actes hors iugement, pour chasque heure, vingt-six sols parisis.

Pour chacun Roolle des actes qu'il expediera, soit appointemens, informations, interrogatoires, procez verbaux, enquestes, ou autre acte, y ayant en chacune page quinze lignes, & dix à douze syllabes à chasque ligne, sera taxé trois sols tournois, compris le droict du Clerc.

Sera payé d'abondant ledit Greffier à mesme

taxe, pour les interrogatoires, recollemens, confrontations, & procedures criminelles, par les parties ciuiles ou denonciateurs, si auçuns y en a, non par les accusez : & où il n'y auroit aucune partie ciuile, il attendra à la fin du procez pour en faire demande à l'accusé, au cas qu'il soit condamné és despens, apres qu'ils seront taxez.

Pour chacun fueillet de parchemin de Sentence diffinitiue ou interlocutoire, chacune page contenant vingt-quatre lignes, & chacune ligne douze syllabes, où seront succinctement narrées & dattées les pieces du procez, tant pour le Greffier que son Clerc, treize sols parisis.

Que si telles Sentences ne sont mises en Roolle, sera payé au prix & proportion de vingt six sols parisis pour peau.

Pour la vacation qu'il employera pour faire descharge d'vn prisonnier, sera taxé seize sols parisis.

Pour vn decret d'imploration du bras seculier, soit sur information, ou requeste, huict sols parisis.

Pour vne citation personnelle, sans information ou requeste, quatre sols parisis.

Pour la verification d'inuentaire, six s. parisis.

Pour vne monition, & executoire de despens, six sols parisis.

Pour le calcul & arrest des despens, sera payé à raison d'vn sol pour liure, si mieux n'ayme se contenter de semblable somme, que l'assistance du procureur.

pour la descharge de chacun sac, qui sera retiré du Greffe, quatre sols parisis.

pour chaque sac qu'il baillera en communication, sera taxé quatre sols parisis.

C'EST LE REGLEMENT DES salaires pour les seruices à celebrer és Eglises parochiales du Diocese de Paris.

PRemierement, pour chaque Messe haute, sera payé dix sols.

pour chaque Messe basse sera payé huict sols.

pour vne Messe basse & Vigiles à trois leçons, Laudes, *Libera me*, & autres suffrages, sera payé vingt sols.

pour vne Messe haute des Trespassez & Vigiles à neuf leçons, auec le *Libera* & *Deprofundis*, & recommandaces, trente sols.

pour vn grand seruice consistant en trois Messes hautes, & l'assistance du Diacre & Sousdiacre & Chappiers, Vigiles a neufs leçons, *De profundis* & recommandaces, sera payé quatre liures, tant pour le Curé qu'assistans, & pour chacun Chappier, Diacre & Sous-Diacre qui manquera sera retranché cinq sols.

Achacun des Prestres assistans au conuoy d'vn deffunct qui aura esté administré, sera payé cinq sols, & au Curé qui aura fait la leuée du corps, compris son assistance, sera payé vingt sols.

Pour la leuée du corps d'vn ieune enfant, sera payé huict sols.

Aux Chappelains qui assisteront à ladite leuée & conuoy, deux sols six deniers.

Si l'on fait dire Vigiles à trois leçons *De profundis* & *Libera*, sera payé dix sols.

Pour la reception d'vn testament, sera payé 10. s.

Pour les fiançailles, les trois annonces, Benediction du lict & espousailles, sera payé trente sols.

Pour les publications d'vn monitoire & de l'aggraue auec le certificat, sera payé quinze sols.

Pour toutes autres publications certiffiées, sera payé deux sols.

Pour toutes les annonces qui seront faites au prosne durant l'année sur la memoire des deffuncts qui n'auront rien laissé aux Curez, sera payé quarante sols.

Pour faire des espousailles & solemniser vn mariage en la Chappelle de l'Officialité auec la celebration d'vne Messe basse, & pour en deliurer vn certifficat, sera payé trente sols.

Il est ordonné que le reglement des salaires contenus cy-dessus, sera gardé & obserué par cy-apres dans le Diocese de Paris: & pour cét effet, il sera enregistré au Greffe de l'Officialité & que l'extraict en sera mis & apposé à la diligence du Promoteur, dans vn tableau qui sera affiché au Pretoire de ladite Officialité. Fait à Paris le 30. Decembre 1619. Signé, De Barthes.

REGLE-

REGLEMENT POVR LA DISCIPLINE, fonctions, & salaires du Greffier de la Connestablie & Mareschaussée de France, ses Clercs & Commis.

Fait par Monsieur le Lieutenant General sur le requisitoire, poursuite & diligence du sieur Procureur du Roy au Siege, & confirmé par Arrest du 12. Decembre 1646.

EXTRAICT DES REGISTRES de Parlement.

ENtre Charles Trabit proprietaire du Greffe ancien, alternatif, triennal, Maistre Clerc parisis, Controolle & presentations de la Connestablie & Mareschaussée de France, à la Table de Marbre du palais à paris, appellant & demandeur en deux Requestes presentées à la Cour, la premiere du 7. Iuillet dernier, à ce qu'il luy pleust le receuoir de rechef appellant du reglement du dixiesme Auril 1638. fait par le Lieutenant General de la Connestablie, touchant les droicts & fonctions de la charge dudit Trabit le tenir pour bien releué, & en consequence de ce, en tant que besoin seroit, euoquer ladite instance de reglement. L'autre requeste du quatorziesme dudit mois de Iuillet, tendante à ce que le reglement du 2. dudit mois de Iuillet faict au preiudice dudit appel & euoquation fust cassé & annullé d'vne part, & le Procureur general du Roy prenant le fait & cause pour son Substitut audit Siege de la Connestablie & Mareschaussée de France, intimé & defendeur d'autre. Appointé, est que la Cour a mis & met les appellations & ce dont a esté appellé au neant, a euoqué & euoque ladite instance de reglement, & y faisant droict, a ordonné & ordonne;

Que le Greffier de ladite Connestablie sera tenu d'exercer en personne, ou d'auoir vn Commis suffisant & capable, & seront tenus de prester serment apres information faite audit siege de leur vie, mœurs, Religion Catholique, Apostolique & Romaine, & fidelité au seruice du Roy, des faits duquel Commis ledit Greffier demeurera responsable ciuilement.

Et ne pourront desemparer le siege, soit pour aller en commission, ou autrement sans ordonnance de Iustice, & qu'vn autre de qualité ait esté commis en sa charge.

Le Greffier ou son Commis seront tenus se trouuer chacun iour au Greffe & tenir la Chambre ouuerte à neuf heures du matin, & d'y faire continuelle residence en habit decent, iusques apres midy, & les iours de Mardy & Vendredy de releuée depuis deux heures iusques à quatre heures en temps d'Hyuer, depuis trois heures iusques à cinq en temps d'Esté, pour deliurer les expeditions aux parties.

Assistera le Greffier ou son Commis aux Audiences, & tiendra le Cahier des plumitifs, auquel il inserera les qualitez des parties qui luy seront données & deuëment signifiées, & si la cause est de consequence, sera tenu ledit Greffier d'inserer sommairement les plaidoyers, ou du moins les conclusions du Substitut du procureur general du Roy, & des Aduocats & procureurs des parties: Les offres faites auec les iugemens & appointemens selon qu'ils seront prononcez, & à cette fin sera tenu à l'issuë des Audiences, ou le iour mesme representer à celuy qui aura prononcé lesdits cahiers de plumitifs pour les reuoir & parapher, & arrestera les cahiers des expeditions de iour en iour ou au plus tard dans le lendemain qu'il signera.

Les Commissions, Appoinctemens, Sentences, Reglemens & autres expeditions, dont l'execution doit estre faite à la requeste du Substitut, seront par le Greffier ou son Commis portez en la Chambre trois iours au plus tard apres qu'elles auront esté renduës, à ce que la Iustice n'en soit retardée; Et tiendra memoire du iour de la deliurance d'icelles, dont la taxe luy sera faite s'il y eschet.

Sera tenu ledit Greffier mettre en cahier de trois en trois mois toutes les Sentences données sur productions, & dont sera fait vn Registre par chacun an, à commencer au lendemain sainct Martin; cottera les noms des Iuges sous lesquels lesdites expeditions auront esté faites, & les Rapporteurs des procez: Tous lesquels Registres demeureront au Greffe dans vne armoire qui fermera à clef, & sera fait inuentaire des anciens Registres, qui ne pourront estre transportez par ledit Greffier, sans permission, & desquels il demeurera responsable: Et aura pour cét effet soixante liures sur les amendes, sans comprendre les deux cens liures ordonnées par sa Majesté pour les necessitez du Siege.

Fera pareillement ledit Greffier les Registres separement des lettres de prouision, acte de reception d'Officiers, enregistrement des Edicts de creation ou d'augmentation d'Officiers, droicts & gages d'iceux, ensemble des Arrests du Priué Conseil du Roy, du Parlement & autres Cours Souueraines qu'il sera ordonné, & que ledit Substitut aura requis l'enregistrement.

Les Sentences, tant pour le veu d'icelles, que dispositif, seront dressées par le Rapporteur des procez & le Greffier tenu de les suiure, sans y adjouster & diminuer, & pour les iugemens sur requeste, enterinement de lettres, defauts, congez & autres expeditions, ledit Greffier pourra les dresser, inserant seulement au veu les pieces necessaires, auec les conclusions dudit Substitut & des parties.

Le Greffier sera tenu deliurer aux parties les actes & menuës expeditions dans 24. heures apres qu'elles auront esté arrestées, s'il en est requis, & les grosses dans trois iours au plus tard.

Ledit Greffier & son Commis ne pourront obliger les parties à receuoir leurs expeditions en forme, si par elles ils ne sont requis.

Et afin que lesdites parties ne soient trauaillées de frais inutils, les congez & defauts seront expediez en placart & non en cahier, sans qu'ils puissent exceder vne peau de parchemin : Et à cette fin les Procureurs feront leurs demandes sommaires desdits congez & defauts,

Toutes les Sentences en forme, receptions d'Officiers, actes d'enregistremens & autres expeditions suiettes au sceau, seront par ledit Greffier & Commis apportées au Greffe à dix heures du matin dans les trois iours de leur expedition, & mises és mains du Garde seel dudit Siege, pour estre depuis huict heures iusqu'à midy seellées : Defences audit Greffier ou son Commis de deliurer aux parties lesdites expeditiõs sans estre seellées, ny d'escrire de leur main le seellé & le receu du droict qui sera: Sçauoir, pour les commissions & congez, sentences, decrets, executoires & certificats des ports de monstres & che[illegible]chées de Preuosts, 5.s. Et pour les defauts, sentences interlocutoires, prouisoires & diffinitiues, actes de reception & enregistrement 8. sols en la maniere accoustumée.

Demeureront toutes expeditions au Greffe: sans qu'elles puissent estre portées & transportées ailleurs par ledit Greffier & Commis.

Sera tenu ledit Greffier de mettre és mains des Iuges dudit Siege & dudit Substitut, les minutes des procedures extraordinaires quand besoin sera, & qu'elles luy seront demandées, mesmes quand il sera question de faire iuger à la Cour vne competance.

Ne pourra ledit Greffier, quoy qu'il n'y ait que ledit Substitut partie, porter au Greffe Criminel de la Cour les minuttes des procez iugez en premiere instance, ains les mettra en grosse, & retiendra les minuttes en son Greffe, sauf à luy d'en estre payé en temps & lieu, s'il y eschet.

Ne pourra aussi ledit Greffier ou Commis receuoir aucunes productions que par inuentaire

& cottera en marge les pieces qui sont en deficit en receuant ledit inuentaire, & paraphera le dernier feüillet escrit, & deffences seront faites audit Greffier ou Commis de respondre aucunes requestes soit pour obtenir commission, ou pour l'instruction des procez en quelque maniere que ce soit à peine de faux & d'amende arbitraire, & tous despens, dommages & interests, fors & excepté les commandemens & forclusions de produire & contredire.

Et si tost que les procez, charges & informations seront apportées est enioint audit Greffier ou Commis d'en donner aduis au Iuge & audit Substitut, comme aussi des procez verbaux des monstres & cheuauchées cy-apres declarées, & ne pourront lesdits Greffier ou Commis deliurer executoire des ports d'iceux qu'auec ordonnance de Iustice.

Cesseront toutes expeditions ciuiles & presentations d'Officiers depuis la vigile de S. Simon iusques au lendemain S. Martin, & les audiences ne commenceront qu'apres l'ouuerture des audiences de la Cour de parlement.

Et en reglant à raison du sol tournois, les salaires dudit Greffier, son Clerc & Commis pour tous droicts, tant anciens que nouueaux à eux attribuez par les Edicts, a esté ordonné.

Que pour les Commissions, tant de celles addressantes aux Iuges des lieux, que pour faire assigner les parties qui seront mises en placard n'excedans vne peau de parchemin de la grandeur de celuy dont on se sert aux Requestes du palais, ledit Greffier aura vingt cinq sols.

Pour les Reliefs d'appel, anticipations & desertions, vingt-cinq sols.

Pour les presentations suiuant l'Edict de 1575. & celuy de 1625. cinq sols.

Pour la deliurance des defauts & congez à faute de comparoistre, leuez sur les presentations, deux sols.

Pour les à venir à fin de plaider, cinq sols.

Pour les defauts & congez donnez aux Audiences, cinq sols.

Pour le produit des defauts & congez donnez à l'Audience sur les appellations, deux sols six deniers, & pour les rendre dix deniers.

Pour receuoir les productions, cinq sols, & autant pour les descharger du Greffe, cinq sols.

Pour les appointemens de conclusion, & autres donnez à l'Audience, huict sols.

Pour la ionction des productions nouuelles, Enquestes, informations & instances, Griefs & responses, deux sols six deniers.

Pour la vacation de chacune iournée dudit greffier ou son Clerc allant en Commission hors cette ville, la moitié de la taxe du Iuge de ladite Connestablie qui executera ladite Commission.

Pour la vacation dudit greffier ou son Clerc trauaillant en cette ville & aux champs auec Exempts, Huissiers, Archers & Sergens executeurs des Commissions des Iuges de ladite Connestablie, les deux tiers de la taxe qui sera par lesdits Iuges faite aux executeurs des susdites Commissions.

Pour la collation des pieces de chacun feuillet en grand papier, trois sols, & en petit papier, 2. sols.

Pour deliurer les executoires aux Massagers des ports de procez, chargés & informations & de remboursement d'espices & vacations, mesme de despens, quinze sols.

Pour clorre les faits & escritures pour faire Enqueste, deux sols six deniers.

Pour l'extraict & deliurance aux parties qui le requierent des noms, surnoms, qualitez, aage & demeure des tesmoins oüis és Enquestes pour bailler reproches, à raison de chacun tesmoin, six deniers.

Pour les pareatis & oppositions aux Sentences desdits Iuges de la Connestablie, dix sols.

Pour la presentation, lecture & entegistrement des lettres de remission, pardon & abolition pour tous droicts soixante sols.

Pour l'appointement sur icelles, quinze sols.

Pour la vacation aux informations, interrogatoires, recollemens & confrontations, enquestes, interrogatoires & recollemens sur faits pertinens, & autres actes, la moitié de la taxe des Iuges qui y auront assisté.

Pour l'acte de Rapport, certiffication & affirmation des procez verbaux de Chirurgiens, cinq sols.

Pour bailler les informations & autres actes, & procedures criminelles, ausdits Iuges & Substitut du Procureur general pour vne fois seulement, cinq sols.

Pour les decrets sur lesdites informations quand ils seront en placard, & qu'ils n'excederont vne peau, vingt-cinq sols.

Pour les actes de comparution & de submission

au Greffe, soit qu'il y ait caution ou non, 15. sols.

Pour l'expedition des Sentences en forme, des decrets & Commissions qui ne pourront estre reduites à vne peau de parchemin à raison de 22. lignes en chacune page, & en chaque ligne douze & quatorze syllabes, pour tous droits tant anciens que nouueaux pour chacun roolle, 25. sols.

pour toutes Sentences d audience expediées en placard, aura pour tous droicts vingt-cinq sols.

pour la prononciation des Sentences & iugemens diffinitifs aux procureurs des parties, dix sols.

pour la prononciation des iugemens interlocutoires, defauts & congez iugez aux presentations, 5. s.

pour la prononciation des iugemens & Sentences criminellees és prisons de la Conciergerie, Fort l'Euesque, Chastelet, Sainct Eloy, eslargissement, charge ou descharge des escroües quand il y aura partie ciuile, vingt cinq sols.

pour la mesme prononciation & eslargissement, charge ou descharge descroüe és autres prisons esloignées & aux Faux-bourgs, quand il y a partie ciuille, trente sols.

pour la grosse en grand papier des expeditions tant ciuiles que criminelles, à raison de trente-quatre lignes pour roolle, quatre & cinq mots à la ligne pour tous droicts, six sols.

pour porter dudit siege de la Connestablie au Greffe du priué Conseil du Roy, les procez grossoyez, lors qu'il s'agist de Conflict de iurisdiction, ce qu'il ne pourra faire sans en aduertir les Iuges. & ledit substitut, quarante sols.

Pour porter dudit Siege lesdits procez grossoyez

au greffe Criminel de la Cour, lors qu'il y a appel interietté des sentences rendues au cas ordinaire, ou Arrest sur les conclusions dudit Procureur general du Roy, portant que les procez seront portez, ensemble pour le port des procez ciuils, & pour tous droicts de descharge, vingt sols.

Pour porter au greffe de ladite Cour les declarations des despens en cas d'appel, cinq sols.

Pour chacun acte d'opposition aux receptions d'Officiers des Preuosts, Vice-baillifs, Visseneschaux, Lieutenans Criminels de robbe courte, Cheualiers du guet, Exempts & autres Officiers de leurs compagnies, ensemble pour toutes autres oppositions, quinze sols,

Pour la vacation du greffier aux informations de vie & mœurs qui se font aux receptions des Officiers pour communiquer lesdites informations audit Substitut, les retirer & mettre és mains des Iuges, ensemble pour la publication & expedition de la reception en parchemin, la moitié de la taxe du Iuge. & outre pour l'enregistrement des lettres des Officiers de Iudicature, quarante sols.

Pour mesme vacation aux informations de vie & mœurs des Commissaires & Controlleurs des guerres, actes de caution, & eslection de domicile des Tresoriers payeurs des guerres la moitié de la taxe du Iuge.

Pour l'enregistrement des actes & lettres de prouisions, quarante sols comme dessus.

Pour l'enregistrement des Edicts de creation ou augmentation d'Officiers, gages, droicts à eux attribuez quand les parties le requierent la moitié comme dessus.

Pour les actes des monstres faites audit Siege par le Preuost general de l'Isle de France, les Preuosts de Montfort, Lamaury, Verelay & autres du Gouuernement de l'Isle de France, & generalité de Paris, & pour l'enregistrement desdits actes, la moitié comme dessus.

Pour les actes & certificats du greffier des ports de procez verbaux de cheuauchées des Preuosts, Vice baillifs, Vissenechaux, Cheualiers du guet, leurs Lieutenans, Officiers & Archers de leur compagnie, enregistrement des actes susdits, expeditions d'iceux pour tous droicts quinze sols.

Pour les actes & certificats dudit greffier des ports des roolles de monstres faites par les gens de guerre tant de Caualierie que d'Infanterie par lesdits Preuosts, Visbaillifs, & Officiers declarez en l'article precedent, & pour deliurer l'expedition apres l'enregistrement desdits actes & certificats pour tous droits; quinze sols.

Pour l'expedition en papier en minutte & non en grosse des prouisions & receptions d'Officiers, reglemens pour leurs charges, procez verbaux de monstres & cheuauchées & autres Iugemens & Sentences. Si en grand papier à vingt-cinq lignes la page, quinze à seize sillables à la ligne, pour tous droicts dix sols, & en petit papier à treize lignes la page, & huict sillabes en la ligne, cinq sols.

Pour chacun feüillet d'extraict en minutte des faits secrets tirez des procez, informations ou enquestes qui sera baillé au procureur pour faire la taxe des despens à la mesme raison des 2. articles precedens pour tous droicts, & s'ils sont deliurez en grosse en grand papier, ce requerant les parties à raison de dix sols pour roolle comme dessus. idem.

Enioint audit Greffier, son Clerc, ou Cõmis d'escrire de leur main au bas des expeditions qui serōt par eux deliurées aux parties ce qu'ils auront receu pour leurs droicts & sallaires à la raison que dessus, defences de prendre dauantage, pour quelque cause & occasion que ce soit, encores qu'il fust offert volontairement par les parties, à peine de restitution & d'amende arbitraire.

Et sera le present Reglement leu & publié audit Siege de la Connestablie, à la Table de Marbre du Palais, registré & affiché au Greffe d'iceluy. Et outre, enuoyé & signifié à tous les Sieges des Preuostez, tant generalles que particulieres de ce Royaume pour estre registré au Greffe d'icelles, à ce qu'il soit gardé & obserué selon sa forme & teneur. Fait en Parlement le douziesme Decembre mil six cens quarante-six.

Signé, GVYET.

Leu & publié au Siege de la Connestablie & Mareschaussée de France, à la Table de Marbre du Palais à Paris.

ARREST DE LA COVR DE PARLEment, pour le Siege de la Connestablie & Mareschaussée de France à la Table de Marbre.

Sur la connoissance attribuée audit Siege par les Ordonnances, des Gages, Taxations, Appointemens & Departemens à faire les monstres des Gens de Guerre, Commissaires, Controlleurs, Tresoriers & Payeurs d'icelles.

Deffences de proceder ailleurs qu'audit Siege, & par appel en la Cour, s'il y eschet, pour lesdites matieres, à peine de nullité, cassation de procedures, & de trois cens liures d'amende contre les contreuenans.

Et aux Procureurs de la Cour, de proceder ailleurs qu'audit Siege és cas cy dessus, & autres y attribuez par les Ordonnances, à peine d'interdiction de leurs charges.

Leu & publié en la Communauté des Aduocats & Procureurs de ladite Cour de Parlement le 13. Iuillet 1651. Et audit Siege le dixiesme dudit mois & an.

Extraict des Registres de Parlement.

VEV par la Cour la Requeste à elle presentée par les Officiers de la Connestablie & Mareschaussée de France, au Siege general de la

Table de Marbre du Palais ; Contenant qu'ils ont souuent remonstré à la Cour, les diuerses entreprises que font Messieurs de la Cour des Aydes, pour la connoissance du payement des gens de guerre, gages, appointemens & taxations des Officiers de la Milice, Commissaires, Controlleurs, Tresoriers tant de l'ordinaire qu'extraordinaire des guerres, & payeurs de la Gendarmerie, de leurs comptes entre eux, & assignaions, estans telles matieres la fonction de ladite Iustice, & dont lesdits supplians ont tousjours iouy, tant deuant l'establissement de ladite Cour des Aydes, que depuis sa creation, & l'erection de la seconde Chambre d'icelle en premiere instance, dont l'appel ressortist en la Cour de tous les endroits de la France, & ressorts des autres parlemens du Royaume, & sur vn conflict entre ladite Cour des Aydes & led. Siege, pour la connoissance des appointemens ou solde, d'vn Lieutenant de Compagnie de cheuaux Legers, la Requeste en ayant esté communiquée aux gens du Roy de lad. Cour des Aydes, fust arresté que les supplians connoistroient dud. differend, & ensuitte fust donné Arrest de lad. Cour des Aydes du 28. Auril 1649. par lequel la connoissance de la solde fust indéfiniment delaissée audit Siege : Neantmoins ladite Cour des Aydes depuis ledit Arrest a euoqué à soy plus de douze causes, pendantes audit siege pour le payement des taxations poursuiuies par aucuns Commissaires & Controlleurs des guerres, entre autres par Maistre Louis Roy Controlleur ordinaire des guerres, demandeur contre Maistre Pierre le Clerc Tresorier de l'extraordinaire des guerres, Gabriel Sauuion & consors, demandeurs en sommation, & M.

Deslandes, Robinet, Augery, le Lieure, Maisonneufue & Fremy, aussi Controlleurs des guerres, lesquelles taxations sont de la propre connoissance & iurisdiction dudit Siege, faisant partie de ladite solde, couchée & employée dans vn mesme estat de fonds, & payée par mesmes Tresoriers & payeurs. Et quand les Tresoriers des guerres ont voulu soustraire audit Siege le differend desdites taxations, & les faire euoquer au Conseil, ou en ladite Cour des Aydes, elles ont tousjours esté par les Arrests contradictoires du Conseil, renuoyées audit Siege, entre autres des 27. Decembre 1629. 19. Auril 1639. & 31. Aoust 1643. Et lors du conflict de ladite Cour des Aydes contre ledit Siege, il a tousiours esté iugé pour ledit Siege à l'exclusion de ladite Cour des Aydes, suiuant les Arrests du Conseil des dernier Iuin 1640. & 21. Ianuier 1650. Et encores ladite Cout des Aydes auoit euoqué plusieurs instances, entre les Cōmissaires & Tresoriers des guerres, pendantes aud. Siege pour le payement de leurs gages, comme entre Macé Pinard Escuyer sieur de la Milleriere, Commissaire ordinaire des guerres, & M. de Lancy, Tresorier general de l'ordinaire, contre & au preiudice des Ordonnances des années 1356. art. 9. & Declaration confirmatiue d'icelle du 3. Aoust 1573. verifiée en parlement & en la Chambre des Comptes, laquelle a esté encore confirmée par la Declaration du 15. Nouembre 1617. qui attribuent nettement audit Siege la connoissance desd. gages, & que cette disposition a esté suiuie par les Arrests contradictoires du Cōseil, entre autres du 4. Iuillet 1604. donné entre Mrs les Connestable & Mareschaux

de France, & leur Lieutenant general ioint d'vne part, & le Procureur general de ladite Cour des Aydes d'autre, le conflict estant fait pour raison desdits gages, & par celuy du 13. May 1625. donné entre vn Officier des Gens de guerre, & vn Tresorier de l'extraordinaire, estant question de gages & appointemens, & pareillement par les Arrests de la Cour des 5. Iuin 1628. 17. Decembre 1638. 29. Iuillet 1645 & 7. Decembre 1638. tous sur la remonstrance du Procureur general; & de plus que ladite Cour des Aydes prend encore connoissance d'vne contestation, entre aucuns Controlleurs Prouinciaux des Gens de guerre, pour raison de leurs departemens à faire leurs monstres & reueuës de Gens de guerre, à la requeste de M. Hilaire le Clerc Controlleur Prouincial de Bourgogne, au preiudice de la Iurisdiction dudit Siege, & deffenses portées par les Iugemens d'iceluy, qui est encore vne manifeste entreprise, au preiudice des Edicts, Reglemens & Arrests susdits, portant renuoy audit Siege desdits differents, entre-autres celuy dudit iour 26. Decembre 1629. où il s'agissoit du departement desdits Controlleurs generaux, aux Controlleurs ordinaires & Prouinciaux des guerres: A CES CAVSES, Requeroient qu'il pleust à la Cour, pour empescher tels desordres & maintenir ledit Siege, descharger lesdites parties des assignations à elle données en ladite Cour des Aydes, à la requeste dudit Procureur general, & de Maistre Hilaire le Clerc Controlleur Prouincial, & de tous autres, & ordonner que les parties sur leurs differents procederoient en premiere instance audit Siege, & par appel

pel en la Cour, s'il y eschet ; & cependant faire deffences aufdites parties & tous autres, d'agir pour raison de leurs gages, taxations, appointemens & departemens à faire les monstres & reueuës des Gens de guerre, ailleurs qu'audit Siege en premiere instance, & par appel en la Cour à peine de nullité, cassation de procedures, & de trois cens liures d'amende contre chacun contreuenant; & aux Procureurs de la Cour, de proceder ailleurs qu'audit Siege, és cas cy-dessus, & autres y attribuez par les Ordonnances, à peine d'interdiction de leurs charges : Et si aucuns Arrests de ladite Cour des Aydes interuiennent pour raison desdits differents, faire deffenses ausdites parties de s'en ayder, comme estans donnez par Iuges incompetans de connoistre de telles matieres, & que l'Arrest qui interuiendroit seroit leu & publié en la Communauté desdits Procureurs. VEU aussi lesdits Edicts, Declarations & Arrests, & autres pieces attachées à ladite Requeste : Conclusions du Procureur General du Roy, Et tout consideré. LADITE COVR ayant esgard à ladite Requeste, A ordonné & ordonne, que les parties sur leurs differents procederont en premiere instance audit Siege, & par appel en la Cour s'il y eschet ; & cependant fait deffences ausdites parties & à tous autres, d'agir pour raison de leurs gages, taxations, appointemens & departemens à faire les monstres & reueuës des Gens de guerre ailleurs qu'audit Siege en premiere instance, & aussi par appel en ladite Cour, à peine de nullité, cassation des procedures, & de trois cens liures d'amende, payable par chacun contreuenant ; &

aux Procureurs de ladite Cour de proceder ailleurs qu'audit Siege, és cas cy-dessus, & autres y attribuez par les Ordonnances, à peine d'interdiction de leurs charges, & que le present Arrest sera leu & publié en la Communauté desdits Procureurs. FAIT en Parlement le dix-neufiesme iour de Iuin 1651. *Signé* GVYET, par Collation.

PRIVILEGE DV ROY.

LOVIS par la grace de Dieu, Roy de France & de Nauarre, A nos Amez & feaux, les Gens tenans nos Cours de Parlemens, Baillifs, Seneschaux, Preuosts, leurs Lieutenans, & à tous autres nos Officiers qu'il appartiendra; Salut, Nostre bien-amée, CLAVDE ROCOLLET, vefue de feu Claude Bonjan, viuant Marchand Libraire en nostre bonne Ville, Nous a fait remonstrer que feu sondit mary & CARDIN BESONGNE aussi Marchand Libraire ayant esté chargez de faire r'imprimer vn liure intitulé, *Le parfait Praticien François*, de beaucoup augmenté, & exactement corrigé fort vtil au public, ils y ont fait trauailler auec grand soin & despence: mais parce qu'ils n'osent le mettre en lumiere sans nostre permission, craignans que d'autres Imprimeurs ou Libraires ne s'ingerent de faire aussi r'imprimer ledit Liure sur l'ancien, au preiudice de l'Exposante

& dudit Besongne, ils nous ont fait supplier leur vouloir sur ce pouruoir de nos Lettres necessaires. A CES CAVSES, voulant fauorablement traitter l'Exposante ? Nous luy auons permis & permettons par ces presentes, de faire r'imprimer ledit Liure sur l'ancien, & iceluy vendre & distribuer par tous les lieux qu'il leur plaira, pendant le temps de neuf ans, à commencer du iour des presentes. Deffendons à tous autres Marchands, Imprimeurs, Libraires & autres r'imprimer ledit Liure sur l'ancien, sans la permission de l'Exposante & dudit Besongne, ou de ceux qui auront leur droict, à peine de confiscation des Exemplaires, & de quinze cens liures d'amende, à la charge d'en mettre deux Exemplaires en nostre Bibliotecque publicque, & vn en celle de nostre tres-cher & feal Cheualier le Sieur Molé premier President en nostre Cour de Parlement à Paris, Garde des Seaux de France : Car tel est nostre plaisir. Donné à Paris le 20. iour de Decembre, l'An de grace 1652. Et de nostre regne le X.

Par le Roy en son Conseil, COVPEAV.

RECVEIL DES STATVTS ORDONNANCES, Reiglements, Antiquitez, Prerogatiues, & Preéminences du Royaume de la Bazoche.

Ensemble plusieurs Arrests donnez pour l'establissement & conseruation de sa Iurisdiction.

NOVVELLE EDITION.

Augmentée de plusieurs Arrests, & mis en meilleur ordre.

Le tout addressé à Mr BOIVINET, cy-deuant Chancelier en icelle.

A PARIS,
Chez CARDIN BESONGNE, Marchand Libraire, au Palais, en la Gallerie des Prisonniers, aux Roses Vermeilles.
M. DC. LIV.

A MONSIEVR,

MONSIEVR BOYVINET, CHANCELIER DV ROYAVME, DE LA BAZOCHE,

ONSIEVR,

Comme le Soleil venant à s'approcher de nous, & à faire voir sur nos terres les doux effets de sa presence, affranchit les habitans de air de la seruitude dans laquelle vu long

& fascheux Hyuer les tenoit enueloppez, & qui à peine leur permettoit de leuer la teste, pour sortir du triste & morne silence que sa tyrannie leur imposoit : aussi nous n'auons pas plustost receu au Royaume de la Bazoche les premieres pointes de vostre Regne, que nous auons senty en nous comme vn doux feu qui alloit petit à petit eschauffant nos membres engourdis, & en mesme temps remplissoit nos cœurs de toutes sortes de vertueux desirs ; vostre bouche nous estoit comme vne trompette, dont l'efficacieux son frappant nostre interieur abbatoit les Murs orguilleux qui s'opposent à la liberté de la Iustice, & l'empeschent de se ioindre à la volonté ; & les premices de vos actions ne nous ont pas esté moins que de vifs tableaux, qui non seulement nous montrent le prix du glorieux combat que la vertu donne au vice, mais nous enseignent à le vaincre. Vne telle entrée ne promettoit que d'extraordinaires progrez dans la suitte ; & de faict, iamais esperance ne trouua plus de fondement que la nostre ; car nous pouuons dire veritablement, que les quatre Saisons qui s'acheuent, & durant lesquelles nous auons esté esclairez par vostre presence, nous ont esté vn perpetuel Printemps Automnal, puis que parmy les plaisirs de la premiere Saison, nous auons tousiours gousté la douceur des incomparables fruicts de la paix & de l'vnion; Dans ces agreables temps les plus stupides esprits se sont resueillez au grand bruit de vostre renommée: Chacun à l'enui s'est efforcé aux belles actions, se voyans conduits par vn si valeureux Capitaine, & iugez si l'emotion n'a pas esté grande, puis que moy qui suis le moindre de ceux à qui vous donnez des Loix, ay bien eu la hardiesse de parestre, & mettre la main à vn Ouurage que ma temerité ose vous presenter, afin que sans vostre adueu, il soit assez hardy pour se monstrer au iour. Vous n'y trouuerez pas le stile delicat & l'eloquence que l'on rencontre en effect ès escrits du siecle. Ce n'a pas esté mon but que de flatter les oreilles des curieux: & puis que ie n'ay voulu faire vn Romant où ie me peusse donner licence d'auancer beaucoup de choses, & de les bien déguiser, mais plustost vn veritable recueil de l'Histoire de la Bazoche, de ses Statuts & Prerogatiues: Ie n'ay pas dû m'arrester à de beaux termes curieusement recherchez pour en rendre la lecture plus agreable, plustost à des paroles precises, & à vn discours familier, pour faire entendre à tous les Clercs du Palais ce qui leur est necessaire de sçauoir. Outre qu'en plusieurs en-

droits i'ay esté obligé aux mots & syllabes des anciens tiltres : mesmes d'employer iceux, sans y rien augmenter, ou diminuer. Ce n'est *pas,* MONSIEVR, *sans grande raison, que ie l'ay entrepris, puisque le temps passé ne nous a que trop fait voir, que plusieurs* Clercs *du* Palais *& supposts de la Bazoche, les vns faute de sçauoir les grands auantages de sa creation, & les glorieux suiets de son establissement, ne la regardent auec le respect qu'ils luy doiuent & negligent, voire (s'il faut ainsi dire) mesprisent de s'y adioindre, demeurent plusieurs années au* Palais *sans auoir le courage d'en approcher, & ne la reconnoissent que par contraincte. Les autres qui ayans bien reconneu les grands auantages que cette cōpagnie a par dessus les Clercs du Palais leur superiorité sur toutes les Bazoches du ressort du premier, & plus grand Parlement de France, & la dignité des charges que possedent ceux qui la composent, les ont bien recherchées auec soin, & s'y sont fait admettre: mais qui apres cela se sont rendus fort negligens d'apprendre tout ce qui est necessaire pour les exercer; à sçauoir le Statut, les* Ordonnances *& l'authorité des choses iugées. C'est donc pourquoy, pour les vns & pour les autres, il a fallu traitter non seulement des principes,* raisons, & sujets de sa creation, auantages, & prerogatiues d'icelle, mais aussi des Loix qui y ont esté establies, & de ce qui s'est passé sur leur obseruance. IE n'ay pas attendu iusques à la fin du liure à penser à qui ie l'addresserois, car dés le commencement i'ay trouué par quatre grandes considerations, qu'il vous appartient. La premiere, par vostre qualité de Chancelier de la Bazoche. La seconde, parce que de tout ce qui s'y rencõtrera de bien, i'en suis obligé aux conferences dont vous m'auez honoré, & aux bons memoires que i'ay receus de vous, & n'y ayant rien ou peu de chose du mien, ainsi il est iuste de vous le rendre. La troisiesme, l'heureuse rencontre que ie fais d'vne personne à laquelle ie puis attribuer beaucoup de rares qualitez, sans pouuoir estre accusé de flatterie, ny d'excez. Et la quatriesme, l'asseurance que i'ay, que vous qui vous estes tousiours monstré fort affectionné à l'entretenement des Loix du Royaume de la Bazoche, & qui par vostre exemple en auez tracé le plus droict chemin à tous les supposts, approuuerez, ie m'asseure, mon dessein, qui se trouuant conforme à vostre intention, obtiendra plus facilement de vostre charité l'excuse de plusieurs defauts & manquemens que vous trouuerez dans ce traitté, *dant le plus grand aduantage sera d'estre par vous agreé de la main de,*

MONSIEVR,

A Paris ce 1.
Iuill. 1644.

Vostre tres-humble & tres-obeissant subiect Bazochial, & Aduocat de vostredit Royaume.

STATVTS ET ORDONNANCES du Royaume de la Bazoche, faites, reformées & accordées par la Cour aux Supposts d'icelle en l'année 1686. en procedant sur les Requestes presentées tant par le Procureur de communauté que lesdits Supposts Maistre IACOB Chancelier regnant.

CHAPITRE I.

Des Iuges du Royaume & de leurs charges.

PRemierement, Que pour maintenir & entretenir en vnion le corps de ladite Bazoche, & administrer la Iustice aux supposts, y aura ainsi qu'il a esté de tout temps accoustumé selon les priuileges octroyez audit Royaume par les Roys de France, confirmez par infinis Arrests de la Cour de Parlement, vn Chancelier auec les Maistres des Requestes ordinaires, vn Referendaire, vn grand Audiencier qui seront Maistre des Requestes extraordinaires, vn Procureur general, & vn Aduocat du Roy, vn Procureur de communauté, quatre Tresoriers, vn Greffier, quatre Notaires & Secretaires, vn premier Huissier & huict autres Huissiers auec vn Aumosnier, qui sera homme d'Eglise sans estre tenus d'aucuns droits & deuoirs, aura voix deliberatiue & seance apres les Maistres des requestes extraordinaires, & tenus d'assister à tous actes Bazochiaux.

Que desdits Officiers seulement Messieurs le Chancelier, Maistres des Requestes ordinaires, grand Referendaire, & grand Audiencier procederont au iugement des causes, & n'y seront admis ny receus les autres Officiers dudit Royaume à la charge que lesdits Referendaire & grand Audiencier n'auront que la voix deliberatiue & la seance seulement, apres lesdits Maistres des Requestes ordinaires, à la charge que tous Tresoriers estans receus Maistres des requestes ordinaires precederont en tout lesdits grand Referandiere & Audiencier, & lesquels grand Referendaire & Audiencier ne se pourront exempter d'estre Tresoriers deux ans apres le iour de leur reception.

Que lesdits Chancelier, vis-Chancelier ou plus ancien Maistre des Requestes ordinaires ne pourront asseoir ou donner aucun Iugement s'ils ne sont assistez de sept Maistres des Requestes qui seront appellez à la diligence des quatre Tresoriers.

Que les plaidoyries ordinaires se tiendront à huis ouuert par chacune semaine deux fois, Assauoir le Mercredy & Samedy sur les cinq heures de releuée, ausquelles ensemble aux extraordinaires seront tenus lesdits Maistres des Requestes, grand Audiencier, grand Referanda & autres Officiers du corps eux trouuer auec leurs bonnets en habits decents à peine de l'amende à la discretion de la Cour, & confiscation de leurs chappeaux applicables à œuures pitoyables ou autrement: ainsi que la Cour aduisera & verra estre à faire, s'il n'y auoit excuse legitime dont la Cour sera certifiée.

CHAPITRE II.

De la charge de Procureur general, Aduocat du Roy, & Procureur de communauté audit Royaume.

LE Procureur general, Aduocat du Roy, & Procureur de communauté dudit Royaume tiendront la main que les presentes Ordonnances, Reglemens & Statuts soient estroitement gardez & obseruez, & qu'il ne se defaille aucune chose du contenu en icelles, concernants les droicts dudit Royaume & exercices de la Iustice.

Sera le Procureur de communauté tenu d'assister à toutes les plaidoiries ordinaires & extraordinaires, & és assemblées qui se feront pour empescher que rien ne se face au preiudice d'icelle communauté.

Que tous les tiltres, Statuts & Ordonnances dudit Royaume demeureront au Greffe pour y auoir recours, desquelles le Greffier se chargera par Inuẽtaire duquel il baillera vn double signé de luy, tant au procureur general que communauté, &

aduenant vacquation de son Estat, le Greffier les remettra entre les mains de son successeur Greffier selon l'inuentaire, & ne sera le Greffier receu en l'estat par resignation, que prealablement il ne soit saisi des registres du Greffe que son predecesseur sera tenu de representer en iugement affin que celuy qui entrera en son lieu en soit chargé, & à cest effect y aura vn coffre auquel seront mis & deposez lesdits registres, Arrests & Chartres dudit Royaume pour y auoir recours quand besoin sera, auquel y aura deux clefs, l'vne és mains du Chancelier, l'autre dudit Greffier.

Ne pourront lesdits Aduocat & Procureur du Roy prendre aucun salaire pour la visitation des procez, charges & informations qui leur seront communiquez, ne conclusions soient ciuiles ou criminelles, interlocutoires ou diffinitiues, comme aussi ne pourra le Procureur de communauté prendre aucun salaire au cas qu'il fust ordonné par ladite Cour qu'il auroit communiquation d'aucun procez.

CHAPITRE. III.

De la charge du Greffier, des Notaires & Secretaires,

SEra le Greffier du Royaume tenu faire registre des Arrests qui seront donnez par la Cour, duquel il sera apparoir de trois mois en trois mois à peine de priuation de son estat.

Et où ledit Greffier ne se pourra trouuer ordinairement ausdites plaidoiries pour excuse legitime il sera tenu d'en aduertir l'vn des quatre Notaires & Secretaires qui assistera en son lieu pour l'exercice de sa charge, lequel sera tenu rendre lesdites expeditions audit Greffier.

Aussi seront les dictons signez auec la nomination des Iuges qui y auront assisté, sera ledit Greffier tenu de les prononcer quant requis sera sans attendre payement d'espices desdits Arrests, & sans pour ce prendre aucune chose pour le rapport & Audience desdites Lettres.

Sera ledit Greffier sortant de sa charge tenu huictaine apres sa demission mettre és mains de l'vn des Notaires & Secretaires dudit Royaume, qui sera nommé par la Cour tous & chacuns les registres qu'il aura fait de son temps, & tous autres qu'il aura en sa possession concernant son Greffe, & le fait ou Iustice dudit Royaume pour les remettre & bailler à son successeur Greffier, qui sera pourueu dudit estat, lequel s'en chargera sur l'inuentaire, le tout en la presence desdits Aduocat & Procureur general & de communauté.

CHAPITRE IV.

Des Huissiers.

LE premier Huissier sera tenu d'assister aux plaidoyries ordinaires auec son Mortier appeller toutes les cause qui luy seront baillées, & les autres Huissiers en habit decent auec le bonnet & leurs verges, appeller les Aduocats aux Arrests, & à faire faire silence, & pareillement accompagner ledit Chancellier & Conseiller de ladite Bazoche, & à tous autres actes & endroicts qui leur seront commandez à peine de huict sols parisis pour la premiere fois, & double pour la seconde, & pour la tierce la priuation de son estat s'il y eschet.

Ne prendront lesdits Huissiers plus grand salaire à peine de suspension & priuation que seize deniers pour chacun exploict portant l'assignation faite dans le Palais & hors le Palais, comme ville & faux-bourgs de trois sols parisis, & pour vne execution & vente actuellement faite six sols parisis.

Pourront lesdits Huissiers en vertu des simples extraicts, des Arrests & Iugemens dudit Royaume, proceder par toutes voyes d'execution pourueu que ce soit dedans l'enclos du Palais seulemēt.

Seront lesdits Huissiers tenus mettre à execution lesdits Arrests qui leurs seront baillez dans trois iours; ou plustost apres qu'ils en auront esté requis selon l'exigence des cas, & les rendre aux parties auec les exploicts dedans ledit temps à peine de dix sols parisis, & de payer ce dont il sera question, & tenus faire residence chez Maistres & procureurs : autrement ne iouyront de leurs Estats.

Obeyront pareillement lesdits Huissiers à toutes les iniônctions & commandemens qui leur seront faits par la Cour, ledit sieur Chancelier, Procureur general & Aduocat du Roy, Procureur de communauté ou Tresorier dudit Royaume à peine d'amendes arbitraires.

CHAP. V.

Des Tresoriers.

FEront les Tresoriers diligence de faire appeller le Conseil aux iours ordinaires & extraordinaires auec l'ancien Conseil pour la seance de la Cour quand besoin sera, selon que les affaires se presenteront & le requieront, fourniront lesdits iours de flambeaux à leurs despens.

Receueront lesdits Tresoriers les becs iaulnes & bien-venuës accoustumées pris sur tous les Clercs indifferemment entrans au Palais qui sont d'vn teston de Roy, & quant aux Nobles & Gentils-hommes deux testons, auec les amendes qui sont données tant par la Cour de parlement, Cour des Aydes du Palais que autre Iustice & Iurisdiction du Palais, & pareillement les amendes adiugées par la Iustice dudit Royaume.

Feront doresnauant lesdits Tresoriers leurs droits & deuoirs deus & accoustumez par chacun an, le premier Ieudy d'apres le iour & feste des Roys, où ils seront tenus appeller les Officiers dudit Royaume, à sçauoir les Chancelier, Vischancelier, Maistres des requestes ordinaires, Grand referendaire, Grand Audiencier, Aumosnier, procureur General du roy, Aduocat du roy, procureur de communauté, quatre Nottaires & Secretaires, Greffier, premier Huissier, les anciens Aduocats & procureurs de communauté de parlement iusques à tel nombre qu'il sera aduisé, dont le billet sera arresté par le Conseil : Ensemble de ce qui deura estre ordonné pour iceluy, afin qu'il n'y aye superfluité, & seront tenus ledit iour bailler & payer les gages des Officiers de gands & liurées à la maniere accoustumée, dont ils requerront acte.

Seront tenus par chacun an lesdits Tresoriers faire marquer vne Houppe à mettre sur le grand May du Palais en la presence des Chancelier, procureur general, Aduocat du Roy, Procureur de communauté & Colonel, & faire abatre & replanter iceluy May par chacunes desdites années en la maniere accoustumée le dernier Samedy du mois de May, y feront mettre & attacher ladite Houppe auec deux grandes Armoiries, le tout à coustre de lierre, deux douzaines de petites, & vne grande pour porter deuant ledit May, faire assembler le Conseil & payer le desiuné accoustumé tant à iceluy que aux Capitaines & Supposts assistans ledit May replanté, sera fait le cry accoustumé, & ledit iour seront tenus lesdits Tresoriers bailler gands & liurées, assauoir aux Chancelier, Vis-Chancelier, Gens du Roy, Procureur de communauté, Maistres des Requestes ordinaires & extraordinaires, quatre Tresoriers modernes, Notaires & Secretaires, Greffier & premier Huissier, & aux Capitaines & Supposts conduisants ledit May des liurées seulement, dequoy le soir dudit iour à l'assemblée du Conseil ils requerront acte.

Pour la conduite duquel May sera par chacun an au mois de Mars procedé à l'eslection de douze Capitaines des Suposts faisants charge au Palais, presentez par les quatre Tresoriers, qui seront contraints d'accepter la charge, & faire sonner les Tambours & Trompettes pendant le mois de May à cinq heures du soir aux iours de Lundy, Ieudy & Samedy, & à la conduite d'iceluy May, & faire donner des aubades & receuils accoustumez,

mez, assauoir à Messieurs les premier & second Presidens de la grand Chambre, Procureur general du Roy, Chancelier, procureur de communauté de parlement, & à leurs Maistres si bon leur semble, le tout à leurs frais & despens, lesquels entre eux feront eslection d'vn Collonel, Lieutenant, Enseigne & departement des rangs par l'aduis du Chancelier, procureurs du Roy & de communauté, & lequel Colonel sera tenu d'vn quart de tous les frais, & les vnze restants de trois autres quarts, & ce qui sera arresté par l'aduis susdit de ce que lesdits Lieutenant & Enseigne supleront viendra au support des frais communs, lesquels Capitaines seront tenus bailler & presenter memoires & pourtraits au Conseil d'iceux & leurs campagnies pour deliberer quels habits ils & lesdits suppost deuront porter selon la commodité & necessité du temps, & en consideration de ce, seront lesdits Capitaines exempts d'estre Tresoriers deux ans à compter du iour dudit plan du May, tant pour le passé que pour l'aduenir, lesquels doresnauant auec les antiens Aduocats seront preferez aux estats & dignitez bazochialles aduenant vacation selon leurs antiquitez, & à la nomination du Conseil.

A laquelle conduite du May seront tenus tous les supposts faisants charge d'assister à peine d'vn escu d'amende à la discretion de la Cour.

Et affin que la loge destinée au corps dudit Royaume à la priere du Prince des saulxs en l'Hostel de Bourgogne ne se deperisse, seront lesdits Tresoriers tenus assembler ledit corps de la Iustice audit Royaume par chacun an, le iour de Caresmeprenant, pour faire plaider la cause au Palais en toute modestie pour ce faict se transporter audit Hostel de Bourgogne heure d'vne heure de releuée, y faire la collation accoustumée & fournir de Tapisseries & d'Armoiries accoustumées & de lierre, Assauoir vne grande & deux petites, & seront lesdits Tresoriers tenus à l'issuë de la plaidoirie dudit iour faire vn simple deuoir aux Officiers du corps, assauoir Chancelier, Vischancelier, Maistre des Requestes ordinaires & extraordinaires, Gens du Roy, Procureur Communauté, quatre Notaires & Secretaires, Greffier & premier Huissier, sans estre abstraincts d'y appeller d'autres, & en ce faisant bailler gands & liurées de au Chancelier, & au Conseil des gands seulement, dequoy ils requerront pareillement acte comme dit est.

CHAPITRE VI.

De la promotion des Estats dudit Royaume.

SEra par chacun an dans le mois de Nouembre procedé à l'eslection d'vn Chancelier dudit Royaume, selon la pluralité des voix des Supposts dudit Royaume faisant charge au Palais, & à cette fin seront mis en vn billet quatre des plus anciens, soient des Maistres des Requestes ordinaires, Aduocat, Procureur du Roy, & procureur de communauté selon la quantité de leur reception, lequel Billet sera presenté au Conseil par les quatre Tresoriers, & pour receuoir & recueillir les voix desdits Supposts seront commis par la Cour deux Maistres des Requestes tels qu'elle aduisera, ayans par eux & chacun d'eux prealablement fait leurs deuoirs & droicts, & sera ledit Chancelier tenu payer ses droicts & deuoirs les iours de la reception des seaux.

Ladite eslection faite, & ledit serment solemnellement presté par le Chancelier esleu, le Vis-Chancelier sera tenu mettre és mains dudit nouueau Chancelier les seaux dedans la quainzaine apres ensuiuant, és presences des Maistres des Requestes, gens du Roy & de communauté.

Les quatre Tresoriers apres leurs charges expirez seront receus Conseillers & Maistres des Requestes ordinaires audit Royaume en la maniere accoustumée, pourueu qu'ils se soient acquitez de leurs droicts & deuoirs, & rendu compte de l'administration de leurs charges pardeuant le Chancelier, deux des plus anciens Maistres des Requestes ordinaires, procureur general & de communauté.

Aduenant la vacation du procureur de communauté sera procedé à l'eslection d'vn autre pour la pluralité des voix & des Supposts dudit Royaume, faisant principale charge sur la nomination que le Conseil fera de deux Maistres des Requestes, & deux des anciens Capitaines ou Aduocats.

Et aduenant la vacation de l'estat de l'Aduocat & Procureur du Roy sera pourueu par le Conseil sur la requeste qui en sera faite par le procureur de la communauté ou Tresoriers dudit Royaume.

Quand les Offices de Greffier premier Huisfier : Ensemble des quatre Notaires & Secretaires seront vacans, pourra le Chancelier de sa puissance, pourvoir de telles personnes qu'il verra le merite sans autre forme d'eslection.

Seront pareillement tous les autres Officiers dudit Royaume fors les Maistres des Requestes ordinaires, Procureur general, Aduocat du Roy & Procureur de communauté, & Tresoriers tenus de prendre du Chancelier Lettres de prouision de leurs Estats, ausquels ils auront esté esleus, sans que ledit Chancelier puisse prendre d'eux aucuns deniers pour l'emolument du Sceau.

Pour la prouision des quatre Tresoriers sera par le Procureur de la communauté desdits Supposts, & des quatre modernes nommez au Conseil apres la Sainct Martin d'hyuer, douze anciens Clercs faisant charge au Palais, desquels douze ledit Conseil eslira quatre nommez seront contraints de comparoir en iugement & prester le serment; s'ils n'ont excuse pertinente, laquelle ils seront tenus proposer sur le champ.

Seront les quatre Notaires & Secretaires exempts d'estre faits Tresoriers par lespace de deux ans à compter du iour de leur reception ausdits Estats; & lesdits deux ans passez, ils ne pourront estre exempts d'accepter la charge de Tresorier comme les autres Supposts en cas d'eslection & nomination.

CHAPITRE VII.

Des Aduocats.

TOus les Aduocats receus & qui seront cy-apres receus audit Royaume seront tenus d'assister aux plaidoiries, tant ordinaires que extraordinaires en habits decents, à peine de confiscation de chapeaux comm dit est.

Seront lesdits Aduocats, assauoir ceux ja receuz, enrollez & immatriculez au registre du Greffe selon l'ordre de reception audit serment, & ce afin que en cas d'assemblée generalle ou publique, l'ordre & preference susdit soit obserué suiuant ladite matricule & catalogue.

CHAPITRE VIII.

SEront tous les Chancelier & Maistres des Requestes, Gens du Roy & Procureur de communauté, Greffier, quatre Notaires & Secretaires & premier Huissier dudit Royaume, faire leurs droicts & deuoirs accoustumez dedans quinzaine apres la reception sans autre interpellation, & à faute de ce sera pourueu d'autre en leur lieu, & n'y seront abstraincts les Maistres des Requestes ordinaires en consideration de leur charge de Tresorier.

Aussi seront tenus lesdits Aduocats faire leurs droicts & deuoirs accoustumez.

Seront tenus les Supposts de ce Royaume porter honneur & reuerence au Chancelier, Maistres des Requestes ordinaires & autres Officiers de ce Royaume, obeyr aux Arrests, & Iugement de la Cour, prester confort & ayde pour l'execution d'iceux.

Et à tout le contenu en ces presentes, estre arresté par maniere de prouision seulement, Ouy sur ce le Procureur general du Roy, le 28. Ianuier mil cinq cens quatre-vingts-six. Et one signez. IACOB, BVREDART, DE LA ROCHE, A. DE THELIS, G. DE THELIS, & autres.

Les presents Statuts & Ordonnances ont esté leuës, publiées & enregistrées : Ouy sur ce le Procureur general du Roy & de commanauté, & à la Cour enioint aux Supposts de ce Royaume de les garder & obseruer sur les peines y contenuës. Fait le quatorziesme Féurier mil cinq cens quatre-vingt six.

Signé MOREAV.

MEMOIRE DE L'INSTITVTION de la Bazoche, Iurisdiction Royalle & Souueraine des priuileges concedez par les Roys, des Officiers d'icelle, & des Arrests & Reglemens interuenus sur le subiect de ladite Iurisdiction.

LE Roy Philippes le Bel par deliberation des Estats, ordonna que la Cour de Parlement demeureroit Sedentaire à Paris, & que les Iuges y resideroient perpetuellement comme Souuerains definiteurs de tous les differends du Royaume pour le soulagement des parties qui auoient beaucoup de peine à la suitte de la Cour, & par son Ordõnance de l'an mil trois cens deux, confirmée par Loüis Huttin, Philippes le Long, Charles V. & tous les autres Roys iuſques à preſent, il fut arreſté que pour deffendre les procez & differends qui eſtoient entre les particuliers & autres leſquels croiſſoient & multiplioient de plus en plus, & la pluſpart deſquels faute d'eſtre bien deffendus par ceux qui auoient bon droit ils les perdoient, par ce qu'ils eſtoient ignorans dans le fait de pratique, qu'on receuroit de certains Officiers auſquels on donna le nom d'Aduocats, dont le premier fut receu par prouiſions que luy en donna Theodoric Roy d'Italie, & depuis s'eſtant encore preſenté plus grande afluence d'affaires, leſquels les Aduocats ne pouuoient entierement faire, ſoit à cauſe de l'inſtruction, ſoit pour la plaidoirie, il fut reſolu que l'on mettroit de certaines perſonnes, tant pour plaider que pour pourſuiure les procez auſquels on donna le nom de Procureur.

Mais comme les Procureurs eſtoient en trop petit nombre pour pouuoir ſuruenir à tant d'affaires, ils auroient demandé des Aydes à Noſſeigneurs de Parlement, & ſur ce fut deliberé de leur en donner, & de fait il fut arreſté enuiron l'an 1303. qu'ils prendroient des ieunes hommes de bonne famille pour ſeruir à inſtruire les procez pour les rendre capables d'eſtre Procureurs auſquels on donna le nom de Clerc: & d'autant qu'ils auoient ſouuent des procez les vns contre les autres, & qu'ils en auoient auſſi: Comme encore à preſent, il s'en preſente quelques fois contre des particuliers, pour raiſon deſquels ils eſtoient pourſuiuis & traduits en diuerſes Iuſtices.

Le mesme Roy Philippes le Bel, par l'aduis de son parlement voulut qu'il y eust entre eux vn Roy, & pour la connoissance & iugement des differents entre & contre eux suruenus & à suruenir, leur permit & leur conceda la Iustice Souueraine & royale qui s'exerceroit sous le nom & authorité du roy de la Bazoche par ses Officiers qui seroient les plus anciens Clercs des procureurs de son parlement qui porteroient nom de Chancelier, Maistres des requestes ordinaires, Aduocat & procureur general du roy & procureur de communauté des Clercs, grand Referendaire, & rapporteur en Chancellerie, grand Audiencier & Aumosnier qui seroient Maistres des requestes extraordinaires, Notaires & Secretaires, Aduocats & Capitaines, Greffier & Huissier tous sous la puissance & authorité du roy de la Bazoche auquel & à son Chancelier il auroit donné pouuoir de créer toutes sortes d'Officiers & artisans, & outre concedé le pouuoir & authorité de créer & establir des preuosts & Iurisdictions Bazochialles des Sieges Presidiaux & Royaux ressortissans en son Parlement de Paris, & y pouruoir des plus anciens Clercs pour Officiers, qui tiendroient en foy & hommage du Roy de la Bazoche ou son Chancelier & Officiers, auquel & à tous ses supposts il auroit permis de porter la Tocque à l'imitation de sa Maiesté, & pouuoir au Chancelier de porter le Bonnet & la robe, & outre il auroit encore permis au Roy de la Bazoche de battre Monnoye, laquelle auroit cours entre les Marchands & les Clercs de gré à gré, & outre encore à la charge que tous les ans le Roy de la Bazoche feroit faire montre à tous les Clercs du Palais, & du Chastelet, & autres Clercs ses Supposts & suiets. C'est ce qui auroit esté fait & executé de toutes parts, ce Roy de la Bazoche tenoit auec ses Officiers l'Audiance deux fois la semaine, & iugeoit souuerainement & sans appel tous les differends qui se présentoient soit entre & contre les Clercs, & toutesfois & quantes que quelques Clercs estoient assignez pardeuant autres Iuges, il enuoyoit reuindiquer la cause, laquelle estoit renuoyée incontinent & apres iugeoit & terminoit auec son Conseil les differends, & auoit pour son grand Conseil, que l'on appelle à present ancien Conseil, les Aduocats, Procureurs de la Cour & ses Officiers, pardeuant lesquels il renuoyoit les Requestes ciuiles qui estoient obtenuës contre les Arrests par luy ou son Chancellier prononcez, & quand il faisoit sa montre qui estoit vne fois l'année, il y auoit tousiours six ou huict mil hômes de toutes bandes, & faisant mander ses suiets, & particulierement les Clercs du Chastelet de s'y trouuer, ce qui estoit ponctuellement executé, & y alloit grande amende contre ceux qui y manquoient : & pour preuue de ce, se voit encore vn vieil Arrest du Parlement de l'an 1528. qui porte que pour raison de ce, vn Clerc y ayant manqué, & y ayant eu des saisies sur ses biens, & s'estant pourueu deuant l'Official de Paris qui en auroit voulu prendre la connoissance, & le tout estant venu au Parlement par vn appel comme d'abus, la matiere auroit esté renuoyée en la Bazoche, auec defences à tous Iuges de connoistre des differents, & comme ces Pompes &

cerimonies estoient si grandes, que de vingt lieuës à la ronde de Paris, on venoit exprés pour les voir, & qu'il ne se pourroit rien voir de plus beau au monde. Le Roy de France estant aduerti du iour que cette Monstre se deuoit faire, que tous les Capitaines, Lieutenans, porte Enseigne de Bande de la Bazoche estoient prests, tous les principaux Clercs du Chastelet estoient mandez d'y assister, il aduisa de se trouuer en cette Ville de Paris, & manda à son Parlement qu'il vouloit veoir la Monstre & cerimonies du Roy de la Bazoche, & pour cet effet il se trouueroit à Paris, & qu'il vouloit & entendoit que sa Cour de Parlement cessast pour quelque temps. Dequoy le Roy de la Bazoche estant aduerty, & ayant demandé à Nosseigneurs de Parlement pouuoir de faire sa Monstre en la maniere accoustumée, fut Ordonné par Arrest du Parlement du 25. Iuin 1540. soubs le Regne de François premier, que non seulement le lendemain dudit Arrest, la plaidoirie à la Tournelle cesseroit; Mais entierement que la Cour vacqueroit, & que pour le Lundy suiuant, il seroit appellé du Roolle ordinaire du matin iusques à dix heures, & le residu de la iournée, & le lendemain qu'il seroit feste pour tout le iour, & permis au Roy de la Bazoche & à ses Supposts de faire en la maniere accoustumée, & depuis ce temps iusques en l'an 1548. ces pompes & cerimonies ont tousiours esté si grandes comme auparauāt que rien ne se pouuoit esgaller à leur grandeur, & la iustice si bien renduë par ce Roy de la Bazoche & ses Supposts monstrerent leur valeur & leur courage, parce que la fureur de quelque peuple montant en Guyenne & autres lieux soubs pretexte de quelques exactions & droicts nouueaux que les Gabelleurs & Fermiers du Sel leur auoient imposez, ayant donné subject au Roy au retour de Bourges, Bresse & autres lieux, de s'enfermer dans Paris, & resolu par l'aduis de son Conseil de leuer plusieurs Armées. Le Roy de la Bazoche & ses Supposts & assistans, ses subjets s'offrirent au Roy iusques à six mil hommes, lesquels furent acceptez, firent si bien par leur valeur & courage qu'il ne demeura que fort peu de ces audacieux, en telle sorte que nous fusmes & demeurasmes les Maistres, & estant de retour le Roy ne sçachant par quel moyen recompenser la valeur & le courage des Roys de la Bazoche & ses upposts & subjets, il leur demanda quelle recompence ils desiroient. Ils firent responce qu'ils 'en demandoient aucunes, & qu'ils estoient encores prests pour le seruice de sa Maiesté où en quelle part elle voudra les commander. e Roy voyant la bonté de ces Bazochiens, il leur fit de grandes recompenses, & entre autres vn lieu de promenade contenant cent arpens e pré en vne piece appellée le pré de la Seine, assis sur le bort de la riuiere de Seine, qui seroit desormais appellée le pré aux Clercs, & permis le faire coupper dans l'vn de ses bois tels arbres qu'ils voudroient choisir en presence du Substitut de son Procureur general aux Eaux & Forests pour la cerimonie du plan du May u'ils auoient accoustumé de faire tous les ans le dernier Samedy du mois de May au soir des trompettes & tambours du Roy dans la Cour du Palais deuant le grand Perron, & pour fournir aux frais leur auroit accordé vne somme du reuenu de son Royaume par an, qui est assignée sur les amendes adiugées au Roy, tant au parlement que en la Cour des Aydes & Requestes du palais, & qu'il seroit expedié gratis en sa Chancellerie vne Lettre aux Tresoriers & Receueurs du Domaine de la Bazoche de tel prix qu'ils la trouueroient & gratuitement, & outre ce qu'ils porteroient leur Armoyrie, & que sur les Arrests qui seroient rendus en la Bazoche seroit expedié commission en sa Chancellerie gratuitement, portant Timbre, casque & morion pour marque de Souueraineté du Royaume, dont auroit esté à l'instant expedié Lettres de Dom, confirmée par Arrest de la Cour en ladite année 1548.

Ce tiltre de Roy de la Bazoche est veritablement aboly du temps de Henry III. lequel à cause des Pompes funebres de ce Roy & de ses Supposts qui estoient si grands qu'elle montoit lors de sa montre à plus de dix mil hommes, volut qu'il ny eust qu'vn Roy en son Royaume, & neantmoins conserua tous les mesmes droicts & fonctions en la presence de son Chancelier & Officiers de la Bazoche qu'il pouuoit auoir auparauant, aussi on a tousiours depuis ce temps continué toutes les mesmes fonctions qui se faisoient auparauant: Notamment l'exercice de sa Iustice sur tous les Supposts, & ceux qui les trauailleront en procez ailleurs, tant des causes en premiere instance que d'appel.

Donc il est vray que cette Bazoche est de fort ancienne institution, ainsi qu'il se voit par les memoires de Miraumont qui a traitté des Iustices & Iurisdictions de l'enclos du Palais, & par la Noblesse des Clercs faite par Gastier, & par tous les Historiens qui en ont escrit par les Histoires de France qui en traittent amplement & de leurs priuileges, estre Bazoche à tousiours, estre authorisée par les Roys de France. & approuuée par les Arrests de Nosseigneurs de Parlement estans en grand nombre, & si on voit encores auiourd'huy deux anciens, l'vn de l'an 1528. & l'autre de l'an 1545. dans les Registres de la Cour, dans lesquels se reconnoist l'ancienneté de la Bazoche, & leurs beaux Priuileges, & il se remarque dans celuy de 1528. qu'il est porté que les Bazochiens de Poictiers tiennent en foy & hommage du Roy de la Bazoche, & que de ce il se trouua vne complainte en matiere de nouuelleté de l'an 1500. laquelle est signée en queue par Monsieur le President Guillard lors estant Maistre des Requestes de l'Hostel du Roy, parce qu'ils n'estoient tenus de respondre ailleurs que en la Bazoche.

Cette Iustice a tousiours esté exercée souuerainement soubs le tiltre de Roy & d'Arrests, dont les appellations en requeste Ciuille n'ont iamais esté receus en la Cour, ains ny a que la voye d'opposition pardeuant les mesmes Iuges, & requeste ciuille en l'ancien Conseil de ladite Bazoche, qui est composé comme a esté dit des anciens Procureurs de communauté au nombre de douze, & des Chanceliers & Officiers de ladite Bazoche où ledit Chancelier preside.

Sa Iurisdiction s'est tousiours estenduë, tant en premiere instance sur les Clercs du Palais pour les actions personnelles, ciuiles & criminelles, que sur les autres Clercs Bazochiens des Iustices ressortissans en la Cour en consequence des appellations releuées en la Bazoche, & sur les particulieres demandes contre les Clercs, laquelle a aussi de tout temps erigé Princes & Iustices Bazochialles lors qu'ils en ont esté requis, comme il se voit dans les Registres de la Bazoche qui restent de ceux qui furent bruslez lors de Lincendie du Palais, & ceux depuis, & pour preuue de ce & de l'estenduë de cette Iurisdiction, il se trouue les Lettres d'erection de Bazoche faite par le Roy de la Bazoche & ses Supposts verifiée en la Bazoche en l'an 1586. sçauoir des Villes de Loches, Chaumont, Lion & autres lieux.

Plus des poursuittes sur appellations interiettées des sentences renduës par le Preuost Bazochial du Chastelet de paris, & releuez en celle du palais.

Plusieurs poursuittes sur appellations des sentences du preuost Bazochial de Lion, & vn Reglement fait en la Bazoche en l'an 1599. pour les Officiers de la Bazoche de Verneuil.

Et plusieurs sentences renduës tant par le preuost de paris & ses Lieutenans Ciuils & Criminels Auditeurs du Chastelet, Iuges Consuls, Bailly du Palais & autres Iuges depuis l'an 1570. iusques à present, portant renuoy des causes & differents, les vnes entre Clerc à Clerc, & les autres entre Marchands & autres particuliers demandeurs contre des Clercs, soit de Maistres, les Conseillers, Aduocats & procureurs.

Et auec ce les Arrests de Nosseigneurs de parlement rendus tant en la grand' Chambre, Tournelle que Enquestes depuis l'an mil cinq cens vingt-huict, iusques à present portant renuois des differends des Clercs en la Bazoche, auec deffences estroictement faites tant au preuost de paris, ses Lieutenans, Bailly du palais, que autres Iuges d'en cognoistre sur de grandes peines : Mesmes de ce qui seroit fait & ordonné en la Bazoche, & aux parties de se pouruoir ailleurs qu'en la Bazoche à peine de nullité & d'amende à l'arbitrage des Officiers de ladite Bazoche.

Or il y en a encores vn tout recent & remarquable rendu le en la Chambre de la Tournelle sur vn appel d'incompetant contre le Bailly du Palais, par lequel il est iugé incompetant d'auoir cogneu d'vn different contre vn Clerc en matiere criminelle, & renuoyé en la Bazoche, & que les charges & informations seroient portées au Greffe d'icelle, à ce faire le Greffier dudit Bailly du Palais, contrainct par corps, ce qui a esté fait & executé, & à la fin dudit Arrest il est deffendu en termes exprés audit Bailly de cognoistre de ce qui concerne la Iurisdiction de la Bazoche, & quoy que cét Arrest soit ainsi interuenu en consequence de quantité d'autres : Neantmoings ce Bailly du Palais entreprend tous les iours sur la Iurisdiction de la Bazoche;

Mais la forme ancienne & ordinaire en la Bazoche s'obserue en cette rencontre, que tout ce qu'il fait est cassé & reuoqué comme attentat par les Arrests de la Bazoche : Et partant il est fort facile de connoistre que ces Iuges & leurs Supposts ne recognoissent autre Iuge que la Cour de Parlement.

Se iustifie donc par ce qui a esté dit cy-dessus l'ancienneté de cette Bazoche : Mais il est necessaire de monstrer quel fruict cette Iurisdiction peut seruir & apporte au Palais & au public, & de la puissance & authorité d'icelle.

C'est vn moyen & vne trace par laquelle les Clercs doiuent passer pour s'instruire en la bonne instruction des procez, & à bien parler & discourir, sçauoir se defendre lors qu'ils seront en plus grande dignité, le Chancelier est premier & maistre de tous les Clercs, & a Souueraine puissance sur eux, & doit bien considerer par le Conseil de ses anciens Officiers, quelles personnes il appelle & prent à son Conseil & Gouuernement des affaires de cet Estat, & comme il doit distribuer les honneurs & dignitez des charges. Car en donnant les charges publiques, il doit prendre garde qu'il n'esleue ceux qui n'ont rien merité, & desquels les noms ne commencent que d'estre cogneus ; & qu'il recompense ceux qui sont anciens au Palais, lesquels par leurs grandes assiduitez au Barreau & à la lustre d'iceluy, & par des tesmoignages ont merité quelque chose, de ce il y en a assez d'exemples qui tesmoignent combien a offencé & troublé cet estat, la faueur de ceux qui l'ont en des temps gouuerné

gouuerné, le fruit donc qu'il en peut reuenir est que ces Clercs s'estans instruicts en l'instruction des procez, plus facilement ils seruent le public, & le public en reçoit de grandes satisfactions, & est vn moyen pour les rendre capables à l'entiere instruction des procez, & plus hardis & intelligens au fait de la iustice, & comme dit Miraumont qui escript de cette iustice qu'il n'y en a point qui la ressemble, & qui rende la iustice si prompte qu'eux & sans qu'il couste vn seul sol.

I'obmettois à parler d'vn autre priuilege qui a encores esté concedé à la Bazoche d'auoir vne loge en l'Hostel de Bourgogne, à laquelle les armes d'icelle Bazoche seroient peintes, cela leur a esté concedé & confirmé de temps en temps, Mais aujourd'huy que la Comedie est en grande recommendation en France, & voyant le grand support où ils sont, & qu'ils sont entretenus par sa Maiesté, ils ont fait leur possible pour tascher à s'exempter de bailler la Comedie le iour de Caresme prenant à la Bazoche : Mais ayant veu qu'en vertu des Arrests de la Bazoche, le reuenu de l'Hostel de Bourgogne estoit saisi, ils s'addresserent au Preuost de Paris qui vouloit prendre connoissance de ce differend : Mais comme la Bazoche ne reconnoist autres Iuges que la Cour de Parlement, le differend vint iusqu'au Parlement, qui iugea le Preuost de Paris incompetant, & condamna les administrateurs dudit Hostel de bailler icelle Comedie à la Bazoche tous les ans le iour de Caresme-prenant à peine de l'amende, & pour cét effet de venir faire la semonce à l'Audience de la Bazoche, & lesdits Officiers de la Bazoche maintenus, gardez & con-

conseruez en leurs Priuileges & Iurisdiction ordinaire, tant ciuille que criminelle par Arrest solemnel du 7. Septembre 1639.

Il ne faut donc plus douter des beaux Priuileges concédez & accordez par les Roys à la Bazoche, & faut que ie dise veritablement que tout le monde qui sçait que c'est que cette Iurisdiction, dit qu'elle est tres-necessaire, & que cessant l'Edit des procureurs elle seroit plus reluisāte que iamais elle n'a esté, Mais quoy que s'en soit en l'estat où elle est, c'est vne Iustice aussi bien reglée qui se puisse dire, & qui est vne des plus anciennes remarques de la posterité: car les deux choses qui plus esleué au Souuerain degré rendent l'homme d'honneur digne de sa dignité, & le font plus aymer & honorer la vertu & la courtoisie ou humanité ornée d'vne singuliere doctrine qui reluisent si excellemment en cette Bazoche, que non seulement ceux qui connoissent les Officiers d'icelle de familiarité, & les autres qui peuuent auoir affaire en cette Iustice, mais aussi les Estrangers ausquels le renom est si grand les ayment & honorēt, & admirent & reputent ce Royaume de la Bazoche tres-heureux, & auquel tant de grands & nobles personnages de la Cour de parlement ont passé, & ont eu l'administration de la Iustice & de cét estat, & pour fin ie me contenteray de dire ce qui s'obserue à present en cette Bazoche pour le fait de la Iustice.

Tous les ans à la S. Martin aprés l'ouuerture des Audiences de la Cour de parlement, & le Mercredy suiuant, la Bazoche ouure ses Audiences, laquelle se tient deux fois la semaine, sçauoir le Mercredy & Samedy à midy, & ce en la Chambre S.

Louys au Palais, ce premier iour des Harangues se font tout de mesme qu'au parlement, l'on fait le-ćture du Tableau des Aduocats & des Ordonnances, & doiuent à ce iour ainsi que les autres iours le Chancelier & les anciens Chanceliers si aucun y a s'y trouuer auec robbe & bonnet, & les Officiers auec leurs Tocques & habits noirs, & les Aduocats semblablement, & à ces Audiences le plus souuent il si troune des procureurs qui sont Maistres des Requestes ad honorés, & quoy qu'il y en ait quantité ; neantmoins on ne prend le suffrage que de six anciens procureurs suiuant qu'il a esté iugé par Arrest.

Elle est donc composée d'vn Chancelier, anciens Chanceliers, maistres des requestes ordinaires, procureur general, Aduocat general, procureur de communauté des Clercs, grand Audiencier, grand Referendaire, & grand Aumosnier qui sont Maistres des requestes extraordinaires, 4. Notaires & Sacretaires, 4. Tresoriers & Receueurs generaux du Domaine, vn Chauffe-cire, vn Greffier en chef, vn premier Huissier des Huissiers Audienciers & plusieurs autres sans nombre, plus vn Substitut du procureur general, & outre ce il y a les Officiers artisans, comme Patissier, Escuyer de Cuisine, Cuisinier, Libraire, Barbier, Chirurgien, Medecin, Gantier, Papetier & plusieurs autres.

Mais comme les charges des Tresoriers & Receueurs generaux du Domaine de la Bazoche sont annuelles, & par ce moyen lors qu'ils sont pourueus ausdites charges, ne sçauent le plus souuent ce à quoy ils sont obligez sera fait icy vn petit estat de leurs deuoirs.

Premierement suiuant l'article 20 du chapitre cinq du Statut, les Tresoriers doiuent faire assembler le Conseil les iours de Mercredy & Samedy à vnze heures & demye en attendant Midy pour donner les Audiences ordinaires, & pour cét effet faire crier par l'Huissier Beuuetier de ladite Bazoche en la maniere accoustumée, aux Arrests, aux lieux & endroicts accoustumez pour aduertir vn chacun de ladite Audience, & à cét effet payer les gages dudit Huissier Beuuetier, suiuant les Arrests.

Ils doiuent receuoir tous les reuenus du Royaume, comme droicts de bien-venuës & entrées des Clercs au Palais suiuant le Statut, art. 21. chap. 5. les amendes données par Nosseigneurs de Parlement, Aydes & autres endroicts, auec celle adiugée audit Royaume, doiuent presenter incontinent apres la S. Martin d'Hyuer vn suiet de la cause solemnelle, & au mesme temps le billet des quatre plus anciens Officiers pour l'eslection d'vn Chancelier en la maniere accoustumée.

Ils sont tenus d'assister à toutes Audiances en habit decent à peine de l'amende.

Doiuent faire les frais de la premiere repetition du suiet de ladite cause solemnelle ou autres, selon qu'il est aduisé.

Sont tenus vers le Carnaual payer les gages pour la Chambre en la maniere accoustumée.

Sont aussi tenus au mesme temps de faire les deuoirs & reconnoissances ordinaires aux Chanceliers & Officiers, à Messieurs les premier & second Presidens de la grand Chambre, Messieurs les Procureur general & Aduocats generaux & autres en la maniere accoustumée, & donner les gands &

liurées à Messieurs les Chanceliers & Officiers de la Bazoche, & les armoiries ensemble, vne Armoirie qui sert le iour du Carnaual en l'Audience, comme aussi sont tenus de bailler gands, liurées & armoiries aux Officiers artisans dudit Royaume, le tout selon qu'il est aduisé par le Chancelier de ladite Bazoche.

Au mois de May doiuent faire des marchez auec les Trompettes, Tambours, Haubois & Violons pour faire les ceremonies du plan du May.

Pour le commancement d'icelles, font marché à vn Gantier pour leur fournir de gands, & à vn Mercier pour des liurées qui sont couleurs de bleuf & blanc, vn Charpentier, vn Peintre.

Doiuent presenter requeste à Messieurs des Eaux & Forests pour obtenir la deliurance des deux arbres pour le plan du May, & là les gands sont deliurez en la maniere accoustumée, aussi bien que aux petites Eaux & Forests où l'on n'oublie vne attache sur le iugement desdits sieurs des Eaux & Forests.

Mais auparauant que de prendre cette attache l'on aduise à la Bazoche le iour que l'on doit aller pour la Marque du May qui est ordinairement vn Dimanche precedent le dernier Samedy de May, & l'on fait sçauoir ausdits sieurs des petites Eaux & Forests ledit iour afin qu'ils s'y trouuent.

Le iour arresté venu sur l'aduis des Tresoriers, le Chancelier se trouue auec ses Supposts en la Cour du Palais, auquel lieu les Tresoriers les viennent trouuer auec les Trompettes, & sur les sept heures du matin, l'on part pour le déjeuné où il est aduisé : ce fait, l'on va à Boudye ou Liury, qui est le lieu ordinaire, & estant en la Forest, Messieurs des Eaux & Forests ne manquent de s'y trouuer au son des Trompettes, l'Aduocat general de la Bazoche fait vne Harague en la maniere accoustumée, cela estant fait l'on voit & visite, & l'on prent ce qui accommode le mieux & au choix des Tresoriers, & apres l'on va au lieu qui est arresté pour disner aux frais & despens des Tresoriers, dequoy ils requierent acte à l'issuë.

Estant de retour & le Mercredy suiuant le Chancelier, Officiers & Tresoriers s'assemblent, & vont rendre les deuoirs ordinaires à Messieurs les premier & second Presidens, & Procureur general & Aduocats generaux.

Et apres l'on sonne la Quesse & Trompettes en la Salle du Palais ledit iour & autre iour, selon qu'il est accustumé pendant trois iours, pendant lequel temps, l'on porte les gans & liurées à ceux qui sont arrestés par le Chancelier.

Et le Vendredy sur les sept heures du soir, l'on commence à donner les Aubades & reueils iusques à 4. heures du matin aux lieux & endroits qui sont pareillement designez par ledit Chancelier, & l'on commence chez Monseigneur le premier President.

Et le lendemain à ladite heure de 4. heures, le May arriué en la Cour du Palais, & à l'heure de dix heures du mesme iour, les fanfares recommencent au Palais : pendant ce temps les Armoities se portent, & y en doit estre mis au May deux grandes & 24. petites.

Les fonctions cy-dessus & autres desdits Tresoriers pour le plan du May estant faite exercét doucement & paisiblement leur charge sans aucune peine iusques à la S. Martin, qui sont obligez de presenter vn billet de 12. anciens Clercs pour l'election de 4. Tresoriers, lesquels 4. ayans presté serment, les anciens demandent à leur rendre compte, & pour cét effet on leur donne des Commissaires, le compte veu & examiné en la maniere accoustumée, ils font les deuoirs & recognoissances accoustumées sont receus Maistres des requestes ordinaires suiuant l'article 29 du Statut, & ainsi tout ce que dessus, s'obserue d'année en année à l'esgard desdits Tresoriers, & pour le regard des autres charges, il y a cy apres des Arrests qui en font mention, & ce qui sera cause que ie n'en parleray pas en détail, c'est que ceux qui les possedent y demeurent plus long-temps que ausdites charges de Tresorier, & eux ayant esté Tresoriers sçauent plus aisément les fonctions des charges pour les auoir veu exercer, & ie me contenteray seulement de mettre icy le nombre des artisans de ce Royaume.

Il y a Barbier ordinaire,
Vn Chirurgien.
Vn Medecin.
Vn Peintre.
Vn Rotisseur.
Vn Orfeure,
Vn Paticier.
Vn Cuisinier.
Vn Huissier Beuuetier.
Vn Papetier.
Vn Gantier, & quantité d'autres, tous les

quels sont obligez de mettre pour enseigne en leurs maisons les armes de ladite Bazoche.

Et pour le regard du stil & des procedures, elles se font tout de mesme que en la Cour de Parlement.

EXTRAICT DES REGISTRES de Parlement 1528.

ENtre Maistres Rolland Chauureux & Iacques Daluys Clercs du Palais, Capitaine & Lieutenant de la bande des Femmes mises sus en cette presente année au Royaume de la Bazoche ioincts auec eux appellans comme d'abus de l'octroy de certaine citation decernée par l'Official de Paris ou son Vicegerant, execution d'icelle & de tout ce qui s'en est ensuiuy d'vne part, & Colas Ami inthimé d'autre. De Thou pour les appellans, dit que la Cour sçait la bonne & loüable Coustume, suiuant laquelle les Clercs de ceans, autrement dit Bazochiens ont accoustumé par chacun an faire Ieux & Monstres, & pour ce faire eslisent vn Roy, vn Chancelier, douze Maistres des Requestes, quatre Receueurs & Tresoriers, Huissiers & Capitaines, Lieutenans, & porte Enseigne de bande, & en celle sont bien fondez de tant & si longuement qu'il n'est memoire du contraire, tant par coustumes que par Arrests de la Cour de ceans, & trouue-on vne complainte en matiere de nouelleté de l'an cinq cens, faite par les Bazochiens de Poictiers, qui tiennent en foy & hommage du Roy de la Bazoche, laquelle est signée en queuë par Monsieur le President Guillard lors estant Maistre des Requestes de l'Hostel du Roy, parce qu'ils ne sont tenus de respondre ailleurs que à la Cour de ceans & au Roy de la Bazoche, en ensuiuant ladite Coustume lesdits Clercs dit Bazochiens ont dernierement soubs l'authorité du Roy & de la Cour de ceans esleu leur Roy, leur Chancelier, douze Maistres des Requestes, quatre Receueurs, & six ou sept Capitaines de bandes, or il faut entendre que chacun Capitaine de bande a accoustumé faire faire vn portraict en parchemin de la maniere dont ceux de sa bande doiuent estre accoustrez & habillez, & de quelle liurée, & au-dessoubs d'iceluy portraict ceux qui veulent estre de la bande du Capitaine se seignent, & obligent à peine de dix escus ou autre somme de se trouuer à la Monstre accoustumée selon ledit Portraict: Et entre autres bandes y auoit vne bande de femmes, desquelles parties aduerses s'est offerte estre, & s'est signée comme Lieutenant du Capitaine de ladite bande, & obligé sous le portraict, & promis de se trouuer à la Monstre à la peine des dix escus Soleil, ce qu'il n'a fait, au moyen dequoy est adiourné pardeuant le Roy de la Bazoche & son Chancelier, & tant est procedé que partie est condamné par Arrest en l'amende de dix escus, lequel Arrest est leué en forme, & presenté pour executer à vn des Huissiers de la Bazoche qui se transporte pardeuers partie, luy signifie ledit Arrest, luy fait commandement de payer ladite somme de dix escus, mais partie est refusant de ce faire, au moyen dequoy, & que les Arrests du Roy de la Bazoche sont executoires : nonobstant oppositions ou appellations quelconques, ledit Huissier saisit le manteau de partie qu'il auoit, & le bailla en garde par iustice à vn nommé Iean Boisson, lequel promet rendre iceluy manteau toutes-fois & quantes que par le Roy de la Bazoche ou son Cõseil en sera ordonné, en haine dequoy partie fait citer les appellans pardeuant l'Official de Paris, à cette cause les appellans qui ne sont tenus de répondre ailleurs qu'en la Cour de ceans, & pardeuant le Roy de la Bazoche s'en sont portez pour appellans comme d'abus, & ont fait inthimer le Promoteur, ensemble l'inthimé, lequel Promoteur ne veut soustenir ladite citation, & par ce conclud à ce qu'il soit dit mal & abusiuement procedé & executé par ledit Official & son Promoteur bien appellé par les appellans & demande despens, dommages & interests : Et neantmoins requiert que la cause & matiere soit renuoyée pardeuant le Roy de la Bazoche & son Chançelier pour en ordonner ainsi qu'il appartiendra par raison, Poyet pour le Roy de la Bazoche & le Conseil, Estoict dit qu'il a ceans plusieurs Arrests donnez au profit du Roy de la Bazoche & ses Supposts, & que quant il y a eu quelque plainte ceans touchant la Bazoche, la Cour a tousiours renuoyé la cause pardeuant le Roy de la Bazoche, à cette cause supplie la Cour en ensuiuant les Arrests d'icelle renuoyer cette matiere pardeuant le Roy de la Bazoche & son Chancelier pour en ordonner, Berruyer pour la communauté de la Bazoche dit que le Roy de la Bazoche est fondé en droict

Royal, & combien que ses subiets & supposts ne doiuent estre traictez ailleurs que pardeuant luy: Neantmoins partie sous son faux donné à entendre, obtient de l'Official de Paris ou son Vicegerant vne citation contre les appellans, en abusant notoirement contre les droicts, prerogatiues, franchises & libertez des supposts de ladite Bazoche, & par ce conclud a mal & abusiuement proceddé executé par l'Official ou son Vicegerant ou Promoteur bien appellé par les appellans & demande despens, dommages & interests, & deffences audit Official & ses Promoteurs & autres ses Appariteurs d'entreprendre connoissance des matieres de la Bazoche & ses Supposts, & neantmoins que la matiere soit renuoyée pardeuant le Roy de la Bazoche & son Conseil pour en decider, Morin Promoteur a dit qu'il desauouë la citation faite à sa requeste à la suscitation de l'inthimé, Fauier pour l'inthimé dit pour ses deffences, *que petita delecti venia*, & proteste de ne dire chose derogeant à la Maiesté Royalle du tres-Illustre Roy de la Bazoche attendu sa qualite *quia illi debetur honor*, & aussi qu'il y a en la Cour de ceans infiny nombre de Nobles personnages qui sont venus de la Bazoche & de ses Supposts, pourparuenir au fait dit que quant aux procureurs generaux du Roy & de la communauté au Royaume de la Bazoche ils ne sont receuables comme appellans, parce qu'ils ne sont compris en la citation & dit que l'inthimé a fait tousiours son deuoir de bien seruir la bazoche, & que *Nouissimè* on l'a appellé pour aller à la monstre & estre de la bande des femmes & aller à pied, & pource qu'il n'estoit disposé d'aller à pied, & estoit malade, il s'excuse, ce neantmoins il est condamné par le Roy de la Bazoche & son Chancelier à y aller : à cette cause, il presente sa requeste au Roy de la Bazoche & à son Conseil à ce qu'il soit tenu pour excusé, & sur icelle est ordonné que deux Chirurgiens de ladite Bazoche se transporteront pardeuers partie, & le visiteront & en feront leur rapport, En ensuiuant se transportent pardeuers partie, deux Maistres des Requestes de ladite Bazoche, lesquels trouuent l'inthimé en la maison de sa mere en vne Chambre haute en vne chaiz[illegible] d'vn bonnet de nuict en sa teste, d'vn baston [illegible] main & d'vne robbe de nuict fourrée, & trouuent qu'il est malade, & qu'il ne pourroit aller à pied, à la Monstre, & de ce en font leur rapport au Roy de la Bazoche & à son Conseil : Ce nonobstant le Roy de la Bazoche ordonne que partie ira à la Monstre nonobstant ses excuses, & parce qu'il n'y veut aller on luy fait plusieurs excez, on luy oste sa robe de dessus ses espaules, & est executé sans qu'il y ait Arrest, par lequel il ait esté condamné en l'amende, & par ce moyen l'execution nulle, au moyen desquels exceds partie se retire pardeuant l'Official de Paris, & obtient vne citation alencontre desdits appellans, laquelle est executée contre iceux appellans dont ils appellent comme d'abus, & dit qu'ils ne sont receuables comme appellans, attendu que ladite citation est valable, parce qu'elle est *In forma communi* : Et quant à Poyet dit qu'il employe ce qu'il a dit au Procuteur du Roy de la Bazoche dit qu'il n'est receuable au renuoy pardeuant le Roy de la Bazoche, dit qu'il offre l'appellation comme d'abus mise au neant sans despens de la cause d'appel, la matiere renuoyée pardeuant le Roy de la Bazoche, pourueu qu'il appelle auec luy deux Aduocats de la Cour de ceans. De Thou à ce que partie dit qu'il n'y a Arrest, a leu vn extraict des Registres de la Bazoche par lequel partie est condamnée en ladite amende. Poyet à ce que partie a consenty le renuoy en appellant deux Aduocats de la Cour de ceans, dit que le Roy de la Bazoche est assez pourueu de bon conseil : car il a son Chancelier & douze Maistres des Requestes qui suffit pour ordonner de ladite matiere, & aussi que les Aduocats de la Cour de ceans n'entendent rien au stil de la Bazoche, & parce qui requiert le renuoy simplement pardeuant ledit Roy de la Bazoche. La Cour attendu le desadueu fait par l'Official de Paris & Promoteur a permis & permet audit intimé de se desister de la poursuitte qu'il auoit faite allencontre desdits de Chauureux & Dalluye appellans, & dit qu'il a esté mal octroyé & executé par lesdits Official & Promoteur, & bien appellé par les appellans & sans despens, & pour cause, & a renuoyé & renuoye la Cour, la cause & matiere pardeuant le Roy de la Bazoche & son Conseil à huictaine pour en ordonner ainsi qu'il verra bon estre à faire pour raison, & ordonne la Cour que ledit Roy de la Bazoche traittera amiablement ses suiets, & sur ce que Lamy pour l'inthimé a requis deliurance de sa robe. La Cour ordonne qu'il baillera sa requeste au Roy de la Bazoche. Fait en Parlement le quatorziéme iour de Iuillet mil cinq cens vingt-huict. Signé, GVYET.

EXTRAICT DES REGISTRES de Parlement.

SVr la requeste iudiciairement faite à la Cour par Maistre Antoine Menard Aduocat du Roy & supposts de la Bazoche, à ce qu'il pleust à ladite Cour demain & Lundy prochain vacquer entierement pour la Monstre generale qui se deuoit faire ledit iour demain, & que le Roy & Supposts de la Bazoche iroient iouër à la saulsaye suiuant leurs loüables coustumes. Apres que l'appel pour le Procureur general du Roy a dit qu'il auoit esté aduerty que le train du Roy de la Bazoche estoit en tres-bel, & triomphant equipage, & vouloit le Roy voir la Monstre & triomphe dudit Roy de la Bazoche & ses Supposts, & se trouueroit demain en cette Ville pour cette cause, & parce qu'il y auoit fort grande compagnie de Supposts, seroit bien difficile audit Roy de la Bazoche de faire honestement sa Monstre, s'il n'auoit du temps & interualle à suffisance. Dauantage il estoit certain que l'assemblée se feroit en ce Palais pour en partir, & que dés demain le matin y auroit grand bruit & tumulte en la grand' Salle pour les Tambours & Phifres qui sonneroient, au moyen dequoy ne pourroit la Cour si bien entendre à l'expedition des procez, qui doit estre en tranquilité : Parquoy consentoit, s'il plaist à la Cour, qu'elle vacquast entierement demain ; Quant à Lundy pour ce que c'estoit iour ordinaire pour l'expedition des Roolles ordinaires, & qu'il y a plusieurs parties qui sont venuës en cette Ville pour ouyr les expeditions se rapporte à la Cour d'en ordonner : Mais sans rien tirer à consequence, LA COVR ayant égard à ladite requeste faite de la part dudit Roy & Supposts de la Bazoche, & ouy le Procureur general du Roy, A Ordonné & ordonne que demain non seulement cessera la plaidoirie à la Tournelle ; Mais entierement vacquera lad. Cour & ny sera pour le iour de demain & ce sans le tirer à consequence & ce pour cette fois seulement, & en tant que touche Lundy prochain, A ordonné & ordonne ladite Cour qu'il sera appellé du roolle ordinaire du matin iusqu'à dix heures, & le residu de la iournée, & le lendemain qu'il sera feste pour tout le iour. Permet audit Roy & Supposts de la Bazoche de faire ainsi qu'ils ont accoustumé. Fait en Parlement le 25. Iuin 1540.

Signé, DV TILLET.

EXTRAICT DES REGISTRES de Parlement.

ENtre les Procureur general du Roy & de la Communauté du Royaume de la Bazoche demandeurs & requerans l'enterinement de certaine requeste par eux presentée à la Cour le penultiesme iour de Ianuier dernier passé, & encores prenant le fait & adueu pour Guillaume Denets Clerc de Maistre Claude Parisot Procureur en icelle Cour, ledit Denets l'vn des quatre Tresoriers & Receueurs generaux dudit Royaume deffendeurs à l'enterinement de deux Requestes, d'vne part, & Guillaume le Maire Clerc de Maistre Pierre Lalement aussi procureur en ladite Cour defendeur, & demandeur à l'enterinement desdites requestes d'autre. Veu par la Cour lesdites requestes, le plaidoyé fait en ladite Cour entre lesdites parties, & Arrest interuenu sur iceluy le 19. iour de Feurier 1645. dernier passé. Par lequel icelle Cour auroit ordonné qu'elle verroit les charges & informations auec tout ce que les parties voudroient mettre pardeuant elle pour en estre ordonné que ladite Cour, ainsi qu'elle verroit estre a faire pour raison, Et ce pendant tous les Arrests, prouisions & ordonnances respectiuement obtenuës par les parties demeureroient en surceance iusques à ce qu'autrement par ladite Cour en eust esté ordonné, les charges & informations respectiuement faites à la requeste de chacune desdites parties: C'est assauoir desdits procureur general du Roy & de la communauté de la Bazoche & dudit le Maire, les requestes presentées à ladite Cour par chacune desdites parties les vnes contre les autres, l'Arrest obtenu par ledit le Maire contre ledit Denets le 29. Ianuier dernier passé, autres requestes dudit le Maire tendentes afin de prouision dudit Denets, les visitations respectiuement faites de la personne dudit le Maire par les Medecins & Chirurgiens, dont l'vne donnée par Ordonnance de ladite Cour

à la

à la requeste desdits Procureur general du Roy, & communauté de la Bazoche, le plaidoyé & Arrest du 14. Iuillet 1528. Autre requeste presentée à ladite Cour par lesd. Procureur general du Roy & communauté de la Bazoche le 25. iour de Feurier dernier passé : Par laquelle & pour les causes y contenuës ils requeroient les depositiõs de Maistre François Marllat Aduocat & conseil dudit le Maire, ensemble du soliciteur dud. le Maire en cette matiere fussent rejettées, & si mestier estoit mandée en ladite Cour le Conseil dudit Royaume de la Bazoche auec tel nombre & Procureurs d'icelle Cour qu'il plairoit à ladite Cour, pour ce fait renuoyer tous lesdits differends pardeuant ledit Roy de la Bazoche & gens de son Conseil, pour y estre pourueu comme de raison suiuant plusieurs Arrests de ladite Cour, & au surplus à ce que la Cour, ensemble les supplians & gens dudit Conseil d'iceluy Royaume ne soient plus trauaillez par requestes ne autrement de tels & semblables insidenteurs, mutins & querelleurs soubs fausses causes qu'ils donnent à entendre par icelles estre ordonné que doresnauant quand aucunes requestes seroient presentées à ladite Cour, & auant que rien ordonner sur icelles, les gens du Conseil dudit Royaume estre sur ce mandez & octroyez pour faire entendre à la Cour la verité & cause des Iugemens qui seront par eux donnez pour voir & entretenir la iustice, paix & amitié d'entre les Supposts dudit Royaume & ceux du Chastelet de Paris, & à cette fin ladite requeste estre mise au sac du procez pour en iugeant iceluy y auoir tel esgard que de raison : Autre requeste presentée à ladite Cour par ledit le Maire le 4. iour du present mois de Mars : par laquelle & pour les causes y contenuës il requeroit sondit plaidoyé estre receu, auquel lesdits de Nets & Procureur du Roy de la Bazoche fussent tenus y respondre dans le lendemain. Autre requeste presentée à ladite Cour le seiziesme iour de ce present mois de Mars par ledit le Maire : par laquelle pour les causes y contenuës, il requeroit estre ordonné que iceux de Nets, procureur du Roy & de communauté de la Bazoche fussent tenus de remettre dans huy pardeuers le Greffe de ladite Cour ledit plaidoyé, pour iceluy estre corrigé tant en qualité que plaidoyé dudit suppliant, & declarations pretenduës, faites par ledit Merlacq, & iusques à ce qu'ils eussent ce faict toute Audience leur estre desnyée, lesquelles requestes auroient esté mises au sac dudit procez, pour en le iugeant y auoir tel esgard que de raison : Ouy sur ce le procureur general du Roy, auec tout ce que les parties ont mis & produit, & ouy les Chancelier & Maistres des Requestes & Conseil du Royaume de la Bazoche : Ensemble ledit le Maire pour ce mandé en ladite Cour, & ausquels a esté fait plusieurs remonstrances mesmement audit le Maire, touchant les rebellions & desobeyssances pretenduës dont il a esté enuers & contre lesdits Arrests & Iugemens de la Bazoche, lequel le Maire auroit declaré en ladite Cour vouloir obeyr aux Arrests & Iugements qui seront donnez par le Conseil de la Bazoche. Mais quant à ceux contre luy par cy-deuant donnez en l'execution d'iceux il auroit esté grandement excedé, &

tout consideré, dit a esté en ayant esgard à la requeste presentée par ledit le Maire le 14. iour de ce present mois de Mars, que le plaidoyé par luy de nouuel produit sera veu en iugeant l'instance d'entre les parties pour y auoir tel esgard que de raison, & au surplus a ladite Cour declaré & declare lesdits procureur general du Roy & de la Communauté de la Bazoche bien receuables, auoit requis & demandé pardeuant eux le renuoy de la cause & instance d'entre lesdites parties, & en ce faisant a declaré & declare ledit le Maire leur suiet & iusticiable, & sans auoir esgard aux autres requestes dudit le Maire, tant afin principale de prouision qu'autres cy dessus declarées & specifiées, ladite Cour sans soy arrester aux Arrests & Iugemens donnez tant contre ledit le Maire pour raison des insolences & exceds par luy commis en iugement au Conseil de la Bazoche, en executant l'Arrest & Iugement contre luy donné audit Conseil que contre ledit de Nets pour les exceds & voyes de faict pretendües par ledit le Maire luy auoir esté faits par ledit de Nets & autres en voulant executer l'Arrest & Iugement donné audit Conseil de la Bazoche contre ledit le Maire, & pour aucunes causes & considerations à ce mouuans, ladite Cour a mis & met lesdites parties hors de Cour & de procez sans reparation, dommages & interests d'vne part, & d'autre pour cause, & seront audit le Maire ses habillemens prins, rendus & restituez en rendant toutesfois par iceluy le Maire compte & reliqua des deniers par luy receuz comme Tresorier de ladite Bazoche & pour proceder sur l'audition duquel compte & rendition desdits habillemens à ladite Cour renuoyé & renuoye lesdites parties pardeuant le Roy de la Bazoche & son conseil iuge desdites parties à huictaine pour proceder ainsi qu'il verra estre à faire par raison, & en ayant aucunement esgard à la requeste faite par lesdits Procureur general du Roy & de la communauté de ladite Bazoche à ladite Cour, fait inhibitions & deffences à tous Clercs Bazochiens & Supposts du Royaume de la Bazoche de ne se pouruoir ailleurs que pardeuant ledit Roy de la Bazoche & son Conseil, pour raison des debats & differends qui pourroient suruenir contre eux, & desquels la cognoissance appartient audit Roy de la Bazoche & son Conseil sur peine d'amende arbitraire, & enioinct ladite Cour audit le Maire & à tous autres Bazochiens, Clercs du Palais & Supposts dudit Royaume de la Bazoche d'obeyr aux Arrests & Iugemens qui seront donnez par le Conseil de la Bazoche, & leur fait deffences d'y contreuenir & de faire aucunes seditions, mutineries & discentions, sur peine de prison & d'amende arbitraire, lesquelles inhibitions, deffences & inionctions, seront publiées au Parquet du Conseil de la Bazoche à iour de plaids iceux tenās, & ordonne ladite Cour aux gens tenans ledit Conseil de la Bazoche de traitter en bonne paix & amitié les Supposts d'iceluy Royaume, de viure doresnauant amiablement les vns auec les autres ainsi que de raison. Prononcé ce troisiesme iour d'Auril mil cinq cens quarante-cinq auant Pasques, Signé collation faite MALDOT, auec paraphe, Et plus bas est escrit, leu & publié à son de Trompe à la Table de Marbre au Palais à Paris en ensuiuant l'Arrest donné au Royaume de la Bazoche par moy Greffier soubs-signé Greffier dudit Royaume le vingt-vniesme iour de May, l'an mil cinq cens quarante-six, Signé DELIF, auec paraphe.

EXTRAICT DES REGISTRES de Parlement.

ENtre Ioachin Boyuinet Aduocat au Royaume de la Bazoche, fils & principal Clerc de Maistre Claude Boyuinet Procureur en Parlement, demandeur aux fins de deux requestes par luy presentées à la Cour les huict May & vingt-deux Iuin 1638. La premiere tendante à ce que sans auoir égard aux empeschemens du deffendeur cy-apres nommé, il prendra la qualité de Doyen des Aduocats de la Bazoche suiuant les Arrests de la Cour des trente Auril & seize Iuin dernier, ou de plus antien en tout euenement, & que sur la requeste ciuile presentée par ledit defendeur en l'ancien Conseil contre les Arrests de la Bazoche, les parties procederont en cette Cour, & cependant defenses de faire poursuitte ailleurs qu'en ladite Cour, à peine de tous despens dommages & interests. La seconde, à ce que lesdits Arrests de la Cour cy-dessus dattez, rendus entre ledit demandeur, le Procureur de la communauté des Clercs & plusieurs des principaux Aduocats de ladite Bazoche soient declarez communs auec ledit defendeur, comme ils sont auec lesdits Procureurs de communauté & Aduocats, d'vne part : Et Hercules Fenou aussi Aduocat audit Royaume de la Bazoche, fils & principal Clerc de maistre Oudin Fenou Procureur en Parlement, defendeur d'autre : Et encore entre le Procureur general du Roy audit Royaume de la Bazoche interuenant en ladite instance, & demandeur en requeste par luy presentée à ladite Cour le 26. Iuin dernier, à ce que l'Arrest d'icelle du 3. Auril 1545. soit executé de poinct en poinct selon sa forme & teneur : ce faisant iteratiues defenses à tous Clercs Bazochiens dudit Royaume de la Bazoche, de se pouruoir ailleurs que pardeuant les Officiers d'icelle, soit en premiere instance, par opposition, ou autrement, en quelque sorte & maniere que ce soit, pour raison des debats & differents qui pourroiét suruenir entre& contr'eux, sinon par requeste ciuile contre lesd. Arrests de lad. Bazoche seulement, auquel cas ils se pouruoiront pour le sceau d'icelle pardeuant les Officiers de ladite Bazoche, & pour la plaidoirie en l'ancien Conseil, composé desdits Officiers & Procureurs de communauté, ladite Cour en la maniere accoustumée à peine de l'amende, à l'arbitrage desdits Officiers de ladite Bazoche contre les contreuenans : Qu'il soit enioinct à tous lesdits Clercs, Supposts & autres personnes, d'obeyr aux Arrests qui seront rendus par lesdits Officiers de la Bazoche, auec defenses d'y contreuenir, ny de faire aucunes seditions, mutineries & dissentions, sur peine d'amende, & de punition : & icelles deffenses & iniontions estre publiées à l'Audiance de ladite Bazoche, & ailleurs où besoin sera ;

pour estre inuiolablement gardées & obseruées d'vne part ; & lesdits Boyuinet & Fenou defendeurs d'autre. Apres que lesdites parties, par Arrest de ladite Cour du treiziesme Iuillet 1638. ont esté renuoyées au Parquet des gens du Roy, où elles ont esté ouyes : Appointé est, Ouy sur ce le Procureur general du Roy, Que la Cour ayant esgard à l'interuention, a renuoyé & renuoye lesdits Boyuinet & Fenou à huictaine pardeuant les Chancelier & Officiers de la Bazoche en l'ancien Conseil, pour leur estre fait droict sur leurs demandes & differends, despens reseruez : Ordonne que l'Arest du 3. Auril 1545. sera executé de point en point selon sa forme & teneur. Ce faisant, fait ladite Cour iteratiues inhibitions & deffences tant ausdits Boyuinet Fenou, qu'à tous Clercs Bazochiens & Supposts dudit Royaume de la Bacoche de se pourtuoir ailleurs que pardeuant le Chancelier & Officiers d'icelle, soit en premiere instance, par opposition, ou autrement, en quelque sorte & maniere que ce soit, pour raison des debats & differents qui pourroient suruenir entre & contr'eux, sinon par requeste ciuile seulement, contre les Arrests de ladite Bazoche, auquel cas ils se pouruoiront pour le sceau d'icelle pardeuant lesdits Officiers de la Bazoche, & pour la plaidoirie en l'ancien Conseil, composé desdits Officiers & des Procureurs de communauté de ladite Cour en la maniere accoustumée, à peine de l'amende contre le contreuenant, à l'arbitrage desdits Officiers de la Bazoche. Enioinct à tous lesdits Clercs, Supposts, & autres, d'obeyr aux Arrests qui seront rendus par lesdits Officiers de la Bazoche : Fait defenses d'y contreuenir, ny de faire aucunes seditions, mutineries & dissentions, sur peine d'amende, & de punition : Ordonne en outre que lesdites defenses & iniondions seront publiées à l'Audience de la Bazoche, & ailleurs, mesmes affichez où besoin sera, pour estre inuiolablement gardez & obseruez, afin que nul n'en pretende cause d'ignorance. Fait en Parlement le quinziesme iour de Iuillet, mil six cens trente-huict. Collationné.

Signé, RADIGVES.

EXTRAICT DES REGISTRES du Royaume de la Bazoche.

SVr ce que Deperey pour le Procureur general a remonstré, qu'encores que Messieurs les Procureurs de Communauté, d'eux-mesmes, n'ayent aucune Iurisdiction contentieuse sur les Clercs & Supposts de ce Royaume, ains cette Cour fondée de tout temps en droict Royal de leur administrer la Iustice Souueraine : Mesmes qu'on ne se puisse pouruoir par opposition contre les Arrests qui y sont rendus, que pardeuant les mesmes Iuges qui les ont donnez, & par requeste ciuille seulement en l'antien Conseil composé du corps de la Bazoche & desdits Procureurs de communauté : Neantmoins par vne contrauention à cét antien ordre & à vn nombre infiny d'Arrests rendus pour ce subject tant en cette Cour, antien Conseil, que de la Cour de Parlement, le nommé Ruzé par requeste qu'il y a presentée remplie de mespris & de faits supposez & calomnieux contre l'honneur de la Iustice & de quelques Officiers de ce Royaume, où il a demandé estre receu opposant à l'execution de deux Arrests de cette Cour, l'vn portant decret de prise de corps contre luy obtenu par le nommé Fourrel, & l'autre de ionction de certaine information sur laquelle lesdits Procureurs de communauté jalloux de s'attribuer seuls vne jurisdiction comme antien Conseil au par dessus des Officiers de cette Cour qu'ils n'ont iamais euë, ne sont pas seulement Rapporteurs, ains Maistres des Requestes honoraires lors de la seance de la Bazoche, laquelle cessant de tenir en la communauté, il n'y a point d'antien Conseil ny de Procureurs qui ayent deux superioritez sur cette Iurisdiction : Neantmoins sans faire appeller la Bazoche & bailler la requeste à vn des Maistres des Requestes ordinaires pour la rapporter en la maniere accoustumée, ils ont eux seuls de leur propre mouuement en leur compagnie, où il n'y a comme dit est aucune Iurisdiction establie. Ordonne que les parties en viendroient au premier iour, & cependant fait defenses de passer outre à l'execution des Arrests de cette Cour, ce qui est d'autant moins tolerable que outre que l'on ne se peut comme dit est pourvoir par opposition contre les Arrests de la Bazoche, que pardeuant les Officiers d'icelle par requeste ciuille, & qu'en l'antien Conseil composé du corps de cette Cour,

& desdits sieurs Procureurs de communauté, qui ne peuuent d'eux seuls sans la Bazoche asseoir aucun Iugement sur les supposts, n'ayant Iurisdiction ny supperiorité sur cette Cour, dont l'execution des Arrests ne peut estre surcise, comme l'on a fait par vne ioye du tout extraordinaire, laquelle si elle estoit suiuie & licite reduiroit entierement la Iurisdiction & authorité Souueraine de cette Cour à neant, & en vn estat bien plus bas & deplorable que ne sont les autres Iurisdictions Bazochialles ressortissantes en cette Cour : C'est pourquoy il a requis que sans auoir égard à l'aduis desdits sieurs Procureurs de communauté apposé au bas de la requeste dudit Ruzé, les Arrests de cette Cour rendus entre luy & Fourrel soient executez de poinct en poinct selon leur forme & teneur : Au surplus pour l'aduenir ordonner que les Arrests & Reglemens donnez pour le bien de la Iustice & soulagement das Supposts soient executez : Ce faisant deffences soient faites ausdits Ruzé, Fourrel & tous autres Clercs & Supposts de ce Royaume de se pouruoir par opposition contre les Arrests de cette Cour qu'en icelle à peine de douze liures parisis d'amende & de nullité, ny par requeste ciuille qu'en l'ancien Conseil composé de cette dite Cour & desdits sieurs Procureurs de communauté en la maniere accoustumée, lesquels ne pourront à l'aduenir respondre aucunes Requestes qu'elles n'ayent esté rapportées en plein ancien Conseil par l'vn des Maistres des Requestes ordinaires de la Bazoche à peine de nullité, & que l'Arrest sera publié pour estre gardé & obserué. La Cour faisant droict sur les Conclusions du Procureur general, a ordonné & ordonne que sans auoir esgard à l'aduis desdits Procureurs de communauté apposé au bas de ladite requeste, les Arrests de cette Cour seront executez de poinct en poinct selon leur forme & teneur, & au surplus pour l'aduenir, ordonne pareillement que les Arrests & Reglemens seront executez : Ce faisant fait inhibitions & deffences ausdits Fourrel, Ruzé & tous autres Clercs & Supposts de ce Royaume de se pouruoir par opposition ny autrement contre les Arrests de cette Cour qu'en icelle à peine de douze liures parisis d'amende, & de nullité sinon par requeste ciuille en l'antien Conseil composé de cette dite Cour, & desdits Procureurs de communauté, lesquels ne pourrõt à l'aduenir respondre aucunes requestes qu'elles n'ayent esté rapportées en plein antien Conseil par l'vn des Maistres des Requestes mesmes de la Bazoche en la maniere accoustumée à peine de nullité : Ordonne en outre que le present Arrest sera publié en l'Audience & ailleurs où besoin sera pour estre gardé & obserué de point en point selon sa forme & teneur, & afin que nul n'en pretende cause d'ignorance. Fait audit Royaume le neusiesme Iuin mil six cens trente-huict.

Signé CHABOVLLIE' Greffier.

EXTRAICT DES REGISTRES de Parlement.

ENtre le Procureur general du Royaume de la Bazoche, demandeur en requeste presentée à la Cour le dixiesme Decembre 1635. & deffendeur d'vne part, & le Procureur de la communauté des Clercs du Palais, deffendeur & demandeur en trois requestes par luy presentées à la Cour les 13. 14. & 31. Decembre audit an d'vne part, encores entre Iean le Grain Aduocat general en ladite Bazoche employé sur ledit billet de Chancelier demandeur en autre requeste du 13. dudit mois de Decembre d'vne autre part, & lesdits Procureur general & de communauté, Iean Marin Doyen des Maistres des Requestes en ladite Bazoche aussi employée sur le billet deffendeur d'autre, & encore entre les Tresoriers de ladite Bazoche demandeurs en autre requeste dudit iour 31. Decembre d'vne part, & lesdits Procureur general & de communauté deffendeurs d'autre, aprés que Garrot Procureur general, Picquet procureur de communauté, le Grain Aduocat general & Tresoriers de ladite Bazoche ont conclud en leurs requestes, & que Veron Chancelier & Marin ont esté ouys, Veu par la Cour lesdites Requestes, & le resultat des Procureurs de communauté & antiens Procureurs de ladite Cour, Chancelier & Officiers de ladite Bazoche fait de l'Ordonnance de ladite Cour, & ouy Bignon pour le procureur du Roy pour ce mandé en la Chambre, tout consideré. Dit a esté que la Cour faisant droict sur le tout. A ordonné & ordonne que l'eslection du Chancelier de ladite Bazoche sera faite en la forme ordinaire, & ainsi qu'il est prescrit par le Statut, Et neantmoins pour euiter aux desordres qui sont cy-deuant arriuez il n'y aura que les Clercs faisant principales charges, ayant au moins cinq années de palais qui seront receus à bailler leurs suffrages lesquels seront tenus dans la quinzaine apres la presentation du billet dudit Chancelier rapporter leurs lettres de beiaunes & autres titres ensemble certifficats de leurs Maistres entre les mains desdits procureur general & de communauté de ladite Bazoche qui les rendront controllez d'eux à ceux qui se trouueront dans l'ordre auec lesquels ils se presenteront aux procureurs qui seront commis par le Chancelier pour la collecte des voyes pour bailler leurs suffrages, lesquels procureurs ne receuront aucuns desdits suffrages sans lesdits certifficats controllez dont ils tiendront liasse pour la collecte faite, estre lesdits certifficats representez ausdits procureurs general & de communauté pour voir s'il n'y aura point de supposition, ce fait sera ledit Chancelier esleu sur la pluralité des voix des Officiers de la Bazoche & des suffrages qui se trouueront tant sur le registre qui a accoustumé de se tenir que sur lesdits certificats seulement, sur lesquels certificats lesdits Clercs mettront le nom de celuy ausquels ils veulent donner leurs voix, & où leurs Maistres feroient difficulté d'en bailler, pourront estre receus à bailler leursdits suffrages sur celuy desdits Procureurs general & de communauté, & pour fai. la collecte desdites voix ne pourra estre commis autres Procureurs que des Procureurs de communauté de ladite Cour, & en cas de reffus ou empeschement deux autres Procureurs ayant passé par lesdites charges, a fait & fait ladite Cour inhibitions & deffences aux contendans ladite charge, Officiers & Clercs du Palais de faire aucunes brigues, assemblées ny rumeur lors de la collecte desdites voix à peine aux contendans d'estre rayez du billet, & aux Officiers & Clercs d'estre priuez de leurs suffrages, & attendu la saison, Ordonne ladite Cour que pour cette année seulement il sera procedé à l'eslection dudit Chancelier par le Chancelier & Officiers de ladite Bazoche en l'Audience d'icelle. Prononcé le cinquiesme Ianuier mil six cens trente-six.

Signé, GVYET.

EXTRAICT DES REGISTRES de Parlement.

VEv par la Cour la requeste presentée par Pierre du Grauey, Iean Perrignon, Louis Eueillard, Iacques Bedoüer, Anthoine Pichot, Anthoine de Perrey, Iean Mutel, François Fenix, Estienne Garnier, Iean Godier, Pierre Muloté, Nicolas le Roy, Pierre Bouard, & Antoine Bourgeuin anciens Clercs & Officiers de la Bazoche, contenant que sur le trouble à eux fait en l'exercice de leurs charges par aucuns Clercs nouueaux venus chez les Procureurs, ayans presenté leur requeste à la Cour afin d'estre maintenus en possession & exercice de leurs charges, elle a esté de l'Ordonnance de la Cour communiquée aux Procureurs de communauté, ce qui a esté fait, & ont donné leur aduis; Requeroient estre maintenus en l'exercice & fonctions de leurs charges: Et defences faites à tous Clercs & Supposts du Royaume de ladite Bazoche de les troubler à peine d'estre expulsez du Palais, & qui leur fust enioinct de reconnoistre les supplians pour leurs Iuges. VEV aussi l'aduis des Procureurs de communauté & autres pieces attachées à ladite requeste, Tout consideré, LADITE COVR, suiuant l'aduis desdits Procureurs de communauté, a maintenu & gardé les supplians en l'exercice & fonction de leurs charges; fait deffences à tous lesdits Clercs & supposts de les y troubler, à peine d'estre expulsez du Palais, leur enioint de reconnoistre lesdits supplians pour leurs Iuges. Fait en Parlement le vingt huictiesme iour d'Aoust mil six cens trente-six.

Signé, GVYET.

EXTRAICT DES REGISTRES de Parlement.

ENtre Iean Iaulnay, François Pecadeau, Iacques Fauier, Claude Dourlan, Pierre Bourdois, Noel Gentil-homme, Guillaume Belin, Iulien Sejournan, René Anthoiner, Tassin, Alexandre du Ruel, François Carré & autres Clercs du Palais demandeurs en requeste par eux presentées à la Cour les 23. & 30 Aoust dernier, tendantes afin d'estre receus opposans à l'execution de l'aduis & arrest fait par le Chancelier de la Bazoche & Procureurs de communauté de la Cour & à l'acte de prestation de serment fait en consequence & aux Arrests de ladite Cour des 28. & 30. Aoust dernier confirmatifs d'iceux, & faisant droict sur les oppositions, ordonner qu'ils seront admis aux charges de la Bazoche comme plus anciens Clercs du Palais d'vne part, & Maistre Iean Marin Procureur en ladite Cour, & Chancelier de ladite Bazoche, pierre Dugrauey, Louis Eueillard, Iacques Bedouet, Antoine Pichot, Iean Mutel, François Fenou, Estienne Garnier, Iean Godier, Pierre Mulotte, Nicolas le Roy, Iean Guesdon, Iacques Harouard Maistres des requestes ordinaires, pierre Bouar, Antoine Bourgeuin & Iean Auelle Maistres des Requestes extraordinaires, Antoine Deperey & Iean perignem Aduocat & procureur general de la Bazoche deffendeurs d'autre, Et encores entre ledit Godier demandeur en requeste par luy presentée à la Cour le premier iour de Septembre dernier, à ce que comme ancien Officier & Maistre des Requestes ordinaires de la bazoche, il soit mis & employé en l'année presente sur le billet du Chancelier à l'exclusion des deffendeurs d'vne autre part, & lesdits Chancelier & Officiers de la Bazoche deffendeurs d'autre : Et encores François Oudin

din Clerc au Palais, demandeur en requeste presentée à la Cour le neufiesme des present mois & an, tendante à ce qu'en enterinant vne pretenduë requeste du premier dudit mois d'Aoust, il soit ordonné qu'il seroit receu en la charge d'Aduocat general de la Bazoche à l'exclusion de tous autres, & qu'en plaidant la cause d'entre les Clercs du Palais & Officiers de la Bazoche, les deffendeurs soient tenus par mesme moyen de venir plaider sur ladite requeste d'vne autre part, & lesdits Chancelier & Officiers de la Bazoche deffendeurs d'autre, apres que *Sionniere* pour les demandeurs à conclud en leurs requestes afin d'opposition, & estre procedé à nouuelle Eslection d'Officiers de la Bazoche & de Lamet pour les deffendeurs ont esté ouys : Ensemble les Procureurs de communauté. La Cour sans s'arrester à l'opposition & requestes des demandeurs, ordonne que les Arrests seront executez selon leur forme & teneur, & ce faisant que les Officiers qui ont esté pourueus & receus exerceront leurs charges esquelles ils ont estez esleus, fait inhibitions & deffences à tous Clercs & autres de les troubler & empescher en l'exercice de leurs charges à peine de punition, & en cas de Vaccation ordonne qu'il y sera pourueu selon l'ordre de leur ancienneté & capacité des demandeurs par l'aduis des Procureurs de communautez en l'antien Conseil sans despens. Fait és Vaccations ce vnziesme iour de Septembre, mil six cens trente-six.

Signé, GVYET.

EXTRAICT DES REGISTRES de Parlement.

ENtre Maistre Pierre du Grauey, Louys Iou-mier, Pierre Muloté, Iean Godier, Iacques Arrouard, Louys Eueillard, Pierre Damoisseau, Iean Guesdon, François Fenix, Maistres des Requestes ordinaires, Pierre Bouard, Iean Ruelle Maistres des Requestes extraordinaires, Maistre Iean Perignon, Antoine de Perrey, Procureur & Aduocat general, maistre Iean Tubert, Guillaume Besnard, michel Grasset, Conseillers, Notaires & Secretaires de la Bazoche, opposans contre les droicts & deuoirs donnez par les Procureurs de la communauté de la cour, & Iacques Bedouet chancelier de ladite Bazoche le vingt troisiesme Feurier dernier, & demandeurs, à ce que l'Arrest du 28. Feurier, rendu par ledit Bedoüet chancelier & autres, portant interdiction & destitution d'aucunes Offices de la Bazoche soient cassez & annullez, & que ledit chancelier eust à prendre iour, auec tous lesdits Officiers, pour satisfaire aux droicts & deuoirs qu'il est obligé de faire à cause de sadite charge de chancelier, & defenses à luy de plus à l'aduenir tenir aucunes audiences, tant ordinaires, qu'extraordinaires, qu'auec tous lesdits Officiers, suiuant & ainsi qu'il est accoustumé, & de commettre aux Audiences extraordinaires autres personnes au lieu desdits Perrignon & Duperrey &

Procureur de communauté, qu'apres vne absence & maladie de deux iours à peine de faux, & defendeurs d'vne part. Et ledit Duperey demandeur en requeste par luy presentée à la Cour le quatriesme iour du present mois, à ce que deffences soient faites audit Bedouët de plus à l'aduenir tenir aucune Audience, tant ordinaire qu'extraordinaire, qu'auec tous lesdits Officiers, suiuant & ainsi qu'il est accoustumé, & outre commettre aux Audiences extraordinaires autres personnes au lieu desdits Perignon, Duperrey, Aduocat & Procureur general, & Paillet Procureur de Communauté, qu'apres vne absence ou maladie de deux iours verifiée par escrit, à peine de faux, Et deffendeurs d'vne part: & ledit Maistre Iacques Bedouet d'autre: & incidemment demandeur en requeste du cinquiesme dudit present mois, à ce que les Arrests rendus en son absence par lesdits du Grauey & consors le deuxiesme Mars aussi dernier, portant cassation dudit Arrest par luy rendu le vingt huictiesme Feurier & defense à luy de tenir aucune Audience, sans eux qu'il soit pareillement cassé & annullé, & fait defences audit Grauey & consors, de tenir aucunes Audiences, tant ordinaires qu'extraordinaires, sinon au terme du Statut de ladite Bazoche d'autre. Et encore Maistre Iean Paillet, Procureur de communauté, & Estienne de la Porte, Louys Miette Champion, Aduocats audit Royaume, opposans aux Arrests & destitutions de leurs personnes, & demandeurs, à ce qu'ils soient reintegrez & continuez en leursdites charges d'vne part, & lesd. Bedons, du Grauey, Ieanne Perignon,

Depeirey, & autres susuits Officiers d'autre part. Apres que les parties ont esté ouys au Parquet des Gens du Roy, & sont demeurez d'accord de l'appointement qui ensuit. APPOINTE' est que la Cour, ouy sur ce le Procureur general du Roy, faisant droict tant sur les oppositions que demandes respectiuement faites par les parties, sans auoir égard ausdits Arrests de la Bazoche dés 28. Feurier & 2. Mars dernier, A ordonné & ordonne que lesdits Grauey, Iomier, Mulote, Godard, Heroüard, Reueillard, Damoiseau, Guesdon, Fenix, Mutel, Board, Ruelle, Perignon, Dupeircy, Paillet, Tubert, Besnard, Grasset, de la Porte Mitte, & Champion, continueront l'exercice de leurs charges comme ils faisoient auparauant lesdits Arrests, lesquels ne pourront à l'aduenir tenir aucune Audience ordinaire ou extraordinaire, sinon auec le Chancelier, contre lequel lesdits Aduocats & Procureur general, & Procureur de la communauté, ne pourront prendre aucunes conclusions verbales en l'audience, ains à la Chambre du Conseil, comme aussi ne pourra ledit Chancelier tenir aucunes Audiences ordinaires & extraordinaires qu'auec nombre de Conseil desdits Officiers de ladite Bazoche, suiuant & au desir de leursdits Statuts, ny de commettre aux ordinaires & extraordinaires au lieu desdits Aduocats & Procureur general, & Procureur de communauté, sinon en cas d'absence de deux iours, ou de maladie, iustifiée par escrit. Ordonne en outre ladite Cour que l'acte du 23. Feurier dernier, contenant les droicts & deuoirs dudit Bedouet Chancelier auoir esté faits

& tiendra, & demeurera ledit Paillet deschargé desdits droicts & deuoirs, & sans tirer à consequence pour l'aduenir. Fait en Parlement le 12. iour de Mars, mil six cens trente-sept.

Signé, GVYET.

EXTRAICT DES REGISTRES *du Royaume de la Bazoche.*

SVR ce que Monsieur de Lorme Procureur en Parlement, apres auoir voulu prendre sa seance, apres Monsieur le Chancelier, & en a esté empesché par Messieurs Gault, de Longmon, Guenard, Gentil, Millet, Rou, & Tronçon, Procureurs en ladite Cour: Au moyen dequoy il auroit requis, & fait sa requeste iudiciairement à la Cour, à ce que nonobstant leur empeschement, il fust ordonné qu'il auroit seance & voix deliberatiue auparauant eux, en qualité de Vis-Chancelier. Ouy le Procureur general qui a dit, que Monsieur de Lorme s'est acquitté grandement de sa charge en ce Royaume, mais qu'il en a esté recompensé par Nosseigneurs de Parlement: d'ailleurs que les Vis-Chanceliers lors qu'ils sont Procureurs en la Cour, n'ont voix, ny seance au Conseil qu'en qualité de Procureur comme les autres, selon leur ancienneté: & à ceste fin ledit de Lorme doit estre debouté de sa demande. La Cour faisant droict sur es conclusions du Procureur general a debouté & deboute ledit de Lorme de son opposition. Fait audit Royaume le 30. Iauier 1630.

EXTRAICT DES REGISTRES du Royaume de la Bazoche.

SVr ce que le Procureur general a remonstré qu'il y a reglement & Arrests, portans que six seulement de Messieurs les Procureurs de la Cour pourront auoir seance & voix deliberatiue aux Audiences & assemblées de la Bazoche, que neantmoins outre Messieurs Iohannet, Sionniere, Lagueux, Gault, Veillon, & Chauluin, il y en a vn grand nombre presents à cette Audience, qui occupent les places & seances de Messieurs les gens du Roy, partant auroit requis, que suiuant & conformement aux reglemens & arrests precedens, qu'il n'y ait que six anciens Procureurs qui ayent seance & voix deliberatiue. Ouy Monsieur Archambault, present Bourgeuin, Pucelle, Duchemin, Gentil, Moret, Maslart, qui ont dit que le Procureur general met en fait des Arrests qu'il ne iustifie point, & que la seance ne leur peut estre contestée. LA COVR faisant droict sur les conclusions du Procureur general du Roy, A ordonné & ordonne que six de Messieurs les Procureurs seulement assisteront, & auront voix deliberatiue. Fait audit Royaume le premier iour du mois de Feurier mil six cens trente.

EXTRAICT DES REGISTRES du Royaume de la Bazoche.

VEu par la Cour la requeste à elle presentée par les Tresoriers de ce Royaume, tendante à ce qu'attendu qu'au moyen de la reception & promotion de quantité d'Officiers dudit Royaume en la charge de Procureur en Parlement, Il ne reste aucuns Maistres des Requestes pour assister Monsieur le Chancelier pour l'exercice de la Iustice, qui en est retardée, Il pleust à ladite Cour commettre & prier nombre suffisant de Messieurs les Procureurs qui possedoient les charges dudit Royaume auparauant ladite promotion, de continuer l'exercice d'icelles, & faire fonction de iuger, iusques à ce qu'il y ait esté autrement pourueu. LA DITE COVR ayant esgard à ladite Requeste a ordonné & ordonne que Messieurs Lespreuier, Cornu, Cheualier, Dohin, Legalis, Iacob, Bourjot, Chastillon & Dongois, Procureurs en Parlement cy-deuant Officiers de ce Royaume, seront priez de faire la fonction de Maistres des Requestes en iceluy : & en cette qualité assisteront Monsieur le Chancelier en toutes Audiences & assemblées ordinaires & extraordinaires necessaires pour l'exercice de la Iustice & droicts dudit Royaume : à la charge neantmoins que conformement aux reglemens, 6. de Messieurs les autres Procureurs pourront quād bon leur semblera y assister auec eux : & pour cét effect, Ordonne que le present Arrest sera leu & publié au premier iour ordinaire en l'Audience de ladite Cour. Fait audit Royaume le 18. Iuin 1632. Signé, GVILLAVME.

EXTRAICT DES REGISTRES de Parlement.

ENtre Maistre Cantien Veron, Sebastien Violet, Maistres des Requestes ordinaires au Royaume de la Bazoche, demandeurs à l'entherinement de trois Requestes par eux presentées à la Cour les vingt-cinq & vingt-huictiesme Féurier dernier, tendant à ce que le defendeur cy-apres nommé soit declaré non receuable en son pretendu appel interietté de l'Arrest rendu à l'ancien Conseil le vingtiesme Septembre, mil six cens trente-trois entre lesdits demandeurs, Maistres Charles Gesu, François Aubert, Pierre Nicaise, Iean Molu, & ledit defendeur, aussi Maistres des Requestes ordinaires du Royaume, pour raison de leurs preseances, ce faisant, & attendu que la Cour ne reçoit les Clercs, ny Officiers de ladite Bazoche à appeller des Arrests qui y sont rendus, & à l'ancien Conseil, que la procedure contre eux faite par ledit defendeur soient cassez & annullez, comme contraires ausdits Reglemens de ladite cour, & pour cét effet les parties renuoyées pardeuant le Chancelier de la Bazoche à l'ancien Conseil auec defenses audit defendeur, & à tous les Officiers de ladite Bazoche, Clercs, & Supposts dudit Royaume, de plus à l'aduenir faire semblables procedures, ny se pouruoir contre lesdits Arrests, que par les voyes de droict, à peine de priuation des charges Bazochialles, & d'amende arbitraire, & defendeurs d'vne part. Et Maistre Louis Bruneau, aussi Maistre des requestes audit Royaume deffendeur esdites Requestes, & demandeurs à l'entherinement d'vne Requeste par luy presentée à ladite Cour le vingt-cinquiesme Féurier dernier, à ce que sans s'arrester aux Requestes desdits demandeurs, il fut passé outre au iugement de l'instance d'entre les parties qui estoit en estat de iuger, ou en tout cas qu'elle fust iointe audit procez : Ce faisant que lesdits demandeurs fussent tenus de produire sur ledit appel d'vne part. Apres que par Arrests de ladite Cour des vingt & vingt-huictiesme Féurier dernier, les parties ont esté sur le tout oüyes, & que ledit Veron, tant pour luy, que pour ledit Violet, & les autres Maistres des Requestes audit Royaume, a conclud en ses Requestes, & soustenu que Bruneau estoit non receuable en son pretendu appel, & que ledit Bruneau a esté oüy ensemble le Cancelier de ladite Bazoche pour tout le corps dudit Royaume, qui a pareillement soustenu ledit Bruneau non receuable, & que les preseances dans la Bazoche ne se iugent entre les Officiers receus en mesme temps, & qui ont presté le serment ensemblement, que par l'antiquité de Clerc au Palais, & non par la reception d'Aduocat audit Royaume. APPOINTE' est ouy sur ce le Procureur general du Roy, que la Cour ayant esgard aux requestes dudit Veron & Violet, & icelles entherinans a declaré & declare ledit Bruneau non receuable en son appel & requeste, Ordonne que ledit Arrest de l'ancien Conseil du 20. Septembre dernier, sera plainement executé selon sa forme & teneur. Fait en Parlement le 17. Mars mil six cens trente-quatre.

EXTRAICT DES REGISTRES de Parlement.

LA Cour apres auoir veu la requeste à elle presentée par les Tresoriers Receueurs du Royaume de la Bazoche, & pour les causes y contenuës, leur a permis & permet passer & repasser par cette ville, soit de nuict ou de iour, ayans flambeaux ou torches, pour assister aux Aubades qu'ils entendent faire faire par toute ceste ville, suiuant leur coustume, sans toutesfois y faire desordre, ne tumulte, ou scandale, ny empescher aucunement les sentinelles, ains garder les Ordonnances. Fait en Parlement le trente & vn & dernier iour de Decembre 1562.

EXTRAICT DES REGISTRES de Parlement.

LA Cour a ordonné & ordonne à Iean de Beaulieu, Receueur desamendes & exploits d'icelle, bailler & deliurer aux quatre Tresoriers & Receueurs de la Bazoche la somme de quatre-vingts liures parisis, pour les recompenser des frais par eux faits à planter les Mays, & à leur monstre faite cette presente année, à icelle somme prendre sur les mil liures ordonnées par chacun an pour les affaires de ladite cour. Fait en Parlement le deuxiesme Iuillet mil cinq cens cinquante-vn.

EXTRAICT DES REGISTRES de Parlement.

LA Cour a ordonné & ordonne à Maistre Fremin du Fresne, Receueur general des amendes d'icelle de bailler & payer aux Tresoriers de la Bazoche, la somme de cent cinquante liures tournois à eux ordonné pour employer aux frais qu'il leur conuient faire faire au plan du May de la presente année, & rapportant le present auec la quittance, ladite somme luy sera allouée en ses comptes. Fait en Parlement le 5. Iuin 1640.

Signé, GVYET.

EXTRAICT DES REGISTRES de la Cour des Aydes.

LA Cour a ordonné & ordonne au Receueur general des amendes d'icelle, bailler & payer aux Tresoriers de la Bazoche de la presente année la somme de trente-sept liures dix sols, à eux ordonnée pour employer aux frais qu'il leur conuient faire au plan du May de la presente année, & rapportant ces presentes auec la quittance, ladite somme luy sera alloüée en ses comptes. Fait en ladite Cour des Aydes, le deuxiesme May, mil six cens quarante.

Signé, BOVCHER.

EXTRAICT DES REGISTRES du Royaume de la Bazoche.

LA Bazoche reignant en triomphe & tiltre d'honneur, Salut. Sur la requeste faite par Danielle Aduocat audit Royaume, tendant à ce qu' il pleust à la Cour, verifier les lettres d'erection & establissement d'vn Siege, Cour, & Iurisdiction Bazochialle donnée & concedée aux Clercs du Siege Royal de Loches, suiuant & conformément aux Statuts attachez ausdites Lettres, souz le contre-seel de la Chancellerie de ladite

Cour. La Cour en entherinant ladite Requeste, ouy sur ce les Procureurs general & de communauté, a ordonné & ordonne que sur le reply desdites Lettres, sera mis, leuës, publiées & enregistées pour en iouyr par les impetrans aux charges y contenuës, & que les appellations qui seront interjetées ressortiront audit Royaume conformément ausdits Statuts. Fait audit royaume, le quatorziesme iour de Feurier, mil cinq cens quatre-vingt-six.

EXTRAICT DES REGISTRES du Royaume de la Bazoche.

VEU par la Cour la Requeste à elle presentée par Iean Barnabé, Ancien Suppost, & Lieutenant de la Bazoche de Loches, tant pour luy que pour les autres Officiers d'icelle, à ce que pour les causes y contenuës, il pleust à ladite Cour ordonner que de nouueau il seroit pourueu aux Offices de ladite Bazoche de personnes capables Anciens en icelle, qui ayent suiuy & frequenté le Siege dudit lieu, & que nul des Clercs des Notaires ne puissent aspirer aux Estats & Offices que les plus anciens Supposts en soient pourueus de degré en degré, & pour le regard des Capitaines en Chef, Lieutenant & Enseigne, que ledit Lieutenant succeddera à la place dudit Capitaine en Chef, auec defenses à toutes personnes de quelque qualité qu'ils soient, de ne vilipender és iours d'Audience de ladite Bazoche aucun desdits Officiers & Supposts d'icelle, à peine d'amende arbitraire, & permis audit Barnabé suppliant, faire infotmer contre ceux qui ont vilipendé lesdicts Supposts, tant ce iour de Caresme prenant, qu'autres : & outre à ce qu'il soit enioint aux deux Conseillers d'icelle de monter au Siege aux iours d'Audience auec le Prince. Conclusions des gens du Roy & Procureur de communauté en ce Royaume, ausquels ladite requeste a esté communiquée par Ordonnance de ladite Cour: Tout consideré. Ladite Cour ayant aucunement esgard à ladite requeste, a ordonné & ordonne que les Statuts & Ordonnances par elle faites ausdits Offciers & Supposts de la Bazoche de Loches, seront gardez & obseruez de point en point selon sa forme & teneur, ce faisant qu'il sera d'oresnauant pourueu és Offices de iudicature, Substituts des Procureurs general & de communauté, Receueur Greffier, Huissier, Audiencier, Capitaine, Lieutenant, Enseignes de Clercs capables, anciens en icelle faisant la principale charge, actuellement residents chez les Procureurs, Aduocats, Postulans du Siege Royal dudit Loches, & non autres. Enjoint ladite Cour aux Prince, Conseillers, & autres Officiers de ladite Bazoche de Loches, les faire entretenir & obseruer, & ausdits Substituts des Procureurs general & de communauté en icelle, d'y tenir la main : Ensemble à ce que la Iustice soit administrée auec honneur & respect, en sorte qu'il n'en vienne aucunes plaintes à ladite Cour, faire en outre informer des contrauentions, si aucunes y a, & la certifier de leurs diligences au mois. Inhibe & defend à toutes personnes de quelque qualité & condition qu'ils soient, d'vser de mespris, ny de commettre chose qui leur puisse tourner à scandale enuers les Officiers & Supposts, sur peine d'amende arbitraire, & de plus grande correction, s'il y eschet. Et pour le regard des insolences commises ledit iour de Caresme-prenant dernier, & autres iours a reserué & reserue aux Supplians, en faire informer par ledit Prince, ou conseillers, la cour proceder à la verification des ou l'vn d'eux sur ce premier requis, ausquels ladite cour enioint pareillement y proceder selon l'exigence des cas, ou autrement, ainsi qu'ils verront estre à faire, & ausdits oonseillers d'assister à l'Audience auec le Prince : Et à ceste fin monter au Siege suiuant les Statuts & Ordonnances, lesquels auec le present Arrest seront leuz & publiez audit Siege Bazochial de Loches, l'Audience tenant, à ce que nul n'en pretende cause d'ignorance. Le tout par prouision, & iusqu'à ce qu'autrement par ladite cour en ait esté ordonné. Fait le vingt-quatriesme Mars, mil cinq cens nonante-neuf.

Signé, GRASSET.

LA Bazoche regnant de triomphe & tiltre d'honneur ; Salut, Sur la requeste iudiciairement faite par le Procureur de communauté, tendante à ce qu'il pleust à Lettres d'erection, creation & establissement d'vn Siege, cour, & Iurisdiction Bazochialle, donnée & concedée aux clercs dudit Siege de chaumont en

Baſſigny, ſuiuant & conformément aux Statuts attachez auſdites Lettres ſous le contre-ſeel de noſtre Chancellerie. La Cour en enterinant ladite requeſte, ouy ſur ce le Procureur General a ordonné & ordonne que ſur le reply deſdites Lettres ſera mis, leuës, publiées & enregiſtrées, pour en iouyr par les impetrans aux charges y contenuës, & que les appellations qui ſeront interiettées reſſortiront audit Royaume, conformément auſdits Statuts. Fait audit Royaume le vingt-vnieſme iour de Feurier mil cinq cens quatre-vingt-ſix.

Signé, BERNARD.

EXTRAICT DES REGISTRES *du Royaume de la Bazoche.*

ENtre le Procureur general du Roy prenant la cauſe pour ſon Subſtitut en la Prouoſté de la Bazoche de Verneüil, demandeur en deſertion d'appel, & maiſtre Pierre Maſley, ſoy diſant Notaire & Iuge de Beaucaire, & Pierre Pierre appellans des iugemens donnez par les gens, eux diſans, tenant ladite Preuoſté de la Bazoche de Verneüil, les trentieſme Ianuier & troiſieſme Feurier, mil ſix cens vn, adiournez en deſertion deſdites appellations d'autre part, Hubert pour le general du Roy dit, que par Arreſt donné en l'ancien Conſeil le treizieſme Aouſt dernier fut ordonné auant que faire droit ſur la deſertion, que dedans huictaine les appellans feroient apparoir de de la sentence & exploicts d'inthimation, & autres procedures pretendues faites en la Cour de Parlement sur les appellations qui se presentent; autrement, & à faute de ce faire, sera faict droict sur la desertion ainsi qu'il appartiendra, seroient les charges & informations apportées au Greffe de ce Royaume, pour le tout veu, estre ordonné ce que de raison: Et où ils ne satisferoient à l'Arrest, conclud en ladite desertion. De la Cour pour Masley & Pierre, que l'on dit estre appellans, dit que, le verité ses parties ont esté poursuiuies sur pretenduës charges & informations faites par les pretendus Bazochiens de Verneuil, & ayant decliné de la iurisdiction qu'ils s'attribuoient y a eu appel de leur iugement, au preiudice duquel ayant ordonné qu'il seroit passé outre à l'instruction du procez, ils ont iugé ledit procez, & contrainct les appellans, nonobstant oppositions ou appellations quelconques, à sçauoir ledit Masley à leur payer la somme de sept escus, & ledit Pierre Pierre cinq escus dont ils ont interietté appel, & apres se sont plaints aux Presidiaux de Bourbonnois à Moulins, pardeuant lesquels la Bazoche de Verneuil, qui sont au nombre de quatre ou cinq seulement, ayant esté appellez, à sçauoir Maistre François Iamain n'a guerre Procureur au Presidial de Bourbonnois, & Commissaire Examinateur en la Chastellenie de Verneuil, soy disant President de la Bazoche dudit lieu, Charles Lorant pretendu Tresorier dudit Prince & Conseil, qualitez inconneues, ont rendu afin de non proceder, nonobstant lequel declinatoire a esté ordonné qu'ils procederoient, dont ils ont appellé, & par ce que c'estoit vn iugement donné presidialement, & en dernier ressort. A esté ordonné qu'il seroit passé outre: nonobstant, & sans auoir esgard audit appel, & de faict ont lesdits appellans de Verneuil ou aucuns d'eux, esté ouys & interrogez sur les plaintes desdits Masley & Pierre Pierre appellant par le moyen dequoy leur grief ayant esté reparé, ils ont releué l'appel des iugemens donnez par lesdits pretendus Bazochiens de Verneuil, toutesfois comme si lesdits appellans estoient Iusticiables de ce Royaume. Ils ont esté appellez en pretenduë desertion. A quoy n'y a apparence, attendu les qualitez, estant ledit Masley Notaire, & ledit Pierre Praticien & Laboureur, ayans tous deux femmes & enfans: aussi que des Iugemens donnez par lesdits Presidiaux de Moulins, lesdits Iamin ont appellé, & ledit appel releué en la Cour de Parlement, à laquelle seule appartient de iuger de l'vne & l'autre incompetance, tant dudit Presidial de Moulins, que de la pretenduë Bazoche de Verneuil. Gorlidot Procureur de la Communauté des Supposts de ce Royaume, dit qu'il a veu les pieces & procedures faites, tant à Verneuil que Moulins, par la lecture desquelles a veu que de ce dont les appellans sont accusez est entierement de la connoissance de la Bazoche: mais leurs qualitez estant telles qu'elles ont esté recitées par leur Aduocat, sçauoir est des gens mariez, semble que l'on n'a deu y toucher pour les grands accidents qui en aduiendroient: d'autant plus qu'outre le deshonneur qu'ils en receuroient, leurs familles en seroient grandement interessez: Voire-mesmes tomberoient en de grandes diuorces, que si au contraire ce sont gens mariez, supposé qu'ils eussent feu & lieu, si seroient-ils suiets à la iustice satyrique, & c'est la question qui regarde le fond de laquelle il dit dependre la desertion, parce que si les Bazochiens de Verneuil en sont incompetents, aussi la Cour de ceans n'en peut connoistre iustement. Toutesfois les appellans ont deub releuer leurs appellations des iugemens donnez à Verneuil en la Cour de ceans, d'où ressortissent telles appellations, ou se pouruoir par lettres de relief, & non par requeste au Presidial de Moulins, lesquels ne doiuent prendre connoissance de casser les iugemens des Bazoches, cela appartient à la Cour de ceans: d'autant que quand il y a appel interietté il faut le releuer pardeuant le Superieur. Or l'on sçait que la Cour de ceans est notoirement sup[illegible]ure des autres iustices Bazochialles toutes lesquelles ont accoustumé & sont suiettes à la reconnoistre souueraine, & par ainsi, puis que les appellants n'ont releué ny à Moulins, ny ceans, l'appel est indubitablement desert. Mais auant que le declarer tel, semble qu'il faudroit surseoir, & deferer à l'authorité de Nosseigneurs de la Cour de Parlement. Le Procureur general du Roy a dit, qu'il est important de sçauoir, si à Verneuil y a iustice Bazochialle, d'autant qu'où il n'y en auroit aucuns, il ne veut approuuer la procedure, moins la qualité de Bazochiens que s'attribue Iamin & autres dont l'on parle. En cette cause supplie la Cour auant proceder au iugement de la cause, leur enioindre de leur communiquer les Lettres & Tiltres de leur creation, de leur iurisdiction, si aucunes ils ont, declarant qu'où ils n'en auroient aucune, il ne veut demeurer partie en la desertion, LA COVR sans s'arrester quant à present aux desertions, ordonne que les parties se pouruoiroient en la Cour de Parlement, sauf aux Procureurs general & de communauté de pouuoir requerir le renuoy de ce Royaume, s'ils voyent que faire se doiue, & faisant droict sur le surplus desdites conclusions dudit Procureur general, A ordonné & ordonne que dans vn mois apres la signification du present Arrest faite aux personnes ou domicille desdits Iamin & consors, ils seront tenus enuoyer audit Procureur general, ou au Greffe de la Cour de ceans les Lettres & tiltres de l'Erection & Creation de leur iurisdiction de ladite Bazoche de Verneuil, autrement & à faute de ce faire dans ledit temps, & iceluy passé, comme dés à present comme dés-lors, & deslors comme dés à present interdit l'exercice de cette iurisdiction. Fait audit Royaume le Samedy 24. Nouembre mil six cens vn.

Signé GRASSET.

EXTRAICT DES REGISTRES du Royaume de la Bazoche.

VEu par la Cour le congé, deffaut obtenu par les Officiers de la Bazoche de la Ville de

Lyon, & le Procureur de la Principauté d'icelle, anticipans & demandeurs & requerant le profit & adiudication dudit congé defaut, à l'encontre de Maistre Isaac Charuiere appellant de l'eslection faite de sa personne pour estre prince de ladite Bazoche le cinquiesme iour d'Auril dernier, & de ce qu'en consequence d'icelle, il a esté ordonné qu'il fera le serment, anticipé & adiourné pour voir adiuger le profit dudit congé defaut. La demande sur le profit dudit congé defaut, Lettres d'anticipation & exploict fait en vertu d'icelles. Ledit congé defaut à faute de comparoir. Exploicts faits en vertu d'icelle. Sentence dont est appel, & tout ce qui a esté mis & produit pardeuers ladite Cour : & tout consideré. Il est dit, que ledit congé defaut a esté bien & deuement obtenu, & pour le proffit d'iceluy. LADITE Cour a declaré & declare ledit appellant descheu de sesdites appellations, & ordonné que ce dont a esté appellé sortira son plein & entier effect, & les condamne en l'amende & és despens desdites causes d'appel dudit congé defaut, & de tout ce qui s'en est ensuiuy, prononcé le trentiesme Septembre mil cinq cens quatre-vingts huit.

Signé VINCENT.

EXTRAICT DES REGISTRES de Parlement.

ENTRE les procureurs general & de Communauté du Royaume de la Bazoche, appellans, tant comme de Iuge incompetant qu'autrement, de certaine Ordonnance sur requeste du Preuost de Paris, ou son Lieutenant Ciuil du 10 Iuillet 1603. portant defenses d'executer l'Arrest de la Bazoche du 6. dudit mois : permission d'informer octroyé par le Preuost de Paris, decret d'adiournement personnel par luy donné, contre Maistre Alexandre penillon Chancelier, & Pierre de la Cour Aduocat general dudit Royaume le sixiesme du mesme mois. Execution d'iceluy & de tout ce qui s'en est ensuiuy. Sentence portant homologation de pretendus Statuts en datte du jour de Decembre audit an 1603. Et encore le procureur de communauté vendiquant & prenant la cause pour François Neson, Clerc de Maistre Louis le Mée Procureur en lad te Cour, appellant aussi cõme de Iuge incompetant, de tout ce qui a esté faict & ordonné par le Lieutenant Ciuil, au profit de Claude Baudouin clerc audit Chastelet au preiudice dudit Arrest du cinquiesme Iuillet & inthimez d'vne part. Et Louis Gars Preuost Bazochial dudit chastelet inthimé & pretendu appellant d'autre Arrest de la Bazoche du troisiesme dudit mois de Iuillet, portant decret d'adiournement personnel contre luy, la communauté des Procureurs dudit chastelet interuenans, & ioints auec ledit Gars & Nicolas Baudouin clerc de Maistre Nicolas Marais Procureur audit chastelet, aussi inthimé d'autre, sans que les qualitez puissent preiudicier aux parties. DE LAMET pour les Chancelier & Tresorier, supposts du Royaume de la Bazoche, contre les Preuosts des Clercs du Chastelet. DIT que la

Cour remarquera, s'il luy plaist, que l'establissement tres-ancien de la Bazoche a pris son origne à ce que les Clercs du Palais ayent vne iustice establie pour connoistre des differents qui pourroient naistre entre-eux ; aussi ont accoustumé d'ancienneté eslire vn Chancelier, Maistre des Requestes, quatre Tresoriers, & Procureur general, & autres Supposts pour le fait particulier vn nommé Baudoüin clerc au Chastelet, fait appeller François Neson clerc de Maistre Louys le Mée Procureur en la Cour, pardeuant le Preuost des clercs du Chastelet, pour se voir condamner à payer quelque somme qu'il pretendoit luy estre deub. Neson decline, & demande son renuoy pardeuant son Iuge, qui est le chancelier de la Bazoche, est debouté de son renuoy, & ordonné qu'il procedera, dont Neson appelle de toutes ses procedures, releue son appel à la Bazoche signifie au Preuost des clercs, à l'assignation duquel le Preuost profere plusieurs paroles iniurieuses, contre l'honneur de la iustice du Chancelier & supposts de la Bazoche, Maistre Pierre de la cour Aduocat du Roy en son plaidoyé, il dit entre autre chose que la sentence du Preuost des clercs auoit esté ineptement donnée, attendu l'appel d'incompetence interietté, lequel il falloit decider auant que de iuger le fonds, & requiert que le Preuost soit adiourné à comparoir en personne, sur le requisitoire, le Chancelier assisté des Maistres des Requestes & du Conseil ordinaire, donne Arrest par lequel le iugement est infirmé & decreté, adiournement personnel contre le Preuost des Clercs, pour respondre sur les paroles iniurieuses par luy proferées à la signification du relief d'appel : Au lieu de comparoir par le Preuost des Clercs : Il s'adresse au Lieutenant Ciuil, qui sur vne requeste, fait deffenses aux supposts de la Bazoche d'executer leur iugement. De cette Ordonnance il soustient que la Bazoche n'est tenuë de respondre pardeuant le Preuost de Paris, ne le cognoissant point, & sont fondez en l'authorité des Arrests de la Cour, de l'an cinq cens vingt-cinq, qu'il a en main, par lequel sur le different des Clercs, la Cour les a renuoyez au Chancelier de la Bazoche. C'est pourquoy estans fondez en Arrests le Lieutenant Ciuil n'a peu faire deffences d'executer le iugement de la Bazoche, ny moins decreter adiournement personnel contre les Chancelier & Aduocat du Roy de la Bazoche : Partant le Lieutenant Ciuil a mal & incompetamment iugé & decreté. Quant à l'appel interietté par le Preuost des Clercs du Chastelet du iugement de la Bazoche, soustient qu'il n'est receuable, & que la Bazoche a peu decreter, pour premier moyen. Les Clercs du Palais & ceux du Chastelet sont tous d'vne mesme profession, mais il y a distinction, par ce que ceux du Palais font leur charge à la suite de la Cour, & ceux du Chastelet à la suite du Lieutenant Ciuil, qui n'est Iuge souuerain, par consequent les Clercs du Chastelet, en ce qui est de leur cognoissance de la Iustice de leur Preuost, ne peuuent pretendre autre Iustice par dessus eux que celle de la Bazoche. Il est donc raisonnable qu'il y aye vn

Iuge souuerain. Anciennement il y auoit vn Roy de la Bazoche, qui estoit accompagné d'autant de Princes qu'il y auoit de sieges ressortissans au parlement. Il est encore fondé en Arrests, par lesquels il est porté que les Bazochiens de Tours, Poictiers, & de Verneuil au Perche, ont recognu la Bazoche du Palais comme souueraine. Les Clercs du Chastelet pretendent par vn Statut que les appellations de leur Preuosté se releuent & decident par vn ancien Conseil, composé des Procureurs du Chastelet, & que par sentence du Lieutenant Ciuil le Statut a esté homologué en l'an 1603. au mois de Decembre, de cette sentence les parties s'en sont portez pour appellans, soustiennent que le Lieutenant Ciuil n'a peu homologuer ce Statut, n'estant en la puissance des Iuges inferieurs d'homologuer des Statuts qui fondent jurisdiction. Partant conclud à ce qu'il soit dit qu'il a esté en tout & par tout nullement & incompetamment procedé, decreté & ordonné par le Preuost de Paris, ou son Lieutenant Ciuil, bien appellé par ses parties, & qu'il leur soit permis de faire executer leur jugement comme souuerain. Et quant à l'appel de l'adiournement personnel decerné contre le Chancelier & Aduocat du Roy, qu'ils soient enuoyez absouls. Et pour le regard du troisiesme appel de la sentence d'homologation, en emendant le iugement que les Bazochiens du Chastelet seront declarez iustitiables des Chancelier, Tresorier & Supposts de la Bazoche du Palais, & demande despens, dommages & interests. Marescot pour le Chancelier de la Bazoche, a dit que l'Arrest qui a esté prononcé par sa partie a esté par aduis de Conseil de la Bazoche. Chauueau pour les Tresoriers de la Bazoche a employé le plaidoyé fait par Maistre François de Lamet, Aduocat des appellans, Le Noir pour Maistre Louis le Gars, Preuost des Clercs du Chastelet, a dit, Que tout ainsi que les Chancelier & Tresorier de la Bazoche ont voulu fonder leur jurisdiction sur les Arrests & Reglemens de la Cour, aussi la iurisdiction des Clercs du Chastelet par sentence & iugement du Preuost de Paris ou son Lieutenant Ciuil, qui est leur Superieur. L'origine de cette cause est, qu'vn nommé Baudouin Clerc au Chastelet, a fait appeller pardeuant le Preuost des Clercs du Chastelet vn nommé Neson, qui lors estoit Clerc de Noblet Procureur au Chastelet, à l'assignation Nesson fait defaut, il est reassigné, pendant ces assignations Nesson pretend qu'il n'est plus de la Iurisdiction des Clercs du Chastelet, & qu'il est demeurant au Palais : nonobstant son declinatoire le Preuost des Clercs donne sentence portant condamnation ; ce que voyant Nesson, il se porte pour appellant à la Bazoche : & fait signifier son appel à Louis Gars Preuost des Clercs, à cette assignation Louis Gars fait responce que les officiers de la Bazoche ne sont ses Superieurs.

Quand cette cause est appellée à la Bazoche, & lecture est faite de cette responce, aussi tost le Chancelier donne iugement, par lequel il ordonne que sa partie comparoistra en personne. De ce iugement sa partie est appellante, ensemble d'autres procedures contre luy faites en la bazoche. Or sa partie ayant sçeu les iniures que l'Aduocat du Roy de la bazoche auoit vomies contre luy en plaidant l'appel de Nesson : il se pouruoit au preuost de paris, ou son Lieutenant Ciuil, pour auoir permission d'informer, ce qui luy est octroyé, & fait ouyr des tesmoins sur son information, le Lieutenant Ciuil decrete adiournement personnel contre le Chancelier & Aduocat du Roy, de la bazoche, soustient qu'il a esté bien decretté, & que ce qu'en a dit l'Aduocat du Roy en son plaidoyé n'a esté pour la defence de sa cause, ains seulement pour iniurier sa partie, donc n'y a aucune incompetance pour le decret. Il y a les appellations interiettées par sa partie, ausquelles les Supposts de la bazoche, disent sa partie n'estre receuable appellant : d'autant disent ils, que c'est vn Arrest : Il ne veut reuoquer en doute la Iurisdiction de la bazoche : mais soustient qu'ils ne peuuent cognoistre que sur leurs confreres, & que leur Iurisdiction s'estend seulement sur les Clercs qui sont au parlement, & non sur les clercs du chastelet, qui ne sont en rien suiets ny iusticiables de la Iustice de la bazoche. Quant aux Arrests alleguez par l'Aduocat des Supposts de la bazoche : Il n'est porté par iceux que les clercs du chastelet soient de la Iurisdiction de la bazoche : & soustient qu'ils n'ont de ressort sur les autres Iustices. Cornuaille pour la communauté des clercs & des procureurs du Chastelet interuenans, dit que de tout temps les Clercs du Chastelet ont esté reglez par leurs

Chartres anciennes leurs differens doiuent estre iugez par l'ancien Conseil de la communauté des Procureurs du Chastelet, s'il y a appel ils protestent de grief, & ne reconnoissent en aucune superiorité le Chancelier, & Supposts de la Bazoche, ains le Conseil ancien du Chastelet qui iuge leurs differens, & de ce fondez en Statuts homologuez du Lieutenant Ciuil. Partant conclud que les appellans ne sont receuables en leur appel, & qu'enterinant la requeste, defenses seront faites aux Chanceliers & Supposts de la Bazoche de connoistre de leur differend. Le Feron pour Claude Baudoüin, soustient que le priuilege des Clercs du Palais ne luy doit faire preiudice. Marion pour le Procureur general a dit que la iurisdiction de la Bazoche a esté tolerée, afin que les Clercs és choses legeres se peussent exercer & apprendre l'vsage des causes, c'est pourquoy elle a son establissement à la suite & forme du palais: Les Iuges inferieurs ont estably vne Iustice entre les Clercs. Ce que pretend la Bazoche du Palais est vne superiorité, ayant pour chef de leur Iustice vn Chancelier: Disant qu'ils exercent leurs charges sous vne Iustice souueraine, qui est le Parlement, & que les autres Clercs ne sont que sous les Baillifs & Preuosts qui sont inferieurs du Parlement: Les Clercs du Chastelet pretendent qu'ils ont leur Iustice establie sous leur Preuost, & que quand il y a appel ou differend sont renuoyez à l'encien Conseil, qui reforme les iugemens du Preuost des Clercs? Le fait de la cause qui se presente est qu'vn Clerc du Chastelet fait appeller pardeuant le Preuost des Clercs du Chastelet vn nommé Neson, qui estoit aussi Clerc au Chastelet pour luy payer la somme de quatre escus, Neson ne compare à l'assignation, il est readiourné, à la seconde assignation se presente, & decline la iurisdiction du Preuost des Clercs: Dit qu'il est Clerc de Lemée, Procureur en cette Cour, la cause n'est contestee, demande son renuoy pardeuant le Chancelier de la Bazoche. L'autre Clerc insiste & dit, que c'est en fraude de iurisdiction, & qu'industrieusement il s'est mis chez vn Procureur du Parlement afin de frauder la iurisdiction du Chastelet, Neson tend afin de non proceder. le Preuost des Clercs le deboute de son renuoy, dont Neson appelle, comme de Iuge incompetant, quelques iours apres le Preuost des Clercs iuge diffinitiuement la cause, & condamne Neson à payer les quatre escus dont estoit question: de ce Iugement Neson appelle à la Bazoche, la cause se plaidant on pretend que le Procureur General de la Bazoche, dit que c'estoit vne asnerie & vne ineptie, d'auoir iugé diffinitiuement pardessus l'appel, puisqu'il y auoit appel d'incompetance, ce qui ne se deuoit à la verité faire, & se deuoit pouruoir à l'ancien Conseil. Or le Preuost des Clercs prend à iniure ce plaidoyé, fait par le Procureur general de la Bazoche, sur ce qu'il pretend auoir dit que c'estoit vne zizanie, & qu'il faisoit des querelles entre les Clercs pour raison de ce: Il s'adresse au Lieutenant Ciuil, fait sa plainte, demande permission d'informer: Ce qui est permis, vn Commissaire du Chastelet informe, & porte son information contre vn soy disant Chancelier de la Bazoche, & vn autre soy disant Procureur general à la Bazoche: Sur cette information le Lieutenant Ciuil decrete adiournement personnel contre le Chancelier & Aduocat general de la Bazoche. Appel par eux : c'est le premier appel. D'ailleurs aussi la Bazoche decrette adiournement personnel contre le Preuost des Clercs, ces appellations sont de la connoissance de la Tournelle. Quant à l'appel de l'homologation des Statuts, c'est vn appel Ciuil, & pour le regard du ressort pretendu par la Bazoche sur les Clercs du Chastelet, auquel il y a grande apparence, s'il plaist à la Cour, pour les deux chefs, elle ordonnera que les parties se pouruoiront à la grand' Chambre. Restera l'appel interietté du Preuost de Paris, qui est du tout incompetant, & n'a peu ny deu entreprendre la connoissance ny superiorité sur les Clercs du Palais, qui sont fondez en iurisdiction par Arrest. C'est pourquoy il adhere auec les appellans, & requierent qu'il soit dit, qu'il a esté mal, nullement, & incompetamment decreté par le Preuost de Paris, ou son Lieutenant Ciuil: auquel defenses seront faites d'en plus connoistre. Il y a aussi l'autre appel du decret decerné par la Bazoche contre le Preuost des Clercs du Chasteler, en cet appel il n'y a pas grand fond sur iceluy, les parties estre mises hors de Cour & de procez. LA COVR, entend que touche l'appel du decret decerné par le Preuost de Paris, ou son Lieutenant. DIT qu'il a esté mal, nullement, & incompetamment procedé, iugé & ordonné, Bien appellé par les appellans, condamne les intimez aux despens de la cause d'appel, lesquels ladite Cour a taxez à la somme de dix liures paris.

sis. FAIT inhibitions & desenses au preuost de paris, ou son Lieutenant de prendre à l'aduenir connoissance de ce qui sera ordonné par les Officiers de là Bazoche : & pour le regard des autres appellations, se pouruoiront les parties en la Grand'Chambre. Fait en parlement le 27. Mars 1604.

Signé, GVYET.

A TOVS ceux qui ces presentes Lettres verront : Les Auditeurs des causes, Conseillers du Roy nostre Sire en son Chastelet de paris, Salut : Sçauoir faisons, qu'auiourd'huy sur la requeste faite en iugement deuant nous par Maistre Dorigny procureur d'Estienne Bezard, Clerc de Maistre Le-Feyre, Aduocat en parlement deffendeur au principal, & demandeur en renuoy contre René Remberge, Clerc de Maistre Catherin Henry procureur en ladite Cour du parlement, demandeur au principal : Ouy Legalis Aduocat general à la Bazoche du palais qui a vendiqué la cause, & les parties & requis le delaissement d'icelles pardeuant le Chancelier & Officiers de la Bazoche. Novs faisant droict sur le declinatoire dudit Dorigny audit nom & vendication dudit Legalis. Auons la cause & les parties renuoyées & les renuoyons pardeuant le Chancelier & Officiers de la Bazoche du palais à huictaine, pour y proceder ainsi que de raison, & sera le present iugement executé nonobstant oppositions ou appellations quelsconques, & sans preiudice d'icelles, suiuant l'Edict. En témoin de ce nous auons fait mettre à ces presentes le seel de la Preuosté de Paris. Ce fut fait & donné audit Chastelet par Noble homme Maistre Estienne Leuesque Conseiller du Roy & l'vn desdits Auditeurs, tenant le Siege, le 7. Aoust 1631.

Ainsi signé, PETIT.

A Tovs ceux qui ces presentes lettres verront Louis Seguier Cheualier baron de S. Brillon, sieur des Ruaux & de saint Firmin, Conseiller du Roy, Gentilhomme ordinaire de sa Chambre, & Garde de la Preuosté de paris, Salut, Sçauoir faisons: Que sur la requeste faite en iugement deuant nous au presidial par Maistre Michel Haudry procureur de Guillaume Genuyt Clerc au palais defendeur à l'encontre de Maistre Henry du port procureur de Iean baillet Maistre Sauetier à paris, soy disant stipuler pour pierre baillet son fils, demandeur aux fins de sa requeste du 23. Aoust dernier: & encore ledit Haudry procureur de Maistre René Legalis, Aduocat general de la bazoche du palais, interuenant auec ledit Genuyt, & requerant le renuoy de la cause en la Iustice de ladite bazoche, parties ouyes en leurs plaidoyers, lecture faite des fins declinatoires. Auons, faisant droict sur le declinatoire dudit Haudry, la cause & les parties renuoyées pardeuant les Officiers en la iustice de ladite bazoche du palais. En tesmoin de ce nous auons fait seeller ces presentes. Donné par Messire Michel Moreau Conseiller d'Estat, & Lieutenant Ciuil tenant

tenant le Siege le Mercredy dixiesme iour du mois de Septembre mil six cens trente-vn.

AVjourd'huy, sur ce que Maistre Pierre Picquet Procureur de la communauté des Clercs du Palais, a remonstré qu'il a eu aduis que Charles le Févre Marchand Passementier bourgeois de Paris, auroit fait assigner à ce iourd'huy pardeuant nous Christophle Girault, principal clerc de Maistre Claude Boyuinet Procureur en Parlement aux fins de l'exploict du 11. du present mois: & que non seulement sur luy, mais encore sur tous les clercs du palais, ils ont droict de iurisdiction en faueur des priuileges à eux octroyez par les Roys, pourquoy nous auroit dit ledit Girault n'estre nostre iusticiable, à cause de sadite qualité, au moyen dequoy nous auroit requis vouloir la cause & lesdites parties renuoyés pardeuant les Officiers de la Bazoche du Palais Iuges dud. Girault, autre que pardeuant lesquels il ne peut estre poursuiuy au premier iour, pour y proceder, suiuant les derniers erremens. Surquoy & apres que l'on nous a certifié ledit girault estre clerc au Palais auons ladite cause & les parties renuoyé & renuoyons pardeuant les Officiers de ladite Bazoche du palais, pour y proceder suiuant les derniers erremens: En tesmoin de ce nous auons fait seeller ces presentes, qui furet faites & données par Noble homme Maistre Antoine Ferrand, Conseiller du Roy, & Lieutenant particulier au Chastelet de Paris, le Mercredy 12. Iuillet 1634.

A Tous ceux qui, &c, Louis Seguier, &c. Salut, Sçauoir faisons, Que sur la requeste de Maistre Roger, I. procureur de Maistre Iean Veillard Clerc au palais defendeur, assigné par exploict du douziesme May dernier, contre Maistre Nicolas Geruais, I. procureur de Ioseph Moreau Clerc au Chastelet demandeur. parties ouïes, & lecture faite dudit exploict & exceptions declinatoires dudit defendeur; par lesquelles il requiert le renuoy de la cause & instances d'entr'elles à la Bazoche du Palais. NOVS ORDONNONS que l'exception dudit defendeur nullitera : & ce faisant renuoyons les instances & les parties pardeuant le Chancelier de la Bazoche du palais, pour estre produy, suiuant les derniers erremens. Le tout sans preiudice à la recusation, & defenses au contraire. En tesmoin, &c. Ce fut fait & donné par Monsieur le Lieutenant particulier tenant le siege le Mercredy dix-huictiesme Iuin, mil six cens quarante-deux. signé par collation.

EXTRAICT DES REGISTRES du Royaume de la Bazoche.

ENtre Pierre le Mouflé Clerc au Chastelet de paris, appellant du preuost Bazochial des Clercs dudit Chastelet d'vne part, & Christofle le Doux aussi Clerc au Chastelet, inthimé d'autre,

Rauageot pour Pierre le Mouflé appellant, Saynet pour Christofle le Doux inthimé, ont esté ouïs. La Cour a mis & met l'appellation & ce dont est appellé, au neant, sans amende, & en emendant le iugement ordonne que les cedules dont est question seront monstreees audit appellant pour les reconnoistre ou nier: autrement permis à l'inthimé les faire verifier, tant par comparaison de sein qu'autrement. Fait audit Royaume le 19. iour d'Auril mil cinq cens quatre-vingts quinze.

Signé GRASSET.

EXTRAICT DES REGISTRES du Royaume de la Bazoche.

ENtre Balthazard Mauelet & autres Clercs du Chastelet de paris, appellans du preuost Bazochial des Clercs dudit lieu d'vne part, & Iacques Bret, & autres Clercs dudit Chastelet inthimez d'autre. Peponney pour les appellans, Rauageot pour les inthimez, ensemble les procureur general & de communauté ont esté ouïs. LA COVR a mis & met ladite appellation & Sentence dont est appel, au neant, sans amende, & en amendant ladite sentence a condamné & condamne lesdits inthimez à rendre ausdits appellants la somme de quarante six sols frayez pour les frais de la monstre, & les condamne aux despens de la cause d'appel. Faict audit Royaume de la Bazoche le dernier iour de Mars mil six cens vn.

Signé BENARD.

EXTRAICT DES REGISTRES du Royaume de la Bazoche.

ENtre François Nehou clerc de Maistre Louys Lemée procureur en la Cour de Parlement appellant vne fois ou plusieurs en adherant des iugemens donnez par le Preuost de la Bazoche des clercs du Chastelet de Paris, les   iour de Decembre 1602. & 13. Iuin 1603. & de toute la procedure faite par ledit Preuost, & opposant à l'execution du pareatis octroyé par Monsieur le Chancelier d'vne part : & claude Baudoüin principal clerc de Maistre Nicolas Marias Procureur au Chastelet, inthimé & adiourné sur ladite opposition d'autre part, & ne pourront les qualitez nuire ne preiudicier aux parties. Apres que le Goux pour l'appellant a dit que combien qu'il soit clerc ceans, neantmoins le Iuge l'a debouté du renuoy par luy requis en ce Royaume, dont il auroit interietté appel qui a esté signifié à l'inthimé le 7. Iuin dernier, au preiudice duquel il n'a delaissé de faire donner la sentence le treiziesme du mesme mois à l'encontre dudit appellant, pour faire executer, laquelle a obtenu le pareatis de Monsieur le Chancelier, pource que les iugemens Bazochiens ne sont executoires sur les clercs du Palais sans sa permission, de laquelle sentence, ensemble de toute la procedure, il s'en est aussi porté pour appellant. Conclud ausdites appellations à ce qu'il soit dit, qu'il a esté mal iugé & procedé:

bien appellé & opposé par ledit Nehou: l'inthimé condamné és despens, dommages & interests, procedans des commandemens, saisies & executions de son manteau, & en ceux des causes d'appel. Le Tourneur pour l'inthimé present en personne a dit que lors de l'assignation & renuoy requis, l'appellant estoit clerc d'vn procureur du chastelet, consequemment iusticiable & tenu de proceder pardeuant le Iuge dont est appel: & partant ioinct ce quil n'a aucune chose dit ne produit, & s'est laissé forclorre, le Iuge n'a peu moins faire que le condemner: conclud à bien iugé, & demande despens: ouy le Goux en sa replique, qui a reconnu que des lors de l'assignation il n'estoit clerc, mais lors du renuoy requis demeuroit chez vn procureur de la Cour, comme il a remonstré au Iuge de la Cour pour le Procureur general du Roy a dit, que l'appellant ayant remonstré sa qualité de Clerc de ceans, l'on ne luy a deu desnier le renuoy, parce que les Clercs du Palais ne sont tenus de respondre sinon que pardeuant Monsieur le Chancelier & son conseil, au preiudice de l'appel du desny de renuoy, l'on n'a delaissé de passer outre: cela ne se peut soustenir dauantage, a veu vne response faite par le Iuge à la signification de l'acte d'appel, laquelle outre ce qu'elle est pleine de mespris de l'authorité souueraine de Monsieur le Chancelier, fait paroistre l'ignorance de celuy qui l'a faite: en ce qu'il dit, que nonobstant ce qui sera ordonné, il sera passé outre, d'autant que si le Iuge ne peut hors le Pretoire rendre la sentence, il luy est encore moins decent de la prononcer à vn sergent qui luy a fait vne signification, & encores plus mal seant de dire qu'il sera passé outre, sans que la partie ou autre le requiere, c'est pourquoy ayans prins conclusions contre luy, La Cour a ordonné qu'ils comparoistront en personne à ce iour : Ce qui luy a esté signifié, demande où il ne comparoistra defaut leur estre octroyé, & par vertu d'iceluy qu'il luy soit enioint d'y venir au premier iour en personne sur telle peine qu'il plaira à la Cour ordonner. LA COVR a mis & met les appellations, & ce dont a esté appellé au neant, sans amende, & sans despens, en emendant ordonne que les parties procederont en icelle sur leurs differents au principal, & sera l'appellant tenu venir defendre à la demande de l'inthimé, au premier iour : & quant au surplus, faisant droict sur les conclusions dudit Procureur general du Roy, a donné & donne defaut audit Procureur general, a l'encotre de M. Louis Gars Preuost de la Bazoche Chastelet deffendeur, & deffaillant, & par vertu d'iceluy luy a enioint & enioint de comparoir au premier iour en personne en icelle, suiuant le precedent Arrest, à peine de 12. l. Parisis d'amende, & luy sera l'Arrest signifié Fait audit Royaume le 5. Iuillet 1603. Signé DE LA RVE.

EXTRAIT DES REGISTRES *du Royaume de la Bazoche.*

VEu par la Cour le defaut obtenu en icelle par M. Claude Oliuier Procureur au Chastelet de Paris, demandeur aux fins de l'exploict du 27. Ianuier 1610, à l'encontre de Claude de Courbe, clerc de M. Iean Beurre procureur en parlement, defendeur & defaillant la demande sur le profit dudit defaut: Tout cõsideré. Dit a esté, que la Cour a declaré ledit defaut bien & deuëment obtenu, & pour le profit d'iceluy, a debouté & deboute ledit defendeur de toutes defenses qu'il eust peu dire & proposer, contre la demande dudit demandeur, auquel elle a permis icelle verifier, tãt par lettres que témoins, & pour venir produire, bailler contredits, receuoir l'enqueste dudit demandeur, si aucune il en fait, & prendre appointement à ouyr droict: sera ledit defendeur & defaillant readiourné en ladite Cour, & a condamné icelle deffendeurs aux despens dudit defaut, & de tout ce qui s'en est ensuiuy, lesquels ladite Cour a liquidez à 24. sols parisis en ce compris les frais du present Arrest. Fait audit Royaume le 3. Mars 1610.

EXTRAICT DES REGISTRES de Parlement.

ENtre François picault Clerc de Maistre Catherin Henry procureur en ladite Cour, appellant d'vne sentence redüe par le Bailly du palais ou son Lieutenant, le douziesme Auril 1629. d'vne part, & pierre Driar Clerc de Maistre Claude Menart aussi procureur en ladite Cour intimé d'autre. VEU par la Cour, le procez par escrit, conclud & receu pour iuger entre lesdites parties le 23. Nouembre dernier. Ioinct les appellations verbales interjettées par ledit Picault, tant cõme de Iuge incompetant qu'autrement de toute la procedure contre luy faite. A la requeste dudit Driart pardeuant le Bailly du Palais ou son Lieutenant, du iugement rendu le neufiesme dudit mois d'Auril: sur lequel les parties auroient esté appointées au conseil à escrire par mesmes griefs & responses, & produire ladite sentence, par laquelle ledit Picault auroit esté condamné en quatre liures parisis enuers ledit Driart, auec defenses de recidiuer, & és despens. Forclusion de fornir de griefs. Moyens de nullité & produite de nouuel. Productions desdites parties sur lesdites appellations verbales. Arrest du 16. iour de Mars dernier, entre les Chancelier & Officiers du Royaume de la Bazoche, demandeurs en requeste du premier dudit mois, tendante afin d'estre receus parties interuenantes audit procez, ensemble receus appellans comme de Iuge incompetant dudit iugement rendu par le Bailly du Palais, ou son Lieutenant, le 9. Auril 1629. par lequel ils auroient esté deboutez du renuoy requis pardeuant eux de la cause & different d'entre lesdits Diart & Picault d'vne part, & lesdits Diart & Picault defendeur d'autre: par lequel lesdits demandeurs auroient esté receus parties interuenantes & appellans: Sur lequel appel les parties auroient esté appointées au conseil à escrire & produire sur le tout, & ioint. Moyens d'interuention, & causes d'appel desdits Officiers de la Bezoche. Responses dudit Driart, Forclusions de fornir de responses par ledit Picault, & tout consideré. DIT A ESTE', que ladite cour ayant égard à l'interuentaire desdits Officiers de la Bazoche. Dit a esté mal, nullement & inconpetamment procedé & iugé par le Bailly du palais, A renuoyé & renuoye lesdites parties, charges & informations pardeuant lesdits Officiers de la Bazoche, pour leur estre fait droict. Despens reseruez. Prononcé le 5. Decembre 1630.

Signé, GVYET.

EXTRAICT DES REGISTRES de Parlement.

ENtre Barthelemy de Iuissieu clerc de M. René Legalis procureur en parlement, appellant comme de iuge incompetant de la permission d'informer, information, decret de prise de corps contre luy decerné par le Bailly du palais, ou son Lieutenant. Dény de renuoy, pardeuant le chancelier & Officiers du Royaume de la Bazoche Iuge naturel des parties. Emprisonnement de sa personne, & tout ce qui s'en est ensuiuy, d'vne part, & Antoine Maigret aussi clerc de M. Cheurier procureur en ladite cour, intimé d'autre. Et encore entre les chancelier & Officiers du royaume de la Bazoche, interuenans & demandeurs en requeste par eux presentée à la cour, afin que le differend des parties soit renuoyé pardeuers eux, comme estans seuls qui puissent connoistre du differend où vn clerc du palais a interest, suiuant la possession en laquelle ils sont apptouuez & confirmez par plusieurs Arrests de ladite cour. Que deffenses soient faites à tous clercs de se pouruoir ailleurs que pardeuers eux, & & audit Bailly du Palais d'en prendre connoissance d'vne part. Et lesdits de Iussieu & Maigret defendeurs d'autre. Apres qu'Adam Aduocat dudit appellant, & au Grand, Aduocat dudit intimé, & de Lamet le jeune Aduocat des Officiers du Royaume de la Bazoche, ensemble les Procureurs des parties ont esté ouyes au Parquet des gens du Roy sont demeurez d'accord de ce qui en suit, appointée, est que la Cour dit, qu'il a esté mal, nullement, & incompetamment permis informer, decreté, procedé, & en emendant ayant esgard à l'interuention desdits Officiers de la Bazoche, a renuoyé & renuoye les parties, charges & informations pardeuers eux, pour estre fait droict aux parties ainsi que de raison, à quoy faire led. Greffier dud. Bailliage du Palais contraint par corps : & fait defenses aux parties & tous autres Clercs de se pouruoir pardeuers luy, & audit Bailly & son Lieutenant d'en connoistre, receu à l'Audience de la Cour, Ouy Briquet pour le Procureur general du Roy le 12. Auril mil six cens quarante-deux.

Signé GVYET.

LEs grands Maistres Enquesteurs & generaux reformateurs des Eaux & Forests de France au siege general de la Table de Marbre du Palais à Paris. A tous ceux qui ces presentes lettres verront: Salut, Sçauoir faisons, Que sur la requeste à nous presentée par les Tresoriers, Receueurs generaux au Royaume de la Bazoche, prenant le faict & cause pour Antoine Anseaume, marchand demeurant à Liury, tendant à ce que pour les causes & considerations y contenuës : & attendu qu'au preiudice des iugemens de cette Cour du quatorze des presents mois & an, par lequel auroit esté permis audit Suppliant de faire coupper & enleuer dans la Forest de Liury, Bondis, en la presence du Sergent de la Garde, vn arbre pour faire vn May pour la decoration du Palais, le Lieutenant des Maistres Particuliers des Eaux & Forests de la Preuosté & Vicomté de Paris, sur le requisitoire du Substitut du Procureur general du Roy en ladite Maistrise, auroit fait deffenses, tant audit Anceaume, auec lequel les Supplians auroient fait prix & marché pour le chariage & transport dudit arbre, qu'à tous autres, de coupper ny faire coupper, ny abbattre ledit arbre. Il nous plaist donner acte ausdits Supplians de ce qu'ils prennent le faict & cause pour ledit Anceaume, les receuoir appellans desdites defenses dudit iour dix-neuf des present mois & an. Iceux tenir pour bien releuez, & leur permettre faire inthimer lesdits Lieutenans & Substituts du Procureur general en ladite Maistrise particuliere de Paris en leurs propres & priuez noms, & ordonne que sur ledit appel les parties auront Audience à tel iour qu'il nous plaira ordonner, & cependant que nonobstant lesdites defenses, ny autres mesmes oppositions ou appellations quelsconques faites ou à faire, nostredit iugement dudit iour 14. May dernier, seroit executé de point en point, seloe sa forme & teneur. Et en ce faisant ledit arbre marqué en ladite Forest de Liury & Bondis, au Triage de la Cousture, seroit couppé & transporté en la Cour du Palais, pour seruir de May, auec defenses audit Lieutenant & Substitut dud. Procureur general audit lieu, & à tous autres d'y apporter aucun empeschement. Veu lad. Requeste, ledit iugement de la Cour de ceans dudit iour quatorze des presens mois & an. Copie dudit iugement dudit Lieutenant en la Maistrise particuliere de Paris, dudit iour 19. desdits mois & an, au bas de laquelle copie est l'exploict fait en vertu d'iceluy audit Anceaume, par Gouliard, Sergent Trauersier de ladite Forest: Par lequel il luy auroit fait les defenses portées par ledit iugement. Conclusions du Procureur general du Roy en cette Cour: Tout consideré. Novs auons donné acte ausdits Supplians de ce qu'ils ont pris le fait & cause pour ledit Anceaume, & receu les Supplians appellans: Iceux tenus pour bien releuez, & à eux permis faire inthimer lesdits Lieutenans & Substituts du Procureur general du Roy en ladite Maistrise particuliere de Paris, en leurs propres & priuez noms, & autres que bon leur semblera, sur ledit appel, sur lequel les parties auront audience au premier iour: & cependant ordonnons que nonobstant lesdites defences, ny autres, mesmes oppositions ou appellations quelconques faites ou à faire, nostredit iugement du 14. des presens mois & an, sera executé de poinct en poinct, selon sa forme & teneur, Et en ce faisant que ledit arbre marqué en ladite Forest de Liury, Bondois, au Triage de la Cousture, sera couppé, transporté en la Cour du Palais, pour y seruir de May: faisant deffences ausdits Lieutenans & Substituts dudit Procureur general du Roy en la Maistrise particuliere de Paris, & à tous autres, d'y apporter aucun empeschement à peine de cinq cens liures d'amende, & de tous despens, dommages & interests desdits Supplians. Si donnons en mandement au premier Huissier de cette Cour, ou autre Huissier ou Sergent Royal sur ce requis, à la requeste desdits Supplians signifiée & faire tous exploicts requis & necessaires pour l'execution des presentes. De ce faire vous donnons pouuoir. Donné en la Chambre desdits Eaux & Forests de France audit Siege, sous le seel y ordonné le 24. iour de May 1621.

Signé, DV HOVX.

LEs Maistres Enquesteurs & generaux Reformateurs des Eaux & Forests de France au siege general de la Table de Marbre du Palais à Paris, aux Officiers de la Maistrise particuliere de Paris: Salut, Sçauoir faisons, Que sur la requeste à nous presentée par les Tresoriers du Royaume de la Bazoche, tendante à ce que pour les causes y contenuës, il nous pleust permettre ausdits Supplians de faire abbattre & enleuer deux arbres és Forests de Liury & Bondis, & iceux faire amener en cette Ville, pour faire le plan du May en la maniere accoustumée. VEV ladite requeste, Conclusions du Procureur general du Roy, Tout consideré, NOVS auons permis & permettons aux Supplians de faire abatre & enleuer deux arbres és forests de Liury & Bondy, & iceux faire amener en cette Ville de Paris, pour estre employez au plan du May en la maniere accoustumée. Si donnons en mandement aux Officiers de la Maistrise particuliere de de Paris, mettre le present iugement à deuë & entiere execution, de poinct en poinct, selon sa forme & teneur. De ce faire vous donnons pouuoir. Donné audit Siege, soubs le seel y ordonné, le 13. iour de May mil six cens trente quatre. Et seellé.

FIN.

TABLE DES MATIERES contenuë au present liure.

FIN.

Extraict du Priuilege.

LA BAZOCHE regnant en triomphe & tiltre d'honneur, à tous presens & aduenir: Salut. Nostre bien-amé Claude Bonjean, Marchand Libraire à Paris, nous a fait remonstrer, qu'il a esté fait vn liure, intitulé, *Recueil des Statuts & Ordonnances de nostre Royaume, & ses Arrests & Reglemens sur ce interuenus*, lequel il desireroit mettre en lumiere, s'il auoit sur ce nostre permission à ce requis & necessaire: A CES CAVSES, desirant bien & fauorablement traitter l'exposant, & qu'il ne soit frustré des fruicts de son labeur, & que ledit liure a esté fait par nostre commandement, luy auons permis & octroyé, permettons & octroyons, de grace speciale & authorité Royale Bazochiale, par ces presentes, signées de nostre amé & feal Chancelier, d'imprimer ou faire imprimer en telle marque & caractere que bon luy semblera ledit liure, & iceluy mettre & exposer en vente & distribuer durant le temps de six ans, à conter du iour qu'il sera acheué d'imprimer: Deffendons à tous Imprimeurs, Libraires, & autres de quelque qualité qu'ils soient, imprimer ou faire imprimer, ny mettre en vente durant ledit temps ledit liure, soubs couleur de fausse marque & de déguisement, sans le consentement dudit exposant, sur peine de confiscation d'icelle, d'amende arbitraire, & de tous despens dommages & interests: à la charge de mettre vn exemplaire en nostre Bibliotheque. SI MANDONS à nos

...ez & feaux Chancelliers, Maistres des Requestes ordinaires de nostredit Royaume, que du contenu en ces presentes vous fassiez souffrir & laissiez iouir pleinement & paisiblement, sans faire, souffrir aucun empeschement. Voulons qu'elles soient tenuës pour deuëment signifiées, & qu'à la collation faite d'icelle par l'vn des Notaires & Secretaires foy y soit adioustée, comme au present original, en mettant au commencement où à la fin dudit liure ces presentes : Car tel est nostre plaisir. Donné à Paris, en nostredit Royaume le 20. Iuillet, l'an de ioye 1643. & de nostre regne le perpetuel. Signé BOYVINET, Chancelier.

Et sur le reply est escrit, Par la Bazoche regnant en triomphe, present Monsieur Boyuinet Chancelier, Messieurs Antoine Amirault, Chantry, Luce, de Modasue, Perroté, Fevrier, Maistres des Requestes ordinaires du Royaume. Signé Pertin, Notaire & Secretaire. Et plus bas est escrit.

Leuës, publiées, l'Audience de ladite Bazoche tenant, ouy requerant Conseil, Procureur general en icelle, suiuant l'Arrest du 19. Nouembre 1643.